U0897291

遵义老城旧事

中共遵义市委党史研究室
中共遵义市委长征研究院 ◎ 编

贵州大学出版社
Guizhou University Press
· 贵阳 ·

图书在版编目（CIP）数据

遵义老城旧事 / 中共遵义市委党史研究室，中共遵义市委长征研究院编．-- 贵阳 ：贵州大学出版社，2025. 1. -- ISBN 978-7-5691-1035-7

Ⅰ. K297.33

中国国家版本馆 CIP 数据核字第 20247SN010 号

遵义老城旧事

编　　者：中共遵义市委党史研究室　中共遵义市委长征研究院

出 版 人：闵　军
责任编辑：高雪蓉
责任校对：文桂芳　杨小娟　周梦蒂　叶俐辰　胡　霞
装帧设计：陈　艺　方国进

出版发行：贵州大学出版社有限责任公司
　　　　　地址：贵阳市花溪区贵州大学东校区出版大楼
　　　　　邮编：550025　电话：0851-88291180
印　　刷：贵阳精彩数字印刷有限公司
开　　本：787 毫米 ×1092 毫米　1/16
印　　张：33.5
字　　数：589 千字
版　　次：2025 年 1 月第 1 版
印　　次：2025 年 1 月第 1 次印刷

书　　号：ISBN 978-7-5691-1035-7
定　　价：198.00 元

编纂委员会

编辑部

出版说明

在纪念遵义会议召开90周年之际，中共遵义市委党史研究室、中共遵义市委长征研究院推出本书，旨在贯彻落实习近平新时代中国特色社会主义思想，特别是习近平文化思想，牢记习近平总书记殷殷嘱托，传承红色基因，讲好遵义故事，铭记中国共产党带领遵义各族人民进行革命建设和改革开放的辉煌历史，彰显革命传统文化，弘扬遵义会议精神，讴歌新时代新生活，进一步对外宣传展示遵义作为中国革命伟大转折地之深厚的历史底蕴、丰富的革命精神，引领各族人民群众阔步迈向新时代新征程，谱写中国式现代化新华章。

本书以马克思列宁主义、毛泽东思想、邓小平理论、“三个代表”重要思想、科学发展观、习近平新时代中国特色社会主义思想为指导，坚持实事求是原则，全面、客观、系统地记述中国历史文化名城遵义老城历史文化街区的发展过程和改革开放所取得的成果，为保护和传承名街历史文化，激发各族人民爱党爱国爱家乡的情怀，为探索街区建设和城市发展模式、发展道路提供历史智慧和现实借鉴。

本书主要介绍了以遵义会议会址为中心的各条街道（即杨柳街、子尹路、民主路、解放路、碧云路、官井路、红军街及其所连接的街巷），力图全面反映红军长征在遵义的活动以及发生在老城的革命斗争等情况。为展现事件全貌，时间上限尽量追溯至事物发端。

本书采用纲目体，横排门类，纵述史实。根据遵义老城历史文化特点设类目、分目、条目，运用述、记、志、传、图、表、录等形式记述和展现。某些历史人物和在世有关人物，以事系之，不另作介绍。

本书行文中“解放前”“解放后”特指遵义解放的1949年11月21日前

（后）；“中华人民共和国成立前”“中华人民共和国成立后”，以中华人民共和国成立日 1949 年 10 月 1 日为界；“改革开放前”“改革开放后”，以中共十一届三中全会召开的 1978 年 12 月为界。本书“×× 年代”，凡未加“世纪”，均指 20 世纪。不同时期的机构、职官、货币、计量用当时名称，部分历史地名加注今名。国务院 1997 年 6 月 10 日同意撤销遵义地区和县级遵义市，设立地级遵义市，原县级遵义市改设红花岗区，此后有县级遵义市和地级遵义市之分。由于遵义地区与地级遵义市之行政辖区范围未发生改变，且本书资料多来源于史籍、档案、旧志，以及相关部门在不同时期编写的志稿、资料等，故除少数必要处加以说明外，一般不做区分。本书所引资料众多，除少数引文外，一般不注出处。

遵义在中国的位置

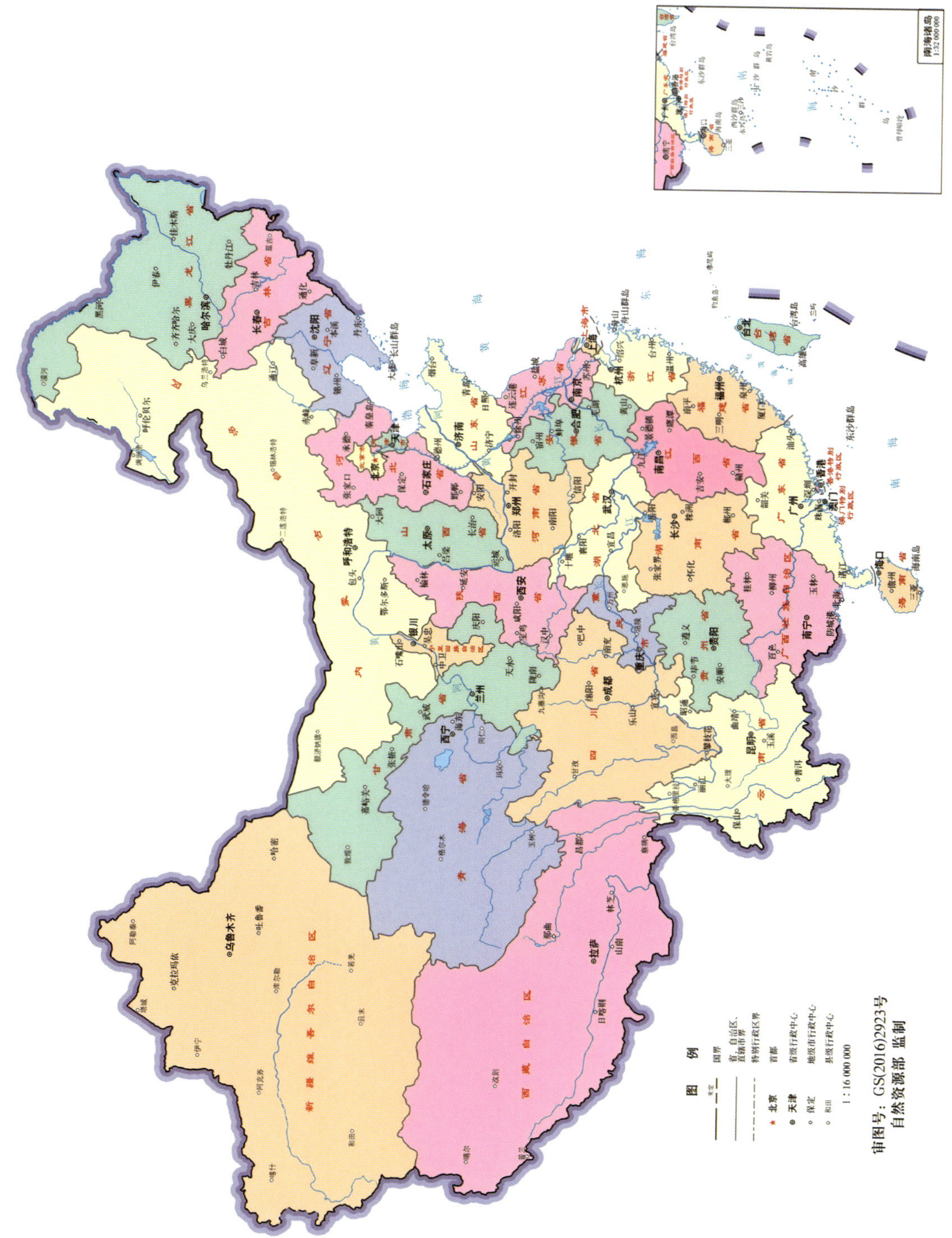

中国地图
图例
国界
省、自治区、直辖市界
特别行政区界
北京 首都
天津 省级行政中心
保定 地级市行政中心
和田 县级行政中心
1:16 000 000
审图号：GS(2016)2923号
自然资源部 监制
南海诸岛
1:32 000 000

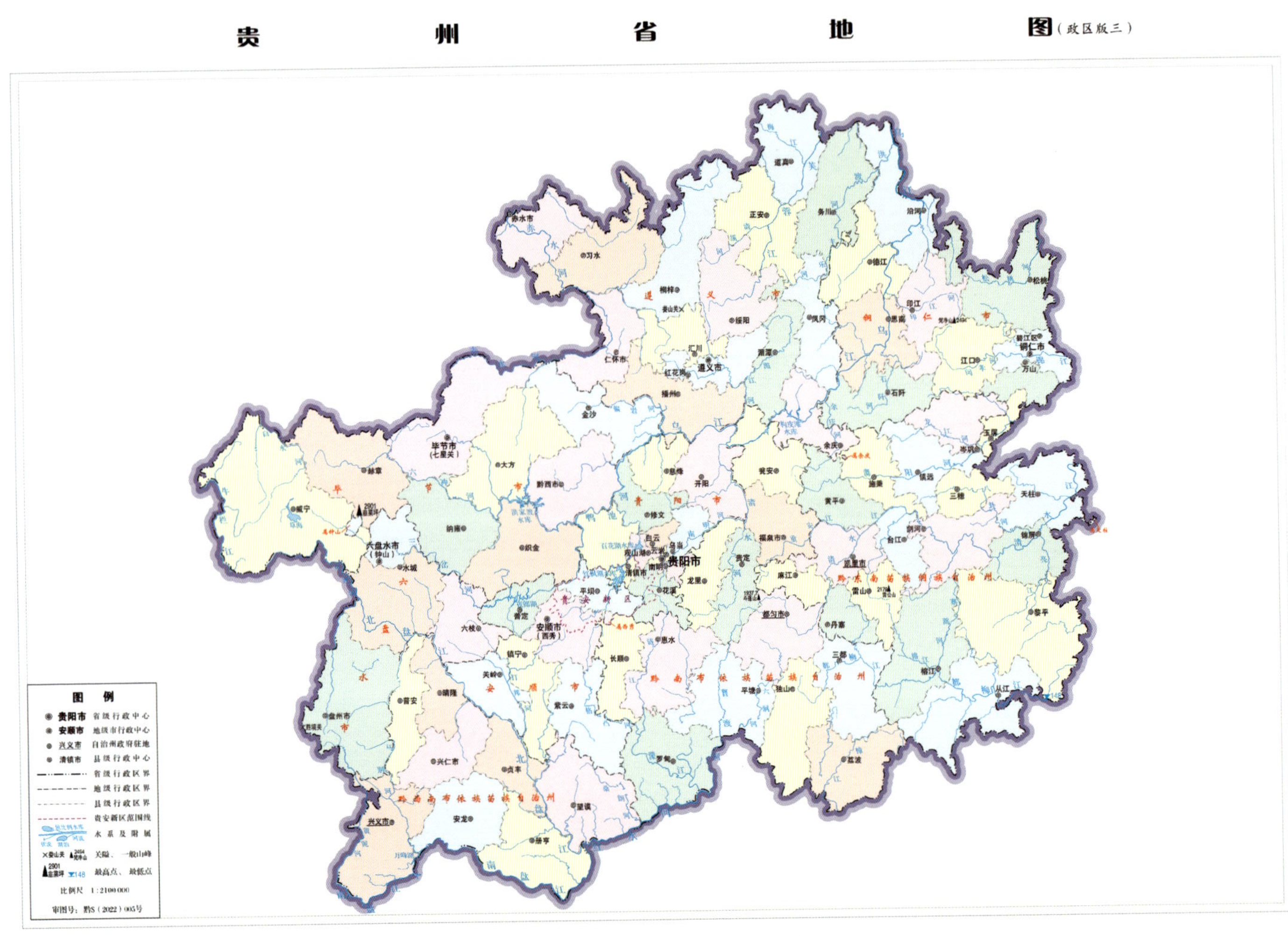

遵义老城（红花岗）在贵州省的位置

遵义老城在遵义市中心城区位置图

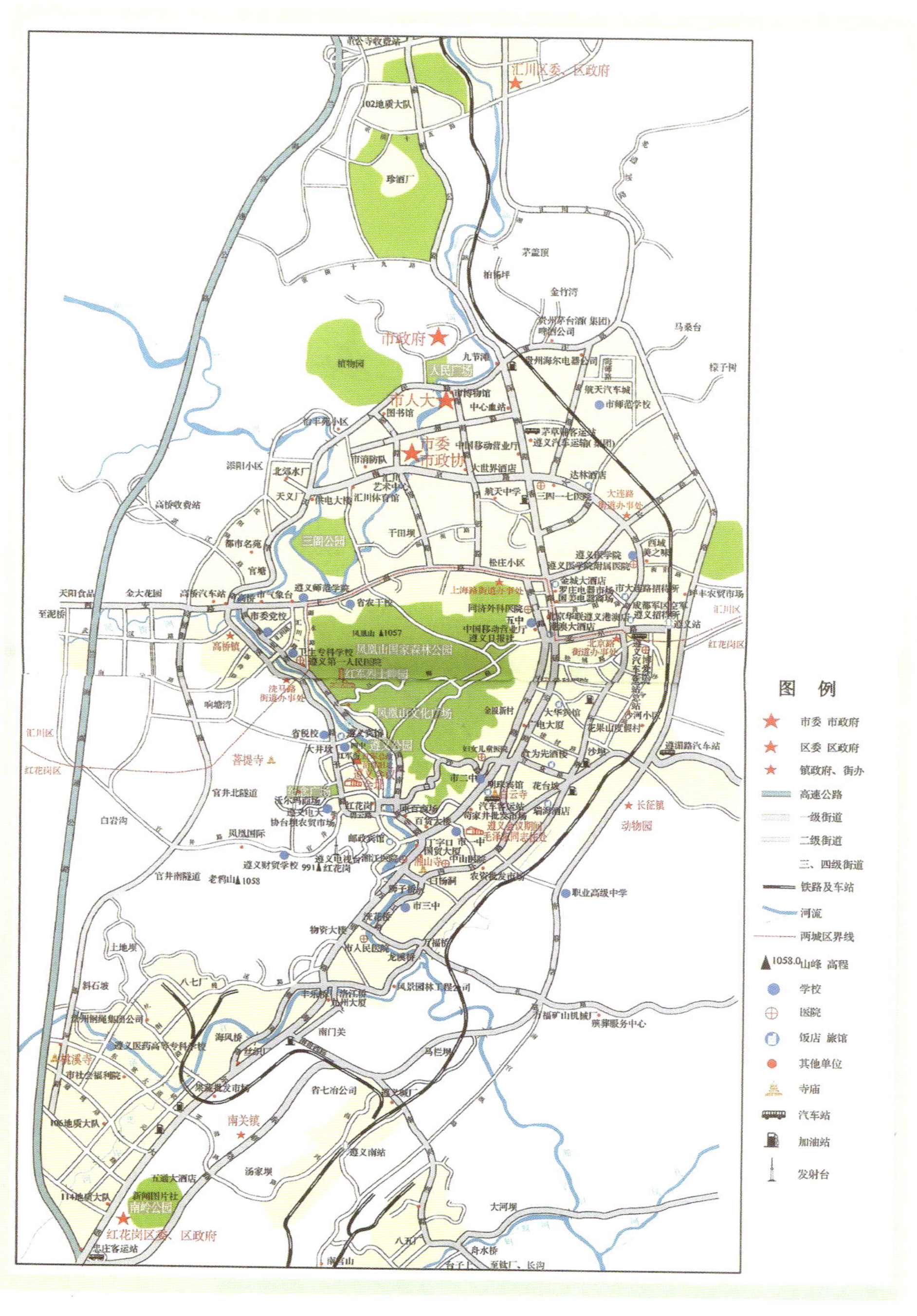

图片来源：《遵义市志》，方志出版社，2017。

遵义老城历史街区示意图

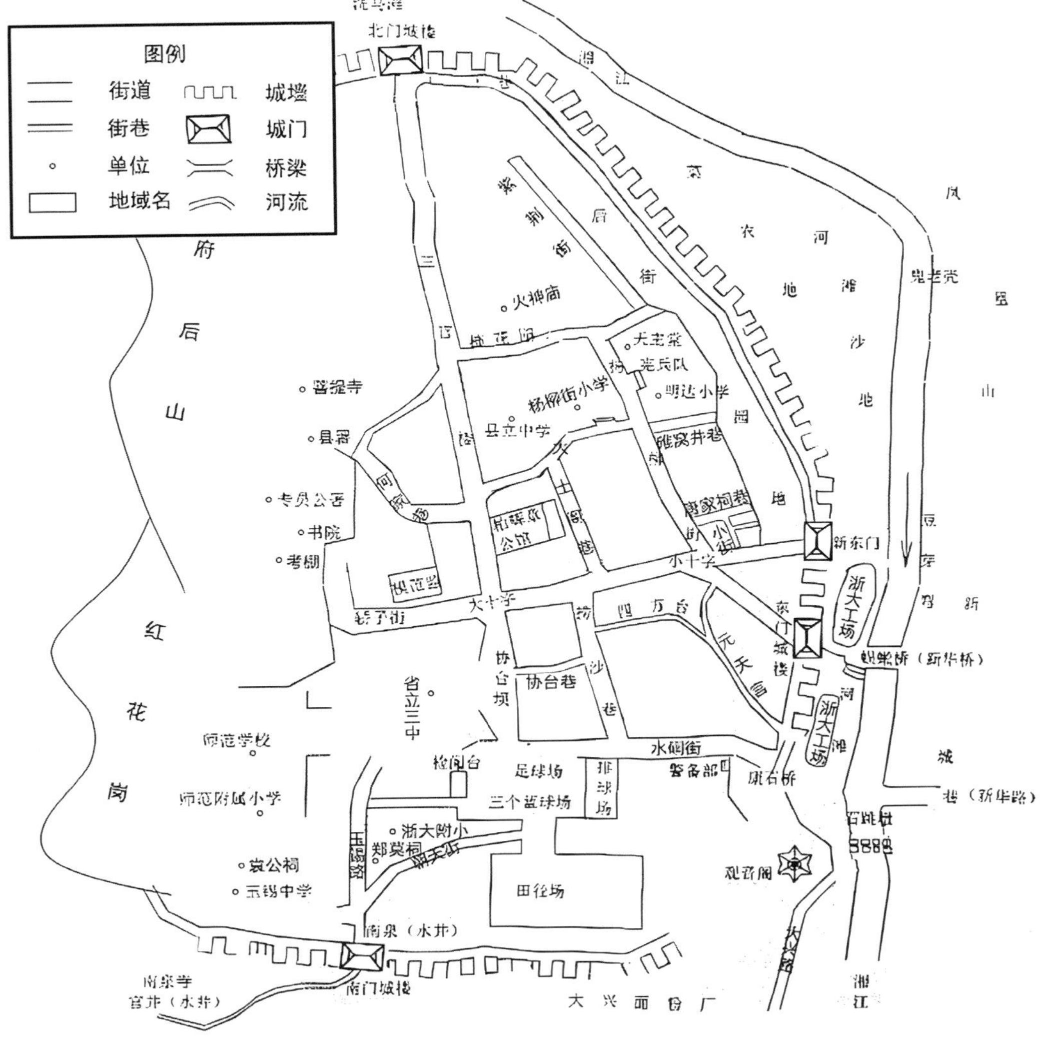

说明：本图是清末到民国时期老城街巷情况示意图，许多街巷今已消失。

老城街道示意图（1982）

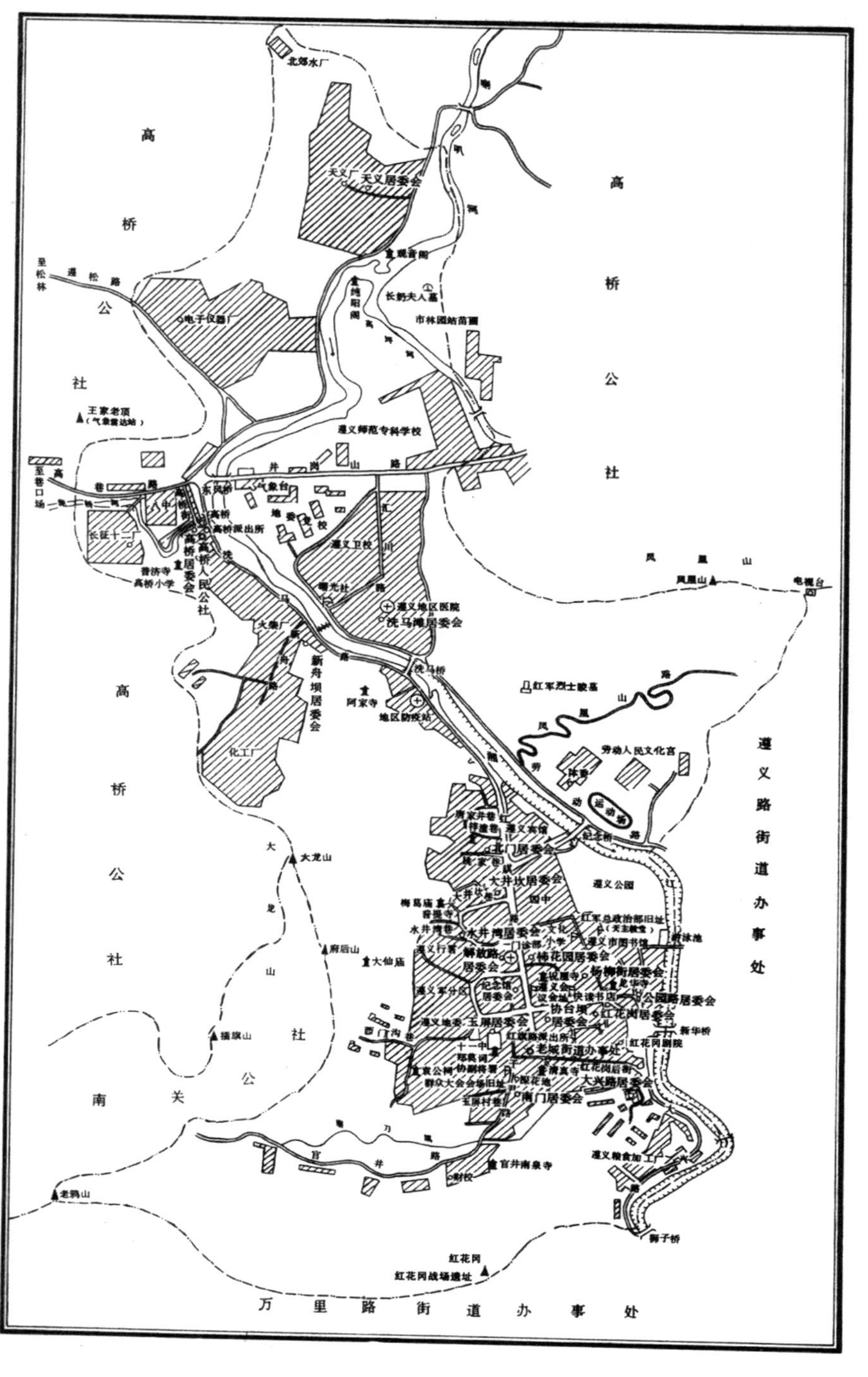

遵义老城街巷示意图（2015）

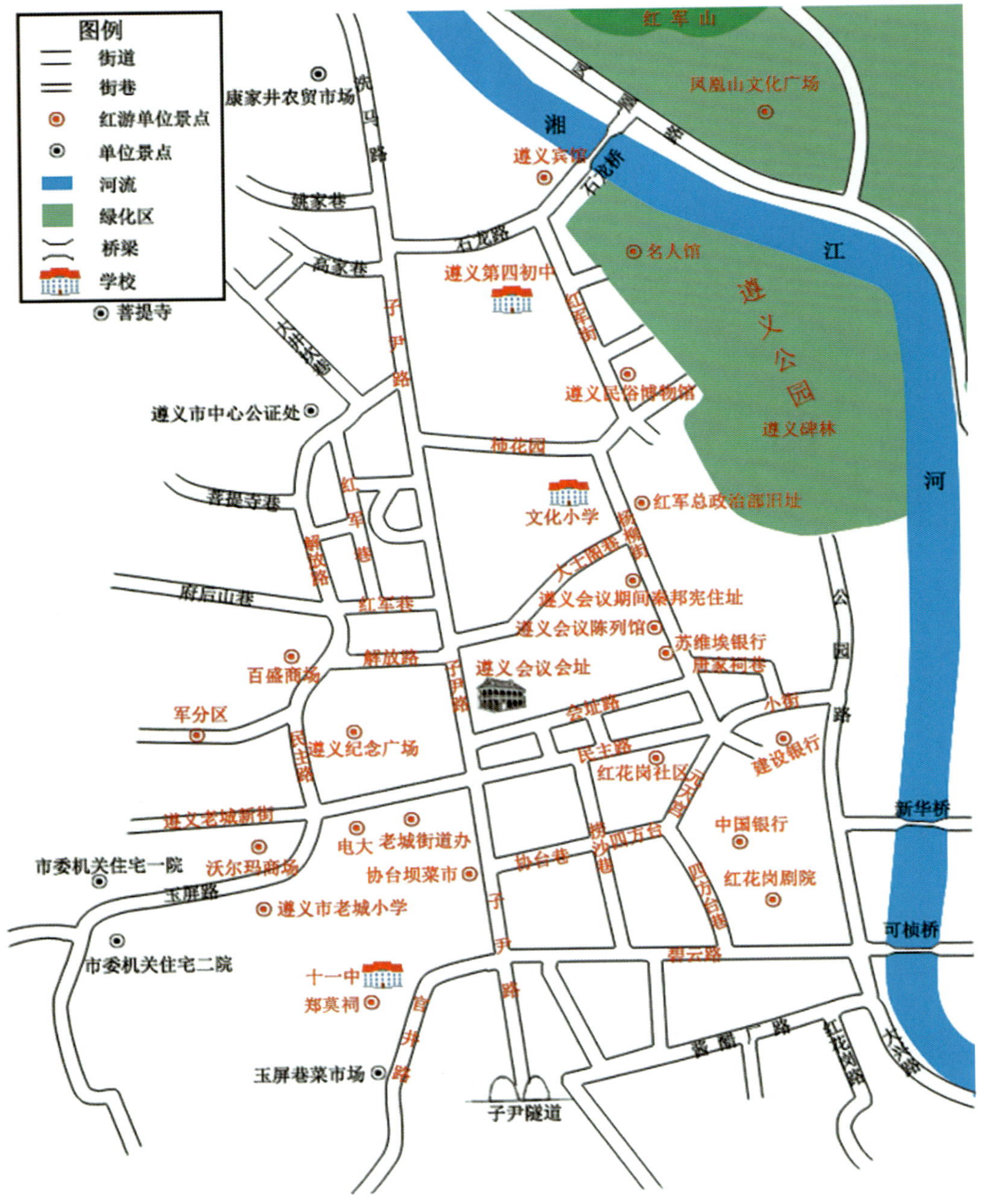

1880 年遵义老城全景

20 世纪 60 年代初的遵义主城区

1996 年的遵义老城遵义会议会址门前一带

1935 年红军攻占遵义时的遵义城

20 世纪 60 年代的老城红花岗

20 世纪 70 年代遵义老城子尹路

解放初期的公园路与民主路（今步行街）交汇处

解放初期的老城玉屏路路口

20 世纪 70 年代的民主路（今步行街）

20 世纪 80 年代的民主路西口

20 世纪 80 年代的协台坝

20世纪80年代老城遵义会议会址片区鸟瞰图

2018年遵义老城区鸟瞰图

遵义会议会址

遵义会议会议室

遵义会议会址大门

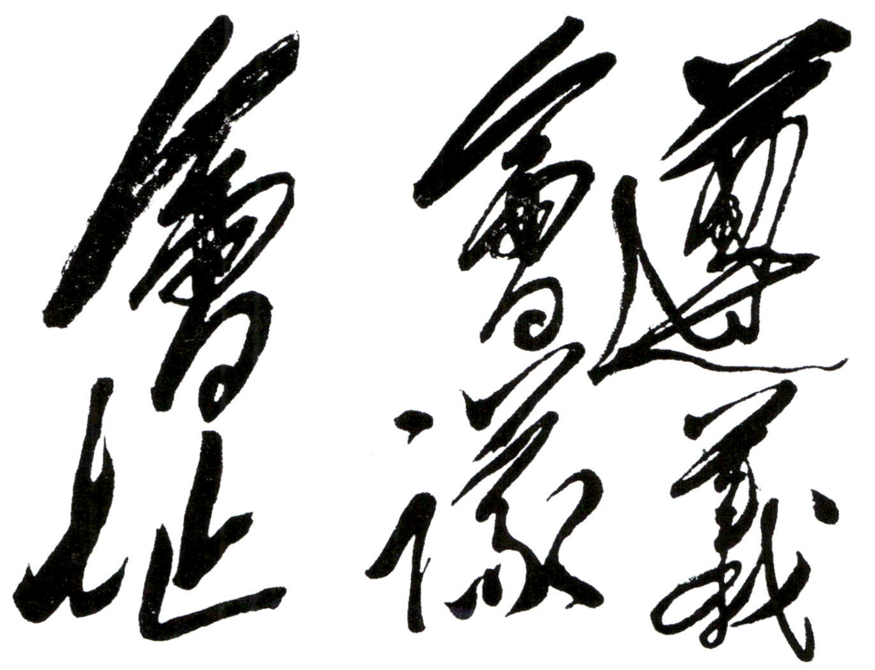

毛泽东为遵义会议会址题字

2005—2013 年遵义会议陈列馆大门

2015 年遵义会议陈列馆远景

2010 年遵义会议陈列馆群雕

出席遵义会议人员群雕

学生在陈列馆聆听讲解

红军总政治部旧址

红军召开干部大会的天主教堂经堂

红军召开群众大会的天主教堂外墙

红军开展群众工作的天主教堂内院

中华苏维埃共和国国家银行旧址

林伯渠和毛泽民塑像

中华苏维埃共和国国家银行
发行的纸币

遵义会议期间秦邦宪（博古）住址

红军遵义警备司令部旧址

红军总政治部地方工作部旧址

遵义会议期间邓小平住址

红军烈士纪念碑

红军烈士陵园大门

邓萍牺牲情景雕像

红军卫生员铜像

红军坟

子尹路

子尹路北段

杨柳街柿花园

杨柳街中段

民主路（步行街）东口

民主路（步行街）中段

官井路北口

碧云路西口

解放路南口

解放路北口

红花岗广场

凤凰山公园

老城新街

百盛商场

红军街俯瞰

红军街“大转折”牌坊

2024 年红军街北口

2016 年红军街中段

2018 年红军街西口

中国优秀旅游城市雕塑

郑莫祠

2019 年遵义 1935 街区

新华桥

可桢桥

石龙桥

遵义凤凰山公园

子尹隧道北口

遵义公园

目　　录

历史在这里转折

地理环境

遵义老城位于遵义市红花岗区西南面，东临湘江河，南倚红花冈山麓，西延大龙山、老鸦山（府后山），北界凤凰山文化广场。它地处大娄山脉东南坡，地势由西北向东南逐渐降低，地貌类型包括山间盆地和切割不深的河谷阶地。老城处于大龙山、老鸦山山脚向湘江河过渡的缓坡地带，沿湘江河河谷南北走向的狭长平地上。这片狭长平地南北长约1660米，东西长约1500米，其上分布着街道和住宅，四周被群山环抱，海拔高度815—1053米。老城总面积为3.4平方千米，地理区位十分优越。

历史底蕴

遵义老城有着丰厚的历史底蕴。南宋淳熙三年（1176），播州土司杨轸将播川县城迁至穆家川（今老城），在此地肇始建城，建立官衙，修筑防御，从此开启了老城建城的历史，至今已有840多年。而穆家川地名的形成应早于杨轸迁治若干年，清乾隆三年（1738）所修的《穆氏家谱》，承传旧谱记载："……贻逾迁就，始基湘川之左，秉杖振业，策酬圣恩，营建白田街是也。"由于迁"湘川之左"（今老城一带）的穆氏族人已形成村落、集市，故取名"穆家川"，且建"白田街"，这里商贸活动也较繁荣，故杨轸方将播川县城由白锦堡迁至穆家川。至明洪武十五年（1382），已有三街六巷的记载。1949年11月21日，遵义解放；25日，以遵义县城区设县级遵义市。1997年，撤销遵义地区设地级遵义市，原县级遵义市设红花岗区。自南宋建城始，遵义老城历为播州、遵义府、遵义专区、遵义地区、地级遵义市的治所驻地，且始终处于黔北政治、经济、文化的中心地位，享有"遵义母城"之称。

人文荟萃

遵义老城的文化积淀亦浑厚，老城建城后，杨氏创造了“播州盛世”。清乾隆以后的百余年间，作为湘江河二级支流的洛安江，其江边的沙滩孕育了以郑珍、莫友芝、黎庶昌为代表的一大批文化名人。他们胸怀家国天下，崇尚渔樵耕读，著述宏富，流风余韵，沾溉百年，创造了享誉后世的“沙滩文化”。1937年，为纪念“西南巨儒”之一的郑子尹（郑珍，字子尹），政府将南北向贯穿老城的主要街道命名为子尹路。

清道光年间，郑珍、莫友芝在府后山山脚的来青阁合纂的《遵义府志》被梁启超誉为“府志中第一”。民国初年，杨兆麟、赵恺和杨恩元先后主持编纂的《续遵义府志》，为民国时期贵州地方志硕果之一。其后，女作家卢葆华的中篇小说《抗争》、蹇先艾的《贵州道上》、傅泽的短篇小说《小姐妹们》、石永言的长篇小说《遵义会议纪实》，入选“20世纪贵州最佳文学作品”。

遵义老城在教育方面垦辟了黔北绚丽文化的深厚沃壤。宋元时期，杨氏治播者立孔庙，尊儒学，黔北文教由此兴起。明末，遵义府学、县学兴建；明清时期，私塾遍及城乡，“二三里有读书声”。清光绪末年，知府袁玉锡创办新学，办《白话报》，设铅印官书局，新文化之风渐入。其所建的遵义府中学堂以其规模宏大、师资雄厚、图书丰富、仪器新颖而名列全省前茅。据浙江大学编印的《遵义新志》载：“遵义县教育之普及，虽江浙各县，罕为伦比。”

抗日战争时期，浙江大学内迁遵义、湄潭，校本部设在贵州省立第三中学（以下简称“省立三中”，在今遵义市第十一中学校址）。浙大在遵义近7年时间，艰苦办学，倡导“求实”学风，成果丰硕，为遵义的文化、经济、教育等发展做出了重大贡献。中华人民共和国成立后，遵义的文化教育日趋繁荣，至21世纪初，老城辖区内有各类学校11所、文化机构10余个，教育业绩突出，文化研究成果丰富。

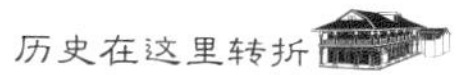

转折之地

1935 年 1 月 7 日凌晨，中央红军进占遵义。1 月 9 日，遵义各界群众到丰乐桥迎接红军入城。红军入城后，将总司令部设在子尹路琵琶桥附近的柏辉章公馆，总政治部设在杨柳街天主教堂。

1 月 15 日至 17 日，中共中央在子尹路柏辉章公馆召开了政治局扩大会议（史称“遵义会议”）。会上，秦邦宪（博古）作了主报告，强调第五次反“围剿”失败主要是由于敌军太强大等客观原因；周恩来作了副报告，承认失败主要是军事领导犯了单纯防御的错误；张闻天的“反报告”批评了“三人团”奉行的消极防御方针。毛泽东系统地批评了博古、李德坚持的“左”倾军事路线，阐述了中国革命战争的战略问题。此外，会议还作出了增选毛泽东为政治局常委、取消“三人团”等决议。遵义会议事实上确立了毛泽东同志在党中央和红军的领导地位，开始确立以毛泽东同志为主要代表的马克思主义正确路线在党中央的领导地位，开始形成以毛泽东同志为核心的党的第一代中央领导集体。此次会议开启了党独立自主解决中国革命实际问题新阶段，并在最危急关头挽救了党、挽救了红军、挽救了中国革命。在这以后，党成功战胜了张国焘等人的分裂主义，胜利完成了长征，打开了中国革命新局面。这次会议，在党的历史上是一个生死攸关的转折点。

红军两次进占遵义城，并在遵义开展了一系列革命活动，成立了遵义赤色工会，建立了遵义县革命委员会，组建了遵湄绥游击队等。遵义有 5400 余人参加红军，为红军筹粮 20 多万斤，赶制军服近万套，使红军在人员和物资上得到了有力的补充，战斗力也大大加强了。随后，红军四渡赤水，出奇制胜，在此期间取得了中央红军长征以来最大的一次胜利——遵义大捷。遵义大捷极大地鼓舞了红军的斗志。红军在新的正确的军事指挥下，最终摆脱了敌军的围追堵截，实现了北上抗日的目的。遵义人民有力地支持了红军，为中国革命做出了不可磨灭的贡献。遵义老城见证了这一段光辉历史。

革命热土

遵义老城的人民得思想文化风气之先，较早地接受并宣传了民主思想，开展了一系列革命活动，故此地具有悠久的革命传统。清宣统三年（1911），为响应武昌起义，同盟会员刘应烇等革命党人在遵义老城府衙成立大汉遵义军政分府，结束了封建帝制的统治。五四运动爆发后，遵义城掀起了声势浩大的声援北京学生的爱国行动。五卅惨案发生后，位于老城的省立三中、遵义县立女子初级中学（以下简称“遵义女中”）的学生走向街头，游行、演讲，抵制日货。九一八事变发生后，抗日救亡宣传活动迅速在遵义城乡广泛开展，并发展成为抗日救亡运动。

抗日战争期间，中共遵义地方组织成为贵州抗日救亡的中流砥柱。中共遵义县委领导全县开展抗日救亡活动，在老城先后组建了“青抗会”“民众话剧社”“音教会”，并开办了“快读书店”，以各种形式宣传革命思想和抗日救亡。同时，“西南文化垦殖团”在遵义老城以文艺形式开展了一系列抗日宣传活动。遵义人民先后在老城举行了抗日阵亡将领郝梦龄、刘眉生的公祭活动。日本投降后，遵义老城举行了别开生面的庆祝活动。

解放战争期间，中共贵州省工委领导的遵义曙光社及“川黔边区纵队”，以老城为中心，团结了一批遵义的进步人士，争取国民党军政人员起义投诚，组织武装护桥、护路、护厂、护校、护粮、护盐等护城斗争，有力地配合了中国人民解放军解放遵义城。遵义解放后，中共遵义地委的领导同志们亲自做地方上层人士的统战工作，团结一切可以团结的力量，迅速开展接管建政工作，安定了社会秩序，恢复并发展了生产，有力地配合了全国的解放战争。

老城巨变

中华人民共和国成立后，遵义老城的社会、经济、文化得到快速发展，社会面貌发生了极大的变化。特别是改革开放以来，为树立遵义良好的城市形象，提

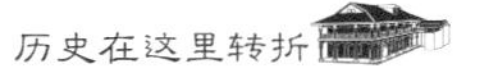

升城市品位，政府对老城进行了一系列改造。市政设施、房屋建筑、公用事业、园林绿化等方面的建设，使老城的城市面貌焕然一新，老城的城市建设跃上了更高的台阶。1982 年 2 月，遵义市成为国务院公布的首批 24 个历史文化名城之一；1992 年，遵义市在首届中国酒文化节上获“中国酒文化名城”称号。

自遵义建城以来，老城便是商贸中心。改革开放以后，老城商贸发展得更加繁荣，建成的各条商业街各具功能，各显特色，成为遵义城一道道亮丽的风景线。民主路步行街为综合性商业街；遵义 1935 街区是集文化、时尚、休闲、娱乐于一体的新潮流商业街区；老城新街主要分布着大型超市和品牌商店；红军街定位为旅游商贸街，主要经营土特产，每天都有上万名外地游客游走于此；最为热闹的是捞沙巷小吃街，这里几乎汇集了遵义所有的名优小吃，八方游客到达遵义后，多数要光顾此处，一尝遵义特色美食。

随着旅游业的迅速发展，红色旅游业已然成为遵义老城的支柱产业。光照千秋的遵义会议——这一中国革命史上最闪亮的光束，吸引了全中国、全世界人的眼球，承载这一伟大事件的遵义会议会址也成为红色旅游的核心景点。20 世纪 80 年代以来，遵义大力打造以遵义会议会址为中心的遵义红色旅游景区，形成了以遵义会议历史事件为核心内容，以遵义会议会址为中心地标的革命文化纪念体系，彰显出老城红色文化的魅力。遵义市利用拥有的丰厚独特的红色文化资源优势，抓住国家规划建设红色旅游经典景区、精品线路的历史机遇，加快各种硬件设施的建设，全面拓展和提升旅游服务的内容与质量，充分利用全市红色文化、生态观光等旅游资源，设计了多样的旅游线路，旅游业得到快速发展，游客量快速增长。今日的老城，游客如云，遵义会议纪念馆在节假日经常出现“井喷”现象。遵义红色旅游已形成规模，成为贵州旅游的一大品牌，遵义会议纪念体系也已成为红色旅游及培训的一大特色。1997 年，遵义会议纪念馆入选中央宣传部公布的首批全国爱国主义教育示范基地；2005 年，国家旅游局公布其为 AAAA 级旅游景区。如今，遵义已成为全国红色旅游的热门目的地之一。2023 年，遵义老城的年游客量达 800 余万人次。

遵义市文化小学
会址派出所遵义市文化小学警务室
遵义市文化小学教育收费公示（2024年秋季学期）

老城要览

南宋淳熙三年（1176），播州杨氏第12代土司杨轸将播川县城从白锦堡迁至穆家川（今老城），开启了老城建城的历史。至明朝初年，老城的规模不断扩大，逐渐形成了街市，从此成为黔北的政治、经济、文化中心。如今的遵义老城，区位优势明显，人文底蕴深厚，文化教育发达，商贸旅游繁荣。老城是遵义文物古迹，尤其是红色文化遗迹遗址集中的地方。这里山清水秀，气候宜人，是人所乐居的好地方。如今，这座拥有丰厚历史文化和长征文化特质的老城，已成为黔北旅游的中心。

遵义城市风光

地理区位

●地理

老城街道位于遵义市红花岗区西南部，地势西高东低。其地理位置在北纬27°36′— 27°49′、东经106°45′—107°01′，平均海拔为935米。该区域面积约3.4平方千米，南北沿子尹路分布。从新华桥起，向北沿湘江河延伸至凤凰山文化广场，向南延至可桢桥，隔湘江河与新华路相望；北接凤凰山文化广场，以洗马滩上200米处为界与洗马路相邻；西连大龙山、老鸦山山麓，以风景林区与南关街道相隔；南倚红花冈山麓，以910地勘队为界与南关街道城郊相接。

遵义老城地处黔北高原向黔中丘陵过渡的地带，地质基础复杂，四周被群山环抱。地势整体呈西北高、东南低的特点，山间溪流最终注入湘江河。

●区位

交通区位 遵义老城位于贵州省北部遵义市红花岗区，川黔公路、铁路经红花岗区中部南北纵贯而过。现在，红花岗区至重庆的高速公路里程为240千米左右，至贵阳的高速公路里程为150千米左右。

公路：1935年，川黔公路贯通，成为遵义有公路之始。后遵义逐年在各县修建公路，形成省道、国道联络四周的公路网络。贵遵高等级公路于1997年11月建成通车。2005年，崇遵高速公路建成通车，遵义至重庆的高速公路里程为243.2千米。此后，陆续建成杭瑞高速（遵义段）、环城高速、黔北高速、遵义机场高速、渝筑高速等。至2020年，遵义市已建成四纵三横一联线的公路网络。红花岗区处于遵义公路交通的中心地位。遵义的公路客运站主要有3个，最早设立的遵义客运总站，位于遵义火车站西侧、北京路东端，为国家二级客运站，距老城红花岗3.8千米，现已搬迁到红花岗区东联络线东侧、渝黔快铁西侧的长征街道凉水井，距老城红花岗9.2千米；汇川区茅草铺客运站于2003年建成投入使用，距老城红花岗5.3千米；2004年建成的忠庄客运站为省级客运站，距老城红花岗8千米，为公路出行的主要站口。

遵义火车站

铁路：遵义至贵阳的普通铁路里程为153千米，快速铁路里程为141.9千米；遵义至重庆的普通铁路里程为308千米，快速铁路里程为240千米。1965年建成遵义火车站，并开始营运，它为二等站，位于市区北京路东端，距老城3.9千米。2018年1月，快速铁路遵义站建成并投入运营，它为二等站，位于红花岗区颜村，距老城4.8千米。

航空：遵义新舟机场位于遵义市红花岗区新舟镇，距离老城约42千米，是贵州省第二大机场，也是贵州最大的支线机场。新舟机场原为军用机场，2007年改建为军民两用机场，2012年8月28日正式通航。

经济区位　遵义老城历宋、元、明，直至清朝初年，期间发展缓慢且规模不大。清乾隆年间，社会较为安定，遵义人口增加，养蚕与丝织业的兴起及川黔大道的开辟，促进了商业发展，集市范围随之扩大。清咸丰九年（1859），于湘江河东岸建成遵义新城，其与老城隔江相望，中以万寿桥（今新华桥）连接，组成双联式城池。1928年，穿越新城的贵北公路（贵阳—桐梓）开通。1935年，川黔公路全线贯通。1949年末，老城城区总面积为4平方千米，房屋总面积为86万平方米。

遵义机场

据宋代《遵义军图经》记载，遵义有“黔北粮仓”之誉。清乾隆初年，知府陈玉壂从山东引入柞蚕，并教民放养及缫丝、织绸技术，所产的丝绸与吴绫蜀锦竞价中州，遵义因此富甲全省。四川、湖南、湖北、江西等地的农工商贾接踵迁入，或务农，或兴工，或经商，或办学，促进了遵义经济文教事业的繁荣。抗日战争时期，新办和内迁的工厂，进一步推动了遵义轻工业及科技事业的发展。中华人民共和国成立以来，遵义的农业、手工业、商业迅速恢复和发展，工业规模也由小到大，逐步形成体系。1965 年，遵义开始了“三线”建设，大量工厂内迁遵义，在推动经济发展的同时，也带来了先进的文化。1965 年 10 月，川黔铁路通车。至 21 世纪，四通八达的高速公路和快速铁路的建成，有力地促进了遵义的经济建设、社会发展和文化繁荣。处于遵义市中心城区核心区域的老城，其政治、经济、军事、文化、旅游的地位更加突出。

随着经济的快速发展和城市建设的全面推进，老城的民主路逐渐发展为商业步行街，它如今是红花岗区繁华的商业区；2007年新建的红军街是旅游商品区，外地游客纷至沓来，人流如织，该街如今商贸活跃；老城新街是集商品贸易和美食为一体的商贸区，生意兴隆；遵义1935街区为新消费型现代商圈，主打娱乐与购物，是年轻人所喜好的消费场所，遵义市已成为一座初具规模的新兴工业城市。在遵义经济发展的每个时期，老城均处于中心地位。近年来，随着党政机关迁往位于红花岗区东部的省级经济开发区新蒲新区等城区，老城作为历史文化旅游休闲中心区的特色更加凸显。

地形地貌　遵义老城地处大娄山脉东南方向的边坡地带，境内的地势呈现由西北向东南逐渐降低的总趋势。老城处于大龙山、老鸦山山脚向湘江河过渡的缓坡地带，沿湘江河河谷南北走向的狭长平地上。辖区内，海拔815米的湘江河为最低处，海拔1053米的老鸦山为最高处，总面积约3.4平方千米。地貌类型包括山间盆地和切割不深的河谷阶地。老城东临湘江河，湘江河东岸从北到南依次为小龙山（红军山）、凤凰山；湘江河西岸为南北长约1660米、东西长约1500米的河谷缓坡平地，平地上主要分布着老城的街道和住宅；西面为环状山峰，从北到南依次为大龙山、老鸦山、红花冈。

凤凰山植被

气候植被　遵义老城位于中亚热带湿润季风气候区，受季风影响特别显著。冬春季节多受北方来的寒潮或冷空气影响，冬季风一般多为东北风或偏东风。受偏东北季风影响时，常常产生夜雨。4月中旬，西南季风北上，阴雨天气减少，

晴间多云日数增多，温度显著上升。遵义所处的纬度低，日光照射强烈，连晴 3 天，温度就可能升至 30℃以上。1957 年 4 月曾出现 37.6℃的高温。由于夏季风（西南气流）北上，4 月 16 日前后，遵义便进入雨季，中到大雨的天气常常出现。遵义老城地处长江上游，也会出现降雨量大、降雨次数多的梅雨天气。

9 月中旬，夏季风逐渐减弱南退，冬季风逐渐增强南下，遵义开始出现持续的秋雨天气。冬季风基本控制遵义时，又转为云低阴沉的多小雨天气。遵义老城地处低纬度，所以冬季 1 月为最冷时期，极端最低气温也仅为 –7.1℃（1977 年 1 月）；而在夏季，虽常受西南季风影响，极端最高气温也仅为 38.7℃（1953 年 8 月）。遵义市年平均气温 15.1℃，气候受季风影响明显，年均日照 1176 小时，降水量 1000 毫米左右，无霜期 281 天。总体来说，遵义雨量丰沛，气候宜人，冬无严寒，夏无酷暑，适宜生产与生活。

水文井泉 湘江河为长江水系乌江的支流，发源于大娄山脉南麓，自西北向东南流经市境后折向东流，于播州区三星场汇入乌江，全长 143 千米。流经老城地界的河道长约 1660 米，河面宽约 100 米。湘江河属山区雨源性河流，流量季节性变化大，汛期时水量大。老城地表水主要积聚于湘江河。

官井

老城井泉较多，有的为裂隙水井泉，其流量虽小，但水质较佳，如官井路中段的官井、原碓窝井巷的碓窝井等，两泉泉水供居民世代饮用，享有盛誉，为遵义名泉。

老城周边山峰原生植被类型属于亚热带湿润季风气候区常绿阔叶林，受历代人类活动的影响，现已无成片原生植被存留。现有植被是以马尾松、栎类为主的针叶林和残存的硬阔混交林，均为天然更新和人工更新林地。经过多年的培育，老城周边山峰现已绿树成荫，植被良好。

历史沿革

唐贞观十六年（642），设遵义县（属播州），直至两宋、元、明。明万历二十九年（1601），改土归流，建遵义县，属四川省遵义军民府。清雍正六年（1728），改隶贵州省。1949 年 11 月 25 日，以遵义县城区设县级遵义市。遵义老城地域历为播州土官、安抚司、宣抚司、宣慰司、遵义府、遵义县、遵义专区、遵义地区、遵义市的治所驻地。

本书记述的杨柳街、子尹路、民主路、解放路、水硐街（碧云路前身）、官井路等，1952 年均隶遵义县城关区，1958 年隶遵义市老城人民公社，1959 年隶红旗人民公社。1960 年，红旗人民公社更名为老城人民公社；1964 年，老城人民公社更名为老城街道办事处。1984 年，水硐街扩建为碧云路。2007 年新建红军街。1997 年 6 月 10 日，撤销县级遵义市，设地级遵义市红花岗区。如今，以上街道均隶属红花岗区老城街道办事处，并且是其辖区的核心区域。

居民生活

●人口

遵义老城解放前为遵义县城区的一部分。民国时期人口资料残缺不全，仅城区人口数散见于部分史籍。1948 年出版的《遵义新志》载：1935 年遵义城

区人口57900人。抗日战争全面爆发后，沿海人口大量内迁，城区人口急剧增加，1943年达66485人。次年冬，日军侵至贵州省独山县，外省及省内人口大量向北迁徙，驻湖南、广西的中央机关迁至遵义的也较多。1945年5月，城区人口增至88318人。抗日战争胜利后，迁入人员陆续迁出，至1945年9月，城区人口降至72126人。次年，中央机关、工厂相继裁撤停歇，浙江大学、陆军步兵学校东迁，城区人口日减。但因几年间工商业迅速发展，经济逐步繁荣，人口自然增长较快，城区人口仍在6万以上。

老城街道区域的人口数在解放初没有确切的统计数据。1953年7月，全国进行第一次人口普查时，老城街道办事处成立，辖区人口为19835人。1964年，第二次全国人口普查时，辖区人口为20987人。1982年，第三次全国人口普查时，辖区人口为40876人。1990年，第四次全国人口普查时，辖区人口为53460人。2000年，第五次全国人口普查时，老城街道办事处下辖16个居民委员会，总人口为54789人。2010年，第六次全国人口普查时，老城街道办事处下辖7个社区居民委员会，总人口为55348人。2023年，辖区户籍人口为5万9千余人。

●人口文化结构

20世纪50年代至60年代，遵义老城人口的文化程度普遍较低；60年代至80年代，文化程度有所提高；80年代至21世纪初，具有中等以上学历人口的比例大幅度提高；21世纪以来，具有高等学历的人口占比超过12%，具有中等学历（含初中）的人口占比超过80%。

遵义老城属汉族人口聚居地区，少数民族人口占总人口的1%以下。世居遵义市的少数民族主要是仡佬族和苗族。其他少数民族多为近代移居的，特别是1949年后，随着遵义市的建设和发展，省内外因工作迁入的少数民族人口增加较多。

●消费

生活消费 民国时期，战事频繁，百姓处于战乱之中，生活十分困窘；中华人民共和国成立后，社会生活不断改善，人民的生活水平也不断提高；改革开放以后，社会经济发展成果显著，至2016年，人民生活基本达到小康水平。

衣着消费 中华人民共和国成立前，富贵人家的衣着华丽，贫寒人家的衣着破旧，中等人家的衣着常常“新三年，旧三年，缝缝补补又三年”；中华人民共和国成立后，居民缝制、购买新衣的能力增强。改革开放后，人民生活水平大幅度提高。

日用品消费 中华人民共和国成立前，能消费现代工业日用品的城区居民甚少，多数居民使用竹木陶土器具；中华人民共和国成立后的较长一段时间，肥皂、香皂、搪瓷制品、钢精锅、暖水瓶、自行车、缝纫机等日用品限量供应，居民的消费受到限制；20 世纪 70 年代后期，日用品敞开供应，手表、自行车、缝纫机逐渐进入寻常人家；80 年代，家用电器品类增多，居民的消费量也随之加大；21 世纪以来，90% 的家庭拥有了彩电、洗衣机、电冰箱、空调等家用电器；2010 年以来，许多家庭购买了小汽车和新住房，人们的消费观念也发生变化，金融、保险、房地产、教育、文化、旅游、健身等方面的消费不断增多。

●住居

城区民居 中华人民共和国成立前，多数居民住的是人均面积较小的木结构的瓦房或草房，只有少数人住的是人均面积较大的砖木结构的瓦房。20 世纪 50 年代至 60 年代，新建的民居多为砖木结构，高 2—3 层，无阳台、厨房及卫生间；70 年代至 80 年代，改建或新建的民居多为砖混结构，高 5—9 层，为单元式；80 年代中期，部分住户进行室内装饰，改善了居住条件。1979 年，抽样调查老城区 30 户居民，年人均房租支出为 4.31 元。1985 年，抽样调查老城区 100 户居民，年人均房租支出为 6.48 元，室内装饰支出为 2.35 元，人均住房为 7.3 平方米。1989 年，抽样调查老城区 100 户居民，年人均房租支出为 8.83 元，室内装饰支出为 3.78 元，人均住房为 9.42 平方米。2007 年，居民人均住房面积达 31.1 平方米。2007 年以后，人均住房面积又有所提高，达 38.2 平方米。

●社会保障

中华人民共和国成立后，建立了劳动保险制度。1951 年，中央人民政府政务院发布《中华人民共和国劳动保险条例》，随后逐步健全完善，建立了养老保险、

老城旧时生活浮雕壁

医疗保险、工伤保险、失业保险、生育保险制度，使劳动者在特定情况下能从政府和社会那里得到一定的经济补偿、物质帮助和社会服务。

1998 年，遵义市启动城市居民最低生活保障制度，以保障老城居民无职无业者的生活。

21 世纪以来，国家大力开展扶贫工作，帮助贫困地区和贫困户开发资源、发展生产、摆脱贫困。老城居民的生活水平持续提高。

街道组织

老城街道办事处　老城街道办事处位于民主路 221 号，辖 7 个社区，辖区面积约 3.4 平方千米。2023 年，户籍人口为 59616 人，常住人口为 18162 户，计 29994 人。辖区内有机关单位 74 个，学校 11 所，非公企业及个体工商户 2300 余户。

1949 年 11 月 21 日，遵义解放，旧政府人员、资产等被接收；11 月 25 日，建立遵义市人民政府，老城被设为文化区。1950 年 4 月，文化区、洗马区合并，成立老城文化区人民政府。1950 年 11 月，遵义市撤区废保甲，建街、邻、组，均以数字编号，老城（文化区）建第一至第四街。1951 年 1 月，遵义市建制改编为遵义县城关区，老城撤文化区，建立一、二、三街公所。1952 年 7 月，恢复遵义市建制。1953 年 8 月，老城文化区一、二、三街公所合并，建立遵义市老城街道办事处，辖 7 个居民委员会。1958 年 12 月，城区人民公社化，老城街道办事处改为遵义市老城人民公社。1959 年 1 月，遵义县并入遵义市。4 月，高桥乡、海龙乡并入老城人民公社，建立遵义市红旗人民公社，辖湘江、纪念、高桥、海龙 4 个管理区。1960 年 5 月，红旗人民公社更名老城人民公社，海龙、高桥两管理区被划归遵义县。1964 年 12 月，老城人民公社更名为遵义市老城街道办事处。1966 年 9 月，老城街道办事处更名为遵义市红旗路街道办事处。1968 年 2 月，遵义市红旗路街道办事处更名为遵义市红旗路街道办事处革命委员会。1980 年 1 月，遵义市红旗路街道办事处革命委员会更名为遵义市红旗路街道办事处。1981 年 7 月，遵义市红旗路街道办事处再更名为老城街道办事处，辖 18 个居民委员会。1984 年 7 月，老城街道办事处划分为老城、洗马两个街道办事处。1989 年，老城街道办事处下辖 16 个居民委员会。1997 年，遵义市撤地设市，成立红花岗区人民政府，老城街道办事处更名为遵义市红花岗区老城街道办事处。

老城街道办事处机构现设有党政办、党建办、平安法治办、城管办、公共事务管理办、党务政务服务中心、产业发展服务中心、综合治理服务中心、社区事务服务中心、综合执法队、司法所等 11 个科室。

表 1　老城街道社区情况表（2023 年）

名称	辖区	面积（平方千米）	常住人口（人）
大兴路社区	北以子尹隧道至融兴大厦为界，南至狮子桥贝思铂亚酒店，东以碧云路为界，西靠老鸦山。	0.5	5928
红花岗社区	东起湘江河畔；西至南门社区；北以纪念广场为界，与纪念馆社区相邻；南以碧云路为界，与大兴路社区相邻。	0.12	5092
府后山社区	东临解放路，西至老鸦山，南与南门社区相接，北与北门社区接壤。	0.5	3362

续表

名称	辖区	面积（平方千米）	常住人口（人）
南门社区	东至子尹路彩印楼；西至西门沟天利花园，与南门村接壤；北接府后山社区；南至官井路谭家院，镶嵌南门村。	0.5	6492
纪念馆社区	东起新华桥头，西至解放路法院街，南起纪念广场、步行街，北以石龙路为界连接北门社区。	0.25	5148
北门社区	东至凤凰山森林公园电视塔，与中山路街道接壤；南至大井坎，与府后山社区接壤；西至大龙山森林，与南关街道接壤；北至阿家寺，与洗马路街道接壤。	0.72	5668
官井社区	东、南临南关街道南门村，西、北临南门社区。	0.35	9370

教育事业

●府学·县学·书院

遵义最早的儒学教育是从长官司学开始的。明洪武十年（1377），建播州长官司学；明永乐四年（1406），升为宣慰使司学；明万历二十九年（1601），于县治左侧三洞桥（今老城法院街）立府学。府学设教授1人、训导4人，按规定录取生员。学习内容除四书五经外，还有《性理大全》《资治通鉴纲目》《大学衍义》等。明万历年间，播州置府学时同设县学。明万历三十六年（1608），遵义知府孙敏政办社学，讲习婚冠丧祭礼节。清康熙五十四年（1715），遵义知县邱纪建湘川书院（初名湘江书院，后名芹香书院，原址在今中山路湘江公寓东侧）。两年后，又于城内府治与考棚间，原府社学旧地（今遵义军分区南侧）建育才书院。因经费不裕，湘川并入育才，改名启秀书院。郑珍曾任启秀书院的主讲，及任湘川书院的山长（院长），莫友芝曾两度任湘川书院讲席。清雍正元年（1723），社学改为义学，以训蒙童。清中叶以后，遵义有义学6所，其中城中有4所。光绪十二年（1886），总兵何行保捐资于府治南门内朝天街（今遵义市第十一中学右侧）建味经书院。

●私塾

私塾俗称“私馆”，是中国传统的办学方式。在遵义历史上，私塾在传授知识、培养人才方面曾起过比较重要的作用。清道光元年（1821），遵义县沙滩人黎恂从浙江奔父丧返里时，带回各种书籍十余箱，其称病不仕，设馆教授族人及乡邻子弟，黎庶昌等都曾在黎恂开办的私塾里读书。遵义的私塾，形式大体可分两种：一种是塾师自行设馆，接收附近平民百姓子弟入学，称“散馆”；另一种是官宦人家或殷实富户延聘塾师教授子弟，兼收少量亲朋好友的子弟成馆，称“专馆”。散馆塾师的“束脩”（薪金），由塾师与家长议定，按习惯一般在端午、中秋、农历除夕前交纳，塾师则回赠学生纸扇、笔墨等物，对成绩优秀的学生，塾师还亲书扇面，题词勉励，以示器重。专馆塾师的待遇一般较优厚，东家还给塾师提供食宿。清同治、光绪年间，李和尚于关圣殿设的馆为散馆。清宣统年间，举人王子文在捞沙巷设馆，余大奎于县衙门口设馆。另外，柿花园（今遵义市第四初级中学校园西南角）曾设有蹇氏私塾。1930年，遵义县县长金章家中设有“专馆”。

旧时私塾

私塾的教学内容依据学生的文化程度而定，初学者读《百家姓》《三字经》《千字文》《随身宝》《龙文鞭影》等启蒙读物；程度较高的读“四书”及《古文观止》《古文释义》《左氏春秋》等。此外，还选读《增广贤文》《幼学琼林》《声律启蒙》等所谓的杂书。中华民国年间，李筱云、李朝灵父子办的私塾，后期曾用过“中山补习学校”这一名称，增开数学、英语、自然等课，学生经过补习，可以直接考入中学。20 世纪 40 年代，遵义城还有“凌云补习班”，由朱企霞、乔剑秋开办。这些补习班所授的课程主要是英语、数学、语文，补习对象主要是初中学生。私塾采用注入式的教学方法，即上午教新课，下午学生进行背诵，每本书须逐段逐本完成。有的塾师也给学习能力较强的学生讲解课文要义，或教学生写诗、联句。私塾学生入学时长为一年，没有暑假，只放“年学”（相当于寒假），其他假日的安排如端午、中秋等则顺应地方习俗。

清末民初，私塾林立，致使新式学堂招生一度困难。1915 年，贵州省政府在“整理全黔教育案”中提出办“改良私塾”的折中办法，规定“遵用教部审定之国民学校教科用本三门以上实行教授，并学生能背诵演习者即认为改良”，“改良私塾”的学生在 30 名以上者则改为私立小学或代用小学（城镇乡立公学尚未成立时即以之代用）。1941 年，遵义提倡“保保设校”（保相当于现在的社区）后，私塾的数量曾一度有所减少。但到抗战末期，各地所设的国民学校因经费拮据、招生困难、教学质量低下等原因停办，私塾又日益增多。有鉴于此，遵义县政府在 1945 年 7 月颁布了“改良私塾暂行办法二十条”，就办学原则、课程与训管、训练与辅导研究、奖惩及取缔等方面做出规定：要求各私塾“在不妨碍公私立小学招生之范围内，得招收学龄儿童及年长失学之儿童”，“塾址须距中心或国民学校四华里之外”，“不违背中华民国教育宗旨及实施方针”，“遵用教部审定之教科书”等；还规定了国语、算术、常识为基本课程，基本课程应占授课总量的 60%；塾师得“参加本县假期训练班或塾师讲习班”，“加入当地小学教育研究会”；凡经县政府认可的私塾，其成绩优良者改为代用小学，违背暂行办法，屡教不悛者勒令停办。结果这个“暂行办法”并未付诸实行，各私塾都冠以“改良”二字以搪塞上司，实际上照旧运作。

1946 年 5 月、9 月，遵义县县长李世家以各私塾“未依法改良，且大量征收学费，妨碍国民教育”等理由，两次下令取缔私塾。同年 11 月，他又重申前令，要求各乡镇对私塾进行认真查封，甚至允许将塾师“转送来府，以凭究讯”，但收效甚微。到了1948年2月，遵义县县长周元椿仍下令对私塾“严予取缔”。然而，直至中华人民共和国成立前夕，遵义私塾的数量，无论城乡，仍占有相当大的比例。

●应试

播州土官杨价统治播州时，向南宋朝廷申报获准每年可选贡士3人进京读书应试。南宋嘉熙二年（1238），冉从周及第，成为播州第一位进士。此后，遵义读书人中举者不乏其人，尤以清朝中叶为甚。清嘉庆、道光年间，贵州16府（厅、州）历届科举省试，遵义考取举人48人、武举人76人、贡生334人。其中，掇第最高者为清光绪二十九年（1903）癸卯科杨兆麟（遵义老城人），中一甲第三名（探花）。明末清初，遵义府生员应试，先附四川州棚，后附重庆棚，清贫者无力筹措行资，富裕者艰于长途跋涉。清康熙七年（1668），遵义府生员联名具呈府县，请学道孙允恭临遵主考，以道署为临时考棚。此后30余年，考棚时设于遵义，时设于重庆。康熙四十二年（1703），知府王元弼据全郡绅士呈请，详报上司，请为遵义设一考棚。庠生罗大昌捐银数百两，随折北上，奏请学政临遵主考。罗大昌途经保定府时，获得新安县知县、遵义人李先立的支持。李先立同时另自呈文恳求。经过多方努力，终于获准设考棚于遵义。康熙四十六年（1707），遵义府于府署右（今老城沃尔玛商场南侧）建考棚，学政临遵义主考，遵义府生童免除了长途跋涉之苦。考棚设施完备，嘉庆年间重修时，扩大了规模，备石桌石凳。经费先由生童公捐，后由棚田支付。康熙五十六年（1717），知府赵光荣于东隅里等22处置棚田，岁收租谷约212石，折银约340两，由府、县学斋长管理。除按年纳税外，这些银钱主要用于支付学政临遵、马夫供应之费，少许用于资助文庙祭祀。清末停科举，知府袁玉锡以考棚易协署之地，建遵义府中学堂，考棚遂废。

●学前教育

元天宫幼稚园　遵义最早的幼稚班于1925年开办，时坤维女子小学（前身为大悲阁女子初级小学）附设幼稚班（元天宫幼稚园），招收6岁幼童入学。专

业幼儿教育机构始于1942年设立的“四二托儿所暨幼稚园”，园址位于老城关圣殿（今红花岗区第一幼儿园附近），招收4—6岁幼儿。幼稚园开办初期，由遵义县妇女工作委员会主管，县教育科资助。1945年收归县管，改名“遵义县立幼稚园”。1948年更名为“和平路国民学校”，其机构性质不变。1949年，全校有教职工5人，2个幼儿班共45人。1949年11月，遵义市军事管制委员会接管处接管了“和平路国民学校”，1950年2月，学校停办。同年秋，遵义市于明达小学旧址开办“遵义市明达幼稚园”，由遵义市文教科派人管理，招收幼儿38人，主任、教员分别由文教科派往该园任教，半年后停办。1951年，中华人民共和国政务院发布《关于学制改革的决定》，将“幼稚园”改称为“幼儿园”，明确了3—7岁幼儿应入园接受教育。1952年春，遵义师范附属小学（老城协台坝）首设幼儿班，招收3—6岁幼儿共30人进行教育实验；同年增至5个班，改建成幼儿园；1962年，幼儿园随校更名为“遵义市老城小学幼儿班”。

遵义市机关幼儿园 1952年2月，“遵义专区妇联托儿所”成立，托儿所位于轿子街朱姓私宅（今沃尔玛商场后）。同年5月，托儿所与遵义军分区幼儿园合并，迁至杨柳街中段，并改名“遵义专员公署机关托儿所”(简称“专托”)。“文化大革命”时，其易名为“遵义地区革命委员会机关幼儿园”。1980年1月，

20世纪90年代遵义市机关幼儿园（杨柳街）

其更名为“遵义行署机关幼儿园”。1956年前，该园实行全日制保教，1956年后改成寄宿制，1986年恢复全日制，幼儿由家长每日早晚接送。1981年开始，幼儿园使用全国统编教材，开设思想品德、生活卫生习惯、体育游戏活动、语言、常识、计算、音乐、美术等8门课程。1997年8月，该园更名为“遵义市机关幼儿园”。1997—2008年，幼儿园先后获省级文明单位、省绿色幼儿园、省幼教先进单位、省家长学校示范单位、省社会治安模范单位、省巾帼文明示范岗等荣誉称号。1997年，该园被评为省一类幼儿园；2003年，其被评为省级示范（三类）幼儿园。2015年7月17日，中共遵义市委员会决定，将幼儿园外迁至新蒲新区幸福城C区，组建遵义市学前教育教师发展中心和遵义市实验幼儿园，并在汇川区南宁路新建遵义市实验幼儿园第一分园，实行合署办公。

遵义市红花岗区机关幼儿园 该园位于杨柳街，原名“遵义市机关托儿所”，于1958年成立，由遵义市妇联主管，“文化大革命”时停办。1984年春，幼儿园复办，更名“遵义市机关幼儿园”（简称“市托”）。1988年，新建综合教学楼1幢，面积由原来的1300平方米扩大到1927平方米，1990年竣工投入使用。

红花岗区机关幼儿园

1989年，该幼儿园被市人民政府评为“幼教先进单位”。1997年8月，遵义撤地设市后，原遵义市改设红花岗区，遵义市机关幼儿园更名“遵义市红花岗区机关幼儿园”。1993年，该幼儿园被省教委评为贵州省一类幼儿园、县级示范幼儿园；2007年，其被贵州省教育厅评为省级示范幼儿园（三类）；2009年，幼儿园接受复查评估，被升类为省级（二类）示范幼儿园，成为遵义市首家被评为省级（二类）示范幼儿园的园所。

红花岗区卫生系统幼儿园　红花岗区卫生系统幼儿园位于老城柿花园10号，创建于1984年，是红花岗区卫生与计生局创办的公益性、普惠性公办幼儿园。该园于2024年2月整体划转到遵义市红花岗区教育体育局，并改名“遵义市红花岗区机关幼儿园（柿花园校区）”。

遵义市红花岗区第一幼儿园　该园成立于2011年，位于老城步行街，占地面积近3000平方米，是红花岗区第一个学前三年行动计划新建的三所公办园之一，由原红花岗区红旗小学改建而成。

遵义市红花岗区第一幼儿园

乐慧幼儿园 该园为私立幼儿园，于 2016 年 5 月成立，位于民主路老城新街三楼，面积约 1800 平方米。有 12 间教室，大型滑梯、蹦床及各项小型玩具，还有 1 个戏水池、大型活动室及室外草坪。

●小学

遵义市文化小学 该小学位于杨柳街 39 号，与遵义会议会址毗邻，与红军总政治部旧址隔巷相望，原为遵义市教育局直属学校，2015 年 8 月划归红花岗区教育局管理。该校始建于清光绪三十二年（1906）“废科举、办新学”的热潮中，时为遵义县官立高等小学，后改为老城标准小学（简称“老标”）、杨柳街小学、文化镇中心小学，几经更名，1954 年定名为遵义市文化小学，沿用至今。办学之初，一块“蔚为国器”的匾额就悬挂在学校礼堂的门楣上，教育、鼓励着莘莘学子成为国家栋梁之材。全面抗战时期，中共遵义县委在此组织了一系列秘密活动，故该校有“红色学校”之称。目前，学校已成为全省名列前茅的百年名校。

遵义市文化小学

学校先后被评为全国教育系统先进集体、全国红旗大队、全国群体先进单位、全国“两有”先进集体、贵州省文明单位、贵州省德育工作先进单位、贵州省教育战线先进集体、“手拉手”先进学校、红领巾示范学校、遵义市先进学校、遵义市文明单位。2000 年，学校被录入《中国特色学校》。

遵义市老城小学 该校原址为遵师附小。老城小学成立于 1941 年，现有玉屏路和碧桂园两个校区。其中玉屏路校区位于老城玉屏路 5 号，与郑莫祠一墙之隔。2009 年，在原址基础上拆除遵义碧云宾馆，对学校进行改扩建，现占地面积为 10169.68 平方米，校舍建筑面积为 12866.29 平方米。

学校曾获得全国中小学中华优秀传统传承学校、国家级青少年体育俱乐部、国家级国防教育特色学校、贵州省文明校园、贵州省艺术特色学校、贵州省中小学体育艺术工作先进集体等荣誉。

遵义市老城小学

●中学

玉锡中学 该校成立于1938年秋季，是为纪念清末遵义知府袁玉锡兴学之举而建，位于官井路旁（时为文化路马王庙前）。1931年，遵义志士刘伯庄、牟贡三、郑卓之、王筑生等，向贵州省政府呈报袁玉锡治遵事迹，请求批准立祀专祠，以示纪念。时主政黔省的王家烈批复同意，于是择址于老城南门内马王庙前建袁公祠。1933年秋落成，农历十月十二日（袁玉锡生辰）举行祭拜。为继承袁玉锡的办学遗志，地方志士决定建立一所学校。1936年秋组成校董会，牟贡三为董事长，王筑生为常务理事，学校定名为玉锡小学，聘刘甸篷为第一任校长。1938年，为响应县长刘慕曾多建私立中学的号召，校董会聘余正邦为筹办人，扩招初中预备班两班。1939年，学校试办第一期中学，聘万苏黎为校长。至1942年赵宗典任校长时，省教厅批准立案，玉锡中学正式获批成立。玉锡中学的资金来源，一是老城公所的水碾房收入，二是马王庙庙产，三是校董会筹划。袁公生辰（十月十二日）被定为玉锡中学堂校庆日。校庆时，必定要行祭祀礼，唱校歌。校歌歌词为："播州太守襄阳公，端坐堂上雍其容。忆昔乙巳公莅此，适逢国家废科举。学校未设公心忧，殚精竭虑为我谋。我公之生，生而为英，我公之殁，殁而为灵，有食百事民德为馨。"此校歌为玉锡中学常务理事王筑生作词、汪秋逸谱曲。

1943年，城区规划整顿，文化路改为玉锡路，玉锡中学校园规模基本固定，学校占地30亩，呈菱形状，前临街，右抵巷，大门迎街出入，进入大门便是操场，礼堂（祠正殿）位于操场的台阶之上，礼堂后面即校舍、教室。学校先办补习班，后办小学，兼办初中班，最后停小学专办初中。学校经常利用"纪念周"请进步人士到校演讲，并办《时代儿童》刊物，宣传进步思想。1939年，小学教师中有徐继英、肖汝豪等中共地下党员，中学教师有从浙江大学聘请的青年教师和学生，还有本地知名教师詹健伦、刘耕阳、孙俊明等。1945年以后，陈福桐、刘永陶、陈世凡等思想较进步的老师在此任教。中华人民共和国成立后学校停办。

遵义市第四中学 其前身为1913年始建的遵义县立女子师范学堂，校址在城隍庙（今遵义市文化小学旁），留日归来的朱季瑜任校长。1915年春，招收第

20世纪50年代的遵义市第四中学教学楼

一期二年制两个班，学生60人。1925年，学校更名为遵义女中；1927年，其复名遵义县立女子师范学校；1933年，其再度改为遵义县立初级女子中学。1934年12月，红军进入贵州的消息传到遵义后，该校学生奔走相告，上街宣传，号召群众欢迎红军。建立遵义县革命委员会时，学生李小侠被选为妇女委员。红军撤离遵义城时，有的学生参加了红军。抗日战争期间，遵义县男女青年有30余人辗转奔赴延安，其中遵义女中就有14人。

1939年，学校改名为遵义县立初级中学，开始招收男生，男女生同校不同班。1940年，其更名为遵义县立中学，成为全省唯一的县立完全中学。1944年秋，遵义县立中学一分为二，高中班级并入新建立的省立遵义高级中学，初中班级则留在原校址（老城城隍庙），并更名为“遵义县立初级中学”。1948年，国民党败兵伤卒侵占县中校舍，县中被迫迁校于府衙门（今遵义军分区处）。

贵州省立遵义高级中学（省高）位于汇川坝，1947年高考发榜，贵州只录取10名公费生，省高就占了5名。省高四期即“骆驼班”，85%的学生考入大学，升学成绩轰动全贵州。第六期学生毕业会考时，有6名学生进入全省前十名，其中3名学生免试保送升入大学。省高办学6年中，共毕业学生228人，升学率在80%左右，在全省名列前茅。1949年11月，遵义人民政府接管省立高中，对其进行整编。1950年2月，省高与县立初中合并，更名“遵义中学”，实行三三学制。同时，私立城成中学高一、高二学生转入遵义中学。此时，遵义中学有初高中班级16个，学生423人，教师40人，职工18人。高中部校址仍在省高旧址汇川坝，初中部校址则迁至老城紫荆街火神庙（老城石龙路）。1952年夏，全国首次实行统一高考，清华大学、北京大学在贵州各只录取1名学生，发榜后，遵义中学高中部学生赵元康、陈义举名列榜首，分别考取清华大学电机系和北京大学哲学系。

1952年，遵义中学由贵州省教育厅命名为“遵义市第四中学”。1953年7月，遵义市第四中学（以下简称“遵义四中”）被列为全省3所重点中学之一；1955年，其被确定为全省2所培养留苏预备生的学校之一，白延隆成为遵义四中第一个留苏学生。

1955年，按遵义行署规划，遵义四中由汇川坝迁至老城，拟名“遵义会议纪念中学”。省文教厅拨款20亿元（合新人民币20万元），在原紫荆街（今

遵义奔赴延安的三位学生（两位女生为遵义女中学生）

遵义第四初级中学现址）修建新校舍。1955年秋，教学大楼落成。新楼建筑面积5000多平方米，有教室30间、办公室30余间。同年秋，遵义四中迁入。随后，陆续修建理化生实验楼、综合实验楼、图书楼、学生公寓、学生食堂等，教学、生活设施不断完善。中学实行《劳动与卫生体育制度》（简称“劳卫制”），为达到劳卫制标准，学校的体育活动开展得非常活跃。初中、高中部年年组织学生参加市中学生运动会，均取得团体总分第一。1958年，在全国马拉松比赛中取得第三名的宦迪生、运动健将贾福荫等，均是这一时期培养起来的。改革开放后，学校的教育教学质量稳步上升，高考成绩一直名列全市前茅。学校还提出素质教育理念，并开展学生文化艺术节、田径运动会等丰富多彩的课外活动；建立了40多个学生社团，搭建起锻炼学生素质、展现个性特长的平台，形式多样、生机勃勃的第二课堂活动成为校园生活的一大景观。学校在继承优良传统的基础上，逐渐形成了“勤学、实钻、善研、巧用”的学风，“严谨执教、精心育人、为人师表、热爱学生”的教风，以及“勤奋、求是、文明、活泼”的校风。1980—2016年，学校有24名学生高考成绩进入全省前10名，张飒英、陈芳芳、罗起飞分别夺得贵州省高考文理科状元。有76名学生考入清华、北大等名校。学校连续10余年获得遵义市教育教学质量一等奖，并先后获“全国现代教育技术实验学校”“国家级语言文字工作优秀示范学校”“贵州省德育工作先进学校”“省级一类示范性高中”等称号。

红旗中学 该校1958年创办于元天宫，1959年迁至海龙坝大觉寺，1961年下半年迁至遵义宾馆对面府后山腰遵义古城墙下。它是一所民办中学，归老城公社管辖。学校迁至府后山山腰后，使用老城公社一处公房作校舍。学校北面是一陶瓷厂。学校的主建筑原是庙宇，为一进三重木结构房子，一楼为木板壁，楼上为灰夹壁，楼梁廊柱上有绘画，4间教室和学校办公室均设在这里。隔几级地坎下，有两间三重木结构的教室呈一列，南侧一字排列着学校后勤办公室、保管室、理化实验室、厨房。紧挨主房建筑，一字排列的房前便是学校唯一可以开展运动的操场，且只能设置一个篮球场。学校周边有青砖砌成的围墙，有牌坊式大门，门上有石灰雕塑。从运动场围墙后门出南而上，沿石梯拾级约30步，来到石垒古城墙下，只见一弯院墙围着一幢小洋楼，这里便是学生宿舍和教师住房。

红旗中学1964届毕业班合影

学校的体育场虽小，但仍可满足学生做操、跑步、跳远、打篮球等基本活动。体育场的地面原是泥地，1963年，学校组织学生去五里远的北门外十字铺挑回石灰窑所排的残渣，打成石灰三合土地坪。同时，学校还用挑回的石灰渣修砌了绕校园围墙一周的山洪排水沟，以防止山洪对学校操场房屋及师生的安全造成威胁，这算是红旗中学最大的勤工俭学工程。所修的山洪排水沟得到政府的认可，不仅学校受益，学校周边的市民也感激，因为它为居民排除了水患，学校因此得到了政府的奖励款项。

1963年，学校有6个班，约370名学生，其中初一年级2个班，初二年级2个班，初三年级1个班，高中一年级1个班；教师16人。红旗中学学校后面的老城墙下，尽是红砂石间红壤，历年的过度砍伐导致岩石裸露，石缝间常年长着茅草和野生皇竹草，一旦下大雨，砂泥石随着山洪席卷而下，威胁着学校周边地区的安全。植树造林，保持水土，被市政府提上日程，红旗中学响应市委号召，积极投入到植树造林活动中。每到植树日，学生七点便来到学校集合，校旗、少先队队旗飘扬，全员列队，三面铜鼓齐鸣。后来，《贵州日报》报道了红旗中学植树的场面。如今府后山、红军山正面石梯左侧合抱大小的松树，正是红旗中学师生为遵义绿化做出贡献的见证。

1963年冬，初三学生组成民兵营。1964年1月下旬的一天，民兵营进行实弹射击练习，简易靶场设在篮球场。由于管理不善，一同学练习小口径步枪实弹射击时滑机，造成一死一伤，校长唐凯因此受到降薪处分。

红旗中学于20世纪70年代初停办，学生和部分教师并入遵义四中。

遵义市第十一中学 学校原址为遵义府中学堂。清光绪年间，遵义知府袁玉锡以考棚易协署，并拓协署后玉皇观地，建遵义府中学堂。光绪三十二年（1906），校舍落成。因小学师资乏人，故中学堂校舍先招收初级师范5个班，培养小学教员，所以其也称遵义初级师范学堂。光绪三十四年（1908）二月十七日，遵义府中学堂举行开堂典礼，邓玉昆任堂长。

1912年，中学堂改名遵义中学校，首任校长为李道坤。1925年，学校由黔北十县联办，改名黔北十县联立中学，李培荪（筱荃）任校长。1926年6月改为省立三中，著名教育家黄齐生出任首任校长，老一辈革命家陈沂、韩念龙、雍文涛、周林等曾在这里就读。1935年1月，中央红军进驻遵义城，干部休养连驻扎在省立三中校舍；1月12日，红军总政治部在省立三中操场召开了遵义县革命委员会成立大会，史称“万人大会”；同年，省立三中附设师范班。1936年春，省立三中更名为省立遵义初级中学，胡国泰任校长。同年秋，其改为贵州省立遵义师范学校，附设初中班。后学校被国民党政府军事委员会行营第二军械总库征用，俗称“子弹库”，学校迁到原遵义县署继续办学。1940年，浙江大学西迁到遵义时，教育部部长陈立夫令省立遵义师范学校迁到梧村，校舍

遵义市第十一中学

让给浙大使用。为便于学生实习，遵义师范于1941年在学校北侧开设遵师附小。1941年10月18日，浙江大学校长竺可桢将浙江大学校本部设在现遵义市第十一中学校址，郑莫祠也用于浙大办学，直至1946年浙大回迁杭州。1948年，省立遵义师范学校迁回协台坝原址（附小随之迁回）；1950年，其更名为贵州省遵义师范学校；同年，附小并入文化小学；1951年，重新开办附小；1958年，改为遵义师范专科学校。1961年学校迁往汇川坝（今汇川区上海路），原址只保留小学，改名为老城小学，后增设初中戴帽班。1970年，遵义市革委决定仍办初中戴帽两班，1973年增开高中班。

1979年3月27日，遵义市革委会下文正式恢复老城小学，中学部改建为遵义市第十一中学，位于现址，为完全中学。学校于1994年停招高中生，于1996年转为初级中学。2003年，学校被评为市级“四五”普法示范校、省级禁毒示范校、市级消防示范校。学校升学率曾连续7年稳居全市第一，多次被红花岗区教委确定为新课程改革示范校。2007年9月，原中建四局三公司子校（遵义市建工路33号）转为地方学校办学，创建遵义市第十一中学万里分校。2016年7月，形成“一校两区”的集团化办学格局，新建遵义市第十一中学官井校区。官井校区占地面积120余亩，建筑面积40000余平方米，坐落于红花岗区官井隧道文峰路，临近红军长征时期老鸦山战斗遗址。

学校以“真独简贵、爱行天下”为校训，以“行有矩、心有度”为学校座右铭，以“遵义魂、中国心、世界眼”为学生培养目标，努力营造“求真务实、蒸蒸日上”的校风，“实事求是、大爱无疆”的教风，“脚踏实地、通真达灵”的学风，注重教师队伍建设，重视培养青年教师和学科带头人。

2016年以来，学校先后获得红花岗区德育工作先进学校、红花岗区食堂管理工作先进学校、全国优秀足球特色学校、遵义市“1+N”体育足球特色学校、遵义市“双减”示范学校等称号。

校内曾有“遵义学堂记碑”，共4块，立于清光绪三十四年（1908）。今存3块，立于校内郑莫祠一侧。第四块碑文系遵义知府袁玉锡所撰，被录入《续遵义府志·学校》。

遵义学堂记碑碑文

遵义初级师范开堂之次年，岁在戊申，乃升本科为二年级，曰甲班；升预备科甲乙两班，一为本科乙班，一为三年简易科丙班，均一年级。复招中学甲乙两班，以补丁未年终毕业简易甲乙两班之缺。二月十七日行开校礼，乐歌则忠君尊孔迭奏，来宾则僚佐绅耆咸集。彬然秩然，殆进化之权舆也。维时门楼附设之初等小学，左侧附设之两等小学并蚕桑学堂均开堂。右侧因荷花池中央旧址为亭，环池建楼，以备移设师范学堂。会逢落成，来宾参观，皆向余致词曰："统计四区，房舍逾三百间，广足容千人，费不逾二万。告竣仅年余，校多而费省，工巨而成速，官府建筑乃能若是，未之前闻也。微太守之功不及此。"余逡巡避席而言曰："天下事不患其难成，但患上无贤长官主持，下无僚友绅民赞助。余之成斯校也，亦幸而集事耳，岂敢掩人之美以为己功！请为诸君述其颠末。方乙巳七月，当余初授郡篆也，适奉明诏停科举，五邑生童，均请就考棚修作学堂。余以其地狭隘，四面衢巷，以遵郡文物之盛，若迁就修葺，敷衍将事，嗣后风气大开，展拓则无地，改建则糜费，殊为非计。始亲赴寺观书院各公地遍加相度，无当意者。惟协署地势宽敞，乃商之副将谭君盛高。谭君虽起自兵籍，深能明时局，晓大义，慨允以考棚易协署。又以常年经费无出，因仿烟酒糖重税之意，商诸五属文武同寅，免差肉，兴肉捐，分认常年经费。议既定，联衔会禀各宪，均予批准。并蒙林赞虞抚军极力主持，成斯美举。校址与常费既定，犹苦建筑无资，幸邑绅华君之鸿、之骑昆仲，捐银四千两，以为之倡。遂于丙午四月，禀请派员估工。时西林岑公抚黔，檄吕君联奎五月来遵，导观校地，归署共议建筑。余以学部章程、府中学堂以足容三四百人为合格，与其苟简塞责，不如照章修建，为一劳永逸计。此校若成，先开初级师范，后开中学，名正而序顺，惜财力不足耳。然曾向绅民提议，均云开彩捐可集事。吕君乃操绳尺测广狭、度高下，行烈日中，凡二日，绘居中正图，归而呈于岑公与提学陈公，均云校地甚佳，照斯图建造，经费稍绌，续开彩捐，可底于成。陈公据以上达，岑公特予批准，开彩三次。于七月兴工，十二月落成。丁未春，有欲染指劣绅捏名上控，谓肉捐庙租扰民特甚。巡抚庞公派员密查，廉得诬陷状，立予昭雪，并严禁以后不得越控。然后常年开支有款，不至废前功而中辍。此长官主持之力也。佐筹经费，则有署遵义县戴令永清，正安州郎牧承谟，绥阳方令峻詹，署令恺，署桐梓县余令应云，署仁怀县朱令朝琛；绅士若韦金玉、王德周、李恭裕之办彩捐，不受薪水；刘树模、韩维谟、杨兆麟之襄采运；张副将大鹏、方锡纯之司出纳；田庆霖之涉重洋，购铅印机器、理化仪器、博物标本，并随同年举人琳、田庶务鑫筹画开堂事宜；各乡正之分办彩捐、肉捐，经演说《白话报》后，即平民亦无阻抗。尤以骆文骕、喻元恺、田复宗、张运丰、杜希陵、邓朝熙、鲁瀛为尽力，此僚友绅民赞助之力也。至于去隔阂以省值，捐奖牌以励功，寒暑风雨，皆亲督造，不过地方官当尽之职耳，岂敢攘以为功哉！况此校犹多缺憾，礼堂太隘，农、工、商、实业各分校未建，犹待后之守土者扩张以臻完美也。学生敦品励学者固多，其程度尚浅，不能明公理、达时务，无国家思想者，尤望堂长、监学、教员诸君子之严加管理，尽心教诲，蔚成良材也。玉锡夙夜兢兢，得免过幸矣，又何功之可言。”客既退，劝学绅董以工既成，不可无记述以垂后，因即问答之词，缀录勒石，俾后之览者，识此学堂之缘起焉。

光绪三十四年戊申仲夏

（摘自《续遵义府志·卷十五》刻本）

投奔延安的遵义女中学生名录

七七事变后，日本帝国主义大举进犯，长驱直入，中华民族处于危亡的关头，为扩充革命力量，支援前方抗战，中共遵义县委决定输送一批党员和进步青年学生到革命圣地延安接受党的教育，学习革命理论，随时投入战斗。20世纪30年代末至40年代初，遵义县先后赴延安的青年学生有30多名，其中女青年有16名，而遵义女中学生就有14名。

田　家　（又名伍良素），遵义县高坪人，1919年生，1941年奔赴延安。

杜　琦　（又名杜慧琼），遵义县团溪人，1919年生，1939年奔赴延安。

田　英　（又名萧义裁），遵义县团溪人，1918年生，1940年奔赴延安。

尹　维　（又名陈仪贞），遵义县新城人，1922年生，1938年春在遵义入党，同年秋奔赴延安。

陈淑蓉　遵义县新城人，1938年奔赴延安。抗日烈士。

文晓征　（又名文发萱），遵义县新舟人，1924年生，1939年奔赴延安。

曾明霞　遵义县新城人，1919年出生，1938年奔赴延安。

罗　茜　（又名孙碧玉），遵义县新舟人，1920年生，1938年在遵义入党，同年秋

奔赴延安。

梅　松　（又名吴玉坤），遵义县新城人，1939年奔赴延安。

徐沛澜　遵义县团溪人，1919年生，1939年奔赴延安。

潘　俐　（又名夏淑芳），遵义县新城人，1939年奔赴延安。

余　红　（又名周淑贞），遵义县新城人，1915年生，1938年奔赴延安。

杜　纯　（又名杜龙萱），遵义县新舟人，1920年生，1939年奔赴延安。

詹　俊　（又名詹业书），遵义县老城人，1939年奔赴延安。

刘天经撰遵义女子师范校联

扶杖观鳖境英灵，蜿蜒磅礴，郁郁乎佳哉。龙山竞秀，凤岭凌霄，虎屿浮青，螺蜂叠翠。更看鸣钟扑地，响彻金声。屏耸摩天，影摇丽景。飞田鲤，卧石狮，遥映洗花瀑布。踞水龟，擘池鹤，深藏绿树白云。古洞访仙源，客尝携酒鼎茶铛，睡到落日西沉。吴桥邀夜月，人咸抱铁板铜琶，高唱大江东去。选胜凌双剑绝顶，看万家灯火，隔岸楼台。也仿佛三楚晴沙，六朝城郭。

抚时论闺壸女杰，才慧雅娴，济济然众矣！卫烁工书，班姬续史，道升善画，容华能诗。亦羡代父从征，英姿飒爽。毁家纾难，大义留徽。织回文，歌团扇，读来拍案惊奇。掌记室，进吟笺，翻教击节赞赏。阃仪尊懿德，谁不羡欧荻孟机，克成儒宗百世。坤范著清辉，世共钦钟礼郝法，流传美誉千秋。题词敬列女头衔，有北魏侍中，南朝学士。况提倡实行参政，同唱平权。

遵义市第四初级中学　遵义市第四初级中学是在遵义四中老校区原址新创办的一所初级中学。学校南临遵义会议会址，西与子尹路毗邻，北对红军烈士陵园，东过石龙桥接凤凰山国家森林公园，与湘江河一水相隔，与红军街一墙之隔。学校占地面积44亩，有300米的环形塑胶跑道、8000平方米的足球运动场，教学设备先进，图书资源丰富，理化生实验室及通用技术实验室标准配套，基础设施完备。王笃弘为首任校长。学校秉承老四中“明德、博学、启智”的校训，培育“教育即成长”的核心价值文化，逐步形成了“活动皆课程，课程皆德育”的育人模式和“精讲精练”的常规教学，以及“选修课、走班制”

遵义市第四初级中学

的特色教学。学校充分利用遵义会议纪念馆和红军烈士陵园等爱国主义教育示范基地，开展红色教育主题实践活动，培养了一批小小讲解员，受到好评。学校还组织了如足球社、篮球社、书画社等40个具有特色的社团组织，开展各种比赛活动，使学生全面发展。

大学

浙江大学 该校于1940年1月内迁至遵义、湄潭，校本部设于省立三中，1946年迁回杭州。

遵义开放大学 该校系国家开放大学贵州分部遵义分校，位于遵义纪念广场西南侧，民主路153号。历经40余年的发展，现已形成以分校为中心，12个县（市）工作站为骨干的全市开放教育网络。

遵义开放大学的前身是成立于1979年2月的遵义地区电大工作站，首任站长是李明惠。1986年被正式命名为贵州广播电视大学遵义分校（简称“遵义电大”），学校面积增至2300平方米。1985年以前，招生对象以在职职工为主，1986年面向社会招收待业青年及应届高中毕业生。建校以来，先后开设文法财经、理工农医、师范三大类共70余个专业，培养了本科、专科及中专毕业生十万余人。2005年，遵义电大“中央电大人才培养模式改革和开放教育试点项目”通过省教育厅、教育部、中央电大的评估，被评为优秀。2006年，遵义电大申请设立了全国远程教育公共服务体系（奥鹏）学习中心，并与全国知名高校联合举办网络教育。2007年，按中共贵州省委组织部、省人事厅和省教育厅等七部（厅）的统一部署，在全市各县工作站逐步实施了“一村一名大学生工程”，并开设了农业经济管理、农业技术、畜牧、畜牧兽医等专业，学员近千人。学校被评为“全省电大招生工作先进集体”“全国高校网络教育统考优秀考点”，获大连理工大学招生组织工作优秀奖、全省电大年度目标考核一等奖。

2023年11月16日，经遵义市人民政府批复同意，遵义电大更名为“遵义开放大学”。目前，学校共开设成人专科、开放教育本专科30余个专业，全市开放教育本专科招生量常年保持在4500人左右，在校学生规模达万余人。

遵义开放大学

医疗卫生

●医院

红军总医院 1935年1月9日下午，随中央纵队进驻遵义后，卫生部立即召开部队卫生工作会议，布置部队开展卫生运动及帮助救治群众工作。中国工农红军卫生学校同时进驻于省立三中内，贺诚任校长。卫生学校附属医院“红星医院”和“第一后方医院”合编成为红军总医院。红军总医院对部队入遵时的伤病员300余人展开突击治疗，有80%的伤病员治愈出院。后来，红军总医院编为3个连，干部休养连即总后卫生部第二休养连，第一任连长为何长工。连队到遵义后，侯政接任连长，黄应龙任指导员。扎西整编后，李坚真任指导员，董必武任党总支书记。连队有徐特立、谢觉哉等年老体弱的革命家和邓颖超、贺子珍等30位女红军。医务人员有卫校的孙仪之、李治、江一真等医生和护士。临时组建的高级干部休养所，主要为受伤的陈伯钧、张宗逊、聂荣臻等将领提供治疗休养的服务。红军总医院在遵义除为红军疗伤外，还积极为当地群众治病，帮助遵义人民消除病痛。当时遵义流行“鸡窝寒”，红军总医院组织医务人员进行耐心、细致、热情、积极的治疗，扑灭了瘟疫“鸡窝寒”。驻桑木垭部队的一名红军卫生员龙思泉，为抢救一位高烧病人，在返回部队的途中被反动派杀害。遵义人民为了怀念龙思泉，称他为“红军菩萨”。

遵义市第一人民医院 遵义市第一人民医院原为1938年8月1日成立的遵义县卫生所，院址在元天宫内，所长为王文会。后卫生所改为遵义县卫生院，院长为魏建宏。卫生院一开始只设门诊，同时负责全县卫生行政、环境卫生、防疫接种、妇幼卫生、戒烟等工作。翌年，工作人员增至13人，设简易病床10张，收治内、外、妇产科病人住院。1941年迁往新城赖売山。抗战胜利后，彭清超继任院长，病床一度增至42张，工作人员增至58人。1949年11月23日，遵义专署民政科科长韩健民和军管会代表刘岚光、杨一贞宣布接管遵义县卫生院，并将其改名为遵义专署人民医院，迁院址于汇川坝至今。后医院又相继改名为遵义专署卫生院、遵义专区医院。1980年8月，改名为遵义地区医院。1998年改名为遵义医院，2010年9月更为现名——遵义市第一人民医院。

遵义市第一人民医院是遵义市人民政府开办的三级甲等综合医院，也是遵义医科大学第三附属医院。医院现有凤凰院区（汇川区凤凰路 98 号）和桃溪院区（红花岗区银河路 290 号）两个院区。

医院建有 3 个院士工作站、3 个国家级重点专科、6 个省级重点学科、13 个省级重点专科、6 个市级重点学科、14 个市级重点专科、16 个院内重点学科、2 个遵义市重点实验室；有教研室 34 个、住院医师规范化培训专业基地 23 个；建有贵州省首家通过中国人类遗传资源保藏审批的生物样本库，检验科实验室在贵州省首家通过 CNAS 认可。

医院曾连续五届获得“全国文明单位”称号，获“全国卫生系统先进集团”“全国卫生系统巾帼文明岗”“全国公立医院改革创新奖”“全国三好一满意百佳医院”“全国百姓放心示范医院”等荣誉。

遵义市第一人民医院

遵义市红花岗区口腔医院 该院位于子尹路老157号。是红花岗区下属的专科医院。医院始建于1952年，前身为遵义市第一工人诊疗所，所址在新华路何家巷。

1962年8月2日，经3个月的运行考核，诊疗所转为全民所有制管理，定名为遵义市第一门诊部，地址为子尹路老号牌132号。内设中医内科、西医内科、外科、妇产科、儿科、五官科等，有职工17人。1969年初并入遵义市中医院，1972年11月恢复遵义市第一门诊部建制。1988年1月23日改名为遵义市口腔医院，3月1日挂牌成立。开设了口内、口外、口矫3科，成为贵州省第二家、黔北第一家口腔专科医院。1991年，医院首次对中小学生开展口腔普查，共普查学生13000多名，该项目获遵义市科技进步二等奖、遵义地区科技进步三等奖。

遵义市红花岗区口腔医院

1998 年开展入学儿童窝沟封闭防龋工作，获窝沟封闭项目防龋工作卫生部牙防先进单位、全国牙病防治中心等称号。

2020 年，新冠肺炎疫情发生，全院全体人员积极参与了老城街道及纪念馆社区的防疫工作。

遵义名城医院 该院是以社区、家庭和居民为服务对象，开展健康教育、预防、保健、康复、计划生育技术服务和一般常见病、多发病诊疗服务为主的综合服务机构，属于民营一级医疗机构。

医院前身是 1993 年开办的“老城综合门诊部”，2000 年改为“社区卫生服务站”。2004 年 3 月，经批准成立“老城社区卫生服务中心”，2011 年 6 月经卫生行政部门批准转型为“遵义名城医院”。院址在子尹路 271 号。医院占地面积 3000 平方米，设有内科、外科、妇产科、儿科、康复科、中医科、预防保健科、口腔科、急诊医学科、麻醉科、医学检验科、医学影像科等。其中中医科及康复科是医院的特色科室，在内科、外科、妇科、儿科常见病，以及多发病的诊疗、

遵义名城医院

颈肩腰腿疼等推拿按摩治疗方面都享有很好的口碑。

遵义名城医院是遵义市第一人民医院挂牌的“医疗服务联合体”，是遵义医药高等专科学校“全科医生临床教学实训基地”。2009—2011 年连续三年获得遵义市社保局评定的“医疗保险定点服务先进单位”称号。2016 年 6 月 13 日，中共遵义市委统战部授予“红飘带医疗队”称号。

2020 年，医院全员积极参与了老城街道及纪念馆社区防疫工作。

●爱国卫生运动

环卫管理 中华人民共和国成立前，由于卫生条件差，病症频发，疫灾时有发生。据载，1529 年、1574 年、1578 年、1589 年均发生过播州大疫。1918 年 5 月，遵义发生病疫，传染速度极快，被感染的人朝病夕死。民国时期，遵义县历届政府将改善卫生列入施政纲要。1935 年，县政府规定县城（老城）住户及茶楼、饭馆、理发店、旅店、澡堂和公共娱乐场所每日必须清扫。1 月，中国工农红军总卫生部在遵义老城省立三中召开了部队卫生工作会议，总结了红军长征以来的卫生工作，布置了下一步行军的卫生工作并进行宣传，帮助民众改善环境卫生状况，防止疾病发生。同时，组织医务人员治疗当时流行的病疫“鸡窝寒”。1937 年 7 月，遵义县夏令卫生委员会成立，除进行卫生宣传、预防接种外，还监督指导饮水消毒、公共场所清扫以及食品卫生检查等工作。1940 年，县城组织人员进行户外清洁，疏通沟渠，修缮公厕，改良水井。1942 年 7 月，浙江大学学生自治会捐资法币 1400 元作为开展夏令卫生行动之用。1943 年，遵义县由于环境卫生、防疫工作卓有成效，县卫生院院长徐瑞和出席了全国卫生防疫工作会议。至 1948 年，环境卫生实施办理情况由县卫生院院长按月、按年度报呈县政府，县政府再报省卫生处。

1950 年，为迎接中华人民共和国第一个五一劳动节和五四青年节，遵义开展了清洁卫生大扫除活动，清除垃圾 700 余挑，新建公厕 4 所。1951 年春节前夕，遵义组织各街道进行大扫除，重点清除湘江河两岸垃圾，拆除沿江两岸露天厕所，分段管理饮用水井，城区环境卫生状况有所改善。1952 年 8 月 30 日，召开动员大会，发动群众开展清洁大扫除，清除垃圾，疏通水沟，新建公厕。1953 年，开展以除害灭病、治理环境卫生为中心的爱国卫生运动。1958 年，组织除害战斗队、灭鼠队、灭蝇队和街道卫生劝导队，定期举行活动。1964年，在开展卫生流动红旗竞赛的基础上，开展“卫生之家”和“卫生先进单位”竞赛。1965年，组成突击队，开展突击、小突击活动，铲除杂草，清除积存垃圾，并翻修杨柳街、杨柳后街、龙华寺。

20世纪80年代，遵义的爱国卫生行动继续坚持以灭鼠、改水为主，并开展卫生达标竞赛活动。1981年9月26日，开始实行一月一天“卫生日”制度。1982年6月1日，市人民政府分别颁布《遵义市城市卫生管理暂行规定》和《遵义市卫生管理奖惩条例》，将环境卫生纳入法规管理。1983年11月，政府职能部门将“包卫生”纳入“门前三包”责任管理，坚持文明、卫生一起抓，实行综合治理。1985年6月，市人民政府重新制定《遵义市市容环境卫生管理条例（试行）》（简称“《条例》”）。同年8月31日，中共遵义市委、遵义市人民政府召开建设文明城市动员大会，以《条例》和《市民守则》为依据，动员民众消除“四乱”（乱丢、乱吐、乱倒、乱建），净化、绿化、美化市容，创建文明城市。1991年，开展“爱国卫生月”活动。1993年，开展卫生检查评比，19个单位获奖。1997年，创建国家卫生城市，14个先进集体、32名先进个人获表彰。1999年，对公园路、物资回收公司、水井湾、杨柳街等处的垃圾死角进行清理。2000年至2008年，中共遵义市委、市人民政府加大检查力度，采取制作宣传专栏、板报、发放宣传资料等措施巩固创卫成果。2007年7月17日，国家爱卫会正式将遵义市命名为“国家卫生城市”。从2013年起，启动环境卫生日活动，规定3月7日为遵义市环境卫生日。2014年，对道路、街道进行常态化清扫。同时，市人民政府下发紧急通知，明确从大气环境、城区环境、河道清理等方面，多措并举，切实加强环境卫生整治，城区环境综合整治。中共遵义市委、市人民政府决定着力打造以遵义会议纪念体系为核心的红色旅游综合体，对4所公厕进行升级改造，9月份完成，加强对公厕与垃圾中转站的管理，及时清运垃圾。老城区域每年处理生活垃圾5万吨，无害化处理率达87%。2015年，落实卫生门前“三包”制度。2016年6月，《遵义中心城区环境卫生作业规范》施行，从7个方面规定了作业规范，并按照要求具体落实、检查、监督。2018年，政府职能部门对辖区内所有烧烤摊展开环境污染整治，检查是否铺设防油地胶，经营范围内卫生是否达标，并发放《限期安装烧烤油烟净化设施的告知书》，确保污物净化后达标排放。2019 年，政府职能部门从解决脏、乱、差入手，加强日常保洁管理，加强对油烟、噪声和污水等的防治，搞好社区净化、硬化、亮化工程，不断改善环境质量。实行小街小巷门前“五包”责任制，卫生保洁标准化管理。清理乱贴乱画、拆除乱搭建，清除死角等。2020 年，重点开展了防疫工作，全体动员，人人参与，成效显著。同年 5 月，对老城生态环境保护进行巡查整改，并开展清洁日活动和专项环境整治活动，有效治理了环境污染。

饮水卫生 自古以来老城居民饮用的主要是井泉水，因水质好，居民可直接饮用。1941 年遵义卫生院成立后，对水井状况进行改善，1945 年改造水井 2 眼，1948 年对水井进行消毒处理。1953 年 5 月，遵义防疫站成立，为预防夏秋季疫病的发生，防疫站培养了饮水消毒员。居民均饮用加氯消毒的自来水。1974 年，地、市防疫站在湘、洛两河共设 9 个采样点，于枯水、丰水季节，对河水水质进行调查监测。1998 年，成立供水有限责任公司（曾用名“供排水公司”），对饮用水实行严格消毒管理，保证饮用水达标。2003 年 3 月，市人民政府制订了《遵义市生活饮用水水源环境保护管理办法》。从 2003 年起，供水采用集中式供水和二次供水，自建集中式供水工程。根据肠道传染病防治及《生活饮用水卫生标准》的要求，遵义市疾控中心对市政供水、二次供水、自备水进行监测。

2012 年，遵义市供水公司生活饮用水水质卫生检测结果显示，南郊水厂、北郊水厂两厂水源水和出厂水的水质都符合国家标准。2013 年 7 月 19 日，遵义市成为全国生活饮用水卫生检测示范城市。2014 年 5 月 22 日，遵义市卫生监督

饮水卫生检测

局制定生活饮用水污染事件应急处置指导手册，从六个方面规定了生活饮用水污染事件应急处置措施，以保障生活饮用水安全。2015 年，水质合格率为 99%。2016 年，市人民政府对辖区内饮水安全工程进行专项检查，重点检查二次供水的卫生情况。2019 年，重点开展了规范用水、高效节水、自觉节水的宣传教育，增强全社会节水意识。

食品卫生 民国中后期，遵义县卫生院配备卫生稽查员 1 人，负责城区饮食店的督促检查。1944 年，遵义县政府制定《有关卫生商店（指饮食业）管理实施办法》，要求饮食店煮沸消毒食具，设置防蝇防鼠设备及对从业人员进行卫生教育等。1953 年，饮食行业普遍订立卫生公约，坚持设置防蝇防尘设备、使用开水煮烫碗筷等。1959 年 1 月，市卫生局制定《公共食堂（包括饮食行业）卫生管理暂行办法》，要求凡饮用河水和水质不好的单位须建立砂滤缸，并使用漂白粉消毒。1965 年，春季市卫生局会同商业部门要求饮食行业建立食具消毒制度。1981 年 2 月，市革委会决定在全市饮食、食品行业颁发卫生许可证。1983—1989 年，健康证办证率为 98.2%，卫生许可证发证率为 96.2%，检验各类食品平均合格率为 48.51%。1999 年 9 月 18 日，遵义市人民政府第二十次常务会通过并发布《遵义市食品卫生管理办法》，要求加强食品卫生管理，防止食品污染和食品中有害因素对人体的危害。1998—2016 年，政府职能部门对食品生产加工、批发零售、餐饮服务的集体食堂、个体食店等经营主体进行经常性的检查监督，对所有从业人员进行卫生知识培训和健康检查。

2018 年，市人民政府加大食品安全整治力度，打造捞沙巷食品安全示范街。2019 年，开展校园周边食品卫生安全检查 11 次，没收两家店铺经营的过期食品。开展野生菌中毒防控工作调度会 2 次；开展自办宴席食品卫生安全工作调度会 2 次；对春节年货食品进行大排查；对中高考考试期间食品及企事业单位食堂食品进行排查；不定期对辖区餐饮行业废弃物处理进行督查。

学校卫生 1923 年，贵州省政府推行新学制，在初级中学设社会课，包括公民、卫生等内容；高等小学设卫生课，进行卫生知识教育。杨柳街小学、大士阁县立初中、省立三中等老城学校均按此执行。1926 年 12 月，贵州省政府公布《全省学校训教纲要》，并印制挂图 22 幅，供学校参照实施，其内容包括学校环境卫生和学生个人卫生事项。1949 年 1 月，省教育厅公布《贵州省公私立小学健康教育实施纲要》。同年，遵义县成立健康教育委员会，办理学校卫生事宜。20 世纪 40 年代，学校每周请卫生院医师讲授卫生课 1 次。初中开设生理卫生课，由学校老师按课本讲授。县立中学设立卫生室，备有内外科常用药品，由兼管人员为学生医治小伤小病。县卫生院每年为学生进行疫苗接种。1951 年 8 月，遵照政务院关于学校卫生工作应贯彻“健康第一、学习第二”和“预防为主”的方针，各中学相继建立校医室。1952 年，县卫生院卫生建设股组织公私医务人员对五年制小学新生进行体检。1955 年，市卫生防疫站设卫生股，负责监测和管理学校卫生，并定期对学生进行宣传教育。1978 年，遵义四中加强医务室建设，增设校医 2 人；文化小学设医务室，配备校医 1 人。1981 年 10 月，对学生的生长发育调查，调查身高、体重、坐高、胸围 4 项形态指标。1990 年，实施教育部、卫生部颁发的《学校卫生工作条例》。1991 年 8 月，遵义市红花岗口腔医院开展的调查发现，7—12 岁中小学生龋病患病率高达 83.23%。1998 年，开展学校食品卫生监督和生活饮用水卫生监督检查。2012 年，辖区内中小学食堂通过 B 级单位评审。

卫生防疫 1939 年春，遵义县城普种牛痘，免费给民众注射霍乱和伤寒疫苗。

1943 年 3 月，县卫生院实施国民政府《种痘条例》，每人必须种痘 3 次，第一次 1 岁以内，第二次 5—6 岁，第三次 11—12 岁。中华人民共和国成立后，党和人民政府十分重视免疫接种工作。1950 年，以新生儿和青少年为接种对象，遵义分批普种牛痘，每人接种牛痘 4 次，基本控制了天花流行。1952 年夏，遵义市卫生协会会员在老城区进行霍乱、伤寒疫苗预防注射。1953 年 7 月，进行伤寒、副伤寒、霍乱疫苗预防注射。20 世纪 50 年代后期，先后进行伤寒、副伤寒菌苗接种和百日咳、白喉、破伤风三联制接种。1964 年，多数传染病发病率与上年同期相比均有下降，脊髓灰质炎下降 60%，传染性肝炎下降 50%，疟疾下降 70%，麻疹下降 60%。1982 年，麻疹、脊髓灰质炎疫苗和百日咳、白喉、破伤风菌苗被列为计划免疫项目（1983 年列入卡介苗）。1988 年 3 月，为执行卫生部计划免疫第一个 85% 目标紧急行动方案，开展了计划免疫突击月活动。同年 5 月 25 日，计划免疫提前 3 年实现部颁标准，0—7 岁儿童四苗接种率均超过部颁标准。1989 年，实行儿童计划免疫保障制。2003 年，遵义市启动计划免疫信息管理系

统，基础免疫接种成果、人口信息、计划免疫针对疾病监测信息等全部以系统上报。

急性传染病流行情况 遵义自古以来时有疫疠发生。明嘉靖八年（1529），播州大疫；万历六年（1578），播州大疫；万历十七年（1589），春饥，大疫；清顺治五年至六年（1648—1649），瘟疫流行；康熙十五年（1676），大疫；同治三年（1864）秋，遵义县疫大作，有全家病卧者，有相继抱病者，有全家病故者，有一家仅存二三人者，四乡尤甚；同治四年（1865）秋，疫瘴又起，凡下田收谷者皆卧病不起，十死五六，民有畏心。至1918年5月，遵义县传染疾病主要有伤寒及副伤寒、斑疹伤寒、痢疾、霍乱、天花、流脑、白喉、回归热、疟疾、麻疹、梅毒、淋病等。20世纪50年代，呼吸道传染病居首位，肠道传染病居第二，虫媒传染病居第三。20世纪60年代，呼吸道传染病仍居第一，肠道传染病仍居第二，并开始出现钩端螺旋体病和流行性出血热动物源性传染病。20世纪70年代，呼吸道传染病和肠道传染病患病率仍居高不下，动物源性传染病有所上升。20世纪80年代肠道传染病跃居首位；呼吸道传染病退居第二，动物源性传染病居第三，虫媒性传染病居末位。20世纪90年代至21世纪初，各

老城疫情防控核酸采集点

种常见急性流行疾病发病率如下：肝炎 1.44%—0.8%，痢疾 16.17%—0.18%，伤寒 9.27%—0.24%，麻疹 7.28%—0.26%，白喉 0.748%—0，流脑 1.6%—0.13%，出血热 0.48%—0，乙脑 2.58%—0.17%。

2020 年春，新冠病毒流行，根据上级指示安排，老城各社区组成防疫专班，各条街巷全部封禁，由社区工作人员和志愿者 24 小时值守、测体温、查健康码。对每户进行宣传调查，老城居民全力配合，自觉遵守防疫要求，戴口罩、不聚集，居家隔离，最终赢得抗疫胜利。

慢性传染病防治 慢性传染病中，结核病传染最甚。民国时期，遵义县政府虽在公园路口封闭检查站检查行人健康，提出戒烟毒，实则空喊，设在元天宫内的戒烟所仅有几名戒烟者，且无人管理。

中华人民共和国成立后，遵义专区医院于 1954 年始设结核病科（后改为传染病科），收治结核病人。1983 年，市防疫站在流行病科内设结核病防治组，开展结核病防治监测。1987 年 7 月，遵义市成立结核病防治中心，开展结核病专科门诊，结核病防治工作按制度化、规范化、标准化进行。20 世纪 90 年代，结核病、麻风病等慢性病均得到有效控制。然而，艾滋病、性传播疾病等有增长蔓延趋势。进入 21 世纪，结核病治愈率达 85%；全市麻风病控制率在 0.0073/100000 以下；治疗艾滋病使用的美沙酮累计达 291.36 万毫升。2009—2018 年，夏季肠道传染病和冬秋季呼吸道传染病排前列。

街巷风貌

遵义老城的开发始于南宋。南宋淳熙三年（1176），杨轸将治所由白锦堡迁至穆家川（今遵义老城），遵义老城开始建城池。随着城墙修筑、官衙建立，居民日增，街市渐成规模。到明洪武十五年（1382）已有三街六巷的记载。三街即梧桐街、杨柳街、朝天街；六巷即捞沙巷、狗头巷、尚家巷、何家巷、姚家巷、丁家巷。到了现代，遵义老城的地面建筑物和街巷都发生了很大的变化，但不少街、巷的名称及其相关的历史故事仍流传了下来。

本书所记的杨柳街、子尹路、民主路、解放路、碧云路、官井路、红军街是处于遵义老城中心区域的几条街道。近代，遵义城爆发的人民反帝反封建斗争多发生在这个区域。1935 年初，中央红军转战进驻遵义城，总政治部、苏维埃国家银行等机关设在杨柳街，总司令部设在子尹路，具有伟大转折意义的遵义会议也在子尹路召开。红军足迹遍及老城，红军故事家喻户晓，至今还有许多红军活动的遗址、遗迹以及遗物留存。2019 年 8 月，省人民政府将以上街道划定为遵义市老城历史文化街区。

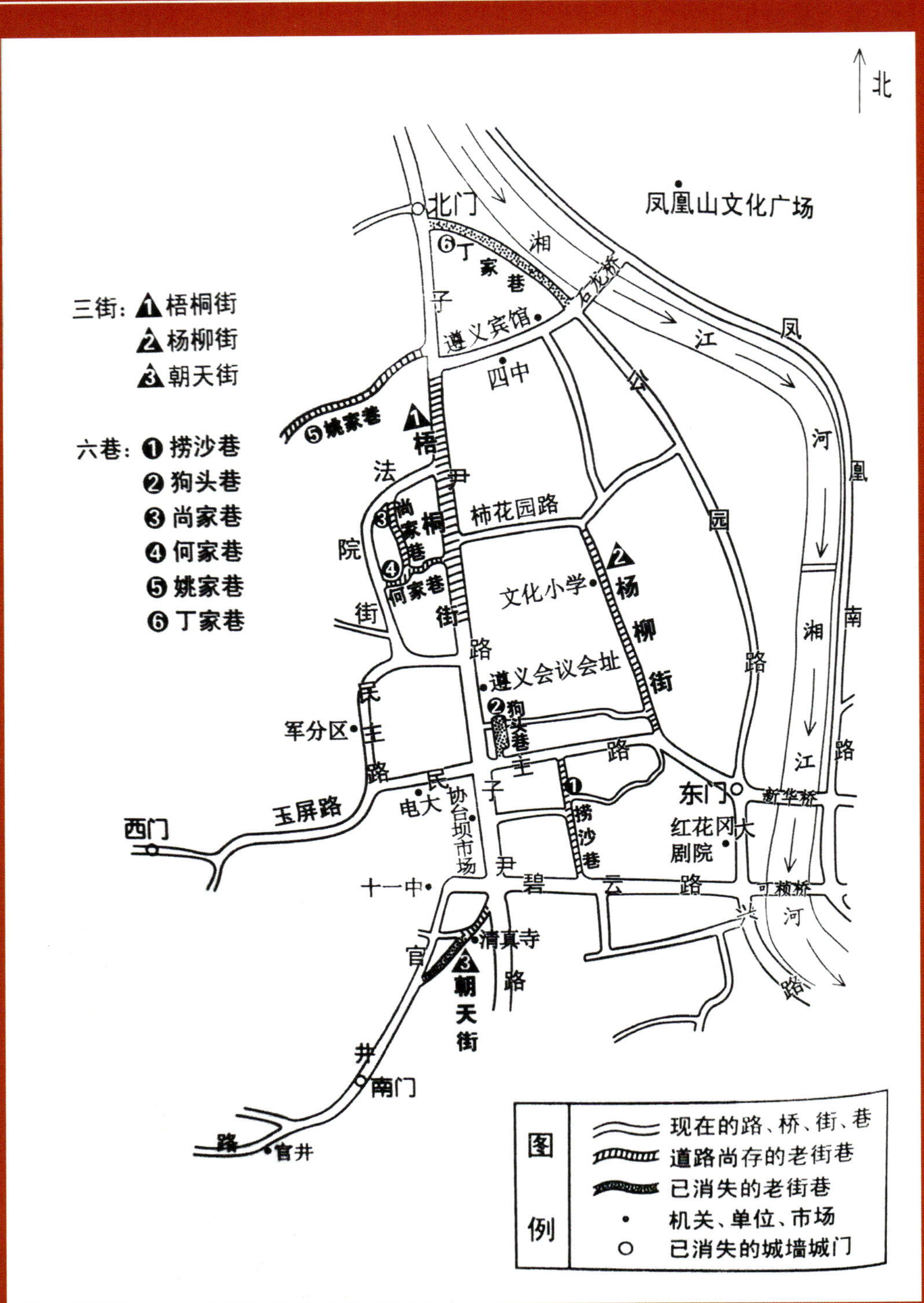

遵义老城原存在过的三街六巷示意图

杨柳街

杨柳街南起民主路 50 号小十字，向北延伸至红军街南口，西折至子尹路中段，全长 533 米。它是红军长征遗址集中留存的街道。自红军街南入口处向西转直角，与子尹路 234 号相接的是一条长 183 米的巷子，原名柿花园巷。21 世纪初，政府将柿花园巷并入杨柳街，作为其延伸部分。今杨柳街由南向北延伸，再由北直角转西接子尹路中段，全街均用青石板铺墁。南段为遵义会议陈列馆出口。杨柳街始建于明初，其时，有位张大夫（官衔）在今文化小学处修公馆，公馆内有一些较大的杨柳树，故以杨柳命名其公馆外的一条小街，即为今天的杨柳街。1966 年“文化大革命”开始后，杨柳街曾一度改名为红卫街。1981 年恢复原名，并沿用至今。杨柳街的历史文化积淀相当丰厚。从小十字入口处起，杨柳街东、西两侧的基本情况分述于后。

杨柳街一角

杨柳街西侧　杨柳街 7 号，今为中央红军长征驻遵义期间中央没收征发委员会和中华苏维埃共和国国家银行旧址。原址是国民党黔军第二十五军副军长犹国才的私宅，是一座二层小洋楼，建筑面积为 1155 平方米，始建于 20 世纪 20 年代末。中央红军长征进驻遵义后，中央决定成立“中央没收征发委员会”，并由中华苏维埃共和国财政部部长林伯渠任主任，国家银行行长毛泽民任副主任。1999 年，该址重新修复后对外开放。

杨柳街 13 号为基督教堂。

原杨柳街 15 号原为遵义市民族商品厂，该厂始建于 1953 年，是全国民族用品生产定点企业，生产各种规格的民族花边、丝带等。当时，誉满全球的贵

基督教堂

州茅台酒的酒瓶上的红飘带即由该厂定点生产。鼎盛时期，该厂职工总人数近千人，并多次获得有关部门授予的“纳税先进企业”“重合同、守信用企业”“一级信用企业”及“先进企业”等荣誉称号。1990 年 6 月，民族商品厂正式并入彩印厂，后来，彩印厂迁到杨柳街。遵义市彩印厂始建于 1989 年，其前身为红旗印刷社，是一家作坊式集体所有制企业，原址位于碧云路 21 号（现子尹隧道）旁边。历经近 30 年的发展，彩印厂的生产规模已相当于初建印刷作坊时的 59 倍。1990 年，彩印厂被列入贵州省经委 70 家集体所有制重点企业之一。1992 年 6 月，董酒厂兼并了彩印厂，其成为董酒厂的直属四分厂。1994 年，彩印厂成为遵义彩印（集团）总公司的下属企业。由于彩印厂毗邻遵义会议会址，出于省、市发展红色文化旅游事业的需要，政府拟在彩印厂的地址上筹建遵义会议陈列馆。2003 年 5 月，彩印厂厂房被拆除；新建的遵义会议陈列馆于 2005 年 1 月正式对外开放。2013 年，遵义会议陈列馆再次扩建，并于 2015 年 1 月对外开放。

自陈列馆往北，今杨柳街 15 号即为“遵义会议期间秦邦宪（博古）住址”。这里原是黔军第二十五军第七师副师长侯之珪（侯筱白）的私宅，是一座二层小洋楼，始建于 20 世纪 20 年代末。遵义会议期间，共产国际顾问李德及其翻译伍修权、王智涛也曾住在这里。1940 年，浙江大学迁遵办学后，侯之珪住宅被租用作为浙大女生宿舍。

自秦邦宪住处往北，杨柳街 17 号是“陈云与遵义会议”专题展展馆。此处原是国民党中央立法院院长、国大代表刘健群的私宅。1949 年刘健群去台湾后，该房被充公，并由国家安排使用。

“陈云与遵义会议”专题展展馆往北的杨柳街 19 号，即今文化小学。1935 年中央红军长征进驻遵义时，中华苏维埃中央政府筹备委员会和红军总政治部地方工作部就在此办公。在红军总政治部地方工作部部长罗迈（李维汉）的领导下，筹委会和工作部的同志们，曾在这里筹划、酝酿组建中华苏维埃共和国中央政府，组建中共贵州省工委、中共遵义县委、遵义县革命委员会、红军遵（义）湄（潭）绥（阳）游击队等组织；并组织开展了“打土豪、分田地、分浮财”的斗争以及筹粮、筹款等工作。如今，在文化小学西南角，已重建了“中华苏维埃中央政府筹备委员会、红军总政治部地方工作部旧址”，以供游客参观学习。

抗日战争期间，今文化小学名为杨柳街小学，是中共遵义县委的主要活动阵地。县委书记杨天源、副书记谢树中，均以杨柳街小学教师身份为掩护，领导全县开展了轰轰烈烈的抗日救亡运动。1944 年黔南事变后，该校校长陈福桐等积极支持、配合“西南文化垦殖团”在遵义开展革命文艺活动。

杨柳街东侧 小十字入口处几间小铺面的隔壁，唐家祠巷西入口处，今杨柳街 38 号，为红花岗区幼儿园；40 号，为今遵义红军警备司令部旧址。遵义红军警备司令部旧址原在遵义新城何家巷（今飞天花园处），为黔军副师长周吉善的私宅。1935 年 1 月 7 日，中央红军进占遵义后，中央革命军事委员会决定成立遵义警备司令部，任命刘伯承为司令员，陈云为政治委员。警备司令部的成立，为确保遵义会议顺利召开提供了安全保障，并在维护社会秩序和创建黔北苏区根据地等方面也做出了积极贡献。1935 年 3 月 4 日，在杨柳街宣告成立中国工农红军遵（义）湄（潭）绥（阳）游击队。2004 年，警备司令部旧址迁至此地，并被原样修复，2005 年 1 月对外开放。

今杨柳街 44 号至 64 号原为民房，今为“1935 商业街”，不少商家汇集此地，较为繁华。

1935 商业街北面毗邻红军总政治部旧址，该旧址原为遵义天主教堂，由法国传教士沙布尔于清同治五年（1866）兴建，分为经堂和学堂两部分。清同治八年（1869）至光绪十年（1884）的 16 年间，这里爆发了遵义人民强烈反对帝国主义侵略的“遵义教案”。

1935 年，中央红军进驻遵义，红军总政治部机关驻于此。总政治部秘书处、组织部、宣传部、保卫局、最高军事裁判所、兵运科、《红星》报编辑室等均在这里办公。在经堂内，总政治部领导人李富春等曾于红军入城之初召开遵义群众代表大会，宣传党和红军的政治主张，号召干人（贫苦百姓）们行动起来，组建遵义赤色工会、革命先锋队、政治部保卫游击队、遵义县革命委员会等革命组织，开展“打土豪、分田地、分浮财”等斗争。1935 年 3 月初，遵义大捷后，党中央曾在经堂内召开红军干部大会，毛泽东、张闻天、周恩来、朱德等在会上作报告，传达遵义会议精神，总结遵义大捷的经验，并部署新的战略任务。红军总政治部代主任李富春等就住在天主教堂内。当时，在天主教堂的一角，临时搭建起了一个简易医护棚，在娄山关战斗中负重伤的钟赤兵、孔宪权和胡耀邦等人，即住在医护棚里接受治疗。

杨柳街中段

中华人民共和国成立后，天主堂学堂部分改建为遵义市图书馆。1983 年 10 月，图书馆迁新馆后，该部分又被改建为“遵义会议辅助陈列室”。1984 年 11 月 2 日，邓小平题写了“红军总政治部旧址”，并被做成金字匾额，悬挂于旧址大门门楣上。1985 年 1 月，该旧址对外开放。2012 年 3 月，天主堂学堂陈列展出了部分总政治部所属秘书处、组织部、宣传部、保卫局、军事裁判所、兵运科、《红星》报编辑室的历史资料和相关文物。经堂部分仍保留着当年召开群众代表大会、红军干部大会时的旧貌。

与杨柳街相连接的街巷主要有会址路、唐家祠巷、碓窝井巷、大士阁巷和柿花园巷，分述于后。

会址路 从小十字入杨柳街口转西即今会址路。该路于 2002 年新修建，全长 300 余米，因北面与遵义会议会址建筑物紧密相连而得名。从杨柳街南段向西与子尹路相接。它是一条新建的与民主路平行的青石板路，遵义会议纪念馆南侧门从中段出入。

唐家祠巷 唐家祠巷是一条东西走向的小巷，其东入口位于公园路中段向西

会址路

唐家祠巷

的巷道上行处。今唐家祠巷12号为今遵义四中“桂苑”教工住宅院。自此向西直行处与杨柳街相连，全长230米。唐家祠堂的前身原是遵义府经历署，故唐家祠巷此前曾叫经历司街（巷）。唐家祠巷是因唐树义在今遵义四中“桂苑”院处兴修唐家祠堂而得名。唐树义，遵义老城人，是遵义唐氏入遵始祖唐一元（即长奶夫人丈夫）的第七世孙，清嘉庆二十一年（1816）的举人，后升任湖北布政使、按察使。约在清道光后期，唐树义购买了原遵义府闲置已久的经历署，修建了占地5000平方米、拥有三重天井的唐家祠堂，供奉唐氏入遵始祖一元夫妇及历代祖先。因此，唐家祠堂外的一条巷即被命名为唐家祠巷，并沿用至今。

遵义唐氏家世显赫，从清初出任山西阳曲知县、被誉为“国朝第一循吏”的二世祖唐廉算起，后世有唐树义、唐炯等被列入国史、省志。遵义唐氏家族出了进士、举人、贡生多人，位居县令、知县、县长职务者多人，书法家、教授、学者也较多。遵义流传有一句民谣：“要想唐家不做官，除非干断洗马滩。”遵义纪念公园东侧湘江河坎栈道旁，立有一方石碑，为青石质地，长230厘米、高90厘米、厚15厘米，阴刻“绩懋龚黄”四个大字。“龚黄”，典出班固《汉书》卷八十九《循吏传序》，为汉代著名循吏龚遂与黄霸的并称，后泛指奉公守法、勤政廉洁的官吏。观其内容，该碑与被《山西通志》誉为“国朝第一循吏”

的唐廉有密切关联；其上有《播雅》收录的唐廉“卓鲁诚贤哉，龚黄等人耳”的诗句，可以推测，此碑当与遵义唐氏有关。

抗日战争初期，唐家祠堂曾作为慈善机构“贫民习艺所”，招收一些孤儿在此进行手工业生产。1940 年，浙江大学迁遵办学后，唐家祠堂曾作为理学院生物系校舍；后又被用作浙大男生宿舍。中华人民共和国成立后，唐氏后裔将唐家祠堂捐献给人民政府，之后，该祠堂被改为遵义四中男生宿舍和部分教师宿舍；至 20 世纪 80 年代，它又被改建为遵义四中教师住宅大院。

碓窝井巷 碓窝井巷南端起于今唐家祠巷中段沿天主教堂东围墙边，北端止于今红军街南端。巷内有一口饮用水井，口小肚大，深约 4 米。井口高出地面 40 厘米，远远看去，像一个倒扣在地面上的“碓窝”，故名碓窝井。碓窝井所处的这条小巷名为碓窝井巷。碓窝井巷内住过几位名人。碓窝井巷北端 1 号即宦家。中国著名外交家、中国社会科学院副院长、国务院国际问题研究中心总干事、国际问题专家宦乡祖居于此。碓窝井巷还住过号称“遵义八大书家”之首的王藻章，他曾为刑部七品京官。被列为贵州省重点文物保护单位的遵义县龙坑场牌坊，坊额上“乐善好施”四个大字，即为王藻章手笔。碓窝井巷还曾居住过知名教育家、文化人杨葆宸。王藻章于清末参加贵州自治学社遵义分社，为遵义府、县政权平稳交接作出贡献；其参与《续遵义府志》编修、刊刻，最初的编修地点即设在杨葆宸家中。碓窝井巷南端东侧曾为周沆旧居。周沆，清同治十三年（1874）进士，曾在多地出任知县、知府、道尹及北洋政府国务院名誉顾问等职。1955 年，周沆以《云南片马考察记》上书周恩来总理，为片马、古浪、岗房地区回归中国作出贡献。

碓窝井巷住户中，最为著名的是傅梦秋。其宅第在 9 号，为四列三间两楼小洋房，环境幽雅，清新宜人。1935 年 1 月中央红军进驻遵义，中共中央秘书长、《红星》报主编邓小平，总政治部宣传部部长潘汉年，干部团政治教员成仿吾、红军干部黄镇等人，在天主教堂红军总政治部办公，曾借住在天主教堂东南角碓窝井巷的傅梦秋家。1940 年，浙江大学迁遵，浙大校长竺可桢一家寓居傅宅二楼长达 6 年多。遵义老城改造时，碓窝井巷全部被拆。2007 年，在天主教堂东北角（今红军街内）易地重建傅宅，并布展为“遵义会议期间邓小平住址”，于 2007 年 11 月 8 日对外开放。

大士阁巷 今、昔各有一个大士阁巷，名称相同，但巷道走向却不相同，所辖地域、来源亦相差甚远。今大士阁巷，东起于杨柳街 17 号“陈云与遵义会议”专题展展馆与 19 号（老号牌为 39 号）文化小学之间的小巷子；右侧往西经“中华苏维埃中央政府筹备委员会、红军总政治部地方工作部旧址”（易地复原）、大士阁小区、遵义行署家属院，直至与子尹路 52 号相连；左侧经“陈云与遵义会议”专题展展馆、遵义会议陈列馆北侧、会址广场，直至与子尹路 50 号相连。巷子呈东西走向，全长约 300 米，是今杨柳街中段与子尹路中段相连的主要通道。

原大士阁巷，因巷内有明万历四十年（1612）遵义知府孙敏政所建大士阁而得名。大士阁又名祝厘寺、万寿寺，曾于康熙二十七年（1688）重建。这里既是寺庙，也是学校。原大士阁巷是一条南北走向的巷道，南起今民主路捞沙巷对面原大士阁巷口，入巷不远处右侧为刘崧生家，接着不远处便是“一门四举人”的望族蒋家，再接着便是祝厘寺处的遵义县立女子师范学校（后为遵义县立女中、遵义县中）校址，至子尹路旁的观音堂出巷口。该巷的主体部分经过今民主路捞沙巷斜对面的街房、会址路，穿过今遵义会议会址广场，与今天大士阁小区相接。

今大士阁巷

如今，巷道虽已全无，然而与它有关的历史故事却流传很广。

原大士阁巷内有刘崧生住宅。1919年，刘崧生随黄齐生赴法国勤工俭学，学成归国后出任贵州省立遵义第三中学学监和生物教师，对地方教育多有贡献。

距刘崧生家不远处是望族蒋家。蒋家老三蒋中，号篪谱，光绪二十三年（1897）的举人，曾任贵州八寨知县；老四蒋京，岁贡生，曾任云南永平知县；老五蒋澍，岁贡生，曾任四川盐亭知县；蒋灿，蒋澍的堂兄，光绪二十九年（1903）的举人，曾任云南布库大使，与知县相当。其中，蒋中、蒋京曾负责《续遵义府志》的审刊工作，蒋灿负责采访工作，蒋家一门三兄弟都参加了《续遵义府志》的编修工作，为传承地方文化作出了贡献。1946年5月11日，遵义文教界为浙江大学东归返杭举行欢送会，83岁的蒋中代表遵义文教界向竺可桢校长献旗，留下一段遵义与浙大情深意切的佳话。遵义著名土木工程师唐植善也曾租赁蒋家住宅居住。

原大士阁巷曾发生过一起踩踏事件。清光绪二十一年（1895）五月，遵义大旱成灾，粮贩囤积居奇，粮价陡涨，百姓生活艰难。时任川东道台的遵义名士黎庶昌筹集白银2万两，买川米回遵平抑粮价。当时，遵义著名绅士李蹇臣早年创设的同仁会，也募集了40余石大米救济灾民。同年十二月，典史刘磊才、绅士李登洲等选择大士阁、城隍庙两处，分发由黎庶昌和李蹇臣募集的救济粮。不料，来领“米飞”（领米的条子）的大人小孩有数千人，挤得大士阁巷水泄不通，你推我挤，造成踩踏事故，在哭喊中，竟有128名大人小孩身亡。

今大士阁小区一带，曾是遵义县立女子师范学校（后为遵义县立女中、遵义县中）校址。著名女作家卢葆华、女红军李小侠、抗日烈士陈淑蓉等，都是遵义女子师范、遵义女中培养出来的学生。浙大迁遵时，大士阁巷11号曾住过浙大工学院王国松教授。王教授讲课时，常理论联系实际，深受学生欢迎。王国松还懂医道，常免费为师生及其家属看病。在大士阁北出口附近（即原老城粮管所南侧），是抗日英雄王光炜的居住地。1944年8月下旬，正值中国远征军攻打日军松山阵地的关键时刻，王光炜奉命和三〇九团紧密配合，将该团1100余人编成9个敢死队，又将每个敢死队编为4个冲锋组；另组3个爆破组，为敢死队开辟冲锋道路。9月7日，总攻开始，在友邻部队的支持配合下，王光炜等3人分别率敢死队向日军主阵地发起冲锋，白刃血搏，鏖战竟日，全歼日军3000余人，历时4个月的松山战役取得了胜利。王光炜获最高荣誉勋章奖。

柿花园巷　今杨柳街自红军街南口西折至子尹路一段，长 183 米，宽 5—8 米，今文化小学的侧门处，即原柿花园巷。在这条巷内，曾有一栋“蹇家公馆”。1920 年，黄齐生曾在蹇家公馆开办过“通俗图书馆”，这是遵义县最早的公共图书馆，馆藏颇丰。1935 年中央红军进驻遵义，余选华作为向导，曾带徐特立到该图书馆参观，他们发现馆内藏有唐代杜佑《通典》、宋代郑樵《通志》、元代马端临《文献通考》等珍贵典籍，徐特立便在图书馆借了“三通”给毛泽东送去，毛泽东甚是喜悦。1940 年，浙江大学迁遵办学，柿花园巷辟有浙大教职工俱乐部。据竺可桢日记记载，浙大教师许多活动都曾在这里举办，周边民居房屋为部分浙大教授、教师租住。

柿花园巷北边是原火神庙、鲁班庙等建筑。1935 年，遵义赤色工会在鲁班庙成立。20 世纪 50 年代初，鲁班庙被改建为遵义四中，今为遵义市第四初级中学校舍和遵义四中教师住宅。纪念馆社区居委会设于此巷东端。今柿花园巷两边的墙壁为纪念馆社区打造的红色文化专栏，内容丰富、形式精美，吸引了过往的游客驻足观看，收到了很好的宣传效果。

杨柳街柿花园巷

紫荆街 该街南起新建的红军街南入口处，往南是杨柳街；往西是原柿花园巷；往北，大致沿今遵义四中围墙可去北门（今遵义宾馆处）；往东，路过原舒家院子，下湘江河，可达原柏家堤坎。此街的夏家院子处有紫荆树，因此该街被命名为紫荆街。其形成时间比“三街六巷”稍晚，当在清初。由于城市变迁，当年的紫荆街已经消失。

子尹路

子尹路是老城修建最早的一条主街道，最早建于南宋淳熙三年（1176），后逐步扩大。先是分段命名，由南向北含协台坝、大十字、琵琶桥、三官楼、梧桐街等，1921 年，为纪念“西南巨儒”郑子尹（郑珍）而由遵义县政府统一命名

子尹路

为子尹路。1966 年曾更名为红旗路，1982 年复名子尹路。此路系南北走向，南起今子尹隧道北出口，经协台坝、大十字、遵义会议纪念馆，至北门遵义宾馆南侧，全长 908 米，宽 9—12 米，其中车行道宽 6 米，人行道（双向）总宽 6 米，主体系沥青路面，其中大十字至解放路北口段和全部人行道系青石板铺墁。道路两旁装饰有精美的花钵、盆景和供人休息的坐凳。该路属纪念馆社区管辖。遵义会议会址坐落于此街中段，其余为商铺和饮食店。现分东、西两侧分述于后。

子尹路东侧　南起子尹路隧道北出口之西侧的遵义市图书馆老家属区。子尹路 28 号是遵义市粮食局；40 号是黔药堂连锁药业，此处与碧云路 146 号相接；78 号为贵州农村商业银行；78—82 号是遵义市消防三中队所在地，同时也是从捞沙巷通往子尹路的一条小巷，名为协台巷；96 号为遵义会议纪念馆；106 号是捞沙巷西口；130—140 号，曾是原名城饭店、老田家面馆；150—152 号是今大士阁巷西入口处；202 号为遵义市中审会计师事务所；234 号为柿花园巷西出口；284 号为遵义四中西侧门；366 号为天一名城酒店；378 号与石龙路 69 号相接，子尹路至此与洗马路相接。

子尹路西侧　南起遵义市图书馆老家属区。子尹路 9 号接子尹路隧道北出口；49 号与官井路 2 号（起点）相邻；73 号为中国农业银行子尹路支行；85—105 号为协台坝菜市的出入口；111 号转接民主路（入原轿子街）；155 号是遵义会议会址正对面的巷道口，经此可去遵义纪念广场；165 号为遵义市建设银行子尹路支行；189—193 号为红军巷南入口；203 号为遵义市口腔医院；269—273 号原为遵义名城医院的门诊部（现已搬迁）；295—301 号为遵义解放路出口，与子尹

20 世纪 40 年代的老城旧貌

民国时期遵义府中学堂教学楼

路相接；317 号为顺和图文快印店；357—359 号是刘二妈米皮店，转西进入高家巷；397 号转西进入姚家巷，自姚家巷隔壁起为洗马路，子尹路西侧至此完结。

子尹路上的历史故事，特别是红色历史故事既丰富又动人，分述于后。

协台坝 今子尹路 105 号协台坝农贸市场北入口处，是原遵义省立三中进出校门的大路，它与协台巷连通，是遵义新城大部分学生经水硐街至捞沙巷再至三中大门的主要通道（1985 年以前没有今碧云路，只有 2 米宽的石板路水硐街）。遵义省立三中，原为遵义府中学堂。此址自杨氏第十二代杨轸将其治所从白锦堡迁至穆家川（今遵义老城）以后，即为杨氏宣慰司忠孝堂，位置在胜龙冈西麓，逐渐成为播州的政治中心。明万历二十八年（1600）平播，二十九年（1601）改土归流，播州乌江以北设遵义军民府，府署即设在这里；三十五年（1607），知府孙敏政重修府署，榜曰“遵义军民府楼”。直至明末崇祯十七年（1644），历任知府治所均在此。明末清初，该府署常为握重兵者所据，至清初顺治十五年（1658），总兵马化豹居此，此后相沿为总镇协署。而府署则由此迁至后山下今百盛商场靠右（即偏南）处。协署门前建有威远卫层楼，横楣署“遵义协镇署”。至清光绪三十一年（1905），遵义知府袁玉锡设学务局总揽教务，并令遵义县开办师范传习所。他在筹建遵义府初级师范学堂的同时，还集中主要精力筹建遵义府中学堂。通过多方协调，最终以考棚（在府治右，即今遵义军分区处）置换协署（原址在今遵义市第十一中学）为堂址。此外，袁玉锡还请准贵州巡抚开彩票 3 次，集银 9300 余两；并函请邑绅华之鸿兄弟捐银 4000 两；又从府属办学经费中预支 1400 两，最终筹足了建校经费。他还聘请了得力人士主持建校，并亲自或派人随时巡视、监督。

仅年余，校舍落成，占地数十亩，房舍三百余间，可容千余人住读。在建校的同时，袁玉锡还选派优秀人才毛邦伟、牟琳、朱光沛等前往北京乃至国外等学习进修，这些人结业后回到遵义充任师资。此外，他还派田庆霖前往日本选购教学挂图、标本、实验仪器等。清光绪三十四年（1908）农历二月十七日，

协台坝农贸市场

遵义府中学堂开堂，首任堂长为邓玉昆。民国年间，学堂先后易名为遵义中学校、黔北十县联中、省立三中、省立遵义初级中学。1936年，其更名为遵义师范学校，学堂堂址为今遵义师范学院的前身，也为今遵义市第十一中学校址。

省立三中是具有光荣革命传统的老校。1919年五四运动、1925年五卅运动以及1927年重庆三三一惨案的消息先后传到遵义，省立三中的师生率先响应，组织游行示威，声援北京学生，支持上海工人、学生，支援重庆人民，开展了轰轰烈烈的反帝斗争。省立三中是革命教育家黄齐生曾担任校长、主持校务的地方，也是革命教师余正邦等先后执教的地方。在这里，他们传播了马列主义等进步思想。省立三中先后培养出陈沂、雍文涛、周林、韩念龙、犹凤岐等一大批优秀学生，他们后来都成长为中国共产党和中华人民共和国的重要领导干部。

1930年，由遵义地方人士捐款，在省立三中荷花池旁兴建了郑莫祠，以纪念郑珍、莫友芝两位先贤。1935年1月，中央红军进驻遵义，红军干部休养连就驻扎在省立三中。同年1月12日，红军在省立三中操场召开了遵义县万人群众大会，宣告成立了长征途中影响最大的县级革命政权——遵义县革命委员会。1937年12月下旬，遵义各界在省立三中操场举行了公祭公葬抗日阵亡少将刘眉生烈士大会。当时，各地各界代表和遵义民众踊跃参加，可谓“万人空巷祭英雄，十里长街送烈士”。1940年，浙江大学迁遵办学，浙大校本部的校长办公室、总务处、文学院、师范学院办公室都设在省立三中。1949年11月21日，遵义解放。同年12月2日，中共遵义地委、遵义军分区在省立三中大礼堂举行会师大会，与遵义曙光社及“川黔边区纵队”的同志们胜利会师。

琵琶桥　今遵义会议会址领票处一带，过去的老地名叫琵琶桥。府后山的水流从水井湾、大井坎流下汇入溪沟后，又穿过法院街，在何家巷中间汇合，然后流经此处。后来，人们在这条溪沟上搭了一块石板，称为琵琶桥。琵琶桥虽小，但《遵义景致》对它有记载：“琵琶桥把丝弦断，三官楼接北门边。”今日，琵琶桥已无踪迹。

三官楼　遵义会议会址往北，子尹路150—152号为大士阁巷西入口处，从此处再往北至子尹路210号，是今遵义市人口与计生药具管理站，这一带过去叫三官楼。三官楼始建于明末，横跨街面。楼有三层，下层敞开，方便行人来往；中层供有“天、地、人”三官神像；顶层悬挂明崇祯七年（1634）所铸的大钟，于每天鸡鸣时分撞击，钟声响彻新老二城。光绪十八年（1892），主政官员笃信风水，将主宰文运之神的“龙门魁星”，搬到三官楼供奉，改三官楼为“鼎甲楼”。十一年后的光绪二十九年（1903），老城南门举人杨兆麟以一甲三名探花及第，也算应了“鼎甲”之兆。由于此楼有碍交通，楼下连汽车都不能通行，故于1938年秋拆除。从今子尹路234号杨柳街西出口至子尹路378号石龙路西入口这一线，过去叫梧桐街，最初它是由一个叫梧桐堡的小地名发展起来的。如今，梧桐街早已不复存在，成为子尹路的一部分。

今子尹路西侧139—141号原新华书店附近，曾是修建很早的天后宫遗址，它是福建商人为纪念妈祖而兴建的。妈祖，亦称“天妃”“天后”，俗称“妈祖婆”，是传说中掌管海上航运的女神。这里曾经修建过天后宫，这证明遵义人在很早以前就和东南沿海地区有商贸往来和文化交流。1950年，遵义政区改“保甲”制度，建“街”“邻”，天后宫成为遵义市第一街街公所驻址。此地址现为纪念广场旁边的建筑物的一部分。

红军巷 红军巷是子尹路189—193号的一条巷道，东西走向，中间插南北走向的“丁”字形巷道，夹在子尹路和解放路之间，直至解放路大井坎巷对面的红军巷32号出口与解放路相连。巷道部分为水泥路面，部分为青石板路面。东西长近百米，南北长200多米。遵义会议会址斜对面为巷子入口，巷子原名为何家巷，曾是遵义老城的闹市区之一，后因遵义会议期间进出的红军干部、战士很多，改称红军巷。抗日战争期间，巷内部分民房被浙大教师租住。解放前，遵义名小吃“金志抄手”的店铺就设在何家巷内。今老城派出所设于此巷最南端。

姚家巷 由子尹路397号转西可进入姚家巷，它是子尹路通向大龙山的一条小巷，长181米，宽1.6米，为混凝土地面。在此巷内，曾建有一座“蔚豁楼”，亦称“蹇家公馆”。著名作家蹇先艾的父亲于1943年把柿花园巷内的“蹇家公馆”卖掉，在此重修了这幢住宅。原红旗中学即由此巷进至大龙山腰上。现均已不存。

红军巷

民主路

民主路主体部分呈东西走向，至今沃尔玛商场处又转为南北走向。东起红花岗新华桥，经步行街过大十字，至沃尔玛商场处转北直至遵义纪念广场公交车站，全长 892 米，宽 9—15 米，多为青石板铺墁。1985 年以前，民主路东段可通汽车。1985 年，碧云路建成通车后，民主路红花岗至大十字段改建为仅供人步行的商业街，故民主路也称步行街。此路在 1941 年前名和平路，1945 年更名为民权路，中华人民共和国成立后更名为民主路，“文化大革命”期间曾更名为长征路，1972 年复称民主路。此路属纪念馆社区管辖。民主路今为商业步行街，街道两侧均为商铺，不少商店坐落此间，是遵义城区重要的繁华商业街道。

民主路北侧，起于新华桥，北侧穿大十字，经原轿子街，过遵义纪念广场边南沿和西沿，止于遵义纪念广场公交车站对面的地下停车场入口。

民主路（步行街）

20 世纪 60 年代的老城大十字

民主路南侧41号为元天宫巷入口处。民主路南侧113号今为南艺作文步行街分校，抗日战争期间是中共遵义县委集资开办的“快读书店”遗址，20世纪五六十年代是遵义红旗商场所在地。131号为捞沙巷北入口处，过大十字至219号为市地税局第二稽查局，221号为老城街道办事处，225号为遵义电视大学，237号为宜北町茶馆，接着的民主路老163号为遵义军分区。民主路南侧直至贵州银行解放路分行、百盛商场与解放路相连。

元天宫巷　由民主路南侧41号可进入元天宫巷。该巷建于明末，历史悠久。1941年，元天宫巷开办过遵义县第一家“幼稚园”，如今，红花岗区第一幼儿园便设于此巷。1945年，《民铎日报》报馆设于此巷，该报因积极歌颂人民抗战而在省内有相当影响。

四方台巷　元天宫巷进去50米后右转即接四方台巷，巷口矗立着21世纪初新建的天主教堂。经约100米的曲折路段后即接捞沙巷中段。这里曾居住过著名教师晏怀新，同时，著名中医世家幸宅亦位于此。宅主幸峰五于1962年被调至贵州省中医研究所，成为贵州省的著名老中医。其子幸必泽，为中共外围组织曙光社负责人，其住宅曾是曙光社迎接遵义解放的活动据点。幸必泽曾在家里召开相关人员会议，商议开展革命活动，迎接遵义解放等事宜。浙大迁遵办学期间，部分师生曾租住在四方台巷的民房内。此外，“西南文化垦殖团”的诗人方敬、作家朱企霞也曾寓居此巷。

小街　民主路与杨柳街连接处右转即为小街西入口处。小街往东与公园路相连，中间北向与唐家祠巷“桂苑”相接。小街巷内曾居住过遵义文化名人朱季瑜，他是遵义县立女子师范学校的首任校长。1935年，红军进驻遵义时，徐特立在余选华的引导下，曾去拜访朱季瑜，但朱季瑜不在家，他的夫人接待了徐特立。如今，这条小街已成为小吃街。

捞沙巷　捞沙巷位于老城东南侧，地势较低，从水井湾、西门沟流下来的水经大十字汇聚到这里，再向东穿过水门，注入湘江河。若遇山洪暴发，泥沙俱下，小巷首当其冲，捞沙疏浚是常有的事，故取名捞沙巷。

民主路129—131号为捞沙巷北入口，南入口则位于碧云路86号。自捞沙巷39号向左转，即是协台巷，可通往消防三中队，至巷口接子尹路78—82号。捞沙巷108号出巷口与民主路129—131号相接，全长196米。

捞沙巷南口

《遵义府志》收录了沙滩文化开拓人黎安理的《记遵城水》一文，他在文中记录了自己亲身经历的一次“水打捞沙巷”的情景。黎安理，字履泰，曾任山东省长山县知县。黎安理是黎恂、黎恺的父亲，黎庶昌的祖父，郑珍的外祖父。清嘉庆六年（1801）三月二十六日，年近五旬的黎安理陪送16岁考取秀才的儿子黎恂到郡城学宫就读。这天夜晚，雷电交加，暴雨滂沱，黎安理整夜立在水中，直至天明。他凭此惊心动魄的经历，写出了惊心动魄的文章，为“水打捞沙巷”留下了翔实的历史记录：

> 嘉庆辛酉春，长子恂游庠，余送之郡，谒先师，释菜。是日，天朗气清。夜阑，寝矣。至丙夜，雷电大作，猛雨翻盆，屋瓦礫礫格格，几欲塌而不能支。惊起，则被褥尽濡。电光所烛，见室中水已深尺余，而雷雨更甚，如天崩地裂，澎湃奔腾，水不及簟仅寸许。满城喧呼号哭，阗溢街巷。余黑夜立水中，直不知犹在人世。延及曙，街水尚数尺。乃知水由水井湾半坡暴涨而下，冲决当路房宅，淹捕署近一丈。径天后宫，倒砖壁。横流大十字，合西门沟之水，荡大街，倒药王宫砖壁。殿前石缸二，冲至熊氏门，直流下捞沙巷。有汪姓二宅，及中男妇七口，并地基冲低三尺，尽没乌有。折出东右水门，入湘江。计街房冲去者数十家，丁口淹没者百余人。人皆疑为有神物游焉，而实无有也。当时滂沱大作，如排山倒海而至，即长江大河，巨浪汹沸，不能状之。其山潦直泻千仞，急流奔注，既无沟渠以纳之，又无堤防以捍之，一任其猖獗泛滥于城市，而无如何，盖势然也。其人民之死于水，房舍之漂没于水者，亦其数焉。时捞沙巷口柳树间，流一人援树呼救；一人流至右水门，其项为栅柱所夹；一冲落天后宫侧阴沟口中，水倒碑盖其口冒而过，俱得不死。非数不在水劫与？时嘉庆辛酉三月廿六日。

1935年，时年10岁的民主路居民晋润昌在其《养鱼塘闲话》中说，遵义会议期间，国民党的飞机确实在捞沙巷丢过炸弹。文中说：

> 又一天早上，很多人都往杨柳街跑，说侯家公馆被抄家了（即黔军团长侯筱的家，当时博古、李德、伍修权住处）。好多“干人儿”都去拣东西，有衣物、被褥、家具等。但我不敢跑去看。中午，天上出现飞机的轰鸣声，很多人都说是王家烈派飞机侦察来了。红军在街上，指挥老百姓都在屋檐下走，不要暴露目标，唯恐被误伤。
>
> 第二天，飞机又来了，我在后院天井里可以看到，突然发现飞机的尾巴后有东西掉下来，我怕是炸弹，正要往家里跑，忽听到轰隆一声，我家的屋面都震得哗啦响。原来是离我家两个院子的金家被炸了。据旁人讲：“看来不是什么炸弹，可能是有信头的迫击炮弹，只炸倒了两片竹篱墙，削去屋顶，没有多大威力，也没有伤着人。”

此次飞机轰炸发生在与捞沙巷仅一墙之隔的金家后院，时间正好是遵义会议召开的最后一天，即1935年1月17日，会址距此仅二三百米。

如今的捞沙巷是遵义有名的小吃街。这里羊肉粉、米皮、豆花面、碗儿糕、三香包子、黄糕粑、乌江豆腐鱼、烤羊串、臭豆腐、串串香等各种小吃应有尽有，让人流连忘返。

轿子街 从民主路穿过大十字，就进入了今遵义市地税局第二稽查局、老城街道办事处、遵义电大所在区域。这条街在解放前叫轿子街。遵义解放前，文、武官员到府署、县署办事，一般是文官坐轿，武官骑马。到遵义府署、县署办事的武官，一般从北边入城，在北门洗马滩处整理行装，然后入署办事。而文官则一般到轿子街停下轿子，整理行装后再入府署、县署办事。顾名思义，轿子街是出租轿子的集中地，为进出署所、县署办事的官员提供了便利。如今，原轿子街北边已成为遵义纪念广场南沿。

从现今沃尔玛商场至今百盛商场这一大片区域，自明万历年间“平播”“改土归流”以来，就一直是遵义府、遵义县的军、政、文教、司法机关及主要工作机构的驻地，直至21世纪初，才有所改变，有的机构至今仍驻这里，如遵义军分区。

民主路北拐处

在如今的军分区地界内，原来的主要办公机构为提督学行署。后于清康熙四十六年（1707）在此始建考棚，供遵义府学子考试之用。清光绪三十一年（1905），遵义知府袁玉锡要修遵义府中学堂，经多方协调，决定以考棚易协台坝的协署作为遵义府中学堂的校址，因此协署迁至考棚，即现今的军分区处，成为遵义府最高军事领导机关。中华人民共和国成立后，遵义专区最高军事领导机关——遵义军分区亦驻于此地，直至今日。此外，今遵义警备司令部亦驻于此。

在遵义军分区之右（即南面），即今沃尔玛商场一带，是中华人民共和国成立后新建的中共遵义地区委员会办公楼所在地。直至1997年10月撤地设市后，新建的中共遵义市委及其主要工作机构亦在此办公。2005年9月，其迁往汇川区南京路276号办公，2018年前后又迁往新蒲新区府前路市级行政中心。

玉屏路 沃尔玛商场门口右侧即为玉屏路的起点，该路向西延伸直至西门沟。玉屏路的北侧依次是老城新街、遵投丽呈睿轩酒店（该酒店原为遵义市人大常委会、政协遵义市委以及民革遵义市委等的办公楼）、市委家属一院、红军院家属区等；玉屏路的南侧依次是老城小学、市委家属二院、西门沟社区居委会、电缆部队家属区、市委家属三院和四院。

今百盛商场靠南一侧，是清顺治十五年（1658）迁来的原驻于省立三中校址处的遵义府署。府署内有刘诏升刻的《郡署八景诗》碑。八景分别为："轩窗听莺""山房留月""虚堂接翠""杰阁来青""荷池疏雨""橘井饮泉""古槐卧荫""丛竹浮烟"。其中，"杰阁来青"指的是清康熙三十四年（1695）遵义知府秦嵘所建的"来青阁"。145年后的清道光二十年（1840），郑珍、莫友芝在此编纂了《遵义府志》，来青阁因此名声大噪。

1911年10月10日，武昌起义成功。同年11月3日，贵州陆军小学和南厂新军起义成功，贵州宣告独立。11月9日，在遵义的革命党人于遵义府署召开了遵义两城学、绅、商各界特别会议，决议废除清王朝遵义府政权，建立大汉遵义军政分府，顺利地实现了遵义府、县政权的平稳交接。今百盛商场处，清代时是遵义府署。遵义解放后，这里先后成为遵义专员公署、遵义地区行署、地级遵义市人民政府的驻地。府署之左（即北面）是县署。今遵义纪念广场北出（入）口一带，即为过去的监狱。这与《续遵义府志》中关于"遵义县右为

玉屏路

监狱”和“典史署在县治右”的记载相吻合。今沃尔玛商场、遵义军分区大院和百盛商场，是中华人民共和国成立以来中共遵义地委、遵义地区行署和遵义军分区所在地；遵义撤地设市后一段时间内，这里也是遵义市党、政、军领导机关所在地。

解放路

解放路在子尹路西侧，主体部分为南北走向，北接子尹路南接民主路，是一条沥青大道。遵义解放前，该路被称为县衙门前、法院街、营门口等，1950

年将数段地名统一命名为解放路。现南起遵义会议纪念馆领票处对面中国建设银行遵义支行解放路营业所（解放路 1 号），直至解放路出口 119 号遵义旅行社与子尹路相接，全长 565 米，现主要有酒店、餐饮店、杂货店、旅行社等。

解放路西侧 起于解放路 1 号建行解放路营业所，经遵义纪念广场、27 号百盛肯德基、29 号遵义市税务局稽查局、31 号红旅集团，至 51 号左转即达水井湾一巷；继续向前，67 号道路运政处转弯可进入水井湾二巷；随后是 81 号红色之旅酒店、87 号华雅酒店、95 号遵义市调解委员会；至 111 号拐左入大井坎巷，119 号隔壁为市工业局职工家属院，最终至遵义旅行社与子尹路相接。该路段属府后山社区管辖。

解放路东侧 从解放路口往北是几家餐馆和中国交通银行解放路营业所；行至解放路 16 号右拐可入红军巷，22 号为邮政储蓄银行，54 号原为遵义市教育局（现为红色文化培训学院），78 号为遵义市企业家联合会，至 126 号为红军巷北出口；再经过几家小店后，与子尹路相接。该路段属纪念馆社区管辖。老城派出所位于红军巷西端，近年来连续获得先进派出所称号。

解放路北口

解放路南口

法院街　现解放路原名法院街。晚清时期的典狱署、监狱等就设在这里；民国时期的法院、检察院也坐落在这条街上；遵义解放后，遵义地区中级人民法院、遵义地区检察院以及地区司法局、公证处均设于此街，地区公安处也离此不远。

水井湾二巷　二巷位于解放路中段，西向上坡可通往菩提寺、大龙山。该巷全长380米，宽2.3米，为青石路面。曾在该巷世居的，有辛亥革命元老刘应烽和军调部课长刘铁轮。

刘应烽，字灿之，1875年生于遵义老城水井湾。1903年，他进入贵州大学堂学习新政。1904年，他应选留学日本，在早稻田大学攻读政法，期间加入了同盟会，并颇受孙中山赏识。1907年，他奉命回国，赴江苏开展革命活动。不久，同盟会东京总部委其为江苏支部长。后因患疾病，他经组织同意回到家乡遵义疗养。1911年，辛亥革命成功的消息传到了遵义。同年11月9日，刘应烽召集遵义革命党人李筱荃、杨葆宸、李道坤、张图芝、喻界凡等，在府署召开了遵义两城学、绅、商各界特别会议。会议决定废除清王朝的遵义府政权，建立大汉遵义军政分府，为遵义府、县政权平稳交接作出贡献。为维护秩序，刘应烇带病上街站岗，号召男人剪发，女人放脚。遵义县成立议会后，刘应烇为首任议长，随后，他又当选为贵州省议员和国会议员。后因病势日笃，他长期卧床难起。护国战争胜利后，孙中山曾致函慰问刘应烇。1919 年，刘应烇因病重殁于遵义老城水井湾故宅，享年 44 岁，被葬于遵义忠庄铺杨梅台。

刘应烇之子、“军事调处执行部”课长刘铁轮，他从国民政府陆军大学毕业后即奔赴抗日前线。抗日战争后期，刘铁轮任上校团长，奉命率部参加远征军入缅作战，深入高黎贡山，攻取片马地区，成功击溃了守敌日军十八师团松井部队，为收复这块边防军事要地作出贡献。根据“重庆谈判”精神，由中国共产党、国民党和美国三方各派代表在北平成立“军事调处执行部”，分赴各地对国共双方的争执进行调处。执行部下设若干课，刘铁轮出任调处课课长。但由于国民党代表没有诚意，加之美国代表的偏袒，各地的调处大部分以失败告终。随后，“军事调处执行部”解散。1949 年，刘铁轮因公去太原，在南京的蒋纬国约同刘铁轮的家眷搭乘军舰去了台湾。知道此事后，刘铁轮即刻唤回已去台湾的家属一同回黔。之后，他受故友相邀，出任了第二绥靖区高参。贵州解放时，刘铁轮随部起义，时年 32 岁。刘铁轮转业后任贵阳宏达针织公司经理，后又被任命为贵州省人民政府参事。

府后山巷　该巷位于今百盛商场与遵义市地方税务稽查局之间，向西上坡可通往大龙山。巷子全长约 180 米，宽 10—12 米，沥青路面，可通汽车。原遵义市公安处、红花岗区公安局曾先后在此办公，现府后山居委会位于此巷。此巷上坡处即为颜家坡（今菩提寺附近）。

1944 年黔南事变后，“西南文化垦殖团”到遵开展活动。不久，团长熊佛西夫妇迁到法院街后山的颜家坡，居住在一座取名为“勺水山庄”的茅屋内。他们在这里研究学问、接待客人，领导垦殖团开展革命文艺活动。

碧云路

碧云路是老城南面的一条东西走向的大街。其东起大兴路北端，西接子尹路南端，全长 343 米，宽 20 米。其中车行道宽 10 米，人行道（双向）共宽 10

米，车行道为沥青路面，人行道为青石板铺墁。由南门磨刀溪、西门沟流下来的两条大水沟在此交汇，并从城墙下的水洞流入湘江河。碧云路原名为水硐街，民国年间曾改称兴隆路，1966 年更名为兴无路，1981 年被命名为红花岗后街，直至 1984 年水硐街改造后，方定名为碧云路。如今，该路可通汽车，沿途有银行 3 家，超市 1 家，其余为小商铺。此路属南门社区管辖。

碧云路北侧，86 号为捞沙巷南出口，146 号与子尹路 138 号相接。碧云路南侧，131 号与子尹路建行相接。

碧云路东口

水硐街　水硐街西起协台坝南侧，东向延伸至康石桥并与湘江河相连，全长约350米，宽约2—3米，青石路面。后该街被改造为碧云路。今碧云路52号新建了遵义市反洗钱宣教基地（原为中国人民银行遵义分行办公楼），解放前，这里为水硐街3号，曾是黔军师长郭惠苍的私宅，称作“醒庐”。1940年，浙江大学迁到遵义办学，竺可桢校长在遵义的第一个春节就是在水硐街3号度过的。同年2月22日，竺可桢迁往杨柳街碓窝井9号傅梦秋家居住。水硐街3号名师云集，如国学大师钱穆、历史学家张荫麟、宋史专家陈乐素、明清史学专家陶元珍、历史地理学家谭其骧、气象学家涂长望、地质学家叶良辅、地理学与海岸学家任美锷、地理学家黄秉维、气象学家卢鋈、地理学家刘之远等皆曾与此处结下不解之缘。其中，涂长望、谭其骧、任美锷、黄秉维后来均当选为中国科学院院士。

水硐街3号还是人才辈出的地方。当年的浙大学生，经名师培养和个人努力，后来成为中国科学院和中国工程院两院院士的史地系学生就有：大气物理学家、高原气象学创始人叶笃正，气象学与大气物理学家谢义炳，地理与冰川学家施雅风，地理与遥感地学专家陈述彭，水文海洋物理学家毛汉礼，河口海洋学家陈吉余等。上述这些史地系的名家的成长与成名，都与我国著名历史地理学家、教育家张其昀有一定关系。张其昀是竺可桢校长的学生，也是竺校长信赖的助手。寓居水硐街3号的张其昀，秉持“史地合一”的理念，坚持史地兼修的原则，最早将西方近代历史地理学引入中国。他创办和领导的浙大史地研究所，独树一帜，成绩斐然。

张其昀在实践中注重培养锻炼人才，并在水硐街3号主要办了两件大事。一是按照竺校长的安排，主编了《遵义新志》。这是一部采用全新的科学方法编写的地方志，开创了地方志编写中涉及土地利用、气象分析、产业资源调查研究的先河。全书共11章，17万字，附地图22幅，是浙大史地研究所的导师、研究生实地考察后的精心之作。张其昀亲自撰写“历史地理”一章，把遵义两千多年的历史分为9个发展期，提出了“沙滩期”的概念。这些在遵义历史的研究上，具有开创性意义。二是发起并编印了《思想与时代》月刊。该刊自1941年8月在水硐街3号创刊以后，共出版了53期，其中在水硐街3号出版的就有40期。

遵义解放之初，即1949年11月下旬的一个晚上，由遵义军分区政治联络处具体安排，遵义地委书记兼遵义军分区政委、遵义市军事管制委员会主任陈璞如，在水硐街3号亲切会见了在遵义起义的8名国民党将领。陈璞如向他们宣传了党和政府的方针政策，并请起义将领陈又新介绍了解放战争的新形势，这更加坚定了国民党将领们弃暗投明的决心和信心。

今碧云路89—99号中国工商银行碧云路支行以西，至今碧云路131号终点之间的大片区域，曾为1936年国民革命军第九军军长郝梦龄指派战士参与修建的遵义县第一体育场。后来，在遵义县第一体育场之东（大致在今瑞安花园）一带，又建成了遵义县第二体育场，该体育场于1951年被改建为体育场仓库。1937年10月，郝梦龄军长在山西忻口保卫战中壮烈牺牲，遵义民众为缅怀他，在他支持修建的遵义县第一体育场召开了公祭大会，各地各界敬送了数百副挽联。1945年9月4日，遵义各界在遵义县第一体育场隆重举行了别开生面的

瑞安花园巷

“遵义各界庆祝抗战胜利大会”，浙大竺可桢校长在会上发表了重要讲话。当天晚上，全城又举行火炬提灯大游行，将庆祝活动推向高潮。

瑞安花园巷 该巷位于碧云路中段南侧，隔碧云路与捞沙巷南出口相对而望。从巷口向南行进150米后东拐300米接大兴路。

官井路

官井路是位于老城西南角的一条南北走向的大道。其北起遵义市第十一中学校门前，经官井南至玛瑙窝，全长968米，宽5—9米，沥青路面。自原遵义地区农业局办公楼起，往西上坡是新修的官井新路。官井路原名文化街，1943年改为玉锡路，“文化大革命”时曾一度改称“反封路”。1982年正式更名为官井路并沿用至今。本街聚集着餐饮店、杂货店铺，属南门社区管辖。

玉屏路一巷 今官井路84—86号，是玉屏路一巷的入口处。中转北到军干所，全长400米，沥青路面，可通汽车。玉屏路一巷内，有修葺一新的郑莫祠牌楼，由此可出入郑莫祠。郑莫祠主体建筑仍在原遵义省立三中荷花池旁。

官井路北口

长城巷 今官井路88号附12至90号间，是长城巷的入口处。该巷长约200米，宽5米，可通汽车。经长城小区可去长城游泳池。巷内原马王庙处，曾建有袁公祠，以纪念遵义知府袁玉锡。祠成之后，地方人士及城内各校师生，于每年十月十二日（袁玉锡诞辰日）前往祭拜，颂以歌，祭以文。曾任遵义省立三中校长李筱荃的词中有云："襄阳袁公，道重学优，清乙巳岁，来守播州。适废科举，变更学制，筹款建校，期久不废。师范人才，尤其优长，兼办中学，蔚为国光……"老城大士阁巷蒋中老人的颂联曰："桃李春风培士类，梅花晴雪寿公觞。"足见人们对袁公的怀念之深。1980 年，遵义市人民政府将袁公祠列为市级文物保护单位。

官井路 119 号一带，今已改建为三岔路口，官井路自此至协台坝段成为单行道，有效缓解了此路段的堵车现象。今三岔路口一带，是过去到原遵义地区财政局办公楼的入口处，也是解放前朝天街、味经书院的所在地。光绪十二年（1886），寄籍总兵何行保（住新城何家巷何家公馆）捐银 600 两，在朝天街附近新建了味经书院；同时，他还捐田业 4 份，契价银 2560 两，以作为教师的工资和学生的伙食及灯油费，为众多学子提供了上学深造的机会。

官井路南段

为表彰何行保捐资办学的义举，时任遵义知县李兆梅呈请贵州巡抚转奏清廷，请求为何行保建牌坊。清光绪二十一年（1895），牌坊在遵义县龙坑场建成，巍峨壮观。牌坊上嵌有阴文镂刻的“乐善好施”四个大字，系遵义著名书法家王藻章亲笔题写。味经书院不负众望，确实培养出许多名人，其中最著名的就是清光绪二十九年（1903）的科举探花杨兆麟。

朝天街 朝天街位于今子尹路隧道北偏西方向，即新修子尹隧道西岔路口偏东地段。它的西端是味经书院，紧靠文化街（今官井路），东边通往水硐街（今碧云路），北边接马草街（今协台坝），南边抬头一望就是红花冈。由磨刀溪、西门沟汇成的小溪——南门河沟，绕朝天街东流，经水硐街注入湘江河。传说隐居在朝天街的书法家刘天经认为“朝天街”的名字过于张扬，便将其改名为“仙龙巷”,“仙龙巷”的名字还被正式编了门牌号码。1941 年夏，浙江大学、浙江同乡会就在仙龙巷 1 号王家院子创办了浙江小学，由浙大校长竺可桢兼任校长，而浙大师范学院的王倘、黄翼两位教授则经常到校指导教学工作。竺可桢日记记载：“三点至仙龙巷一号浙江同乡会开小学董事会。”（1944 年 8 月 10 日）

石家堡 今官井路 174 号是“官井”处，从此处往西南方向缓缓上坡，就是有名的石家堡。它背靠插旗山的胜龙冈，是遵义名人李培荪的世居地。李培荪（1881—1945），清末就读于天津北洋师范学堂，攻读博物专业。辛亥革命前夕，他参加了贵州自治学社遵义分社，与其他自治党人一道，促成了遵义府、县政权的平稳交接。1915 年，他任遵义中学校长，此后又两度出任此职。他支持学生响应五四运动、五卅运动，传播进步思想，曾两次出面冒险保护与地方军政人员作斗争的学生，培养了众多杰出人才。抗日战争期间，李培荪与浙大校长竺可桢等教授交谊极深，不少名教授也住在李培荪的房舍中。据竺可桢日记记载，曾经居住在石家堡 1 号至 5 号（李培荪房舍）的浙大教授有：住 1 号的音乐副教授沈思岩、文学院院长梅光迪；住 3 号的经济学教授、训导长费巩，工学院院长李熙谋，师范学院院长、化工系代主任王璡，以及化工系教授苏元复、左之夫妇，史地系教授、历史学家张荫麟；住 5 号的中文系主任、教授郭斌和，史地系教授、气象学家涂长望等。

红军街

红军街是2007年新建的一条红色旅游商业街，占地面积17000平方米，由拆迁遵义公园原动物园、水上乐园以及部分居民住房新建而成。该街东与遵义公园相接，南与“红军总政治部旧址”毗邻，西与老遵义四中接壤，北与遵义宾馆隔街相望。主街呈南北走向，全长420米。沿街的商铺主要经营旅游商品及黔北土特产品，所有街道都是由青石板铺成的，属纪念馆社区管辖。

红军街房屋建筑面积达1.64万平方米，全为商业用房，可供使用的营业房有176间。街道两边都是错落有致的仿古小楼，木栏青瓦，雕花门窗，古色古香。加之青石铺地，更显古朴沧桑，充分展现出了黔北民居特有的建筑风格。沿街的灯箱上，均装饰着红军长征途经地方的照片，无数串精致的红灯笼从家家户户的屋檐垂挂下来，宛如一条红色的河流。至红军街北出口处，矗立着一座古朴的牌楼，横牌上悬挂着“红军街”三个苍劲洒脱的大字，为开国上将张爱萍亲笔所题。

红军街中段（2018）

红军街建成后，复原展出了遵义会议期间邓小平住址、遵义赤色工会旧址碑等历史遗迹，并先后推出红一、红二、红四方面军长征纪实展，长征与工运展，毛泽东文化藏品展，毛泽东遗物展，胜利之师展，红军转战图片展，以及与长征有关的开国将领生平事迹展。

在红军街中段，特设“红军书屋”，关于红军长征、遵义会议、四渡赤水的书籍多数都可以在这里买到。在“红军书屋”斜对面的回廊上，常有红歌团在此演唱《长征组歌》等红色歌曲。此外，还有红色旅游纪念品销售功能区等。

红军街北口

这些都为红军街增添了诸多红色元素，丰富了红色文化的内涵。同时，红军街还辟有民俗博物馆、遵义奇石馆、紫云轩、通草堆画、慧宝斋、艺精阁文玩专卖店等文化场所，融红色文化与乡土文化于一体。

红军街是融观光、休闲、餐饮、娱乐、购物于一体的商业文化一条街。许多老字号店铺均为遵义知名品牌，如老谢氏鸡蛋糕、遵义豆花面等。贵州和遵义当地的名优特产品琳琅满目，应有尽有。最有名气的贵州茅台酱香白酒、湄潭茶、凤冈锌硒茶、赤水竹制品、蜡染等，都在此设有专卖店或专柜。此外，天麻、杜仲、金银花等中药材，也有店铺销售。甚至四川、重庆、云南的特产及小吃，也能在此找到它们的身影。来自天南地北的游客，都可以在这里挑选到一份自己满意的纪念品。2016 年 12 月，红军街入选《全国红色旅游景点景区名录》。

表 2　遵义老城主要街巷情况表

巷道名称	路面结构	长（米）	宽（米）	起止
元天官巷	沥青	70	2.5	民主路—红旗小学
四方台巷	沥青	86	2	元天官—捞沙巷
小街	石板	360	1.5—2	小十字旁小巷
唐家祠巷	石板	230	3—5	杨柳街—公园路
长寿街	混凝土	150	2.5	针织厂—湘江河 （已消失）
捞沙巷	石板	196	4.5	民主路—碧云路
杨柳后街	混凝土	130	1.5—3	唐家祠巷—公园路
协台巷	石板	167	3—6	子尹路南—捞沙巷
大士阁巷	沥青	340	3—5	子尹路—杨柳街
何家巷	石板	100	2	子尹路—解放路 （并入今红军巷）
红军巷	石板	300	3—4	子尹路—解放路
会址路	石板	320	4—5	杨柳街—子尹路

续表

巷道名称	路面结构	长（米）	宽（米）	起止
柿花园巷	石板	183	2.5	子尹路—杨柳街
碓窝井巷	泥土	400	2—4	唐家祠巷—东城墙（已消失）
紫荆街	泥土	420	2—4	杨柳街—石龙路（已消失）
姚家巷	沥青	181	1.6	洗马路—大龙山
水井湾巷	沥青	367	2	解放路—城隍庙
大井坎巷	沥青	170	3	解放路—大龙山
玉屏村巷	沥青	400	2—4	官井路—干休所

历史文化街区保护

管理　遵义老城是历史文化底蕴丰厚的地域，拥有遵义会议会址、红军总政治部旧址等革命文物点12处，以及列入保护规划的风景名胜2处。这些文物点均有重要的历史价值及景观价值，分别被列为国家级、省级、市级文物保护单位及未定级文物点，按照级别分别进行管理与保护。一级文物保护点包括遵义会议会址、红军总政治部旧址、红军烈士陵园、红花冈战斗遗址、郑莫祠等。在各文物点周围划定保护范围，对保护范围内的建筑用现代材料和技术进行修整，但需整旧如旧，力求保持原貌。同时，管理部门控制环境景观，结合文物特点举办展览，供人参观游览。二级文物保护点包括红军地方工作部旧址、万人大会会场旧址、遵义县革命委员会旧址等。这些文物点由使用单位保护，外观保持文物点原貌，用现代材料整旧如旧，内部装修根据使用要求处理。三级文物保护点有迎红桥、中华苏维埃共和国国家银行旧址等。已遭损坏的不再修复，但须保护好遗址并控制周围环境，并立标志进行说明。1983年，国家文物局将遵义会议期间毛泽东、张闻天、王稼祥的住处，以及红军总政治

遵义旧貌——三官楼旧址

部旧址列入全国重点文物保护单位“遵义会议会址”的组成部分进行保护，这一举措有力地提高了对上述各纪念文物点的保护力度。

在以老城为主的纪念体系范围内，特别是遵义会议会址周围，房屋建设一般不超过二层，并与会址建筑保持风格一致；道路适当扩宽，建成规范的车道、人行道；污水统一排入红花冈北麓、府后山东北麓的两条涵道；做好老城各条街道的日清日扫保洁工作；安装天眼监控，加强巡逻，完善纪念馆外武警执勤等制度，确保治安良好；发展红色旅游，修建红军街，将各处红色景点连成一线；提高旅游服务质量，提升遵义形象。

规划　1983 年，（原县级）遵义市编制了《遵义市城市总体规划》。贵州省人民政府于 1984 年 1 月 6 日作出批复，原则批准遵义市城市总体规划，并要求：遵义市是国家批准的第一批历史文化名城之一，要加强管理和保护，对遵义会议会址和红军总政治部、万人大会会场旧址所在地的老城及毛泽东同志的旧居等重要纪念点的规划建设，要尽可能保护好历史建筑和环境风貌，要抓紧制定老城及重要纪念地的保护规划，报省人民政府批复。在制定保护规划时，应尽量将老城的保护范围扩大一些，在保护范围内严格控制有污染的工业建设，在保护规划审批前，应停止在老城内及重要纪念点附近建高楼、新楼。同时，省人民政府指出：遵义市是黔北的政治、经济、文化中心，遵义市的规划建设要充分发挥地区中心城市作用，以带动黔北地区经济和社会的发展；遵义市工业发展重点应放在挖掘现有企业潜力上，积极发展污染轻、投资少、效益高的轻工业、电子工业等；要根据有利于组织生产、方便群众生活的城市规划建设原则，对总体规划中划分的八个区块，布置建设各区块的生活设施，并加强道路和通讯建设，使各区块之间有机地结合起来；要抓紧解决与群众生活关系密切的建设项目，如住宅、自来水、湘江河治理、老城排污、街道路面整修、公共卫生设施、城市绿化等，对这些项目，要尽快作出近期建设的详细规划；要加强城市建设管理，制定城市规划管理办法，各部门、各单位在城市规划范围内进行的建设，必须纳入城市总体规划，统筹安排，合理布局；要求成立以遵义市人民政府市长为主任，地、市有关部门负责同志为委员的遵义市城市规划建设委员会，负责审定或审查有关城市规划建设的实施办法、近期计划和年度计划，并协调解决有关问题。

1996年5月17日，贵州省人民政府对遵义地区行署《关于转报遵义市老城纪念区修建性详细规划的请示》再次作出明确批复：

一、遵义市是国家历史文化名城，其源地老城改造时，应保证完整的历史文化风貌不受损害；

二、老城建筑风格应充分体现历史文化风貌和地方特色，严禁新建、扩建不利于保护纪念区风貌的其他建筑；

三、遵义会议会址前不应再开辟遵义会议纪念广场，可于子尹路西侧局部适当拓宽街面；

四、遵义会议会址周围民居不宜全拆，以保护老城纪念区格调和历史文化环境气氛；

五、民居的布置要贴近历史传统格局，外部要与传统风貌协调；

六、规划的建筑层数要适当压缩，二级保护区以2层为主，三级保护区以3—4层为主。

遵义老城新街景

2018年，遵义市人民政府又呈请审批《遵义历史文化名城保护规划（2017—2030年）》，2018年10月9日经贵州省人民政府批复同意生效。其批复要点如下：

一、原则同意《遵义历史文化名城保护规划（2017—2030年）》（以下简称《保护规划》）。

二、同意《保护规划》确定的保护范围。历史城区范围为东起内环路，南至老鸦山山脊线，西抵府后山山脊线，北达凤凰山山脊线，总面积约4.67平方公里。划定老城、高桥2个历史文化街区，老城历史文化街区保护范围68.67公顷，高桥历史文化街区保护范围9.27公顷。

三、同意《保护规划》确定的保护内容和保护控制措施。要重点保护以凤凰山、府后山、老鸦山和湘江河为山水构架，以清代城墙遗址界定的新老二城为核心的“三山环抱、一江两城”历史城区整体山水风貌格局。要切实做好历史城区和历史文化街区内建筑高度及风貌的控制、传统街巷保护和慢行系统优化，严格保护各级文物保护单位、历史建筑和非物质文化遗产。

四、统筹协调历史文化保护与城镇发展关系。在做好历史文化资源保护的同时，要着力提升历史城区的文化传承、旅游休闲、特色商业等功能。要合理疏解历史城区人口，加强历史城区配套基础设施建设，完善公共服务设施和综合防灾体系，不断改善人居环境质量。

五、严格实施《保护规划》。《保护规划》是遵义历史文化名城保护发展和建设管理的法定依据，保护范围内的一切建设活动必须符合《保护规划》要求，未经审批机关同意，任何单位和个人不能随意改变和调整。你市人民政府要完善地方管理办法，加大保护资金投入，认真组织实施《保护规划》。省住房城乡建设厅、省文物局要加强对《保护规划》实施的指导、监督和检查。

中共遵义市委、遵义市人民政府要求，规划设计方案和保护提升规划基础要扎实，挖掘历史文化、历史遗存要充分，要进一步完善提升规划水平，努力打造全国有影响力的知名历史文化街区。要立足全国历史文化名城定位，坚持保护优先、应保尽保，坚持恢复历史记忆、以文化育人，坚持规划无障碍空间设施，围绕“恢复什么、拆掉什么、提升什么”的理念，合理划定规划范围。要牢记习近平总书记“传承红色基因、讲好遵义故事”的殷殷嘱托，找准项目定位和时间节点，对老城区进行统一规划、统一建设，科学把控建筑风貌，充分展现出城市发展演进的特点和黔北民居的元素，统筹考虑功能分区、业态布局，让老城历史文化街区焕发更多生机活力。

2019 年 8 月 7 日，省人民政府决定将遵义市红花岗区的两处街区列为省级历史文化街区，这两处街区即高桥与老城。老城历史文化街区保护范围北至石龙路，东跨湘江河至凤凰南路，南至碧云路、玉屏巷，由玉屏路向西至府后山山麓，并入菩提寺，总用地面积 68.67 公顷，其中城市建设用地面积 61.61 公顷。核心保护区范围以遵义会议会址、中华苏维埃共和国国家银行旧址、红军警备司令部旧址、红军总政治部旧址、遵义会议期间博古等同志住处等文物保护单位的用地为基础，再由其共同围合而形成严格保护范围，用地面积 4.74 公顷。建设控制地带即核心区外围，用地面积 63.93 公顷。杨柳街、子尹路、民主路、解放路、碧云路、官井路、红军街是老城历史文化街区的主体街道。

遵义市老城历史文化街区牌匾

2018 年 7 月 24 日，遵义市城乡规划局发布了关于《遵义老城保护提升规划》(以下简称“《规划》”)。《规划》指出，遵义老城是遵义城市的发源地，展示了遵义城市发展的沧桑演变与历史脉络。为了提升和展示遵义深厚的历史文化底蕴，推进老城的特色魅力发展，依据经住建部专家审查通过的《遵义历史文化名城保护规划（2017—2030 年）》，城乡规划局开展了《规划》编制工作。该工作旨在科学保护和发展老城格局空间及以红色文化为代表的特色文化，努力解决老城密度高、交通堵、负荷重、风貌杂等一系列城市问题，做好遵义历史文化的保护和利用工作，为遵义市城市转型发展提供规划支撑。在《遵义历史文化名城保护规划（2017—2030 年）》的总体框架和要求下，《规划》确定了本次规划的范围：东至湘江河，南至老乌鸦山，西至府后山，北至遵义宾馆以北，规划面积约为 260 公顷。通过研究分析，最终形成了以 1935 年老城场景氛围为历史依据的遵义老城保护提升规划方案。《规划》包括以下主要内容：

一是确定了遵义老城保护提升的定位与范围；

二是明确了老城作为历史文化名城最重要的文化核心与空间载体；

三是梳理了遵义老城与湘江河以东新城的关系以及与历史城区的关系；

四是研究挖掘老城各类历史文化资源，并评价判断其在城市未来发展中的价值特色，传承并突出以遵义会议为代表的红色文化序列的展现；

五是形成“一水三山双城”的空间格局，建构特色历史文化记忆的功能节点网络；

六是系统性地提出老城的社会经济整合、功能疏解、交通设施优化提升、山水城开放空间关系等内容的规划支撑。

保护 老城保护突出革命历史名城的特色，以生活居住为主，兼有行政机关和文化设施。保护范围南起红花冈，北至遵义宾馆，东以湘江河为界，西迄大龙山山口，占地约 1.1 平方千米。在此范围内，遵义会议会址、红军总政治部旧址、万人大会会场旧址及老城区内其他纪念点为绝对保护区。自 1998 年起，遵义市人民政府对老城进行了大规模的拆迁改造，但保留了遵义会议会址及邻近房屋。2000 年起，中共遵义市委、遵义市人民政府和部分党政机关陆续迁出老城，老城被重新定位为旅游、文化、商业及居住街区。老城的建筑古朴，它是遵义名城保护规划的重点区域，遵义市革命纪念点和文物点多集中于此。对原有建筑物的维修或复建须遵循整旧如旧的原则，严格保持 1935 年红军在遵义期间的建筑风貌、环境空间及绿化。绝对保护区外为环境影响区和环境协调区，可按地方风格进行规划和建设，但应控制建筑物的高度，控制污染性质的工业项目的建设，以维持良好的环境。

在保护老城街道原有空间尺度方面，沿街建筑被控制在 1—2 层，以突出古城风貌和黔北民居特色。居住建筑以小体量的地方民居形式为主，简朴而色彩素雅，青砖、白墙、褐柱、深挑檐等元素得以保留。为了美化纪念区周边环境，加强了对红花冈、府后山、老鸦山等诸山的绿化建设。在湘江河两岸建成了半边街式林荫道或绿色游园，并筑有湘江河梯形堤坝以扩大湘江河水面，使水上空间与林荫道、小游园连成一体，形成了宽远幽深的景观走廊。按照展示山水园林都市形象的要求，注重规划引领，强化立面造型和建筑色彩控制，同时，同步打造城市森林公园、河池公园、城市公园、山体公园、社区公园等“山水池岭”城市休闲生态景观画廊。

民主路被设置为步行商业街，两端置拦马石，禁止一切机动车和非机动车通行，只供行人通行游览。红军街为旅游购物街，同样禁止一切机动车和非机动车通行，只供旅游团队及游人通行购物。遵义 1935 街区则定位为文化、休闲、娱乐、餐饮商业街，由红旅集团经营管理。老城新街以超市、服饰、餐饮、酒吧等各种商业服务为主，建有幼教、电影、电玩等综合性商业区。捞沙巷为遵义特色小吃街，集中了数十种遵义名优小吃。老城街区严禁建设违章建筑，严禁摆摊设点、占道经营等行为。这里形成了以遵义会议会址为核心的革命遗址参观系列，以红军街、步行街、遵义 1935 街区、老城新街为旅游购物、休闲娱乐的购物游乐系列，以捞沙巷、子尹路为名优小吃、名特产品的餐饮购物系列。这些共同构成了老城红色旅游文化体系。

基础设施

遵义老城始建于南宋淳熙三年（1176），中华民国以前历代州、县治所驻地筑城垣、修道路、建街坊等，多根据自然条件和物资集散、集市贸易情况而定。居民住房多为土墙茅草屋或木柱木板青瓦房。积水顺坡势自然排流，最终流入湘江河。街道为泥土碎石路面，基础设施落后。中华人民共和国成立后的20世纪50年代，政府对城区道路进行了局部改造，主要道路改为混凝土路面，并修建了排水沟。20世纪70年代起，不断加强对城市道路、住房等基础设施的建设与改造，供水、供电、公共交通、环卫等设施陆续建成和完善，城市面貌日益改观。21世纪以来，各种基础设施不断升级换代，现代科学技术成果被广泛运用于其中，城市功能日臻完善，人们生活水平提高，城市环境更加美好。遵义市先后获得“中国人居环境范例奖城市”“全国绿化模范城市”“中国优秀旅游城市”“国家园林城市”“国家卫生城市”等称号。

清代咸丰五年（1855年）遵义府城图

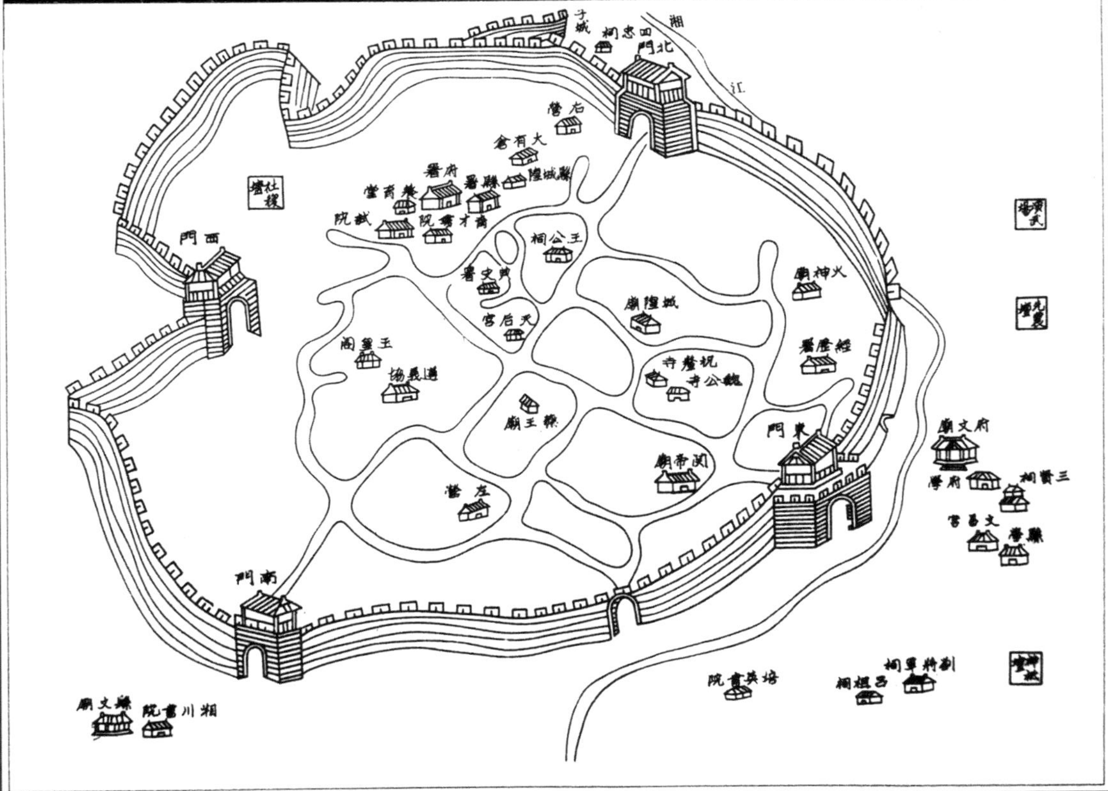

城市建设

●老城城墙

城墙为遵义老城早年重要的基础设施，遵义老城的街道均处于城墙包围之中，城墙修建的过程也记录了街市发展的情况。明万历二十九年（1601），播州“改土归流”置遵义军民府，始修筑城郭。清道光年间《遵义府志》载，城墙西南绕山巅，无壕；东北临湘江［河］，为池。前后俱高3丈，广950.4丈，垛口1782个。设门四：东曰宣仁，南曰阳明，西曰怀德，北曰望京，各建楼于上。明万历三十五年（1607），知府孙敏政增更铺30间。清康熙五十八年（1719），遵义知府赵光荣、知县邱纪重修府城，增筑补葺，日臻完善。清乾隆二十五年（1760），知县唐秉琰对城墙进行重修，城墙周长7.6里，高1.5丈，厚7尺，设有将台1个，炮台12个，枪眼999个。四门：东曰景福，南曰通贵，西曰怀德，北曰宁水，上各建楼。小门三：一在东门左，一在西门左，均置栅，不通行；一在东门右，泻西门沟之水，通人出入，均栅兵，以时启闭。西门今塞，其小门当水入冲，外即崇山叠嶂，峭险无路。至此，老城街巷、道路、排水系统等初步形成。城内设东门、西门、南门、北门、忠字、严字、烈字等七处关卡。清咸丰二年（1852），知县顾昆扬报请准自愿捐廉培修。补筑城垣、城楼、炮台、马路，以三载告成，“共用银三千余金”。咸丰四年（1854），知府李德莪、知县于伯英为防御农民军越城，筑寿星关，修石墙400余丈，循大龙山迤逦而下，直抵洗马滩河岸，石墙上垛堞皆备，河岸筑拱安关以通北向大道。关内修水碾一座以造火药，用资守城。所需经费为官捐民助。此后，乡人扶襁携负纷至，相邻修房造屋，城内日渐繁荣。清光绪元年（1875），知县王正玺补修城垣、城楼。清宣统三年（1911），县城议事会决定以老城公所历年积蓄培修城垣。经过3个月的时间，补缺增高了城墙，清除了城墙垃圾，并设有专人维护管理。

中华民国期间，城墙被陆续拆除，并且石料被用于建房修桥等。1942年，遵义县在今纪念广场处建军法监狱，1947年又建中正桥（今新华桥），这两处建筑均是拆城墙取石建成的。1951年，遵义政府开始大量取用城墙石料建仓库、办公楼、城区道路等公共建筑。20世纪50年代末，城墙基本被拆完，老城的城墙基本消失。至 1958 年末，平地城墙全部被拆除，仅残留下府后山一段。今遵义公园内挖出了一段几米长的残留城墙，可供世人参观。

●标志建筑

在老城地域内，有若干处知名建筑，它们都是老城的标志性建筑，现择其中具有代表性的做简要介绍。

遵义会议会址 遵义会议会址位于遵义市红花岗区老城子尹路 96 号，是遵义会议纪念体系的核心景点。会址原为黔军第二十五军第二师师长柏辉章的私邸，整座楼房由主楼、跨院及街面房三部分组成，于 20 世纪 30 年代初修建。大门后南侧跨院是柏家的旧宅。主楼坐北朝南，为中西合璧的砖木结构，设计为一楼一底，歇山式屋顶上开一“老虎窗”，有抱厦，楼层四周有回廊，堂屋保留了我国古代建筑“彻上明造”的结构风格，檐柱顶饰有垩土堆塑的花卉宝顶。整座楼房的檐下，柱间设有十个券拱作为支撑，底层有走廊，东西两端各有一转角

遵义会议会址内院

楼梯，外加一道木栏。主楼门窗均涂饰赭色，楼上为梭窗，楼下为对开窗，镶嵌彩色玻璃，窗外加有板门。整个主楼通面阔 25.75 米，通进深 16.95 米，通高 12 米，占地面积 528 平方米。它是黔北民居风格的典范，解放前后均为遵义最知名的建筑。2005 年，遵义会议会址被国家旅游局评为国家 AAAA 级旅游景区。（详见本书《红色旅游》）

红花冈剧院 剧院位于红花岗区新华桥桥头西侧。该剧院于 1959 年建成，1960 年元旦正式对外开放，时为西南地区标准的演出剧场之一，也是遵义的标志性建筑。剧院由遵义著名建筑师唐植善等设计，外形雄伟壮观，典雅大气。该建筑为砖木结构，布局包括前楼、后楼、观众厅。前楼三层，设展厅、办公室、观众休息厅；后楼三层，设排练厅、化妆室等。观众厅分堂座和楼座，共计 1465 个座位。座椅原为木排椅，1981 年更换为钢梁横挑式木制自动翻板椅。1989 年，舞台地面翻修为弹性木质板。1997 年，市、区两级人民政府投资维修，将剧场木结构改为钢筋混凝土结构，堂座座位增加到 1270 个。2006 年 7 月，市、区两级人民政府再次对它进行改造，2007 年又对其进行装修。

剧场主要为全区大型文艺演出及大型会议召开之地。20 世纪 60 年代至 80 年代，全国许多著名剧团、艺术家在此演出。2011 年，文化体制改革，红花冈剧院划归遵义市红花岗区文化馆管理。2014 年，剧院再度粉饰装修，更换了灯光音响、沙发靠背座椅。此后，遵义市许多重大活动在此举行。例如遵义市数次人民代表大会、政治协商会议都在此举行。特别是从 2015 年至 2019 年，遵义市春节联欢晚会也连续在此举办。（详见本书《街区文化》）

20 世纪 60 年代的红花冈剧院

遵义四中教学楼 教学大楼由遵义有名的设计师唐植善设计，施工由广州建筑工程公司承担。1953年10月，贵州省教育厅拨款20亿元（折合今人民币20万元），教学大楼破土动工。大楼建筑面积为5000多平方米，设有教室30间、办公室30余间。其建筑风格仿照的是苏联莫斯科高尔基中学。新教学大楼采用三合头格式设计，高3层，每层高5米。大楼一层底部为1米高的砂条石。大楼的屋顶为双层歇山式结构，铺设绿色琉璃瓦，檐牙高啄，翘角凌空，配以双层楠木雕窗，整体造型古雅，雄伟壮观，是当时遵义市宏伟壮观的标志性建筑之一。1990年，大楼作为危房而被拆除。

20世纪50年代的遵义四中教学楼

遵义会议陈列馆 陈列馆位于老城杨柳街南段。遵义会议陈列馆新馆于2015年1月建成并对外开放。新馆总建筑面积为19054平方米，其范围西至遵义会议会址后花园围墙，东至杨柳街中段，北至文化小学家属区、大士阁巷，南至会址路中段，其中地上工程为1.5万平方米，包括扩建的陈列馆、陈列馆文化广场、绿化休闲区及多功能报告厅等，展厅面积为8000平方米。建筑外观设计遵循历史文化名城保护区要求，汲取遵义民居特色，采用小青瓦坡面顶、大

遵义会议陈列馆出口

门四柱极顶的设计，显得恢宏大气。圆拱形柱廊等与遵义会议会址及周边建筑风格一致，和谐统一。内部空间按照陈列布展要求，增大了展厅面积、扩展了建筑空间，充分满足了陈列展示和宣传需求，达到了国内博物馆一流水平。遵义会议陈列馆自对外开放以来，取得很好的社会、政治、文化效益，赢得了党和国家领导人以及广大游客的高度赞誉。（详见本书《红色旅游》）

●商业建筑

老城新街　新街位于红花岗区民主路235号一带，在玉屏路北侧，老城纪念广场旁，是一座双座连体结构建筑。该建筑楼高四至五层，屋顶为歇山式青瓦结构，造型别致，层次丰富。这里分布有沃尔玛购物广场、百盛商场和风味小食街等，是老城重要的商业场所。

1935文化商街 商街位于杨柳街中段与遵义公园之间。“遵义1935”项目是由遵义红旅集团打造的高端商务中心项目，1935文化商街占地约1.2万平方米，由9栋楼组成。整个街区的外观融合了黔北民居古建筑风格与欧式建筑艺术，是东方与西方建筑艺术的完美结合。该商街致力于打造集文化、时尚、休闲、娱乐于一体的商业圈。计划引进国内外一线品牌，结合“遵义1935”商业街高端商务休闲的定位，营造一个一流的国际购物、休闲、商务中心，打造遵义时尚新名片。如今，1935文化商街已成为“遵义市文化产业示范基地”和“国家文化产业示范基地”。（详见本书《老城商贸》）

遵义宾馆主楼 1996年，遵义宾馆原东楼被拆除，在原址建了以17层楼为主楼的主体建筑。大楼位于湘江河边，与红军山相对，楼下碧水清流，青山苍翠，环境幽静，空气清新。大楼集住宿、餐饮、桑拿、健身、美容、美发、娱乐、商务等于一体。中央音响系统、自动消防报警系统、安全报警系统等设施齐全。2000年，遵义宾馆晋升为三星级宾馆。大楼为八面体柱形建筑，巍峨壮观，楼顶的“遵义宾馆”标志异常醒目，是遵义老城的著名建筑。

遵义宾馆

中国银行遵义市支行办公楼 该楼位于红花岗区，与新华桥正面相对，是老城最高最宏伟的建筑。该大楼为塔形设计，下大上小，逐级缩小。第一级为3层，左面接红花冈剧院，右面呈内曲状弧形，大门凹进由四根大柱抵至二楼顶部；第二级为主体部分，共12层，中间饰以半圆形蓝色玻璃，两边各有两个窗户；第三级缩进一个窗户，第四级再缩进一个窗户，中间部分全部采用平铺的蓝色玻璃，形成一个“凸”字形结构，直至顶部为四分式坡面顶。在第四级上竖立一中国银行“古铜钱”状标志，既醒目又壮观。全楼共17层，总高度55米。全楼轮廓及标志物装饰有霓虹灯，到晚上时灯火辉煌，异常壮观。

中国建设银行遵义市支行办公楼 该楼位于红花岗广场东北侧，民主路5号。办公楼建于1997年，楼高39米，共11层，建筑面积为4200平方米，是红花岗区第二高的建筑。大楼正面采用外凸状弧形设计，楼面全部铺设蓝色玻璃，大门处凹进，设有四根方柱。第二至第四层为白色弧形条带，第五层从中部转直角弧形条带，第六层右退10米再转一直角弧形条带，显出步步登高之感。大楼顶部竖有中国建设银行标志和中国建设银行英文的缩写字母“CCB”。整座大楼恢宏大气，是老城较为出名的建筑。

民宅 南宋至清代，遵义老城内民居房舍均为私产，居民自建自住，较为简陋，民房规模小，主要为低矮的木瓦房、茅草房和土墙房。这些民房一般为一层，即平房，有的为二层。沿街而建的街房，房房相连，门面一线，形成街面。

木结构住宅的房梁、楼面、楼梯等均为木制，四壁装木板或用竹编装饰，顶盖小青瓦，多为一层，少数为二层、三层。临街的单层房屋多前为店铺，后为居室。两层以上者，一层以上楼层多挑出80厘米左右，称吊脚楼，用于居住。院落多为四合院，前面大门称龙门，进门为天井，地铺石板，正厅为堂屋，两侧为厢房（耳房），穿过堂屋为第二天井，也有堂屋、厢房，有的多至三四个天井，有的还有后花园。房柱下置石础，院围建土墙或风火墙（砖砌小方斗空心填土）。草房一般为一至二层，以单层为主。墙用沙土垒筑，少量为木板墙，顶盖茅草或麦草，以竹竿条压紧扎在檩上。

砖木结构住宅始建于清末，多为官宦人家营造。前有牌坊式大门，建筑多为二层，周设回廊，砖砌墙体。楼面、房梁、楼梯、栏杆、门窗等皆用木料制作而成。房顶塑有图形，盖小青瓦，开老虎窗。今纪念公园处原有王、杨、舒、宦四家公馆，均设有后花园。遵义会议会址即为中华民国时期砖木结构典型式样，至今保存完好。

1950 年后，人们不再修建木结构住房和草房，只进行修缮改造。新建职工住房均为 1 层或 2 层砖木结构通道式房屋，多户共用厨房、厕所等。1966 年后，城区部分住宅的木板壁改为砖墙。还有“干打垒”住房，一般为 3 层以下，其墙体用石块堆砌或用木夹板填小块乱毛石和灰砂砌筑，楼面用钢筋混凝土，盖顶用小青瓦、水泥瓦、钢筋混凝土薄板等。20 世纪 70 年代始建砖混结构单元式住宅，每户有厨房、厕所、阳台，为 3—5 层。1980 年后，各单位开始建砖混结构（街面多为半框架结构）6—9 层单元式住宅，增设客厅、垃圾道、贮藏室，并对内外进行装饰。城市居民修建私房也多为两三层的砖混结构房屋。1990 年后，旧城改造和主次干道两侧房地产开发，对拆迁房及单位集资建房进行集中统一规划，在老城遵义会议会址周边建 2—3 层的房屋，在大龙山脚、红花冈山脚建 7—9 层半框架结构的单元式住宅。2000 年后，实行住房分配制度改革，老城区住宅大都完成了商品化。开发的商品房小区风格各异、设计合理、功能齐全、设施完善、环境优美。住宅建筑群、风尚小区不断推出，房屋多为框架结构，楼层高 6—20 层不等，9 层以上楼房均设有电梯。小户型房屋的面积为 45—90 平方米，大户型房屋的面积为 100—240 平方米，以满足不同层次消费者的需求。由于老城区面积有限，目前尚无大型楼盘，仅有瑞安花园、凤凰国际、浩鑫花园、四中桂苑等几个小区。

公共设施

●道路

1949 年，老城通车道路总长不过 1000 米，路宽 5—10 米，多为泥结碎石路面，部分为石板路。1950—1989 年新建、改建道路，部分道路改为沥青路或混凝土路。1984 年扩建水硐街，更其名为碧云路，扩建后，该街长 343 米，宽 20 米，为混凝土路面，2000 年改为沥青路面。

2016 年，老城城区主要道路为 7 条，总长 3.5 千米，总面积 5.2 万平方米。

解放路大井坎巷

其中，沥青路 5 条，石板路 2 条，民主路、子尹路部分路段为石板路，并在道路上规范安装了路坎石，种植了行道树，对其进行美化和亮化。

●巷道

老城区域内有巷道 17 条，总长 3.5 千米，解放前均为泥石路面，解放后街道居民委员会筹资、出力，部分巷道改为三合土路。1982—1987 年，政府从城市维护费中拨款改建巷道，不足部分按谁受益谁集资的原则集资，17 条巷道被改造成沥青或混凝土路面。2000 年，老城改造时，拓宽了部分巷道的路面，并全部改为青石路面或沥青路面。

●桥隧

石龙桥 老城石龙路东跨湘江河，西接凤凰路。石龙桥长 52 米，宽 14 米，高 6.5 米，是凿小龙山红砂石砌成的。桥有五孔，矢跨比为 1:3.5。1956 年 2 月，市政工程队动工修建石龙桥，并于同年 9 月竣工。该桥由市建设科杨茂荪、唐植

石龙桥

善设计，老红军李光主持修建。桥孔平缓，为椭圆形分水尖。桥栏为砖砌水泥砂浆抹面，灯柱为木质华表（后改为水泥杆），中孔上方刻有“遵义会议纪念桥”七字。安砌料石为400立方米，投资5.8万元。同年11月，《人民画报》登载了建桥图文。桥的上游为洗马滩，《遵义景致》中有“洗马滩前石龙现”的诗句，故1986年将此桥改名为石龙桥。2007年，在桥面两侧各加建2.5米宽的木结构人行道，桥上安装照明灯6组共30盏。2014年，桥体上安装了彩灯进行美化、亮化。

新华桥　新华桥西为老城红花岗，东跨湘江河，是连接新城、老城的主要通道。桥长52米，宽10米，高7米。桥体为八墩九孔圆拱设计，下游一侧砌青砂石，上游一侧砌红砂石。明万历年间，该桥为平板石桥，名塌水桥。清康熙六年（1667）至光绪三年（1877）间，该桥四毁四修，曾名吴公桥、福寿桥、万寿桥、赵公桥等。其中，康熙二十六年（1687），一位名叫照彻的江苏游方和尚经过此地，他毅然以重建吴公桥为己任，独自募化修桥。照彻的义举感动了当时遵义的各界人士，大家纷纷捐款，桥建成后取名为福寿桥，人们期盼新桥能一劳永逸，又呼之为万寿桥。因江苏为吴地，故也有人称此桥为吴桥。1937年，升高了桥墩，改建为木板面平桥，名中正桥。1948年，由浙江大学朱耀根、胡德祥设计，遵义高坪人黄志军施工，建成石拱桥。解放后，该桥更名为新华桥。1955年2月，市人民建筑公司取小龙山的红砂石将原桥上游一侧加宽了7

米，桥面升高 1 米。加宽后，桥长 52 米，宽 17 米，高 7 米。其中车行道宽 10 米，两边人行道各宽 3.5 米。桥上安装灯饰 6 组共 24 盏。

1959 年，曾在桥靠上游侧桥墩上凿槽用木板闸水，后为保护桥的安全拆除了木板。1964 年 8 月，市建筑安装工程处用毛石混凝土加固了桥孔护底石。1966 年，该桥更名为长征桥。1981 年 11 月，此桥复名新华桥。1984 年 12 月，桥的灯柱得到修整，桥栏改为水磨石饰面。后来，此桥又经历了多次维修。2014 年，桥体安装了彩灯进行美化、亮化。桥东接新华路、凤凰路、白沙路，西连大兴路、民主路，北通湘江河古道。

新华桥旧貌

新华桥新貌

可桢桥 可桢桥系单孔钢筋混凝土拱桥，横跨湘江河，其建于 2003 年，主跨径为 60 米。桥长 77.12 米，宽 25 米，高 9.1 米，其中车行道宽 14 米，两侧人行道各宽 4 米，人、车间隔带各宽 1.5 米。桥名以抗日战争时期西迁遵义办学的浙江大学校长竺可桢之名命名。桥两侧护栏正面为竺可桢生平简介石刻，浅雕 48 幅，背面为 48 幅花鸟图浮雕。桥名为时任浙江大学校长的潘明鹤所题写。桥东面南侧建有浙大校舍碑亭和竺可桢塑像。桥上安装饰灯 22 组。2014 年，桥体安装了彩灯进行美化、亮化。桥东接新华路，西连大兴路、碧云路，北通红花岗。

可桢桥

公园步行平桥 桥东连公园路北口、遵义纪念公园南门，西上石梯接凤凰路。该桥始建于 1982 年，有 7 个桥墩，为钢筋混凝土桥面。桥长 42 米，宽 3 米，高 2.15 米，是只供行人横跨湘江河的平桥。由于桥面太窄，2004 年，加宽了一倍，桥两边筑矮石凳为护栏。每日行人于桥上穿梭往来，络绎不绝。夏日，人们坐在桥上乘凉，成为遵义老城的一道景观。

公园步行平桥

子尹隧道北口

子尹隧道 为解决遵义老城交通拥挤、汽车进出老城不便的问题，2010 年，遵义市人民政府开工建设子尹隧道。北从老城协台坝原市图书馆位置开洞，穿越红花冈山脉，在丰乐路（坳上一带）出洞，南接万里路。2015 年 1 月 5 日，隧道正式通车。隧道为双向双洞，长 560 米，引道 466 米，双向四车道，并分别建有人行道。隧道的开通大大缓解了老城碧云路以及新华路、丁字口、中山路等处交通拥挤的局面。

●公交

遵义公交始通于 1958 年。第一条开通的公交车线路为：桃溪路口—遵义会议会址—火柴厂（往返），全程 9 千米，日开行 24 班，票价为 0.07—0.10 元 / 人。1959 年，营运线路增至 3 条，均在丁字口发车，一路向西至高桥，一路向北至茅草铺，一路向南至南门关。后逐年增加营运车辆和线路。1984 年，投入了 13 辆中型客车（又名中巴车），因人们招手即停，故其被称为“招手停”。1992 年，城区公交车线路增加至 10 条，票价为 0.2 元 / 人。2007 年，运营中的公交车有 408 辆，公交线路有 29 条，票价为 1 元 / 人。后逐年发展，至 2016 年，营运车辆有 623 辆，市内公交线路有 50 条，站点有 407 个；2017 年，公交车有 120 辆；2019 年，新增新能源纯电动公交车 95 辆，票价为普通车 1 元 / 人，空调车 2 元 / 人，市郊车 3 元 / 人，均为无人售票车。2020 年，共有 12 条公交线路经过老城，如下：

1 路：九节滩—遵义宾馆—九节滩。2 路：九节滩—纪念广场—九节滩。首班时间均为 6:23，末班时间均为 22:33。1 路与 2 路正向、反向循环对开，间隔时间 4 分钟。

3 路：高桥—遵义宾馆—高桥。4 路：高桥—纪念广场—高桥。首班时间均为 6:22，末班时间均为 22:00。3 路与 4 路正向、反向循环对开，间隔 3 分钟。

5 路：汇川体育馆—遵义宾馆—汇川体育馆。6 路：汇川体育馆—纪念广场—汇川体育馆。首班时间均为 6:30，末班时间均为 22:00。5 路与 6 路正向、反向循环对开，间隔 3 分钟。

7 路：镇隆新街—遵义宾馆—西安路口；西安路口—纪念广场—镇隆新街。首班时间 6:20，末班时间 21:40，正向、反向对开，间隔 5 分钟。

9 路：南部换乘站—遵义宾馆—添阳小区；添阳小区—纪念广场—南部换乘站。首班时间 6:20，末班时间 21:40，正向、反向对开，间隔 5 分钟。

21 路：老城—纪念广场—桃溪河畔（往返）。首班时间 6:30，末班时间 18:50。

老城公交车

红花岗公交站

18路：河溪坝—纪念广场—官井；官井—捞沙巷—河溪坝。首班时间6:14，末班时间22:18，正向、反向对开，间隔4分钟。33路：桃溪寺—遵义宾馆—桃溪寺（环线）。首班时间6:20，末班时间22:00，间隔7分钟。

旅游1路：纪念广场—凤凰路—博物馆（往返）。首班时间6:30，末班时间20:00，间隔8分钟。

另有多路车由红花岗站始发，通往市区各处：

14路：红花岗—丁字口—八七厂（往返）。

16路：红花岗—外环—春天堡（往返）。

26路：红花岗—高铁站—遵义商贸城（往返）。

29路：红花岗—保利新城（往返）。

302B线：红花岗—湿地蔷薇国际（往返）。

101路（夜班车）：红花岗—中华路—汇川体育馆（往返）。

102路（夜班车）：红花岗—九节滩（往返）。

103 路（夜班车）：红花岗—万里路—忠庄（往返）。

104 路（夜班车）：红花岗—舟水桥（往返）。

以上 4 路夜班车首班时间均为 22:00，末班时间均为 24:00。

学生 2 号线：钛厂—红花岗（每天 2 班，出发时间分别为 6:40、6:50）。

学生 3 号线：忠庄—红花岗（每天 2 班，出发时间分别为 6:40、6:50）。

学生 4 号线：大坪—红花岗（每天 2 班，出发时间分别为 6:40、6:50）。

学生 6 号线：纪念广场—汇川体育馆（每天 2 班，出发时间分别为 6:40、6:50）。

以上 4 路学生专线车票价均为 0.5 元 / 人。

●出租车

1984 年，遵义市公交公司首先开通出租车，当时投入运营的出租车品牌为“奥拓”，后来相当长的时间内，人们习惯称打出租车为“打奥拓”。1990 年，遵义市采用行政审批、有偿使用经营权的方式发展出租车行业，并逐渐扩大为公私共同兼营，车型档次得到提高，时有出租车 647 辆。2003 年，有出租车 1031 辆。至 2007 年，主城区有出租车 1040 辆。营运价格为起步价 5 元，每超出 1 千米加 1 元（夜间起步价为 6 元，每超出 1 千米增加 1 元）；2010 年，起步价涨为 7 元，每超出 1 千米增加 1.6 元（夜间起步价为 9 元，每超出 1 千米增加 1.8 元）。出租车为市民和游客的出行提供了方便。2016 年，主城区有出租车 2000 余辆。

●供水

遵义建城后，老城的居民用水均取自井水和湘江河河水，每日到湘江河挑水的人络绎不绝。1957 年，遵义专署和遵义军分区集资 5000 元，在北门华昌面粉厂旧址建北门泵站，1958 年完工。泵站抽取湘江河河水至高处水池，以楠竹为管道送水供应专署、军分区及附近居民，日供水量约 300 吨。1958 年 8 月，饮水供应站更名为自来水厂。为扩大老城的供水量，1960 年，自来水厂在玉屏山建了容积为 300 立方米的石砌高水位水池一座，又在专署南侧建加压泵站，同年铺设直径 100 毫米的铸铁管代替楠竹管，总长 2400 米，老城供水量增大。

1967 年，北郊水厂建成后，该泵站停用。1985 年，新建南郊水厂，老城的供水能力进一步提高。1965 年，每月人均供水量为 48 升，2000 年后提升至每月人均 100 升。1986 年以前，水价一直为 0.2 元 / 吨，1986 年后，实行超计划用水加费制。21 世纪后，供水设施不断改造升级，供水情况进一步完善。

●排水

1952 年前，主要街道两侧砌有宽 80 厘米、深 30—70 厘米的排水沟，排水沟以青石板为盖，水自然流向低处。1956 年，排水沟经改造后，水流入两大排水系统。老城排水沟由两支组成。一支自红花冈北麓夹槽沟，经官井、老图书馆、体育场仓库，至康石桥，名磨刀溪；一支自府后山东北麓，经大井坎向南，与水井湾和府后山东面 3 条沟汇合后经捞沙巷，至康石桥与磨刀溪汇合，注入湘江河排污水道。该水系干沟总长 5.68 千米，宽 0.8—6 米，高 1.2—3.5 米。1982 年前，各排水沟的污水直接排入湘江河，湘江河污染十分严重。1982 年 9 月，在湘江河两岸人行道下建了截留排污沟（后又经多次改造完善），将污水引至颜村污水处理厂。至此，城区污水得到彻底治理。

康石桥排水道

●供电

1945 年前，城区街道无电灯照明，街头巷尾仅有数十盏油灯、蜡灯，由该路段居民出油出蜡，轮流管理，天黑点灯。街市庭前偶有客栈悬挂“未晚先投宿，鸡鸣早看天”的纸质灯笼。1945 年，始有朝阳电厂等小电厂，其装机容量极小，每晚 20:00—22:00 开机送电，仅供少数居民和路灯照明。当时，老城仅有几盏路灯。1953 年，遵义电厂建成，老城多了一些路灯。1956 年，子尹路、解放路始安装路灯，均为白炽灯；多数居民用上了电灯。1970 年，老城各条街道安装了路灯，部分主要街道安装了镇流汞灯。1982 年，所有街巷、公园、公厕、宣传橱窗等，均安装了各类照明灯具。随后，路灯式样不断改进，亮度也随之得到提升。1998 年起，实施了三年城网改造，居民及单位用电得到进一步保证，各种家用电器被普遍使用。21 世纪以来，实施了城市亮化工程，红花岗、丁字口及湘江河两岸逐渐亮丽起来。

●供气

1990 年以前，中心城区居民和公用大户大都以煤炭作燃料，只有极少数居民使用罐装液化气。1999 年至 2006 年，为控制城区二氧化硫排放量进行酸雨污染防治，遵义市人民政府加大对城区经营性燃煤炉具的综合整治力度，所有餐饮行业和个体摊点均改用罐装液化气。2007 年后，多数家庭实行气、电共用。2005 年 12 月，政府制定了《遵义市燃气规划建设方案》和《汽车油改气方案》。2006 年 5 月 1 日，播州公司天然气撬装调峰站在航天工业园竣工并投入使用。2006 年，在中心城区主干道铺设天然气主干管道；早在 8 月时，遵义播州燃气有限责任公司已获得川渝天然气、缅甸天然气在贵州省遵义市的经营权；10 月，位于遵绥路口的天然气加气示范站竣工，油改气工程获得成功。如今，出租汽车多数使用天然气，老城各街道、小区的天然气管道也逐步建成投用。

●环卫

卫生管理　1949 年以前，街道清扫和垃圾清运主要由县警察局和保甲管理，局部区域由居民自理。遵义县卫生院曾设卫生稽查员，会同警察局共同监督街

道卫生。警察局雇清道夫清扫街道，清道夫自备扫帚、箩筐和人力车，清扫的垃圾倒在郊外或湘江河河滩。1950 年后，环境卫生工作由市公安局和卫生局接管，并由清道夫组成清洁队负责街道的清扫和垃圾清运。每日，清道夫沿街摇铃收集垃圾。1956 年，卫生防疫站成立，并对卫生进行监测和管理。1958 年，环管所成立，属市卫生局管辖。后环卫人员不断增加，设施设备不断完善，有垃圾清运车、洒水车等，并建立有环境卫生管理站。1982 年，遵义市建环境卫生监督队加强对卫生工作的监督、宣传，并负责贯彻城市卫生管理法规。1985 年，清扫实行“六定”“十标准”规定，“六定”即定人员、定任务、定质量、定时间、定安全、定消耗；“十标准”即扫清、干稀运走、亮沟、亮板、大扫、无尘土、无梯环、无垃圾、无余粒、细部干净。

环卫工人在清扫垃圾

1987 年，国务院颁布《公共场所卫生管理条例》，卫生工作向制度化管理发展。1989 年，环境卫生划片区、分专业管理，由街道办事处雇请清洁工，市政府按员额拨付经费，不足部分由居民缴纳卫生费补充。街道设垃圾箱，并随着城市的发展不断对其进行更换升级。此外，还建设公厕，红花岗公厕为当时遵义市建设的最先进的公厕之一。1991 年，各级卫生防疫站对旅店、理发美容店、饭馆等公共服务行业店铺实行卫生许可审查和卫生监测检查制度。1998 年，对上述行业从业人员实行卫生知识培训和身体检查制度，从业者须持有合格证，方能上岗。2007 年，对卫生检查合格的服务行业店铺发放卫生许可证，并制定公共场所卫生突发事件应急预案，确保公共场所的卫生安全。21 世纪以来，公共卫生设施设备更加先进完善，大街小巷实行全天候保洁，采取定期冲洗、喷雾增湿防尘等措施，并形成了自上而下的较完善的卫生检测、监督、管理网络。

垃圾清运 1950年以前，垃圾均倾倒在河滩及周边空地，日积月累，堆积成山，造成环境污染。20世纪五六十年代，老城建垃圾站点10余个，供居民倒垃圾。垃圾由环卫工人用汽车或板车拉到郊外，填坑补洼，或供农村充作肥料。1980年后，垃圾站点（库）不断增加，清运车辆也不断添置，改用高温发酵掩埋方法处理垃圾。进入21世纪后，建垃圾处理厂，大部分垃圾由垃圾处理厂处理，部分仍用高温发酵法掩埋处理。

在粪便处理方面，中华人民共和国成立前，粪便除部分由周边农民挑走做肥料外，其余的无人管理，粪坑外露，蚊蝇滋生，秽气四溢。1950—1980年，公厕粪便由周边生产队分包运走做肥料。1982年始购置真空吸粪车拉运粪便。1983年，环境卫生管理所接管公共厕所后，配专人打扫、清洗，粪便由卫生管理所车队在夜间22:00运走。21世纪后，建污水一体化处理工厂，粪便被运至一体化处理厂处理。

游园 在老城区域内有公用游园3处。第一处位于遵义宾馆对面，凤凰山文化广场以东，它是湘江河边上的一个狭长地带，面积约4000平方米。此处游园主要植有香樟、洋槐、桂树、法国梧桐等树种，大树参天，绿荫如盖。林下种植各种景观花草，造型别致。此外，游园内建有一座面积为20平方米的“鳖水亭”，并塑有一座长辫少女坐像。园内穿插有慢行步道，间设座椅，每日游人不断，是市民游客休憩的好地方。第二处为遵义纪念公园东边，湘江河沿岸的湘江河古道。全长0.8千米，宽4—8米，东临湘江河，西连公园，与凤凰山隔江相望。道路全部由青石板铺就，江岸设有石雕栏杆。古道西面栽种着高大的雪松、金桂、刺槐等树。第三处为红花岗游园。红花岗游园原来的面积约为3000平方米，后因建公共汽车站和献血亭被占去约2000平方米。此处种植的法国梧桐均有50年以上树龄，树木遮天蔽日。改建后，园内有50米的游人休憩走廊和2座景观亭。该处游园东临湘江河，西连红花岗公共汽车站，每日等车和休闲的游人络绎不绝。

石龙桥游园

百年成義
酱酒本源
风客酒店
酒厂参观
厂家对接
基酒供应
贴牌定制
我们就是
您要找的
源 头
酒厂参观
厂家对接
基酒供应
贴牌定制
我们就是
您要找的
源 头
内有停车场
有困难找党员 有时间做义工
红色义务讲解

老城商贸

据清道光年间《遵义府志》记载，遵义在明代就已有商品集市，商贸繁荣。1912年后，由于军阀割据，遵义商贸严重受阻，故发展滞后。1935年开始才逐步发展起来。抗日战争期间，由于外来人员增多，加之遵义地处川黔公路要道，经济一度繁荣。中华人民共和国成立后，遵义走公私合营的道路，取缔私营经济，实行计划经济。在当时的历史条件下，计划供给在保证人们基本物质需要方面起到了积极的作用。20世纪80年代改革开放，允许自由贸易，集市贸易复兴，商品逐渐增多，商品流通加速，遵义老城的商业贸易得以飞速发展。

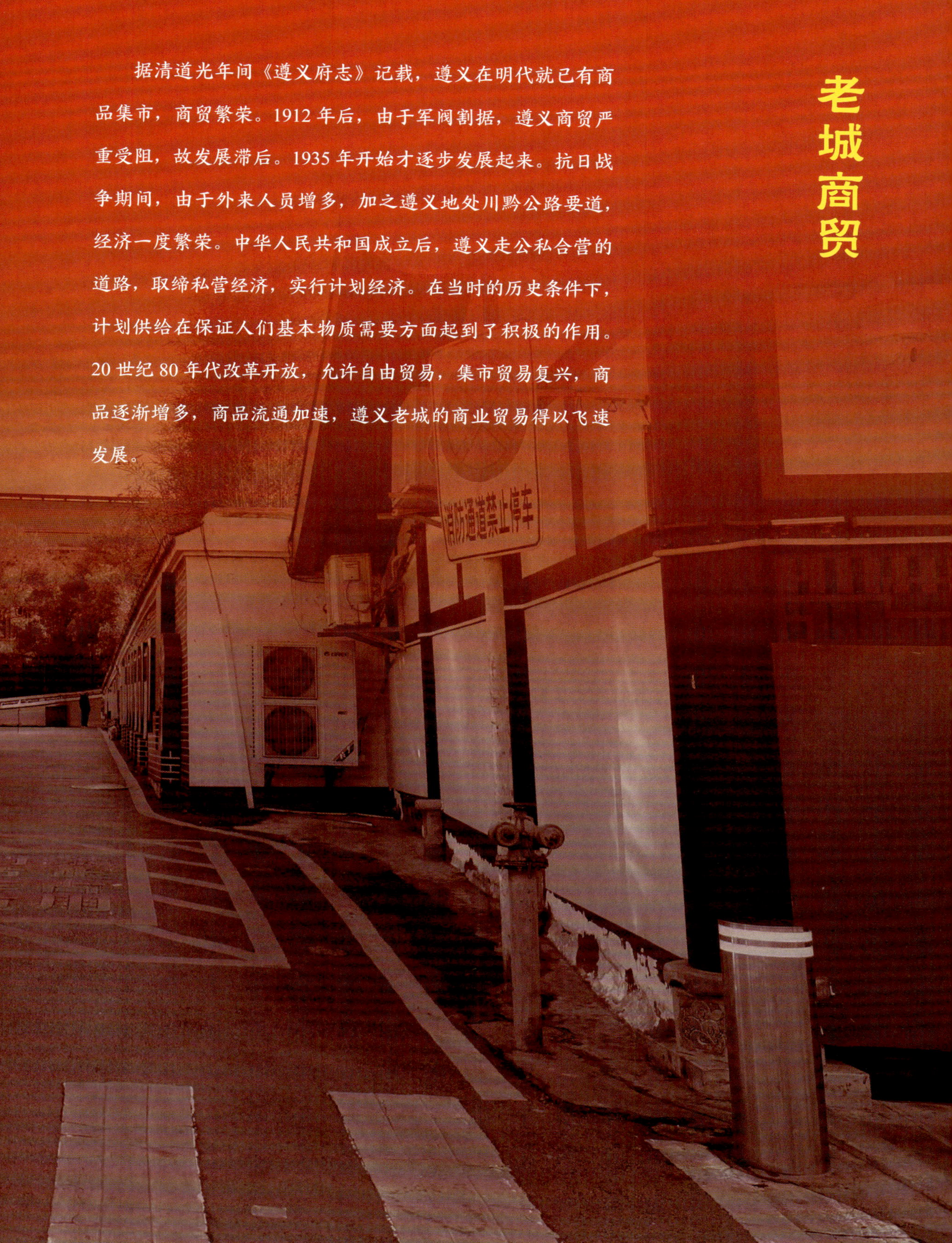

商贸史迹

老城自建城以来就是遵义的物资集散中心，商业贸易非常活跃。清代乾隆、嘉庆年间，缫丝织绸业兴起，各种店铺多集中于老城大十字一带。咸丰八年（1858）起，商业中心逐渐由老城转移至新城，蜀、赣、湘、鄂等地的商人陆续到遵义经商。1912年，狮子桥至坳上一带有12家大盐号。1919年，县城内形成了绸缎、花纱、中药材、粮食、山货等18个行业帮会，店铺多设于丁字口至盐行街一带。1926年，百货布匹业兴起，顺昌、协成美、谦益祥、厚记、协记等大绸缎铺生意兴隆。1935年，川黔公路修通，遵义成为交通要冲，外地来遵经商者日众，川人最多。1937年，抗日战争全面爆发后，不少难民涌入遵义，部分人定居县城设店经商，店铺剧增，绸缎百货业、棉纱业、金银首饰业、糖食糕点业、中西药业、烟酒副食、纸张文具等数百家字号汇集于丁字口、老城一带，遵义城出现少有的繁荣景象。至1944年，各业商号增至2000余家。抗日战争胜利后，外地客商纷纷离遵，西药业的同济、民生药房委托给了的宇宙公司，只有酱醋业的王家酱油店等少数店铺留下。

20世纪40年代老城的商贸活动

明清时期，遵义城区的餐饮服务业陆续兴起。1944 年，遵义县城较大的餐馆有 30 余家。1947 年，全城共有大小餐馆 116 家、茶馆百余家。民国时期，服务业发展较快。至 1949 年，全城从事服务业的共计 273 户。其中，旅馆业 221 户、理发业 22 户、照相业 13 户、洗浴业 12 户、洗染业 5 户。老城约占一半。

1935 年，中央红军进驻遵义，红军币流通，商业市场活跃起来。红军战士拿着红军币购买东西，老百姓亦使用中华苏维埃共和国国家银行发行的红军币。抗日战争期间，由于遵义地处后方，外来人员增多；加上浙江大学西迁遵义，外来居民购买力强，扩大了消费，促进了商品经济发展。

中华人民共和国成立后，实行计划经济，对工商业进行改造，公私合营，走集体化道路，成立了国营饮食服务公司、集体饭店，组织了供销合作社等。遵义市供销合作社属下的红旗商场位于民主路（今老城步行街）小十字，楼上楼下共三层，出售布匹、鞋袜及日用百货等商品。20 世纪 60 年代至 80 年代，实行计划经济，实行票证制，物资凭票供应。这种计划经济一直持续到 20 世纪 80 年代改革开放前。改革开放后，自由贸易、自由市场形成，出现许多个体工商户，他们主要从事餐饮服务，也有的摆地摊贩卖服装及其他商品。地摊主要集中在今老城步行街及大十字一带，据粗略统计，当时的个体工商户就有 400 余户，地摊市场非常活跃，每天都是人头攒动。

随着改革开放的不断深入，老城也越来越注重商品市场的建设和管理。2000 年 10 月 1 日，民主路步行街进行改造，修饰改造商铺，增设门店，打造规范捞沙巷小吃街，统一规划，统一布局。同时，改造扩建协台坝农贸市场，开发遵义会议会址周边市场，引进沃尔玛超市、百盛商场等，形成以步行街、大十字为中心的商贸区，加速商品流通，促进商品经济发展。为适应红色旅游发展的需要，打造推介遵义农副土特产品的窗口，满足游客购买旅游商品的需求。2007 年，修建长约里许的红军街，专门展示、出售旅游文化商品。至此，老城商贸区网基本形成，商贸经济产值逐年提升，社会消费品销售额逐年增加。

商业街区

●红军街

红军街建于2007年，原名杨柳街历史街区，是集商业、休闲、文化、娱乐、餐饮等功能于一体的红色文化旅游商业步行街。

街区以朴实的黔北民居风格为主，拥有展厅、商铺等近200套（间），是“百城万店无假货示范街”，主要经营农副土特产品、遵义名优产品、红色文化旅游产品，同时，也有不少餐饮店铺。该街区实行功能分区，分为民俗文化展示区、遵义酱酒文化展示区、特色餐饮名优土特产区、休闲娱乐区、红色旅游纪念商品销售功能区和综合经营区。杨柳街入口处有羊肉粉、豆花面、重庆酸辣粉等小吃店22家。还有石龙渔村、遵义味道、川香府、枫岚道、竹庄等大型餐饮店8家。土特产区有老茅台酒收藏馆、善和兴酒业、茅台镇红高粱酒坊等茅台系列酒经营店18家，董酒专营店1家；老谢氏鸡蛋糕专营店10家、遵义鸡蛋糕店2家；茶叶店14家，经营湄潭翠芽、凤冈锌硒茶、遵义红等；赤水特产店5家，经营竹器、赤水晒醋等特色产品；遵义土特产专卖店8家。另外，红色文化市场有慧宝斋、艺精阁等文玩专卖店和书画装裱店。除此之外，还有30多家出售其他特色商品的销售店。

红军街

老谢氏鸡蛋糕专营店 老谢氏鸡蛋糕为遵义知名品牌，销售店铺遍及遵义，遵义会议会址前的店铺为销售总部，红军街有多家销售门市部，销售情况均较好。

老茅台酒收藏馆 收藏馆位于红军街正门西侧9-3、9-4号。其始建于2008年，面积约100平方米。该馆专注于1953—2016年各类贵州茅台酒的收藏与鉴定，其经营理念是传承国酒文化，让更多的人了解贵州茅台酒的悠久历史、深厚文化、独特工艺、特殊品质。除茅台酒外，收藏馆还经营茅台系列酒及茅台镇产的其他窖酒。

川香府 川香府位于红军街中段的二楼，2013年9月开业。该店为中式古典装修风格，营业面积有2000多平方米，有大、小包房20间，大厅面积有300多平方米，可同时容纳800多人就餐。现有员工45人。该店主要经营川菜、黔菜，坚持“宾客至上、服务第一”的服务宗旨，秉承诚信经营的理念，营造了温馨的用餐氛围。

竹庄 竹庄位于红军街2号，以“全竹宴”为餐饮特色。竹庄全称为赤水市竹庄餐饮有限公司，创始于1990年，总部位于赤水市，2008年入驻红军街，现已迁至遵义纪念公园。

川香府

竹庄

石龙渔村 石龙渔村成立于2007年11月20日，位于红军街5号楼，属中型餐馆，营业面积有1500平方米。乌江豆腐鱼是石龙渔村的主打菜品，烹饪“乌江豆腐鱼”所用的鱼以乌江河里鲜嫩肥美的鲇鱼或江团为主，佐以遵义产的辣椒加工成的糍粑辣椒和豆瓣酱，将鱼用油炙好，加入特有佐料调汤入味，吃时放入特制的乌江豆腐即可。

兰馨茶室 兰馨茶室位于红军街9-1-6、9-1-7号，面积为31平方米，2007年10月1日开业，主要经营兰馨品牌茶叶。贵州湄潭兰馨茶业有限公司出品的兰馨雀舌，根据颗粒匀整度分为君度一号、君尚雀舌、君雅雀舌、君品雀舌4种类型。1996年，兰馨创始人在湄潭八景之“泽溪兰吹”(泽溪口）创建了第一家名茶加工厂，立志秉持“君子若兰，德才双馨”的宗旨，历20余载，铸就兰馨品牌。兰馨茶室同时销售湄潭县栗香茶业有限公司和贵州琦福苑茶业有限公司的产品，如湄潭翠芽、栗香茶叶、琦福苑庄园茶、遵义红、贵州印象等，年销售产值280万元左右。

●遵义1935街区

始建于2015年，位于杨柳街入口与纪念公园之间，由9栋楼群组成。整个外观采用黔北民居古建筑风格，并融入欧式建筑艺术风格，使东方与西方建筑艺术完美结合。

遵义1935街区

该街区临杨柳街一边的建筑面积为12128.11平方米，主要打造集文化、时尚、休闲、娱乐于一体的商业圈，进驻商户共30余户。园区内有红色电影播放厅，省级非物质文化遗产“遵义通草堆画”“泥牛黄”经营店，“黔货出山·遵义”直营店，特色教育培训机构等文化产业，以及红色音乐吧、珍珠音乐餐厅等旅游休闲娱乐企业。

1935文化商街现已成为“遵义市文化产业示范基地”（遵义市文化体制改革和文化产业发展工作领导小组授）和“国家文化产业示范基地”（中华人民共和国文化和旅游部授），是遵义文化旅游、时尚消费的一张新名片。

该街区临公园一边的建筑面积为9115.89平方米，是遵义市红花岗区与北京中关村共同打造的文化创意产业园。2016年，遵义红色旅游集团与遵义会议纪念馆合作成立了遵义红色传承文化培训有限公司，并与遵义会议研究中心合作，联合创办了“遵义红色文化教育培训中心”。中心立足于弘扬遵义会议精神，为全国各单位、各部门学员提供了党性教育、革命传统教育及培训服务。至2019年年底，培训学员380期，共2.2万人次。

遵义1935街区标志

●商业步行街

2000年10月由民主路东段改建而成，长892米，宽9—15米。建筑极富黔北民居特色，商业气息很浓，大小商店鳞次栉比，主要经营各季各类各式名牌服饰、各种鞋类及化妆品等，共有商铺182家。另外，还有玩具店、副食品店、小吃店等，每天的客流量约20000人次。

商铺的楼上设有茶房、商务会所、酒店、美容美体中心、书店、琴房、健身中心及培训机构等。位于步行街东端右边的好百邻、新食派美食广场，面积有300多平方米，有大厅及各式包房，可同时容纳100多人就餐。与会址只有一巷之隔的1935食府位于紧挨子尹路的会址路1号，是较大的酒楼，其上下三层楼，经营面积有3000多平方米。大众餐厅面积有250平方米，有包房21间，可同时容纳500—600人就餐，是遵义旅游定点餐馆。正和祥药业（芝林大药房53号分店）是步行街唯一一家医药商铺，药品种类比较齐全。步行街人流如织，是人们购买商品的首选之地，特别是年轻人，喜欢来这里购买服饰。2020年，红花岗社区牵头，以商业步行街为中心，联络周边协台坝、捞沙巷、碧云路的800余商家共同打造“红色商圈、先锋社区”，成立了共建共治协调委员会，以“事务联议、活动联办、公益联动”为原则，创建了红色文化凸显、商业繁荣的商业街区。

老城商业步行街

●老城新街

位于民主路235号一带、纪念广场西侧。分布有沃尔玛商场、百盛商场和风味美食街。老城新街是由沃尔玛商场、逸食堂美食城、幼儿园、电影城等组成的综合商业场所。

沃尔玛商场是沃尔玛公司于2009年1月在遵义开设的第二家分店，营业面积为1.2万平方米，是一家经营生鲜副食品、体育用品、日用百货等大类近2.3万种商品的大型综合超市。

逸食堂美食城是一个综合性美食广场，内有多种餐饮小吃。周边还有美容美发、饮品休闲、服装等商铺。

百盛商场位于老城新街北侧，是百盛集团在贵州开办的第三家个人独资综合性百货商场，于2008年12月开业。经营面积近万平方米，主要经营化妆品、珠宝、名表、皮具、男女服装、健身器材等10多个大类1万余种商品，配有餐饮、娱乐服务。

风味美食街位于老城小学对面，主要为老城小学学生及送学生上学的家长供应早餐。聚集有廖四小吃、华华豆花面、巷巷羊肉粉等10家小吃店和4家文具店。

老城新街

●捞沙巷小吃街

捞沙巷小吃街距遵义会议会址约300米，其南通碧云路，北接民主路（步行街），是贯穿碧云路和步行街之间的一条步行通道，长196米，宽4—5米，巷道两边及岔巷内均为商铺、摊位，有商户120户左右。摊位、商铺面积大都在10—20平方米，最大的肖二孃肉片粉店也就40—50平方米。商户以经营遵义特色小吃为主。每天清晨，来这里吃早餐的人络绎不绝，遵义特色美食都汇集在这里。从四面八方来遵义的游客更是钟爱这里。从清早到晚上，小巷都是人头攒动、摩肩擦踵的，店主招揽生意的吆喝声，煎、炒、烹、炸的滋滋声，顾客的交谈声混成一片，好不热闹。现择较有名的店家做简要介绍。

捞沙巷小吃街北口

人头攒动的捞沙巷小吃街

蛋裹辉煌　店铺位于捞沙巷北段。蛋裹辉煌即蛋包洋芋或蛋包糯米饭。是湄潭名小吃，已有 10 多年的历史，入驻捞沙巷也有七八年了。洋芋就是土豆，贵州对洋芋的吃法有很多种，而遵义蛋包洋芋的做法很特别。先将洋芋煮熟剥皮，放在锅里放油将洋芋边炒边剁碎，再加入酸萝卜末、苕皮、米粉等一并剁碎，加入调料翻炒，然后用煎好的蛋皮包裹起来即可。蛋包糯米饭亦如法炮制。

钟太怪噜饭　店铺位于捞沙巷南端进口处的左边。特色是将各种菜煮熟后（煮时需放入各种香料，即卤菜）分成小份，浇上辣椒和佐料即成。煮的菜有毛肚、牛肉丸、缠丝肉、猪脚、虾丸等肉类，另还有蛋卷、苕粉、海带、洋芋及各种时蔬。

阿杜罐罐香　店铺位于捞沙巷北端进口处左边，店面不足 20 平方米。罐罐香即用上好的大米放入小瓦罐内，每罐放米 100 克，加入适量的水。将小罐依次放入大瓦坛内，将瓦坛封闭加热约一小时，罐内的饭即被蒸熟，这样蒸出的饭极香，再在每罐饭上面放入腊香肠和花生米，配上诸如粉丝、海带丝等几样凉拌菜（自取），添上一小碗萝卜汤之类的汤菜，就是一顿美餐了。每个瓦坛可容纳 120 个小罐，每天可售两坛 240 罐。

老字号大十字米皮 店铺原址在民主路大十字，搬迁至捞沙巷后仍用此名。该店的员工都是女性，年长者已是花甲之年，年轻的也是 40 多岁的人。店铺面积约 20 平方米，主要经营红油米皮、米粉，汤用猪骨熬制而成。米皮或粉烫好焖上汤，加入肉丁或肉末，再放入佐料即可。因为是老字号，味道好，所以食客很多。

恋爱豆腐 店铺位于捞沙巷北段。豆腐经过炙烤，外焦里嫩，相辅相成。佐料有辣椒、生姜水、葱、蒜泥、酱油、醋、味精等，特别要将折耳根剁碎，放入拌好的辣椒中。以前因为娱乐很少，恋爱中的男女时常坐在路边吃这种豆腐以消磨时间，所以将这种豆腐称为“恋爱豆腐”。捞沙巷恋爱豆腐店只是个小摊位，但每天可卖豆腐 1000 多块。

手工糍粑 店铺位于捞沙巷中段。手工糍粑是贵州的特色食品，为节省劳力，提高效率，现在很多地方改用机器生产，就其口感而言，手工制作和机器生产的产品是有差异的。捞沙巷的糍粑则坚持手工制作。制作手工糍粑时，先用温水浸泡糯米，然后将糯米蒸熟，倒在一个坚固的容器里，用特制的粑棒用力不停地捶击和挤压，使之变得柔软、绵长、细腻，最后揉成小团（个），可加热吃，可烤着吃。店铺每天平均可卖 50 千克糯米做成的糍粑，秋、冬、春三个季节生意较好。

●各街区的重点商户

老城历来是遵义市商贸活跃地段，许多具有一定知名度的商家或市场坐落于此，择要介绍如下。

协台坝农贸市场 市场位于子尹路老 29 号。1989 年由遵义市工商行政管理局投资兴建，1991 年建成营业，为专业零售封闭式市场。

该市场占地面积为 894 平方米，设有摊位 382 个，营业门面 11 间，主要经营蔬菜、水产品、豆制品、调味品、干果副食、蛋禽、粮油、牛猪羊肉、熟食卤制品等。有绞肉、烧洗、宰杀等配套服务。市场于 1994 年、1996 年两次获“全国文明市场”称号。2006 年被评为“遵义市样板农贸市场”。2016 年 10 月，红花岗区人民政府投资360余万元对协台坝农贸市场进行升级改造，打造首个精品“菜篮子”。拓宽了通道，蔬菜区、鲜肉区、加工区分区明确，敞亮、开阔；摊位台面干净、整洁，并雇专人打扫卫生；对菜市场室内硬件设施、地下管网、水电、监控、交易区等进行全面升级；统一市场内标识，重新制作市场外门头；完善市场参考价电子显示屏、蔬菜残留农药检测处、公秤处等服务设施，营造舒适的消费环境，成为符合老城片区发展、规范有序、文明卫生、环境整洁的“精品农贸市场”。

云中酒家 酒家于1993年3月5日开业，位于子尹路128号，后迁至碧云路清真寺综合大楼，总面积为800平方米，是一家高中低档消费全覆盖的餐饮企业。企业以“求人为大、求利为小”为宗旨，遵纪守法、诚实守信、依法经营、照章纳税。2000年迁瑞安花园巷，旗下有2家分店：碧云路瑞安分店、宁波路云中分店。酒家积极参与社会福利事业和社会公益事业。每年春节、六一儿童节、八一建军节、中秋节、重阳节，向社会福利院的孤儿、残障儿，武警支队，养老院捐款捐物，累计已达16万元；2008年发生凝冻灾害时，捐款1万元；2008年汶川地震，全体云中酒家工作人员捐款2.3万元。在招聘员工方面，一直有选择性地优先招聘残疾聋哑人、退伍军人、下岗职工。迄今为止，共安置残疾聋哑人80多人次，退伍军人10多人次，下岗职工20多人次，劳教刑满释放人员2人。该企业注重加强对服务员的素质、文化、服务意识的严格培训，从接餐、迎客、安排、上菜到送客，从摆台、着装、形象、举止到语言都制定了相关的规定和标准并严格执行。在菜肴的创新开发上，开发出一系列既具地方特色又物美价廉的菜肴。参与每年9月的“光彩服务周”活动，加强对服务员的品德素质教育及法治教育。多次被市、区工商局、工商联、私营企业协会，市、区民政局，区人民政府评为“先进单位”“诚信酒家”“优秀私营企业”“先进福利企业”“消费者放心企业”“遵义市诚信企业50强”等。

红雅苑茶楼 茶楼成立于2011年8月25日，位于遵义会议会址正对面，为个体工商户，经营中餐茶饮。营业面积有3000平方米左右，上下三楼，设有茶室、餐厅、包房，装饰典雅。饮茶室、餐厅及包房内均贴有名人字画，文化气息浓厚。茶楼先后承办了遵义市首届棋牌比赛、遵义首届茶乡节斗茶活动、遵义市中秋赏月诗会等活动。先后获得贵州凤冈茶文化茶艺优秀奖、贵州省

"六嘉茶馆"、贵州省十大茶艺之星最佳"上镜奖"、遵义市"十佳茶馆"等。现已改名为遵义饭店。

七十二行精品酒店 酒店原名"七十二行状元楼",后改为现名。建于2000年,位于子尹路18号(今子尹路2号)。一楼为大众餐厅,二楼为别有韵味的小厅,三楼为全包房,环境典雅。招牌特色菜有酸汤牛肉、豆花牛肉、酸辣椒回锅肉等。每天接待顾客数百人次。后改为名成尊享酒店。

云海生日城 企业位于老城碧云路瑞安花园内,是遵义唯一荣获"中国烹饪协会团体会员""全国绿色餐饮企业""中华餐饮名店"资质的高级餐饮企业。具有国家级、省级技术职称的名师主厨,主厨多次代表遵义参加省级烹饪大赛并荣获大奖。2008年,为适应餐饮消费需求,执行高、中、低档消费平行发展的经营理念,在保证高级烹饪水平的前提下,适时推出大众宴席,让高端烹饪技艺走向大众餐桌。

泰来面馆 面馆创办于1940年,至今已传承三代。泰来面馆始于清代,原为浙江省萧山县义桥镇王笑麟经营。日军轰炸杭州,王笑麟携家几度迁移。1940年年初,随浙江大学迁来遵义。经营者寄望于国家命运能够否极泰来,遂将面馆取名"泰来"。当时遵义城内有4万多居民,市场繁荣,王笑麟即租现新华路潘正中房开店,挂出"泰来"招牌,卖大肉面、排骨面、杂酱面、馄饨、包子。王笑麟在经营方式上很讲究,特别注重食品、用具、环境卫生,坚持做到物美价廉,薄利多销,生意很好。1947年,他的兄弟王保民举家迁来遵义,在老城小十字开泰来面馆,外侄方世安亦在丁字口川戏院旁开泰来面馆。1956年,面馆由外甥方世安及其子女继续经营。1959年,新华路改造,面馆迁至白沙路口,1980年迁至老城公园路2号至今。其面多次被评为遵义著名小吃之一。

名优小吃

鸡蛋糕 遵义鸡蛋糕是贵州省名优小吃,其以农家土鸡蛋、精面粉、白糖、香油、饴糖为原料,精制烘烤而成。其源于清同治年间。20世纪20年代,遵义老城人田玉庭开设"桂香斋"蛋糕铺,制作的鸡蛋糕最为著名。1949年前，遵义商人去香港、北京、广州、天津、上海、重庆等地从事商贸活动、拜访亲朋好友时，常以本地产鸡蛋糕作为馈赠礼品。20世纪50年代，遵义蛋糕厂广泛搜集民间制作工艺，制作的“延寿”牌鸡蛋糕个圆匀称，形如扁鼓；小巧玲珑，棕红金黄；饱满油润，香气扑鼻；松软有弹性，指压能复平；爽口不腻，香甜可口；携带方便，保存时间长，年产100吨仍供不应求。1978年后，遵义老谢氏鸡蛋糕食品厂在继承传统中不断创新，根据人们对食品的不同需求，结合旅游市场，研制生产了低糖、葱油、木糖醇、蜂蜜、椒盐等多种口味的鸡蛋糕投放市场。1984年至2012年，遵义鸡蛋糕先后获得“中国消费市场食品安全放心品牌”“绿色消费产品”“黔北最佳名优小吃”“遵义名牌小吃”“中国著名品牌”等称号。2006年12月，市人民政府将遵义鸡蛋糕制作技艺列入遵义市首批非物质文化遗产名录（主要传承地域：遵义市区）。如今，在老城各条街道上皆有多家店铺出售鸡蛋糕，尤以子尹路、红军街的老谢氏鸡蛋糕为盛。

遵义鸡蛋糕

羊肉粉　羊肉粉为贵州省名优小吃，其始创于清康熙年间，距今已有300多年的历史。最早为杨姓与廖姓人家分别在丁字口和老城开馆纳客。20世纪三四十年代，发展到20多家，今已遍及全省，成为百年不衰的名优小吃。制作羊肉粉的食材和工艺都很有讲究。羊首选本地矮脚山羊中的肥母羊和阉羊；米粉选择色泽洁白晶莹、爽滑、有弹性、韧性强的；辣椒以本地朝天椒为主，将辣椒捣细后与炼好的羊油一起再炼制成红油。制作工艺：将选择好的山羊宰杀后剥皮，将肉、骨及内脏洗净；将剔下的骨头、羊头放入清水锅内旺火熬煮，打去浮沫后改用文火，再放入生姜、料酒及羊肉、羊内脏一起煨汤；羊肉、羊内脏炖熟后，捞出晾冷，切成片待用。食用时，先将米粉放入专用的竹篼内，置沸水中烫热装入碗中，将预先切好的羊肉片放在米粉上，再倒入竹篼并将其

放在烧沸的羊骨汤锅内烫30秒钟后，倒回碗中加原汤；视客人不同的口味，勾红油或清汤，放入葱花、芫荽；客人自放盐、味精、花椒面和煳辣椒面。遵义羊肉粉以羊肉熟而不烂、米粉雪白、汤汁鲜醇红亮，辣麻味浓、油而不腻、鲜香飘逸持久而闻名。1998年，遵义羊肉粉在西安全国小吃评比中获金奖。2006年12月，市人民政府将遵义羊肉粉制作技艺列入遵义市首批非物质文化遗产名录（主要传承地域：遵义市区）。今在市区各条街巷均有羊肉粉馆，部分为24小时营业。其中，有黄五羊肉粉，摊位位于捞沙巷北段，汤鲜味美，其汤是将羊肉、羊骨、羊杂加佐料熬制而成，吃时添加羊杂味道更佳，吃罢身上冒汗。遵义的粉不算筋道，但细嚼却有其入味之处。

遵义羊肉粉

豆花面　豆花面是贵州省名优小吃，距今已有100余年历史。民国初年，四川人张姓三父子在遵义中心城区刘家湾开店，后老城也有豆花面馆。中华人民共和国成立前一直叫豆浆面，用自制的手工宽水面条放在豆浆里煮，熟后挑入碗内，用新鲜豆花盖面，另置加入香油、酱油、鱼香菜（薄荷叶）的糍粑辣椒水一碟。吃面时，从碗中一箸一箸地挑出面条、豆花放进小碟佐料中蘸食。因蘸水碟中没有肉，又称为“素面”。20世纪50年代后，经营者对传统蘸水进行了创新，在糍粑辣椒制成的蘸水中加入鸡肉丁、豆酱肉丁、油炸花生米、脆臊等，使蘸水辣而不猛、油而不腻，吃起来香鲜而又回味无穷，深受消费者喜爱。从此，“豆浆面”改称“豆花面”，与遵义羊肉粉双璧连珠。1978年后，遵义豆花面不仅遍及全省，而且在北京、

遵义豆花面

上海、重庆、成都、昆明等大城市也开设了专营门店。1996 年，遵义捞沙巷老牌豆花面馆制作的豆花面，在遵义第四届饮食文化节上被评为“名优小吃”；1999 年，在遵义首届名优小吃评比中获“名优小吃”奖；2000 年，获“贵州省名优小吃”称号；2005 年，获遵义“董酒杯”饮食文化节“黔北最佳名优小吃”称号；2006 年，获遵义市第二届家居文化节美食优秀奖。2006 年 12 月，市人民政府将遵义老城豆花面制作技艺列入遵义市首批非物质文化遗产名录（主要传承地域：红花岗区）。今在老城各街巷均有豆花面馆，尤以捞沙巷、红花岗的豆花面馆最为出名。其中，捞沙巷内有两家豆花面馆，一家是北端进口处往里走 20 米左侧的德珍面馆，一家是南端的陈记浑浆豆花面馆。浑浆是用手磨原汁豆浆作面汤，故称浑浆。豆花嫩滑，蘸料辣味很浓，加入肉丁和花生米，再配上葱和鱼香草，风味独特。豆花面历史悠久，不单是遵义人钟爱的特色小吃，外地游客也喜欢其独特的味道。

碗耳糕　碗耳糕为遵义传统特色点心。民国初年，四川一蒲姓人家移居遵义后，便在今中心城区新华桥头开店做碗耳糕卖，距今已有 100 余年历史。制作时，将精选大米进行浸泡（冬天泡 12 小时，夏天泡 4 小时），再经磨制米浆、入缸发酵、搅拌发泡、放糖（红糖或白糖）搅拌、舀浆入糕圈笼蒸（25 分钟左右）、取出收汗（散去热气）后即可食用。蒸熟的碗耳糕形如拳头般，底部平，中间鼓圆，顶部从中间分开，如同盛开的花瓣。用黄糖制作的为黄褐色，民间习惯叫黄糖碗耳糕；用白糖制作的呈白色，有的叫白粑，有的叫碗耳糕。现统称“碗耳糕”。食之松软绵扎，甜度适中，不粘牙，老少皆宜，特别受儿童喜爱，故又有“娃儿糕”之称。今在子尹路、红军街、捞沙巷都有店铺经营。

碗耳糕

三香包子　三香包子为遵义名优点心。以新鲜的猪肉（三线肉）和面粉为主料，以洗沙、白芝麻、冬瓜糖、橘饼、饴糖、白糖、猪油、发酵粉为配料。

制作工艺：面粉中放入发酵粉、饴糖，加水揉成面团，静置发酵后，搓成直径4厘米的圆条，下剂子，用手掌将其压扁成直径为6厘米的圆形面皮，放入肉馅或甜馅或洗沙馅，用手捏成鸟笼状细褶，顶端捏拢成包子生坯，入笼大火蒸熟即成。特点：颜色洁白、美味可口。2005年，三香包子获中国黔菜美食文化节面点银奖、遵义“董酒杯”美食文化节金奖。今在子尹路、捞沙巷有店铺经营。

三香包子

凉米皮 凉米皮为遵义名优小吃。其原为寺庙中的素斋小吃，后广泛传入遵义地区民间。制作工艺：以本地产优质大米为原料，淘洗干净后磨成米浆，舀入刷过油的特制蒸盘内摊匀蒸熟，取出揭下晾去水汽，裹成卷，切成2厘米宽的长条，放入碗中，加入氽熟的绿豆芽、酥黄豆，以及酱油、醋、姜蒜水、花椒油、红油辣椒等佐料，撒上葱花即可食用。凉米皮有荤、素之分，荤米皮即在米皮中加入臊子肉丁，素米皮则不加肉臊。由于米皮洁白，拌入红油辣椒，色泽红亮，香辣爽口，老少皆宜。20世纪50年代至90年代，遵义凉米皮以原老城观音堂仲和尚（女）制作的“和尚米皮”（素米皮）最为著名。20世纪90年代以后，以“刘二妈米皮”（荤米皮）最有特色。1996年，该米皮在遵义第四届饮食文化节中被评为“名优小吃”；1999年，在遵义首届名优小吃评比中获“名优小吃”奖；2005年，获“董酒杯”饮食文化节“黔北最佳名优小

刘二妈米皮

吃”称号。今老城多条街巷都有店铺经营。

鲜猪腿肉片粉 该粉为遵义名优小吃，由遵义市肖二孃（名肖德群）猪腿肉片粉总店制作。其早年在老城大十字开店，今在捞沙巷、子尹路等地均有店面。以鲜猪腿肉的肥肉制作成脆臊，净瘦肉煮熟后切成薄片，猪骨、皮加生姜熬制成常备鲜汤，猪油制作成红油辣椒。米粉烫熟装碗，加入瘦肉片、脆臊、鲜汤即成。食客按需要加红油辣椒、煳辣椒和花椒粉，以及酱油、醋、味精、盐等佐食。该粉具有汤鲜肉香、清爽适口的特点。1988 年，获遵义国际酒文化节“名优小吃”奖；1996 年，获遵义第四届饮食文化节“名优小吃”称号；2002 年，获贵州“瀑布啤酒杯”烹饪大赛“名优小吃”奖；2005 年，获遵义“董酒杯”美食文化节“黔北最佳名优小吃”称号。今总店仍设在捞沙巷中段，老城多条街巷都有店铺。捞沙巷总店的肖二孃鲜猪腿肉片粉，将猪腿上的纯瘦肉煨到恰到好处之后，切成薄片铺在烫好的米粉上。吃时加脆臊，再添泡菜调味，香腻与爽脆兼得。所谓脆臊，就是油炸的肥肉丁。辣椒是特制的油辣椒，用本地辣椒浇植物油制成，香辣而不伤胃。每天，店内座无虚席，特别是早晨。

遵义茶汤 遵义茶汤为地方传统特色小吃，明末清初由盐商从外地传入。最初用砖茶熬水冲炒麦粉加馓子混食而得名“茶汤”。后遵义人结合本地饮食习惯，在继承中创新，将大米、糯米、茶叶和花椒下锅炒香至金褐色后，磨成细粉备用；用糯米粉制成油炸馓子，黄豆浸泡后用菜籽油炸成酥豆备用。食时，净锅上水烧开，放入炒米面、猪油、菜籽油拌匀煮熟至糊状，舀入碗中，加馓子、酥黄豆、椒盐、香油、葱花即成。特点是浓稠可口、干香味美。茶汤是遵义市民喜爱的名小吃。2004 年，获昆明全国烹饪大赛面点铜奖。今在老城捞沙巷等多处有茶汤店。

遵义茶汤

金志抄手 抄手为遵义名优小吃。抄手又叫饺、肥饺、馄饨。遵义老城子尹路中段的金志抄手，主料为面粉与猪肉。饺皮由优质精面经特殊加工而制成，形状为梯形，薄且滑。猪肉以夹缝肉为佳。猪肉绞碎后，与鸡蛋、姜、葱茎、油炸花生米（需捣碎）、榨菜拌匀后备用。

金志抄手

抄手形状为蝴蝶形，外形美观，皮薄馅嫩、汤鲜味醇。金志抄手已有百年以上的历史，吃法很有讲究，比如客人叫来一碗"鸳鸯饺子"，就是一碗中抄手和面条各占一半；如果叫"抄手""过桥"，就是客人要蘸着吃，"过桥"就是蘸水；如果叫"抄手带青"，就是要在抄手中加入菠菜等蔬菜；如果叫"清水过江"，店家就要为客人备一小碗冷开水，客人要将抄手放入水中冰一下，然后再蘸着吃。这多种吃法，为小吃加入了饮食文化的元素。1996 年，金志抄手在遵义第四届饮食文化节上被评为"名优小吃"；1998 年，获遵义酒文化节"传统名优小吃"奖；2005 年，在遵义"董酒杯"饮食节上被评为"黔北最佳名优"小吃。

四彩甜酒粑 四彩甜酒粑为地方传统特色小吃。以白糯米粉、黑糯米粉、甜酒、白糖、胡萝卜汁、青菜汁等为主要原料。制作时，除将黑白糯米粉制成面团外，另分别用胡萝卜汁、青菜汁与白糯米粉揉成红色和绿色的面团；然后分别将黑、白、红、绿四色面团搓成直径为 2 厘米的圆柱形，揪成 2 厘米厚的剂子，用双手搓圆，投入开水锅中煮至七八成熟时，加入甜酒、白糖煮至成熟，连汤舀入小碗即成。四彩甜酒粑四色分明，糯糍可口，是在遵义传统小吃甜酒汤圆基础上的一种创新之作，今老城多处有售。

遵义老城反帝反封建斗争

在遵义老城爆发的一系列反帝反封建斗争集中体现了遵义人民不屈不挠的革命斗争精神和光荣传统。在杨柳街天主教堂发生的“遵义教案”历时16年，充分体现了遵义人民坚强不屈的反帝斗争精神。遵义老城见证了延续2000多年的封建专制制度的结束。遵义老城的省立三中、遵义女中、杨柳街小学等，是遵义开展革命活动的摇篮。当年，遵义人民热烈响应五四运动、五卅运动，组织抗日活动，开办黔北书店。早期中国共产党党员在遵义传播进步思想，开展了一系列民主革命活动，书写了遵义老城这块红色热土如火如荼的革命斗争历史。

同治八年教案 清同治八年（1869）农历五月初，遵义城百姓按习俗庆祝炎帝节。市民在醮首杨树勋率领下，于老城火神庙（今遵义市第四初级中学校址内）设坛祭瘟祖（神）。天主教徒杨希伯见教友杨树荣前往祭祀，上前阻止，引起市民不满。祭祖后，市民迎表章至老城大十字时，杨希伯和专事等候的天主教徒突然上前撕毁醮首杨树勋手中的表文，双方发生冲突。后被赶至现场的驻军制止，但矛盾并未解决。五月初五，市民不约而同地涌入天主教堂，法国传教士林多默躲避不及被殴打。遵义知府汪炳璈、知县刘绍观、协镇梁胜春闻讯带兵急往，见群情愤怒，不可抑制，便护卫布沙尔、林多默、赵类斯 3 人抄小路进入府署。众人见教士离去，怒不可遏，傅友源带领众人捣毁教堂，查抄书籍，半日之内，教堂无存。此外，教会设在新城总府坝（今飞天花园内）的医铺爱仁堂也被市民捣毁，城内贴满了反教会的标语传单。遵义府、县两署飞报贵州巡抚，巡抚曾璧光委派候补道陈昌运到遵义查办。陈昌运抵达遵义后，见众怒难犯，于 6 月 13 日护送林多默等 3 人至贵阳。不久，林多默病故，贵州主教胡博理电告驻北京的法国公使罗淑亚，宣称林多默死于殴伤，因而造成了中法两

遵义教案发生地——杨柳街天主教堂

国外交会谈重案。同治十年（1871）结案时，清廷被判赔偿全部损失，傅友源被处决，杨希伯、杨树勋被充军，遵义知府、知县、协镇同受处分。同年 11 月，赔款到手，传教士和一些不法教徒莫不趾高气扬，甚至武断乡曲、欺压良善、强占民女等，以致教案再度发生。

光绪八年教案 清光绪八年（1882）农历六月二十三日，老城炎帝庙举行斋醮演戏活动，市民前往观看。戏散后，途经天主教堂的市民不知何因，与教堂中的部分人发生争吵，早对天主教怀有满腔怒火的市民一起闯入天主教堂，并齐声呼打，教士教民立即躲避，地方官员速派兵弹压，事态很快被控制，教堂陈设略有损坏。教士博第理将此事飞报贵州主教李万美，李向贵州巡抚提出交涉。巡抚派候补道袁开第到遵义查办。袁开第到达遵义后，训斥为首的市民，并向博第理表示歉意。遵义知府余上华、知县张济辉、典史娄炳南均受处分。

光绪十年教案 光绪十年（1884）农历八月十三日夜，月明如昼，街坊小孩集于天主教堂外游戏，歌谣中有“打倒天主教”之语，教徒文三和闻声出门训斥、辱骂小孩，围观市民愤愤不平，皆指责文三和。文三和见势不妙，退入教堂，紧闭大门。市民怒气难消，猛击大门。门开之时，众人一拥而入，文三和手持尖刀乱刺，1 名小孩当即死亡，其他教徒开枪射击，市民 6 人当场死亡。遵义知府余撰、知县赵文源、协镇池有莲闻讯急至。经劝慰，市民渐去，唯死者露尸天主教堂内。地方官增兵护卫天主教堂。次日，新老两城罢市，市民齐集天主教堂外，天主教堂紧闭大门以拒，相持不下。地方官恐激成巨案，急与地方绅耆商议，决定护送教士避险。在知县、典史及统领的护卫下，教士离开天主教堂至府署。市民见状一哄而入天主教堂，顷刻间，教堂内外片瓦无存。市民先将 7 具尸体棺殓埋于天主教堂址，旋即追杀教徒数人并陈尸东门河岸。同时，部分教徒之家被抄。地方官一面拘捕文三和，一面星夜派兵将教士护送至贵阳，同时禀报贵州巡抚李用清。市民亦纷至贵阳控诉。此案中，市民、教徒各死亡数人，而教士无一受伤，清廷遂中止法国传教士在遵义的传教权。光绪二十二年（1896），贵州巡抚嵩崑向清廷奏称：“黔省遵义等属焚毁教堂，失去什物，现已帮贴银三十万两，一律完结。”次年，贵州巡抚派冉焕章到遵义处理善后，张贴布告曰：西人在中国设堂传教，系依据条约，此次恢复旧观，重修经堂，尔等毋得妄为阻挠，致干重究。因教案而死亡的市民，每人发安葬银 100

两，择日迁葬；被杀教徒亦各领恤金若干。

以上发生在清同治八年（1869）至光绪十年（1884）16 年间的 3 次民众反对教会的斗争，史称“遵义教案”，遵义教案是贵州三大教案之一，标志着反教会侵略的斗争进入了新阶段：1869 年发生遵义教案之前以官绅为首，以团民为基本力量；1884 年遵义教案以后则以民众为主要力量。

辛亥革命在遵义 清宣统三年（1911）10 月 10 日，武昌起义爆发，孙中山领导的辛亥革命推翻了清王朝的统治，结束了在中国延续了 2000 多年的封建专制制度。1912 年 1 月 1 日，中华民国临时政府在南京成立，孙中山就任临时大总统。1912 年 11 月 3 日晚，贵州革命党人领导陆军小学和南厂新军起义，贵州巡抚沈瑜庆被迫交出政权，起义成功，贵州宣告独立。随后，军政府立即发布檄文、示谕和军政府令，命令“各府厅州县电报局奉命就近录副张贴，将革命胜利的消息向全省传布”。同年 11 月 9 日，贵州省军政府又召集贵州十三府在贵阳者联合开会，每府、厅、州、县各选代表 1 人，由军政府加委，携带文件、露布，返回原籍接收当地政权。

早在清光绪三十四年（1908）二月，遵义府城所在地就成立了反清组织——贵州自治学社遵义分社，推举遵义中学堂堂长董炳棠任社长，主要成员有地方知识界李筱荃（培荪）、杨葆宸、李道堃（次乾）、张图芝、陈兆琴等，以遵义中学堂（堂址在今遵义市第十一中学）为中心开展革命活动。1908 年 11 月 9 日，贵州自治学社遵义分社举荐早期同盟会会员、同盟会原江苏支部部长、遵义人刘应烇主持，在遵义府署约集在遵义革命党人，召开遵义新城老城学、绅、商各界特别会议，并作出如下决议：废除清王朝遵义府政权，建立大汉遵义军政分府，由遵义知府连培型任军政分府正职，副职由郡绅、清朝主事吴泽波担任；军政分府设文牍、庶务、交际各科，取代原遵义府署吏、户、礼、兵、刑、工六房；因遵义府县同城，会议还决定取消遵义知县，推荐谭炳堃为正县，杨灿英为副县，由谭杨主持县政。此后直至 1912 年 3 月，原遵义府所辖之赤水厅（含今习水县）、正安州（含今道真县）、湄潭县、桐梓县、仁怀县、绥阳县均先后脱离清政府，建立了新政权，遵义全府实现政权平稳交接。

1906 年，刘应烇（二排右二）在东京和贵州留日学生“时敏同志会”成员及秋瑾（前排左三）合影

促成并主持遵义府、县政权平稳交接的刘应烇，生于遵义老城水井湾，在留学日本期间，加入孙中山领导的同盟会，曾于《民报》上发表文章，抨击康有为、梁启超维护君权和封建政治的政治主张，颇受孙中山赏识。1907 年，他奉命回国赴江苏开展活动。不久，同盟会东京总部委派刘应烇出任刚恢复的江苏支部部长。后来，刘应烇因操劳成疾，患肺结核，经孙中山准许返籍调养，与东京总部及遵义革命党人保持联系。1910 年，同盟会贵州支部部长平刚返黔，专程到遵义访问刘应烇。刘应烇陈述己见，平刚欣然采纳。辛亥革命成功的消息传至遵义，刘应烇带病积极参与筹划，为遵义府、县政权平稳交接做出贡献。遵义县成立议会后，刘应烇为首任议长。不久，刘应烇又当选为省议员和国会议员。

响应五四运动 1919 年 5 月初，出席巴黎和会的中国北洋军阀政府代表准备在巴黎和约上签字的消息传到国内，群情激愤。5 月 3 日晚，北平各大专院校千余学生在北京大学集会，共商救国大计。学生们慷慨陈词，痛陈时弊，怒不可遏。正值群情激愤之际，北大法科系学生、贵州赤水葫芦垴（今赤水市葫市镇）青年谢绍敏，悲愤至极，当场将其中指咬破，撕下白衣襟，愤怒血书“还我青岛”四个大字，揭之于众，把学生们的爱国激情推向高潮。第二天，北平全市有3000多名学生举行示威游行，爆发了五四爱国运动。

在北平、天津参加五四运动的遵义学子张继芳、晏平全、杜绾等多人，向家人、亲友、同学寄回书信、传单，把五四运动的消息传至遵义。张继芳、晏平全等还在北平发出通电，呼吁“我故乡同胞，立即起来，参加反帝之斗争！亡国了，同胞们！起来呀！”。一些学校的老师给学生讲述《马关条约》、“二十一条”等不平等条约对中国的勒索。收到北平学联号召全国各界响应五四爱国运动的通电后，6月19日，地处遵义老城的遵义中学校的300多名学生首先冲出教室，宣布罢课。20日，遵义女子师范学堂、模范高小、正本、坤维女子两级小学等学校2000多名学生罢课，师生们走上街头游行、演讲，号召奋起救国。

6月21日，各校罢课学生、部分教师和市民在老城体育场（今碧云路南侧）集会，部分师生登台发表演说，痛斥帝国主义的侵略罪行，谴责北洋军阀政府的腐败无能。遵义女子师范学堂学生代表卢夔凤（卢葆华）和张淑芳的演说尤为激动人心。卢夔凤在讲述日本侵略者在旅顺屠杀中国同胞的惨状时，声泪俱下，许多人也随之恸哭，会场上响起“打倒日本帝国主义！”“还我山东！”“宁死不当亡国奴！”等吼声。张淑芳演讲时，脱下用日本花布做的外衣，当众撕成布条，以表爱国救亡、抵制日货的决心。在“勿忘国耻！”“抵制日货！”的口号声中，不少人也纷纷效仿。会上，成立了遵义学生救国联合会（遵义学联），胡祖签等10余位同学当选为主席、副主席，以及宣传、联络、秘书等处负责人。会议决定将学联办公室设在遵义中学校。会后举行示威游行，游行队伍经大十字、小十字出盘安门到丁字口，沿途又有不少市民驻足观看，甚至随队游行。游行队伍不断高呼“惩办卖国贼！”“取消二十一条！”“誓死收回青岛！”等口号，口号声响彻遵义老城上空。

6月23日，遵义方春凡、刘少成两家丝织作坊的30多名工人和其他一些手工业工人主动集会，宣布罢工，声援学生。6月24日，全城布匹、百货、医药等行业的大部分商户宣布罢市。接着，全城18个行业的80%以上的商户举行

五四运动游行

大罢市，声援学生的爱国行动。6 月 25 日，遵义学联的成员分别在遵义中学校、陈公祠、城隍庙三地召集各界群众集会，宣读《拒用日货宣言》。会后，学联组织的查禁日货纠察队分别清查了同庆行、天顺祥、福生祥、厚记等 11 家售有洋货的商店。“遵义是贵州全省第一和唯一出现罢课、罢市、罢工三罢风潮的县城，表现了较大的声势和较高的水平。”（《贵州青年运动史》）遵义“在五四运动中的反应，并不亚于贵阳，在某些方面深入发展的水平，还成为全省之冠”（熊宗仁《五四运动在贵州》）。

五四运动震撼人心，让亲历者记忆犹新。刘耕阳在《五四运动前后遵义情况的回忆》中说：“1919 年，我年十四岁，在遵义老城杨柳街模范高等小学第十三期读书。”“校长是杨德馨。”“1919 年 5 月中旬，全校同学，仍有十一期至十五期共五班。由老师率领，整队到新城凤朝门内陈公祠，开抗日救国会……开会时有领导、来宾及同学参加先后讲话。影响很深的，有蹇先艾的父亲蹇仲常老先生。讲话时，还带来报道外面运动情况的报纸，宣读与大家听。还有女同学卢夔凤，讲话鼓励同学们。”“开完会后，随即上街，在新老城游行示威。每人均持有小旗，举手高呼。标语口号有‘打倒日本帝国主义！打倒卖国贼曹汝霖、陆宗舆、张宗祥！’‘还我青岛！’。”“开会游行过后，又有抵制日货的行动。结队到各商店，清查日货，将洋瓷盆等当街捶碎，日货布匹，加以焚毁……这些行为对遵义的影响很大。”

卢夔凤在其《飘零人自传》中说：“后廿一条惨案发生，本遵最高学校为男中，引导游行讲演，李校长亦命余于商会讲演，屡辞不获，遂登坛致辞。邑中向未开女生讲演风，而以余为滥觞，殊自惭也。当时听众，以好奇心故，颇因余引起民众之注意，余慷慨激昂情绪之下，取右四指之金戒指一枚，以为救国捐之倡，听众更为感动。”

响应五卅运动 由1925年上海发生的五卅惨案引发五卅运动的消息传到遵义后，遵义人民迅速掀起响应五卅运动的热潮。

1925年5月15日，上海日本第七纱厂工人在共产党员顾正红率领下，就日本厂方无理开除工人、停发工人工资问题，去与日本厂方进行说理斗争，帝国主义分子元木川村向顾正红连开4枪当场身亡，并打伤10余人。5月下旬，上海大学和文治大学等校学生为救济死伤工友家属、筹开顾正红追悼会而进行募捐，又被租界巡捕房捕去多人。面对帝国主义愈演愈烈的残暴行径，工人、学生们奋起反抗。5月30日，上海工人、学生2000多人高呼“反对帝国主义”的口号，举行游行示威。当游行队伍走到南京路老闸巡捕房门前时，自发参加游行的人群已汇集了约1万人，人们强烈要求巡捕房释放被拘押的学生。帝国主义者令巡捕开排枪射击，当场打死13人，伤者无数，逮捕53人，制造了震惊中外的五卅惨案。当晚，时驻上海的中共中央召开紧急会议，决定号召上海工人、学生、商人、市民罢工、罢课、罢市，以抗议帝国主义的大屠杀。消息传开后，全国有500个左右的大、中、小城市先后举行游行示威和罢工、罢课、罢市，掀起了全国规模的反帝斗争风暴，史称五卅运动。

五卅运动的消息传到遵义，迅速激起遵义人民的强烈愤慨。遵义人民积极响应，纷纷集会谴责日本帝国主义屠杀中国人民的罪恶行径。地处老城协台坝的黔北联中（遵义省立三中的前身）师生闻讯行动起来，举行抗议提灯会，教师朱穆伯、杜叔玑等带头高呼口号，愤怒声讨日本帝国主义开枪屠杀中国工人、学生的滔天罪行，坚决声援上海工人、学生、商人、市民的反帝斗争。遵义党史专家、遵义市政协原副主席曾祥铣在《詹健伦：“虽到葬场心更红”》一文中说：“他强烈的爱国思想，源自求学时代受到的熏陶与教育。1923 年春，他考入遵义省立三中第十四期（这是四年制的最后一期）。在名师云集、具有进步传统的当时遵义的最高学府里，他积极参加了五卅惨案激起的爱国运动，与同学们一起‘在丁字口、大十字、小十字、凤朝门等处游行宣传并展开了抵制洋货的活动’。”五卅运动的 5 位代表来到遵义作报告，受到黔北联中校长李筱荃和教师杜叔玑、谭星阁等人的热烈欢迎和盛情接待，他们还组织师生集会，听取代表们做关于五卅运动情况的报告。当代表们讲述到上海工人、学生与日本帝国主义做顽强斗争的动人事迹，特别是讲到顾正红壮烈牺牲的情景时，台下师生泣不成声，“打倒日本帝国主义！”“血债要用血来还！”等口号此起彼伏，场面激烈又悲壮。

开办三八女子职业社 在遵义县老城开展革命活动的第一位共产党员是周守如。周守如，后名周济，1903 年 6 月生于遵义县城。年少时，他曾在遵义“冯兴发绸缎零售铺”当店员。1929 年，经由四川到遵义的赖纯青介绍，周守如去成都“长江书店”当了店员。周守如阅读了一些革命书刊，又经共青团员曾慕琴介绍，加入了党的外围组织“书店店员互助社”，参加了推倒租界墙等反帝斗争。1930 年 9 月，经成都师大共产党员袁高农介绍，周守如加入了中国共产党。周守如在革命活动中有所暴露，与组织失去联系，于是途经重庆，历尽艰险，于 1931 年农历五月回到家乡遵义城。为了找个社会职业作为掩护和解决生活来源，周守如和张济才在老城合伙开办了“三八女子职业社”，有七八人参加，周守如亲自教学员绘画、刺绣、染色等技艺。在教学员做工的同时，周守如也会向学员们灌输妇女争自由、求解放的革命思想。此后，周守如还和省立三中学生、社会青年任传习、何恩余、何有邻、孙玺常、陈庆锡、陈福桐、田庆昌、罗红、周江义、黄乾声等逐渐接触、熟悉，不断向这些青年宣传中国共产党的主张，宣传革命思想，为后来开展革命活动奠定了基础。

成立遵义临时党小组 在遵义县老城开展革命活动的第二位共产党员是曾慕琴。曾慕琴又名曾仲，四川省巴县人。曾慕琴和周守如在成都长江书店一同工作过，后来各自都加入了中国共产党。1933 年秋，曾慕琴到遵义隐蔽并寻找党组织，由于与周守如互相都不知道对方已加入共产党，故无深交。曾慕琴经过其小同乡、省立三中学生周江义介绍，与三中学生罗倖宽、罗君彝、胡瑞熊、何恩余（石果）、黄乾声、孙玺常及图书管理员谢树中相识，成为朋友，这几位朋友向曾慕琴学到了不少党的知识和斗争经验。曾慕琴未能达到找党组织的目的，于1934年10月返回四川巴县，但和罗君彝、罗倖宽、谢树中等仍保持着联系。

第三批到遵义隐蔽活动的共产党员是四川省大足县的周司和（又名周雏群）和荣昌县的刘家国。周、刘二人于1934年5月从四川省泸县来到遵义，路费耗尽，衣物卖光，只好在遵义干苦力活维持生计。一天，周司和挑煤卖到遵义老城女中学生、进步青年李小侠家，偶然发现李小侠正在阅读《屠场》这本书，便向李小侠提出借阅。李小侠不认识周司和，更不清楚其身份，还担心被卖煤人发现书中有什么问题。此后，周司和每隔几天就给李小侠家送一次煤，几次交谈下来，李小侠感到这个卖煤人讲的和余正邦老师在课堂上讲的完全一样，于是对这个卖煤的苦力产生了同情与信任。李小侠恳求在衙门从事代诉工作的父亲李祝三，收留周司和在家帮助父亲誊写状纸。与此同时，李小侠又将周司和的情况向读书会负责人、省立三中图书管理员谢树中进行了汇报，并介绍周司和认识了谢树中、罗倖宽、罗倖永、胡瑞熊、孙玺常等读书会会员。周司和了解了省立三中、遵义女中的情况后，认为遵义县城有一定的革命基础，便叫同到遵义的党员刘家国回四川省，将中共党员翁乾盛接到遵义，于1934年夏末成立了遵义临时党小组，就地开展活动。为了维持生计和筹集活动经费，遵义临时党小组开会决定，周司和仍留在李祝三家誊写状纸，刘家国和翁乾盛到距老城十几千米的老蒲场（今新蒲）充当修飞机场的苦力。不久，翁乾盛死于伤寒病。刘家国在安埋翁乾盛后返回四川治病，临时党小组只剩周司和一人在遵义，于是就解体了。

成立反日反帝大同盟 经罗倖宽介绍，周司和认识了遵义省立三中学生何恩余等。原来，何恩余在余正邦、周守如、曾慕琴等人的影响下，成立了进步组织湄潭留遵学生文艺研究会，后又改名为遵义三中学生文艺研究会，周司和经与何恩余、李小侠商量，决定以遵义三中学生文艺研究会为基础，在遵义成立“反日反帝大同盟”。周司和草拟了大同盟的组织章程。经商议，在遵义成立大同盟总部，由周司和负责；在省立三中、遵义女中分别成立大同盟分部，分别由何恩余、李小侠负责。

1934 年年底，中央红军转战入黔的消息传到遵义，反日反帝大同盟改名为红军之友协会，积极做好迎接红军入城的准备。

开办黔北书店 1935 年深秋，党的外围组织“遵义青年反帝拥苏同盟”成立后，同盟书记谢丰到遵义省立三中以代课教师职业为掩护，根据同盟分工，重点筹备开办黔北书店事宜。首先采取集资的办法解决资金问题。经过宣传发动，大部分盟员和所联系的教师、学生及开明人士都参加了集资入股。5 元钱一股，余正邦、詹健伦、吴开治、潘寰宇等人士同时集了好几股，很快解决了开办书店的资金问题。书店地址选在当年非常繁华热闹的老城大士阁巷口对面，书店租了半个铺面，非常方便读者。经股东会推举，谢丰担任书店经理，罗君彝为采购员，周先民、王坪、胡瑞熊为店员。罗君彝历尽艰辛，从重庆、贵阳等地采购了一批书、刊、报，甚至还冒险偷运进一批革命书刊和进步书刊到遵义秘密销售，如《政治经济学讲话》《新哲学大纲》《经济学大纲》《子夜》《呐喊》《彷徨》等。当时，遵义交通闭塞，新文化相对落后，不少青年对黔北书店出售的这些新书颇感新鲜、好奇，来书店看书、买书的人很多，书店自 1935 年深秋开业起，颇有供不应求之势。

黔北书店出售的《共产党宣言》

正当书店开得红火之际，国民党遵义地方当局以联合检查为名，扣留、没收了大批书刊，致使书店经营困难；同时，他们还放出风声，要抓捕谢丰等人。为防意外，谢丰、王坪等人先后转移至上海。黔北书店改由梁宗熙任经理，周先民等人为店员，继续艰难经营，直到 1936 年深秋被迫关门歇业。

中央红军与遵义老城

1935年1月7日，中央红军进占遵义；9日，中央纵队进入遵义城，受到遵义人民的热烈欢迎。红军进驻遵义后，开展了一系列革命活动，成立了遵义赤色工会，建立了遵义县革命委员会，组建了“红军遵湄绥游击队”等。红军通过有力的宣传和深入的群众工作，发动群众打土豪、分浮财，以严明的组织纪律，深得遵义人民的拥护。遵义有5000余人参加红军，为红军筹集了20多万斤粮食，赶制了近万套军服。其间，中共中央在遵义老城召开了具有伟大历史意义的遵义会议，随后率领红军四渡赤水，夺取了遵义战役的重大胜利，最终摆脱了敌军的围追堵截，完成了战略转移和北上抗日的目标。遵义会议是中国革命史上的一个伟大转折点，遵义老城见证和承载了这段历史。

中央红军一进遵义

1933年9月，国民政府军事委员会调集100万军队，准备对中国共产党创建的中央革命根据地（中央苏区）进行第五次“围剿”。9月下旬，蒋介石以50万兵力开始向中央革命根据地发起进攻。由于博古、李德等人“左”倾教条主义的错误领导，第五次反“围剿”失败。1934年10月中旬，中共中央和中华苏维埃共和国中央政府从瑞金等地出发，率领中央红军主力第一、三、五、八、九军团及中央军委第一、二野战纵队共8.6万余人开始战略转移，中央红军开始长征。

红军连续突破敌人的三道封锁线，并于12月1日渡过湘江河（第四道封锁线）后，兵力由出发时的8.6万余人锐减至3万余人。抵达湘黔边时，毛泽东强力主张部队放弃原定进入湘西与红二、红六军团会合的计划；12月18日，中共中央政治局在黎平开会，接受了毛泽东的主张，决定向以遵义为中心的川黔边地区前进，这一举措使红军摆脱追敌，赢得主动。12月底，红军进抵乌江南岸的猴场，中共中央在这里召开政治局会议，作出《关于渡江后新的行动方针的决定》，重申黎平会议关于以遵义为中心创建川黔边新的根据地为目前最中心的任务，重申军委必须向政治局报告工作。会议发出“打过乌江去！”的战斗号召。

1935年1月初，中央红军分兵三路，开始强渡乌江。左路，红三军团从遵义茶山关等渡口过江；中路，军委纵队、红一军团二师及红五军团从瓮安县江界河过乌江；右路，红一军团（除二师）和红九军团从余庆县回龙场渡口过乌江，全线突破敌军自恃“重迭而坚，官兵勤劳不懈，扼险固守，可保无虞”的百里江防工事，向遵义进发。

红军进占遵义城 1935年1月7日凌晨，红军先头部队抵达遵义城。红一军团二师六团一营由营长曾保堂率领，化装成溃败的黔军，由10余名愿为红军效力的俘虏带路，沿深溪水疾行军两小时，于午夜到达来薰门（今内环路与万里路交会处附近），曾保堂令俘虏向城楼上的哨兵喊话，哨兵反复盘问，确认来者是“自己人”后打开城门，红军迅速冲入，占领城楼，守军在枪声、喊杀声中仓皇逃窜，红军后续部队进入，红军智取遵义，袭占新城。驻守老城的黔军城防司令侯汉佑闻讯，连夜从北门向娄山关方向逃窜。7日，二师四、五团和六团二、三营相继入城。红一军团侦察连到达红花冈山顶，发现驻扎在老城的敌军正朝北门溃逃，当即阻击，迅速攻占老城。遵义新城、老城已完全在红军控制之中。天明时，二师相继进城。刘伯承、聂荣臻到北门第四团驻地向团长耿飚、政委杨成武布置任务，命令“四团立即出发，追歼北逃之敌”。耿、杨立即率队离开遵义，向桐梓方向挺进。21 时 40 分，军委致电各军团负责人称，“我二师今二时已袭占遵义，敌由北门溃退，我正乘胜追击中”，“我军已占领遵义并部署 8 日的行动及活动地区”。

红军总司令部于 1 月 8 日 9 时移至遵义老城琵琶桥。同日，红军总政治部代主任李富春发布《关于进遵义城的口号和八项注意通令》，要求各部严格遵照执行。其中包括“建立遵义的工农政权”“创造川贵边新苏区”“取消一切苛捐杂税”“工人实行八小时工作制增加工资”“没收地主的土地分给农民”等 12 条口号，以及“整齐武装服装”“私人不准向群众借东西”“无事不要进群众家里去”等 8 条注意事项。

遵义警备司令部（原址在新城何家巷，今复原修建在老城杨柳街南段）成立，纵队司令员刘伯承兼任遵义警备司令部司令员，陈云任政治委员，负责遵义城的治安。

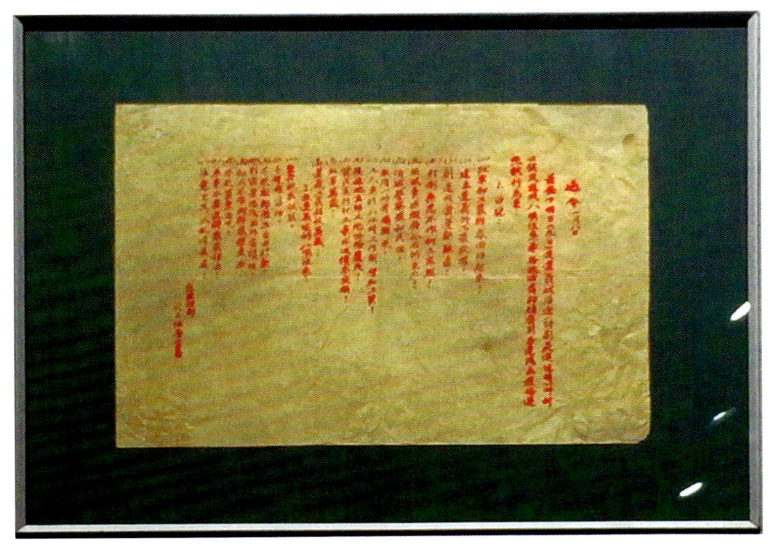

红军进入遵义城发布的通令

红军进入遵义城途经的丰乐桥（今迎红桥）

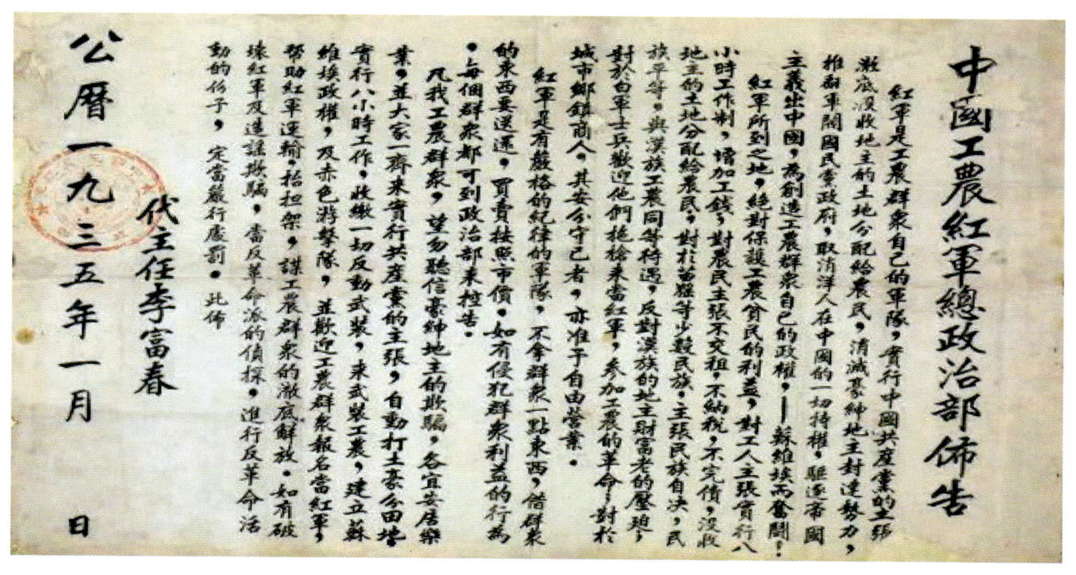

中國工農紅軍總政治部佈告

紅軍是工農群衆自己的軍隊，實行中國共產黨的主張，澈底沒收地主的土地分配給農民，消滅豪紳地主封建勢力，推翻軍閥國民黨政府，取消洋人在中國的一切特權，驅逐帝國主義出中國，為創造工農群衆自己的政權——蘇維埃而奮鬥！

紅軍所到之地，絕對保護工農貧民的利益，對工人主張實行八小時工作制，增加工錢，對農民主張不交租，不納稅，不完債，沒收地主的土地分配給農民，對於苗猺等少數民族，主張民族自決，民族平等，與漢族工農同等待遇，反對漢族的地主財富老的壓迫。對於白軍士兵歡迎他們拖槍來當紅軍，參加工農的革命。對於城市鄉鎮商人，其安分守己者，亦准予自由營業。

紅軍是有嚴格的紀律的軍隊，不拿群衆一點東西，借群衆的東西要送還，買賣按照市價，如有侵犯群衆利益的行為，每個群衆都可到政治部來控告。

凡我工農群衆，望勿聽信豪紳地主的欺騙，各宜安居樂業，並大家一齊來實行共產黨的主張，自動打土豪分田地，實行八小時工作，收繳一切反動武裝，來武裝工農，建立蘇維埃政權，及赤色游擊隊，並歡迎工農群衆報名當紅軍，幫助紅軍運輸，抬担架，謀工農群衆的澈底解放。如有破壞紅軍及造謠欺騙，當反革命派的偵探，進行反革命活動的份子，定當嚴行處罰。此佈

代主任李富春

公曆一九三五年一月　日

中国工农红军总政治部布告

红军入城后，红军总政治部发布了《中国工农红军总政治部布告》，宣传红军是工农群众自己的队伍，是为劳动人民求解放的，号召劳动人民与红军一起干革命，推翻国民党的反动统治。

迎接红军入城 1月9日下午2时许，遵义的工人、农民、学生、工商业者、社会名流等组成欢迎队伍，挥舞着三角红旗，一路敲锣打鼓，燃放鞭炮，欢呼雀跃，在震天动地的欢呼声中高喊“欢迎红军！”的口号，直奔丰乐桥（今遵义市红花岗区万里路街道迎红桥）“接官厅”前，用清水和明镜摆起香案迎接红军进驻遵义。下午3时许，毛泽东、朱德、张闻天、博古、王稼祥、陈云等领导人到达丰乐桥，下马与涌上前来的群众代表一一握手致意，并肩走过石桥。从丰乐桥到老城，群众夹道欢迎，鞭炮声、口号声不时响起。走到老城府衙门前（今百盛商场处），毛泽东、朱德先后站在方桌上向群众讲话。毛泽东、朱德对遵义人民热烈欢迎红军表示感谢，然后重点讲了红军的三大纪律、八项注意，中国共产党的抗日救国主张，红军宗旨，中华苏维埃政权的性质等。毛泽东号召人们团结起来打土豪、分田地，建立苏维埃政权。欢迎的人群除了普通百姓外，太平洋大药房老板谌明道，丁字口协记商号老板刘茈庄、刘季庄，以及遵义教育界名流刘伯庄等人也在其中。对当时欢迎的场面，《红星》报做了如下报道：“红军到达遵义后，得到了群众热烈的欢迎与拥护，在短短的几天工作中，使他们认识了红军是工农和一切革命分子自己的军队。”陈云化名廉臣撰写的《随军西行见闻录》中也记述道：“遵义城之商民非但不逃，而且孤儿习艺所、学校学生及商民贫民等成群结队，悬旗欢迎红军，旗上高书欢迎毛主席，欢迎红军总司令朱德。毛泽东、朱德在欢迎声与爆竹声中进入遵义城。”

军委纵队和中央领导进驻遵义后，红军总司令部设在老城子尹路琵琶桥原国民党第二十五军第二师师长柏辉章的公馆，红军总政治部设在老城杨柳街天主教堂内，红军地方工作部设在杨柳街文化小学内，中华苏维埃共和国国家银行设在杨柳街南段黔军原副军长犹国才的私邸。

开展群众工作 1月9日，红军总政治部在老城杨柳街天主教堂召开了群众代表大会，酝酿筹建各种革命组织。此后休整的数日内，开展了群众工作，相继建立了红军之友社、遵义赤色工会、遵义县革命委员会、回山乡革命委员会、政治部保卫游击队、儿童团等革命组织和革命武装。红军地方工作部也频繁召

开各种群众会议，发动群众打土豪，开展革命活动。

红军总政治部派出干部，分别组织各行业工人400余人，于1月10日在杨柳街柿花园鲁班庙（今遵义市第四初级中学内）召开了“遵义赤色工会”成立大会。1月12日，红军在老城协台坝省立第三中学操场上召开了群众大会，成立了“遵义县革命委员会”。

总政治部于1月14日下达了《关于地方工作的指示信》，要求注意群众工作，团结进步人士，强调“对富人、商人、知识分子等，采取许多灵活的策略”，反对“一切‘左’的关门主义倾向和对富人、商人的刻板的办法”，认真

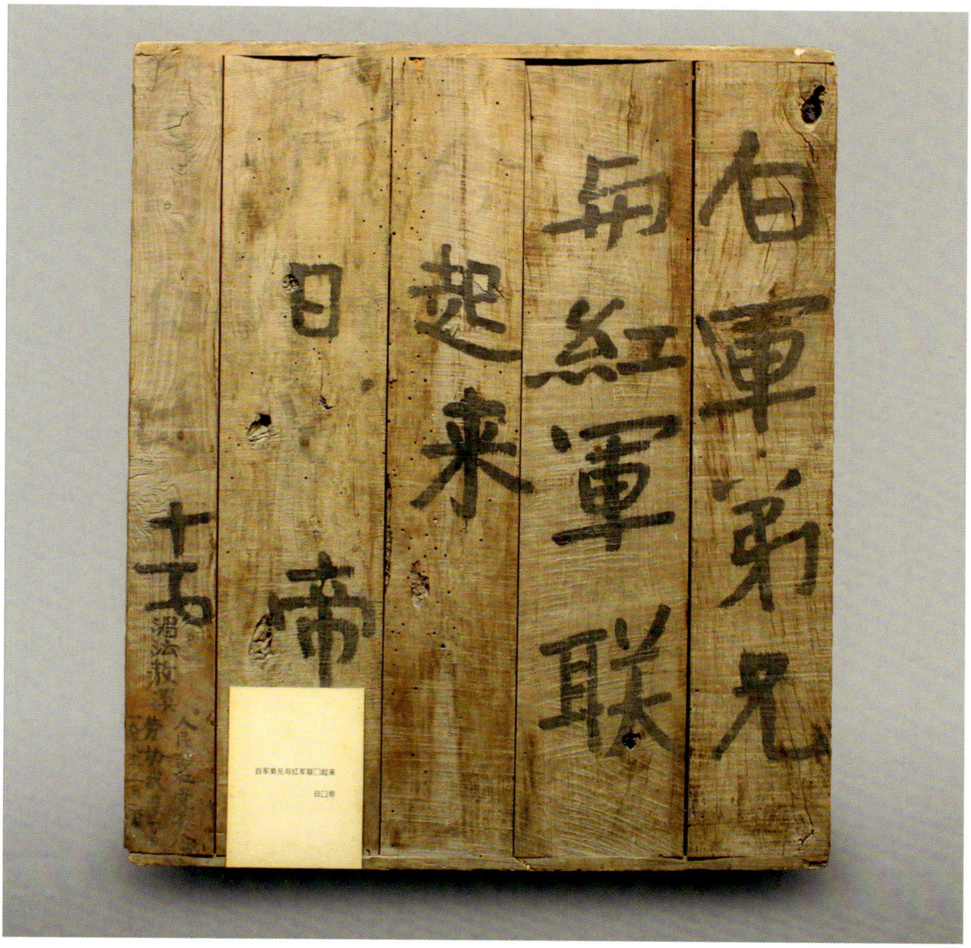

红军标语

扭转了群众工作中“左”的工作方法。

红军在遵义期间，通过有力的宣传和深入的群众工作，加上红军严明的组织纪律，深得遵义人民的拥护。红军发动群众打土豪、分浮财，群众积极为红军带路、送信、提供情报。此间，有5000余名青年参加红军。人民群众积极为红军筹粮、赶制军服，使红军在物资上得到很大的补充，队伍得到了有力的扩充，遵义人民有力地支持了红军。

中国工农红军卫生学校驻于省立三中内，贺诚任校长。卫生学校附属医院“红星医院”和“第一后方医院”的人员，在遵义期间帮助部队开展了卫生运动，救治红军伤病员300余人；积极为当地群众治病，扑灭了当时流行的瘟疫“鸡窝寒”，有的卫生员为救治群众付出了生命。1月18日，军委纵队准备撤离，军委指示各部继续向北往赤水、土城地域集中。1月19日，军委纵队改为中央纵队，刘伯承兼任司令员。中央纵队撤离遵义，进驻泗渡站（今遵义市汇川区泗渡镇）。

发行红军币 1935年1月初，中央红军占领黔北重镇遵义，暂时摆脱了国民党的围追堵截。在遵义停留期间，部队获得短暂休整。为维持商业秩序，中华苏维埃共和国国家银行于老城杨柳街犹国才公馆营业，发行货币，管理货币流通。中华苏维埃共和国国家银行共发行了伍分券、壹角券、贰角券、伍角券、壹圆券5种面值的“红军币”。“每红军钞洋一元可买盐七斤，可买白金龙香烟四罐，价值远贱于平昔。故红军以盐及香烟两项收入之现洋兑付纸钞也。”因货

中华苏维埃共和国国家银行在遵义发行的“红军币”

源充足，买卖公平，红军所用的“红军币”均可按日兑现。在红军进驻遵义期间，全市商店顾客盈门，特别是洋货铺、书店、面馆、酒店等地有大量红军的身影。考虑到红军离开遵义后“红军币”不能使用的情况，也避免敌人对使用“红军币”的群众刁难、迫害，红军离遵前，中华苏维埃共和国国家银行贴出布告，告知社会各界人士可持“红军币”到指定地点兑换银圆。部队撤离的前一天，银行的工作人员在丁字口、万寿桥、狮子桥等处，摆上银圆、布匹、棉纱、粮食、食盐等物，通宵达旦让群众兑换或选购。交易中规定，以白区通用纸币 2 元或银币 1.2 元收兑苏区纸币 1 元，并以大量食盐平价换取“红军币”。遵义成为长征中在城区及部分县、乡镇发行、流通、回笼“红军币”的地方。以实物回笼纸币挑着上路，维护了群众利益，中华苏维埃共和国国家银行被称为“肩挑的银行”。“红军币”在遵义发行流通，不但改善和补充了部队给养，为红军转战黔北、四渡赤水提供了有力的后勤保障，而且宣传和印证了共产党的货币政策。迄今为止，贵州省博物馆收藏有中华苏维埃共和国国家银行在遵义发行的壹圆券 18 张、伍角券 69 张、贰角券 8 张、壹角券 3 张、伍分券 3 张，共计 101 张；以及贰角银辅币 4 枚、伍分铜币 6 枚、壹分铜币 2 枚，共计 12 枚。

组建贵州省工委 红军一占遵义期间，中共党员林青（毕节人，1931 年加入中国共产党，1934 年在毕节建立中共毕节支部）到遵义，先找到在红三军团工作的吴亮平（林青在上海同狱的难友），通过吴亮平找到中央局组织部部长兼红军总政治部地方工作部部长李维汉，在老城北门外的“厉坛”（今洗马滩一带）汇报了中共贵州省地下组织和工作情况。中央批准建立中共贵州省工作委员会，简称贵州省工委，由林青、邓止戈、秦天真 3 人组成，林青任书记兼中共遵义县委书记。这是中央红军长征途中，中共中央批准建立的唯一的省级工作委员会。

总政治部关于地方工作的指示信

（一九三五年一月十四日）

各级政治机关：

一、党的当前任务是要在四川贵州广大的区域中与敌人主要是蒋介石的部队进行决战，争取这一决战的完全胜利，彻底粉碎敌人五次“围剿”，来创造四川与贵州的新苏区，为了要达到这一目的，我们必须极大的发动当地群众的斗争，来配合红军争取决战的胜利，造成迅速创立新苏区的顺利的环境。

四川贵州边界的区域中，虽然过去几乎没有秘密党的组织与发动，但是由于国民党军阀地主的苛捐什税，租债的剥削，群众生活是极端痛苦，尤其是在川陕苏区，二、六军团的胜利的土地革命影响下与中央红军到达这一区域以后，客观上有着便利我们去发动群众的良好条件。

二、我们发动群众的总的方针是要迅速的广大的发动群众的斗争，武装当地的群众，依靠这些武装起来的群众来扩大红军，配合红军作战，消灭当地国民党地主的武装，来建立革命的政权。

必须估计到红军开始到达的区域中，不是已经赤化了的苏区，必须估计到在这些区域中进行群众工作的目的，是为着争取红军在决战中的胜利，因此，群众工作的基本环子，在于：（一）了解与迅速的满足当地广大群众的要求，领导群众起来反对他们最痛恨的敌人，最大胆的广泛的发动群众，不惧怕个别反革命分子混入各种组织的企图，只有我们已经发动了群众起来斗争时，我们才能依靠群众来配合红军进行决战，也才能依靠已经涌现出来的群众的积极分子来反对反革命分子和巩固各种群众的组织。（二）我们必须领导群众坚决的反对国民党军阀与群众最痛恨的豪绅地主，而对富农商人智识分子等，采取许多的灵活的策略，以免红军在决战中造成更多新的困难，因此，一切“左”的关门主义的倾向和对于富农商人的刻板的办法，都会阻碍我们的发动群众，增加我们在决战中的困难。

三、发动群众的工作上必须：（一）用布告，群众会议，飞行集会，宣传队等等方式进行广大的宣传解释，针对群众对于我们的一切怀疑，揭破国民党地主和反革命分子对于红军苏维埃的造谣，具体的答复群众每个疑问，明白的表示我们的立场，鼓动群众起来为自己的迫切要求而斗争。（二）没收军阀官僚地主豪绅的一切财产，除了红军必须品外，尽量的发给群众，并号召群众自动手去没收，这样来组织与提高群众的斗争与决心，使斗争发展到分土地与建立政权。（三）我们在开始时必须明白宣布取消一切国民党的捐税，即使是鸦片烟的捐税。这样在广大的范围内发动群众与取得“民心”而使反革命分子的造谣欺骗，在群众面前给以事实的揭破。

领导群众斗争的基本方针是为着武装群众与发动群众参加到红军中来。因此，我们在分发土豪东西时，领导工人增加工资时，一切宣传鼓动中，必须教育与领导群众武装起来组织游击队，发动他们加入红军，以新式，旧式的武器来武装群众，使他信任可以用自己的武装去反对进攻的敌人，领导他们去消灭国民党地主武装来武装自己（在游击队中即使吸烟的也要发动他们来参加，并且欢迎他们加入红军，加入红军以后在新兵营连中再领导他们戒烟后正式入伍），依靠于这些群众武装来建立革命委员会（开始可由总政治部委任一部分同志与找出群众所信任的分子，经过群众大会的通过）。

四、为了要广泛的迅速的发动群众，并不要造成在决战中更多的新的困难，因此，在几个策略上应该：

甲、必须改善工人的生活，建立工会，并且在城市圩场中依靠于工人去团结广大的群众，但是必须纠正过“左”的倾向，不应提出过“左”的要求。

乙、在农村中主要是领导农民起来反对他们主要的敌人（地主），对富农暂时不重新分配他们的土地与没收他们一部分农具。

丙、使城市与圩场的商人继续营业，尽可能维持兑现。极端审慎向商人捐款，没有证实进行反革命活动来破坏军事行动的商店，不能没收。

丁、吸引城市智识分子来参加发动群众的工作，组织红军之友社，或反帝的组织，加强对于他们思想上的领导，争取觉悟的革命的分子。

戊、争取哥老会等秘密会社中被欺骗的贫苦的分子，发动他们起来反对其领袖。

己、明白宣布苏维埃对于鸦烟的态度，指出鸦片是帝国主义军阀对于群众的麻醉与剥削，现在苏维埃并不强迫戒烟，并不强迫铲烟，而劝告群众不吸鸦片，以健康身体，不种鸦片增加生产，号召群众起来反对强迫种烟与勒收烟税的国民党军阀。

五、群众工作的进行，必须选择各军团驻地周围的城市圩场与战略上有重要意义的区域，首先抓住这些中心，派遣工作团来开展工作，但是群众工作的广大的开展，必须依靠于连队中广大的红色战士来进行。因此，必须极大的解释在准备决战中争取群众的重要，具体的进行对于进行群众工作的必要的教育，为了加强地方工作的领导，必须加强军团，师，团，连的地方工作部门（部，科，组）的领导。

总政治部

一月十四日

（摘自中共中央文献研究室、中央档案馆编《建党以来重要文献选编.1921～1949》第十二册，中央文献出版社，2011，第25—28页）

成立革命组织

遵义县革命委员会　1935 年 1 月 12 日，红军在遵义老城省立三中操场召开群众大会（也称“万人大会”），成立了遵义县革命委员会。

1934 年 12 月 18 日，中共中央于长征途中召开黎平会议，作出《关于在川黔边建立新根据地的决议》，决定以遵义为中心，建立和发展川黔边区革命根据地，建立工农兵临时政府。1935 年 1 月 9 日，红军军委纵队进入遵义城，立即开展各种宣传活动。当日下午于老城天主教堂召开群众代表会议，100 多名遵义各界代表到会。1 月 11 日，红军总政治部宣传部部长潘汉年主持召开遵义各界贫民代表大会，通过举手表决，推举革命委员会候选人 25 名。1 月 12 日下午，红军总政治部于老城省立三中操场举行群众大会。大会主席台设在大操场南端，主席台前的巨幅红布标语上书写着“只有苏维埃才能救中国”10 个大字。坐在主席台上的有毛泽东、朱德、博古、李富春、陈云以及遵义的工人代表、农民代表、知识分子代表等。当时遵义女中学生、进步青年李小侠后来回忆说，会场上“人

红军召开群众大会（万人大会）会场遗址碑

山人海，人声、歌声、锣鼓声、口号声，此起彼伏，真算是盛况空前”。朱德首先在会上演说，讲了红军的性质，说必须认真执行“三大纪律、八项注意”，官兵一致，并表示红军愿意联合国内各阶层人士、各方军队一致抗日。接着毛泽东宣讲了中国共产党与苏维埃的政策和主张，讲了共产党不收苛捐杂税、实行全民选举以及工农红军北上抗日的伟大意义等内容。李富春也讲了话。毛泽东、朱德、李富春的演说，以通俗的言辞阐明了苏维埃和红军的主张，揭露了反动派的罪恶与欺骗。工人代表、妇女代表以及遵义籍小红军战士贺神徒也在会上发了言。主席团向到会的人民大众宣讲了成立工农兵临时政府——遵义县革命委员会的意义，宣布成立遵义县革命委员会。

据参会的几个人回忆，会上还宣布中华苏维埃共和国定都遵义。大会通过遵义县革命委员会成员名单，推举罗梓铭（红军指挥员）为遵义县革命委员会主席，邓云山（工人）为副主席，下设财政、武装、肃反、土地、劳动、文化等6个工作委员会，各配委员3—9人，任命毛泽民为财政人民委员会主任委员，朱开铨为土地人民委员会主任委员，陈云洲为劳动人民委员会主任委员，丁伯霖为人民武装委员会主任委员，周兴为人民肃反委员会主任委员，周守如为文化人民委员会主任委员。

大会行将结束时，总政治部散发了《中华苏维埃共和国宪法大纲》《中共中央告民众书》《出路在哪里？》《中国共产党十大政纲》以及在遵义用石印机印刷的《中国工农红军总政治部布告》等文件与革命宣传品。会后，朱德总司令与红军战士一起在大操场上和省立三中学生举行了篮球比赛，官兵与民同乐，传为佳话。

遵义县革命委员会成立后，其成员在全县城乡宣传中国共产党的抗日方针政策和苏维埃政府颁发的土地法令、劳动法令、经济法令和其他政策，组织农民抗捐抗粮，没收地主土地、钱财分给无地少地的贫苦农民，清查贪官污吏和土豪劣绅转移藏匿的财产，镇压罪大恶极的恶霸、地主和反革命分子；组织市民筹款筹粮、制作被服；动员青壮年参加红军。陈云在《随军西行见闻录》中写道：“红军一方宣传，一方招募红军新兵。十二日中有四五千人加入红军。此辈均系川黔滇籍之贫民或退伍者……以后毛泽东、朱德之能转战于黔北者，此辈出力甚大也。”同时，颁发命令，保护地方文物和古建筑，保护人民生命财产，允许合法资本家经营和自由贸易，取消国民政府施行的捐税厘金制度，恢复商业企业经营秩序，扶持工厂正常生产，稳定人民生活。

表 3　遵义县革命委员会委员名录表

姓名	身份	姓名	身份	姓名	身份
蒙合和	织工	邓云山	木工	罗玉顺	铁工
罗梓铭	红军	李金生	学徒	陈云洲	工人
毛泽民	红军	葛瑞先（女）	工人	张玲玉（女）	工人
晏玉堃	帽工	周　兴	红军	周布之	农民
邱本立	农民	王淑贤（女）	贫民	赵红光（女）	农民
朱开铨	红军	贺神徒	红军	丁伯霖	红军
任　移（任传习）	学生	李顺和	苦力	谢浩臣	农民
李小侠（女）	学生	周司和	学生	周守如	店员
何恩余	学生				

遵义县革命委员会证明信

证明信

兹有地主兼自由职业者（教书）余伯容，自愿向本会捐了革命经费壹佰元，他的家产除乡间田屋外，城内一切财产，应切实予以保护，若无发现反革命事实，任何革命机关，不得逮捕与没收，特给此证为凭。

遵义县革命委员会

一九三五年三月五日 主席（章）

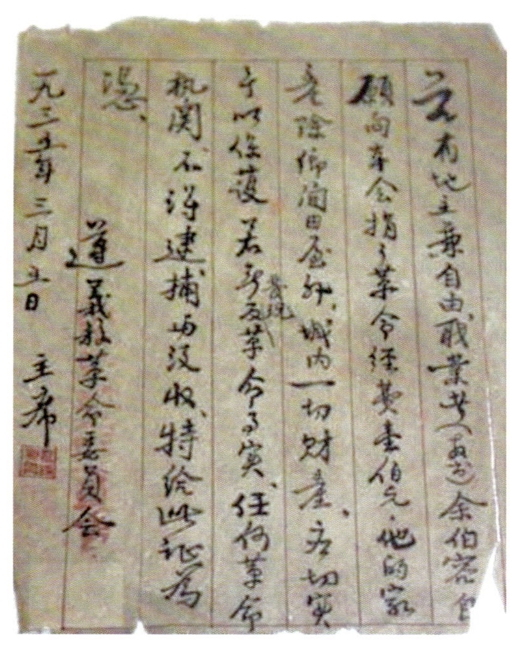
查有地主兼自由职业者（医生）余伯容曾
领向本会捐了革命经费壹佰元，他的家
屋除佃田屋外，城内一切财产、房子一切实
予以保护。若有反革命事实、任何革命
机关不得逮捕和没收，特给此证为
凭。
遵义县革命委员会
一九三五年三月五日 主席

遵义县革命委员会开具的证明信

遵义赤色工会 1935年1月9日，中国工农红军总政治部于老城天主教堂召开群众代表会议，号召各行业工人组织自己的工会，团结起来，参加革命斗争。会后，邓云山、季松柏、吴万益等人在红军干部邵式平、李坚真、洪水、贾拓夫、刘群先等人的指导和帮助下，分别于老城标准小学、轿子街考棚（今老城新街所在地）、何家公馆后面的三皇庙、丁字口的永顺斋、丰乐桥头的接官厅等处召集工人开会，选举代表。1935年1月10日，遵义县城土木、泥石、缝纫等行业的代表300多人，会集于老城柿花园鲁班庙（今遵义市第四初级中学校园西南角）参加遵义赤色工会成立大会。红军总政治部派代表刘群先主持大会，并向遵义赤色工会颁发了印章。

遵义赤色工会成立地——鲁班庙

大会选举邓云山为工会主席，吴万益为副主席，季松伯、吴相臣为主任。遵义赤色工会下设若干行业工会，如木工工会，主席吴万益；泥水工工会，主席周银山；草鞋工会，主席张兴法等。遵义赤色工会在红军的领导和帮助下，组建了700多人参加的工人游击队。遵义赤色工会成立后，大力宣传中国共产党的主张和劳动人民必须依靠中国共产党才能获得彻底解放的道理。遵义赤色工会发动工人为红军印刷宣传品，赶制军服近万套，协助农民碾运军粮，动员青年工人参加红军。1月12日，红军总政治部于老城省立三中操场召开群众大会，遵义赤色工会组织会员搭设主席台。遵义县革命委员会成立时，邓云山被选为革命委员会委员，分工时被推选为副主席。红军撤离遵义后，遵义赤色工会解散。

邓云山，木工出身，四川荣昌人。早年在湖南、江西做工时对共产党有所了解。1931年在遵义与地下党员有所接触，受到革命的影响。邓云山把自己接受的革命道理讲给工友听，使工友们对红军有一定的了解。当听说红军要进遵义城时，邓云山积极参与并组织工友欢迎红军入城。后邓云山被选为遵义赤色工会主席、遵义县革命委员会副主席。红军离开后，邓云山继续与反动派斗争。邓云山在大地主罗徽五家做工时，带领大家反对罗徽五克扣工人工资的行为，罗徽五将其逮捕入狱，直至1948年邓云山才出狱。1953年邓云山病逝。

遵义赤色工会主席邓云山

红军之友社 红军之友社是由中共党员发起成立的以青年学生与教师为主体的革命性群众组织。其组织发展经历了“学生文艺研究会”“反日反帝大同盟”“红军之友协会”“红军之友社”几个阶段。1934年5月，四川省大足县共产党员周司和到遵义隐蔽。周司和了解到遵义有一定的革命基础，就与同在遵义隐蔽的另两名四川籍党员刘家国、翁乾盛成立了三人临时党小组，就地开展活动。周司和团结了遵义城内一批进步青年，如李小侠、何恩余、谢树中、罗俸宽、罗俸永、胡瑞熊、孙玺常等。这些人多数是当时省立三中学生文艺研究会的成员。在中共地下党员、省立三中地理教师余正邦的启迪下，何恩余发起成立省

立三中学生文艺研究会，主要阅读新文学作品与革命书籍，交流读书心得。

九一八事变后，全国人民兴起如火如荼的抗日救亡运动。1934 年年底，周司和与何恩余、李小侠商议，将“省立三中学生文艺研究会”改建为“反日反帝大同盟”。周司和任同盟总部书记，李小侠（女）任女中分部书记，何恩余任三中分部书记。

12 月，反日反帝大同盟得知红军将要进入遵义城，遂改称为“红军之友协会”，积极准备迎接红军的工作。1935 年 1 月 7 日，红军先头部队进占遵义。在跟红军接上头后，根据国家政治保卫局原局长邓发的建议，将“红军之友协会”改名为“红军之友社”。红军之友社积极投入迎接红军入城的准备工作，组织

中國共[illegible]十大政綱

一、推翻帝國主義的統[illegible]
二、没收帝國主義資本的企業和银行；
三、統一中國，承認民族自决權；
四、推翻軍閥國民黨的政府；
五、建立工農兵代表會議(蘇維埃)政府；
六、實行八小時工作制，增加工資，失業救濟和社會保險等；
七、没收一切地主階級的土地，耕地歸農；
八、改善士兵生活，分配士兵土地和工作；
九、取消一切政府軍閥地方的捐税，實行統一累進税；
十、聯合全世界無產階級和蘇聯；
中國工[illegible]

红军之友社帮助印发的中国共产党十大政纲

社员书写标语，制作三角旗。在红军进入遵义城的前一夜，红军之友社的青年们一夜未睡，连夜书写了几百条标语，并在天亮前把标语贴遍全城。标语的内容有“红军是工农的队伍！”“中国共产党万岁！”“中华苏维埃万岁！”“打倒日本帝国主义！”“打倒蒋介石！”“打倒王家烈！”等。1 月 9 日下午，全城群众在遵义新城南门关、丰乐桥、丰乐路、丁字口一带迎接中央领导人和红军大部队入城。在参加迎接红军的队伍中有红军之友社的成员，有工人代表季松柏、邓云山，有小商贩代表张兴发，有著名老中医张鑫华、张树堂，有城郊聂家坝、沙坝的农民等。战士们也高高举起手来，向人们打招呼。在欢迎群众的簇拥下，中央领导们一路步行，最后到达府衙门前。红军之友社事先在此搭好了临时讲台，毛泽东、朱德先后登上讲台发表了讲话。

1935 年 1 月 10 日，红军之友社在红军总政治部驻地——老城天主教堂召开了会员大会，动员组织社员积极参加革命活动。内设组织、宣传、武装、文娱 4 个组。社址设于新城杜家公馆（原址在今飞天商业街），时有社员 100 多人。红军总政治部地方工作团派出洪水（越南人）、李坚真、李伯钊等人，具体指导红军之友社开展活动。

红军之友社成立后，在红军总政治部地方工作团的领导下，积极开展革命活动。首先是号召群众拥护红军。红军进入遵义前，国民党遵义当局不遗余力对群众进行反动宣传：一方面，发表文告诬蔑红军是“洪水猛兽”，杀人如麻；另一方面，在社会上派出爪牙四处造谣，说共产党是“共产共妻”“见人就杀”。红军之友社消除蛊惑，号召群众拥护红军，在遵义民众中开展了多种形式的宣传活动，如书写标语、文艺演出、街头演讲、教唱革命歌曲、组织群众大会、开展军民联欢等，使遵义人民进一步认识了中国共产党，认识了红军，进而广泛地支持红军。

1 月 12 日遵义县革命委员会成立大会召开时，红军之友社的社员动员群众参加大会并负责维持会场秩序。社员周司和、何恩余、李小侠、周守如、任移（任传习）被选为遵义县革命委员会委员。此外，红军之友社还协助赤色工会打击土豪劣绅，散发从地主豪绅处收缴的物资，动员青年加入红军。红军撤离遵义时，部分社员参加了红军。

从红军之友社到黔北游击队（摘录）

石果

…………

四、毕生难忘的几个场面

在这一时期里，工作忙，情绪高，满眼新鲜事物，日子过得象万花筒一般。不少景象都“万花筒化”了。只有几个场面，直到如今，偶一忆及，仍鲜明有如动人的电影镜头：

（一）迎接毛主席、朱总司令进城

这天在保卫局谈情况，谈完离开时，邓发局长给我们说：“回去给老周说，准备明天迎接毛主席和朱总司令进城。群众越多，场面越热闹越好。你社负责同志，另选几个可靠的劳苦群众一起当代表……”

回去报告以后，全力投入了这一工作，效果不坏。第二天，真造成了个填街塞巷夹道欢迎的场面。我们和邓发局长、周兴特派员等一道，在南门关丰乐桥头候着了毛主席、朱总司令等中央首长。他们骑着马。在人数不多的卫队后面，便留上空当，跟上欢迎代表的行列，再续上行军纵队。绑在若干根长竹杆上的鞭炮，炸耳欲聋地一直从丰乐桥响到老城府衙门门口，其间夹着锣鼓和口号声。

府衙门外搭着个临时台子。在那里举行了个简单而隆重的欢迎仪式。毛主席讲了话，最后还走下台子和我们这些代表一一握手。

…………

（二）万人大会

这是在协台坝三中门口场子上开的群众大会。许多中央首长出席，毛主席又讲了话。红军之友社的周司和、李小侠们又作为代表上了主席台，我这次没有。我是负责维持秩序的成员之一，一会儿绕场巡视，指指喊喊；一会儿又转到台子前面听听讲话内容，呼呼口号。

这里我要谈一点后来很少听人提说，当时却印象深刻的事。在这个大会上，有个红军领导郑重宣告，还通过了一份向全国各苏区各部队发出的电报，说“中华苏维埃共和国首都定在遵义城”。下来，周司和对我说：“你们真幸运！有些同志工作若干年不知道中央在哪里……”几天之后，驻在湄潭的九军团派人到遵义来要工作人员，王有发政委笑向我和任移说：“不简单，我们进京来要得你两个！”

以后很多文章，说红军一到遵义就大张旗鼓地宣传要“北上抗日”。是的，宣传里也有抗日的内容。但我们却没有向群众说过，“就是这股红军要北上抗日”。我们讲得最多的是：打土豪分田地，打倒蒋介石，创建新苏区。

……

五、遵义县革命委员会与我们的日常工作

红军之友社是个“工作人员储备所”，保卫局，总政治部，一、三军团所属的各个地方工作部，都曾向这里要工作人员。来要得最多的是遵义县革命委员会。

遵义县革命委员会成立之后，主席罗梓铭，圆圆的脸，说话略带口吃，常以手势补足他的语气。县革委一成立，周司和、周守如、李小侠、任移和我都列名到那里去了。在那里进出的很有些知名人物（包括已经知名和以后才知名的），如徐特立、成仿吾、周兴、毛泽民、洪水（越南人）、蔡乾（台湾人）等同志。委员会里设各种委员。我是武装委员，其实当时不过几天功夫，哪有什么严格的业务划分！我们的日常工作是两大类：

一是调查情况，为筹款没收部门打土豪的工作服务。

二是宣传和扩大红军。宣传工作，可以单独进行，也可以随着没收部门向群众散发生活物资时进行，而其主要目的则在扩大红军。红军在遵义扩大了三几千新战士，红军之友社是出了点力的。

扩大红军的一个“难点”，是那时贵州群众抽大烟的多。说当红军，吃穿待遇等等他都不考虑，考虑的就是“准不准抽大烟”。我们的答复是：准当然不准，戒可以慢慢来。说“慢”其实快，只不过刚去时候可以让他吞吞烟泡儿，也用不上几天就不见什么“瘾”了。

此外当然还有些别的工作，如组织赤色工会之类。但一句话归总：为部队服务。

六、不当“之友”当红军

各个部门来要工作人员，驻扎在湄潭的九军团也派人到遵义要人来了。来要人的那位首长叫王有发，高个子、爆牙齿，说话满有趣味，第一次见面就是“我来要两个

湄潭老表”。

被总政治部点去湄潭的是任移和我。王有发带了个警卫班。我同他们一起步行去湄潭。到距城二十里的黄家坝，只见由城里开来络绎不绝的队伍，由这里分路翻羊耳坡向绥阳方向进发。王有发停下问一个名叫王书道（也许就是王首道吧）的政委，说是部队就此开拔了，不能去湄潭了。我们于是插入大队跟着上羊耳坡。

路上，我和任移商量：说我两个是总政治部点去湄潭工作的，既不去湄潭，我们就应回遵义去。我们向王有发说了这意思，他答应了，我们于是由对插垭分路赶回遵义城。百多里路程，两个穿着红军军装，没带武器的小家伙走那么远，事后想起才有点毛骨悚然。

赶到遵义已入夜很久，岗哨查询得十分严厉，空气紧张。等回到杜家公馆一看，人都空了。找着罗梓铭同志一问，原来已下撤走令。说是，凡红军之友社愿意参军的，女的随总政治部，男的随三军团政治部地方工作部出发。我两个赶到协台坝朱洪媛家找着何慕源和周江义，分头去催劝关系较好的成员，说“当红军去吧，不要再‘之友’了。”吃点东西，一夜没睡。天明以后，就赶到地方工作部报到，随着部队撤出了北门。就这样，我们这一伙子就参了军。人数不多，约二十余人，加了随总政治部撤走的女同志也不上三十人。

这一伙子，至今还记得起名字的有周司和、周守如、李小侠、杨素、任移、容泽、李方国、何慕源、周江义、李义仁、袁有烈。到四十六年后的今天，在世的人也许还有一些，但我知道的，就只有周守如、李小侠连我一起三个了。

（摘自中国人民政治协商会议贵州省委员会文史资料研究委员会编《贵州文史资料选辑（第九辑）》，贵州人民出版社，1981，第27—32页）

组建革命武装

政治部保卫游击队　1935年1月10日遵义赤色工会成立之后，城区手工业工人酝酿建立武装组织。在红军总政治部的指导下，工人游击队迅速建立。组成工人游击队的有：遵义老城一带，由遵义赤色工会的季松柏、吴相臣负责，主要成员为以杨炳为首的雕刻工，以李德明为首的石工，以李海清、罗金臣为首的木工，共四五百人；遵义新城丁字口一带，以柯炳权、张仲明为首的木工，共 100 多人；南门关、丰乐桥一带，以张炳新、廖春为首的数十名泥工，以及以泥工潘炳新为首经改组的原壮丁队数十名队员，共 100 多人。工人游击队先后集中于杨柳街高等小学堂（今文化小学前身）内训练，红军总政治部派员宣讲革命道理，并对游击队员进行军事训练。经过几天的学习、训练，各处游击队于遵义新城东岳庙（今沙盐路天利广场）集中，合编为“政治部保卫游击队”（又称“政治游击队”）。红军总政治部委派萧某某、罗某某任指导员，队员人数有 700 多人，选举潘炳新为队长，何少臣为副队长，杨炳等人为排长，李海清、廖春、王海清等人为班长。

政治部保卫游击队成立后，立即开展了中国共产党和中国工农红军政策宣传；没收了地主、土豪的财产；惩治了破坏经济政策的黄屠户；清除内奸，惩办了混入红军之友社刺探情报的反革命分子蒋以文；组织了声势浩大的群众游行，打击了敌对分子气焰。这些行动支援了红军，保卫了新生政权。红军撤离时，部分队员进入红军各军团，政治部保卫游击队随即解散。

革命先锋队　1935 年 1 月，中国工农红军到达遵义。遵义青年苏洪贵、刁光明报名参加红军，负责扩充兵员的工作，二人于两天内动员 100 多人参加红军。红军总政治部将此批青年战士组成“革命先锋队”。苏洪贵、刁光明分任正、副队长，队部设于老城女子中学。革命先锋队成立后，大力宣传革命道理和红军政策；打击地主豪绅势力；查抄土豪浮财，分给贫苦市民。同年 1 月 19 日，部分队员随红军撤离遵义，于老城北面高桥（今属汇川区高桥街道）附近遭遇敌军阻击，苏、刁二人与部队失去联系，分别隐藏，后被捕入狱。其后，刁光明就义于老城东门外河滩，苏洪贵受害于凤朝门（今红花岗区中华路苟家井市场入口处）。

遵湄绥游击队　1935 年 3 月初，在从云南省威信县扎西回师黔北的中国工农红军撤离遵义县城前夕，由红九军团抽调部分指战员为骨干，以桐梓赤卫队成员为基础，加上在遵义参加红军的刘绍清、许炳麟、何恩余、李小侠、任移、谢树中、容泽、杨素等百余人，于 3 月 4 日在老城杨柳街集中。红军总政治部地方工作部民运科科长邵式平宣布成立“红军遵湄绥游击队”。游击队建有中共党支部和队委会，政委为红九军团原党委委员、地方工作部部长王有发，队长为刘某某（后为周凤山），特派员为陈来中，班长以上均为红军。下设4个中队，其中，一中队以熟悉地方情况的遵义籍队员组成，担负组织、宣传、侦察、建立秘密联络点等工作。游击队从遵义出发，经龙坪、团溪，在遵义、湄潭、绥阳3县边境开展游击战争，在1935年夏被敌打散。

随军西行见闻录（摘录）

陈　云

……

此次红军入黔北后，确使红军得到极大之收获。

收获之一：红军击败侯之担两师，大部枪弹多被红军缴去，红军武器弹药因此得以补充。红军以此而击败二进遵义时之王家烈之两师与南京追剿军薛岳之两师。此种小军阀在“剿赤”声中不知淘汰几多。平日鱼肉人民，一旦有事，则兵败师丧，而以枪弹济红军，故红军称南京及各省军队之长官为输送队长，称蒋介石为输送总指挥。

红军收获之二：使红军在黔北休养十二天。而这十二天的休息，使红军在湘南之疲劳，完全恢复，精神一振；使以后之战争，不仅战斗力不减，反如生龙活虎。

当时红军之所以能得休息十二日者，由于南京进剿军薛周两部急急进贵阳城，争夺贵阳地盘，不愿向红军攻击，深惧牺牲自己实力。然而侯之担、王家烈等小军阀之命运则均至末路矣。薛岳用彼等以当红军之锋，借红军之力以除其实力，结果王家烈、侯之担实力一完，不是枪毙，就是下野。南京军此种办法，莫怪各省当局均有飞鸟尽良弓藏之叹，大有畏南京军甚于畏红军之慨。因红军只在乡僻之区，而南京军名正言顺，则可以取其地盘，驱之以御红军，而使其实力丧失也。惟此种情形，亦是俗语所云：“斧头吃凿子，凿子吃木头。”薛岳之被命为追剿部队，亦非薛岳所愿也。

红军收获之三：莫大于收获人心。因红军在黔东之纪律较侯之担部好得多，此事已风传黔省。因此遵义城之商民非但不逃，而且孤儿习艺所、学校学生及商民贫民等成群结队，悬旗欢迎红军，旗上高书欢迎苏维埃政府毛主席、欢迎红军总司令朱德。毛泽东、朱德在欢迎声与爆竹声中进入遵义城，在城门口空场上与欢迎代表一一握手后，即略略与欢迎之民众讲一些话，并表示感谢欢迎，红军愿为黔民解除痛苦。

红军于第三天在第三中学操场开民众大会，毛泽东、朱德亲自出席，工、农、学生、商民被宣传而执旗参加大会者将万人。朱德讲红军之三大纪律八项注意，并说红军愿意联合国内各界人民各方军队一致抗日。毛泽东则讲红色政权不收苛捐杂税、全民选举及主张抗日等等。

红军这种宣传，影响黔省人心极大。红军在这个大会上成立革命委员会，并有几十个学生、工、农、商民当选并演讲，且内有教育界分子。革命委员会成立后，不几日就成立了几百人的抗捐队，自动去清查贪官污吏，没收其财产，当场鸣锣聚众散发。贫民之集在县公署（驻总政治部）天井中等发“土豪衣服”者何止千数。

红军一方宣传，一方招募红军新兵。十二日中有四五千人加入红军。此辈均系川黔滇籍之贫民或退伍者，对于川黔滇之地方情形均熟悉。此辈加入红军，对于红军有莫大之作用。以后毛泽东、朱德之能转战于黔北者，此辈出力甚大也。

红军办事之敏捷，我在国民党军中亦未见者。红军进遵义城后第二日，被服厂、修械所、粮秣厂均已开办。新兵之军装不久即发出，旧枪即修理完竣。

总卫生部所有之伤病兵约三百余人，在此休息期中，有十分之八医愈出院。红军总司令朱德曾亲至总卫生部之病房，慰问伤病兵，与参加乌江战役之红军受伤兵士谈话半小时。当时有乌江战役中俟之担部之伤兵二名为总卫生部收容而为其医治者，朱德亦略与其谈话，嘱他们安心静养。

我以驻军有暇，曾步游遵义全城。遵义地处黔北要冲，有汽车路北通川边之松坎场，自遵义向南，越乌江而直达贵阳。遵义为黔省通川重庆之要埠，因地处川边，故风俗习惯及商业情形，均与川省有密切关系。遵义城有新旧两城，新城为商业集中之区，旧城为官署与住宅区域。两城之间有小河，中贯以石桥。城中官署庙宇，当时悉被红军驻满，据闻黔军柏辉章师长之公馆（在旧城）驻有红军总司令部，毛泽东、朱德即驻于此。遵义全城有男女中学校五六所，红军对于学校机关不驻兵，以示维护教育，但各校均未上课。惟红军对于青年学生曾特殊注意，派人组织抗日救国会及红军之友社等等。所以红军进城之第一日即有几十男女学生，大部为中等学校学生，执旗在街上演讲，为红军演说。当我步至县［省］立三中时，见操场上有该校学生之篮球队与红军篮球队正在比赛。红军球艺甚精，因平日提倡体育甚力。红军想尽方法鼓动青年学子，由此亦可见红军对于青年学子之注意焉。

尤有一事可记者，当红军在遵义成立革命委员会时，有一女学生名李小侠者，年约二十，同情红军，在大会上演讲，后被举为革命委员之一，为当地学生中之长于交际者。当红军退出遵义时，李小侠亦随红军而去。

当我步行遵义全城时，只见三种店铺，门庭若市：一为洋货铺，套鞋、面巾莫不售卖一空；二为书店，遵义城有书店三家，间有上海、南京之杂志出售，此三家书店之新旧书籍、铅笔、抄簿，均售卖一空；三为酒肆，全城面馆、酒楼，莫不利市三倍。遵城酒肆中颇饶川菜滋味，我亦同二三人去过一次，回锅肉、辣子鸡及各种泡菜，均饶川味，且价极廉。

红军在遵义时，所以商店照常营业者，系因红军之纸票按日均兑现。红军没收黔省主席王家烈氏所经营之盐行值几十万元，王家烈氏向上海南洋烟草公司所定购之白金龙香烟值五万元，准备旧历年节以慰薛岳军队者，均被红军截获没收。红军除以此盐及香烟一部在遵义、桐梓两城发给贫民外，其余出售。每红军钞洋一元可买盐七斤，可买白金龙香烟四罐，价值远贱于平昔。故红军以盐及香烟两项收入之现洋兑付纸钞也。

红军在黔北休息十二天后，即全部经桐梓、习水而由土城渡过赤水河，向川南前进。

（摘自陈云：《随军西行见闻录》，红旗出版社，1985，第21—25页）

中央红军二进遵义

回师黔北　1935年1月中旬，中央红军从遵义地域移师北上，计划北渡长江，与红四方面军会师。因土城战斗未能按计划全歼川敌，中央革命军事委员会决定红军于1月29日西渡赤水河（一渡赤水），转入川南，寻机渡过长江北上。此时，因敌重兵封锁长江，红军暂缓执行北渡长江的计划，改到敌人兵力空虚的川滇黔边扎西一带。2月18日至21日，中央红军东渡赤水河（二渡赤水），回师黔北。2月24日，红一军团一部攻占桐梓。25日，红五、红九军团在桐梓西北地区阻滞川敌，红三军团一举攻占娄山关，歼敌一部。26日，红军主力在娄山关及其以南击溃黔军王家烈部3个团，攻占板桥，残敌向遵义逃跑。27日，红一、红三军团乘胜追击，在遵义以北又击溃黔敌3个团，于黄昏时攻占遵义新城。28日凌晨4时，红三军团攻占遵义老城。这是红军第二次占领遵义城。

后来，毛泽东挥就了一首气壮山河的《忆秦娥·娄山关》：“西风烈，长空雁叫霜晨月。霜晨月，马蹄声碎，喇叭声咽。雄关漫道真如铁，而今迈步从头越。从头越，苍山如海，残阳如血。”

红花冈、老鸦山战斗 1935年2月28日，红军在遵义城南红花冈、老鸦山与国民革命军第四军五十九师、九十三师激战。红三军团、红一军团和干部团与敌鏖战一天，于28日下午击溃了敌吴奇伟纵队2个师，吴敌向乌江方向溃逃，王家烈残部则向鸭溪方向逃散。红一军团以一部取捷径占领懒板凳（今播州区南白街道），将主力插至乌江岸边，断敌退路。吴奇伟唯恐被活捉，率残部先逃过乌江，过江之后，吴奇伟为保自己性命，不顾部下死活，下令砍断了浮桥，致使尚未过江的1800余人和大批辎重均被红军俘获。红三军团向八里水、鸭溪方向追击王家烈残部。至此，遵义战役胜利结束。在此役中，红军5日之内连克

红军战斗遗址——老鸦山

桐梓、娄山关和遵义，共歼灭和击溃国民党军2个师又8个团，俘敌3000余人，缴获大量枪支弹药。这是中央红军长征以来最大的一次胜利，史称“遵义大捷”。3月4日，中央革命军事委员会在遵义老城成立前敌司令部，毛泽东任政治委员，朱德任司令员。同日，中央军委在杨柳街红军总政治部召开连以上干部会，总结遵义战役胜利的经验、意义以及目前的形势和任务。3月5日，前敌司令部由老城赴鸭溪。

3月5日，红军在遵义老城省立第三中学操场召开群众祝捷大会，庆祝红军在遵义战役中取得的重大胜利，同时，追悼了战役中牺牲的革命烈士。同日，红一军团及司令部由老城出发赴乐门城。为做好统战工作，同日，国家政治保卫局局长邓发、总政治部代主任李富春、卫生部部长贺诚，于遵义新城桃园酒家宴请太平洋药房老板谌明道等，赞其为红军提供大量药品的义举，并将继续救治受伤流落的红军的工作托付给谌明道等人。之后，谌明道、张鑫华、田庆云等成立了贫民医院，救治受伤红军和生病的贫苦百姓。

1935年2月27日，红一、红三军团攻占遵义新城，28日凌晨红三军团攻占老城，3月2日中央纵队进驻遵义，到3月6日中央纵队离开遵义进驻金刀坑，红军共在遵义留驻8天。

邓萍牺牲及后事 红军二进遵义后，1935年2月27日傍晚，为了摸清敌情，红三军团参谋长邓萍，偕同十一团政委张爱萍、参谋长蓝国清等，找了当地2位农民带路，沿干田坝小路来到小龙山西北麓，在老城北门外湘江河东岸的土埂边用望远镜观察河对面拱安关的敌情。天近黄昏，1名通讯员前来报告情况，因跑动时暴露了位置，被拱安关上的敌人发现。敌人立即开枪扫射，邓萍头部中弹，倒在张爱萍的身上，壮烈牺牲。

红军把邓萍抬到红三军团驻地罗庄（今汇川区香港路中段），安葬在松子坎罗家坟山。

1957年，中央军委给中共贵州省委来函，并转告中共遵义地委，要求找到邓萍烈士的遗骸。经过反复调查、核实、认证，终于在城北松子坎罗家坟山找到了邓萍烈士的遗骸。1959年，邓萍烈士被迁葬于遵义红军烈士陵园。迁葬时，举行了盛大的迁葬仪式，数千市民自发参加，从老城民主路一路护送烈士遗骸至红军烈士陵园。随即在陵园举行了安葬仪式，中共遵义地委、中共遵义市委领导参加并主持了仪式。张爱萍上将撰写了墓志铭。

1959 年清明节邓萍烈士迁葬场面

1959 年，各界群众为邓萍烈士迁葬送行场面

邓萍同志墓志铭

邓萍同志，四川富顺人。第一次大革命时期，加入中国共产党，黄埔军官学校毕业生。一九二七年，同黄公略同志一起，由党派到国民党第三十五军第一师第一团作兵运工作。该军第一团于一九二八年在平江起义改编为工农红军，邓萍同志历任红五军参谋长、红三军团随营学校校长、红五军军长、红三军团参谋长等职。于一九三五年二月红军第二次攻占遵义城战斗中光荣牺牲。邓萍同志对人民革命事业，艰苦奋斗，忠心耿耿，任劳任怨，平易近人，英勇善战，为党献身。邓萍同志永垂不朽！

张爱萍　敬书

（摘自红军烈士陵园邓萍墓碑刻）

遵义红军烈士陵园邓萍墓

红军坟的故事

1935 年红军长征来到遵义的时候，驻桑木桠（垭）的一个连队，有位年轻的卫生员，他不仅医术高明，更有全心全意为人民服务的高尚品格。……由于他热情、耐心、周到，……周围的农民都找他看病，不管白天黑夜，刮风下雨，只要有人找他，总是有求必应，一天忙得饭也吃不上，觉也睡不好。

一天傍晚，有个小孩找到卫生员，说爸爸病了，一身烫得像火烧一样，请卫生员快去给他爸爸诊病。卫生员一听病人高烧，立即随孩子爬山越岭跑了十几里路，才到了病人的家。他看病人是患伤寒，病情严重，立即给病人打针、服药，一直坐在病人身边观察病情变化，一夜未归队。

就在这天夜里，他所在连队突然按上级命令，在拂晓前出发，但卫生员没有回来，几处查问也无结果，连长只好留下一张字条，请房主人刘大伯转交给卫生员，叫他沿着部队出发的路追赶队伍。

天亮后，还不见卫生员转来，老百姓都替他担心，红军已出发这么久了，他再不来怎能赶得上呢？红军一走，反动派军队就要来了，刘大伯和几个老乡站在高坡上焦急地望着，等了半天才看到卫生员匆匆走来，刘大伯忙把连长留的字条交给他。看了字条他大吃一惊，遂向刘大伯等道别，急速地去追赶部队。

卫生员走了以后，几个农乡怕出意外，仍然站在高坡上察看。突然，从卫生员去的方向传来枪响，几个老乡的心情突然紧张起来，估计发生了不幸的事情。不久，国民党保董家几个狗腿子背着枪从尹家屋基走过来，等他们走后，刘大伯和几个老乡在桑木垭场口，看见卫生员已躺在血泊里。刘大伯等默默地围着卫生员遗体，伤心地落下了眼泪。大家说：卫生员给这里许多贫苦百姓医好了病，这次因给老百姓治病，未能和部队一道转移，才遭到这班伤天害理的禽兽的杀害。红军为群众，我们也应对得起红军，卫生员被杀害了，他的遗体可不能再遭蹂躏。于是刘大伯等当即把卫生员安葬了。

红军虽然走了，但红军处处为穷人的举动，却深深地留在群众心里，从而更加怀念红军，特别是经红军卫生员医治过病的穷苦人，对红军的怀念更为深切。在那国民党统治的黑暗年代，人们对红军的思念，寄托在红军坟上。

不久，遵义国民党专员高文伯路过桑木垭，看到红军坟，他又惊又气，命令保长张建秋找人把坟挖掉。附近老百姓听张建秋喊大家挖坟，又气又恨，在他的威逼下，大家徒手往坟边走。张建秋一看大家都没带锄头、撮箕，大发脾气，命保丁和狗腿子找来锄头，老百姓仍不肯动手。张建秋气急败坏，举起锄头就挖，刚把面前的一块石头撬动，坟上的泥土、碎石轰隆一声坍下来，一块石头正砸在他脚上，鲜血直流。老百姓趁机起哄：“红军显灵了！”纷纷向四面散开。张保长见众人跑散，顾不得脚疼，也匆忙逃回家去了，红军坟便得以保存下来。老百姓本来就盼望红军坟显灵，自此，大家也就真把红军坟当作神灵来看待。谁家有人出门未归，家里人就到红军坟求“红军菩萨”保佑平安无事。谁家人病了，也到红军坟来许愿，甚至谁家没有生儿育女，也来红军坟托福祈祷。……这样一传十，十传百，远近几十里经常有人来烧香、烧纸。红军坟在老百姓的心里成了救苦救难的菩萨。从此，群众更加爱护红军坟，凡来烧香许愿的，都要给红军坟添添土、栽树、清除杂草，于是红军坟越垒越大，越来越壮观。

专员高文伯，一次又从红军坟旁经过，见坟比以前更大了，坟前还有香火，这使他更加气愤，认为张建秋不会办事，于是又令保董肖炳文去监督挖坟。刘大伯和桑木垭的许多老百姓再也忍不住了，他们拿着锄头、镰刀，愤怒地质问肖炳文："你们为什么要和这个坟作对，红军坟能替我们免灾除病，你们要挖它，就是和老百姓作对。"肖炳文见群众不动，于是督促他带来的保丁动手挖坟，那些保丁也曾听说过红军坟"灵验"，心里本来就怕。一个保丁不小心，锄头落在脚上，鲜血直流，以为红军坟真的有"灵"，心里更慌。刘大伯和老百姓在旁边也乘机大喊："红军又显圣了，红军坟动不得！"吓得那些保丁浑身发抖，跪在坟前，磕头认罪。

肖炳文见群情激愤，甚为害怕，连忙给专员打电话请派兵前来助威。兵来了，肖炳文耀武扬威地指挥兵丁、狗腿子挖坟。

红军坟被挖了，然而老百姓对红军卫生员的怀念是挖不走的。刘大伯对村里老百姓说："红军打土豪，分果实，样样为的是我们穷人，卫生员也是为老百姓牺牲的！我们不能眼看着红军坟被挖掉不管，要把坟再堆起来也不难，我们每个人抓一把土，垒一块石头就行了。"大家一致同意，很快传遍附近各个村落。从此不管是下田做活还是赶场、走亲戚，只要从坟边过，人们都会带着泥土和石头往红军坟上垒放。这样，日积月累，红军坟又堆起来了，而且比以前更大、更坚固。

……1954 年 3 月，人民政府将桑木垭红军坟迁入遵义红军烈士陵园。红军卫生员遗骸虽然移葬，但当地群众怀着崇敬的心情，在原墓址处立一石碑，不论是每年清明节还是平时，群众自发地将"清"挂在墓地或化纸敬香。几十年来，桑木垭红军坟和红军烈士陵园内的红军坟前，依然香烟缭绕不断。

……

半个多世纪过去了，由于红军卫生员牺牲前未留下姓名，而群众的印象是一位年龄小的红军卫生员，就习惯称［他］为"小红军"，简称"小红"，这样，红军坟的墓主是"小红"，一直流传下来……

1965 年，中国人民解放军第三军医大学副政委钟有煌（后任该大学校长）带领学员到遵义野营，当他仔细看了“红军坟”的简介后，联想到当年他在红三军团五师十三团任医生，当部队撤离遵义郊区驻地时，确有十三团三营卫生员龙思泉因外出给老百姓看病未能归队一事。钟有煌怀着对战友的真挚感情，离休后，用了很长时间进行多方反复调查核实，最后确认“红军坟”里长眠的就是他的战友龙思泉，钟有煌写了《红军坟传奇》一文，发表在1993年9月出版的《纵横》双月刊上。文章详细介绍了红军卫生员叫龙思泉，广西人，他父亲是位土郎中，龙思泉从小在父亲身边学会了用草药治伤治病。1929年参加了著名的百色起义，加入红军部队，不久在连、营当卫生员，参加了中国共产党，牺牲时任红三军团五师十三团二营卫生员。

钟有煌是龙思泉的直接上级，又经过认真的调查研究，他撰文认定的红军卫生员名为龙思泉的史实，在未发现新的材料之前，应该是可信的。

（摘自陈松、费侃如：《走进遵义会议会址》，中央文献出版社，2009，第109—112页）

遵义会议

在遵义老城近千年的历史中，最为重大的事件即遵义会议。1935 年 1 月 15 日至 17 日，中共中央政治局扩大会议在遵义老城琵琶桥国民党黔军第二十五军第二师师长柏辉章的公馆里召开，史称遵义会议。遵义会议是中央红军在同共产国际失去联系的情况下独立自主地成功召开的。会议结束了“左”倾教条主义在中共中央的统治，开始确立以毛泽东同志为主要代表的马克思主义正确路线在党中央的领导地位，在最危急关头挽救了党、挽救了红军、挽救了中国革命。遵义会议的鲜明特点是坚持真理、修正错误，确立党中央的正确领导，创造性地制定和实施符合中国革命特点的战略策略。从此，中国共产党能够在以毛泽东同志为主要代表的马克思主义正确路线领导下，克服重重困难，一步步领导中国革命走向胜利。遵义会议是中国共产党历史上一个生死攸关的转折点，它标志着中国共产党在政治上开始走向成熟。遵义老城也因之彪炳史册！

20 世纪 50 年代的遵义会议会址

会议筹备

会前酝酿 还在中央革命根据地时，许多干部就对当时的中央主要领导同志在军事指挥上的错误逐渐产生了怀疑和不满，一些军团指挥员多次在作战的电报、报告中提出批评意见，有的甚至同李德（共产国际驻中革军委军事顾问）发生激烈的争论。毛泽东等同志也多次提出自己的正确主张，但秦邦宪（博古，中央书记处书记）、李德都拒绝采纳。长征中，随着红军作战的不断失利，这种不满情绪日益高涨。

渡过湘江后，中央红军和中央机关人员由长征出发时的8.6万余人锐减至3万余人。这使许多干部和战士对中央主要领导同志错误指挥的怀疑和不满达到顶点。在干部特别是高级干部中，酝酿着要求纠正错误、改变领导的情绪。

长征行军途中，毛泽东对王稼祥、张闻天及一些红军干部反复进行深入细致的宣传说服工作，分析第五次反“围剿”和长征开始以来中央在军事指挥上的错误，阐明指导中国革命的正确主张。毛泽东的正确意见得到王稼祥、张闻天等同志的支持。周恩来、朱德等也是支持毛泽东的。这样，支持改变错误领导的人占了多数。后来，毛泽东曾说：“如果没有洛甫（张闻天）、王稼祥两位同志从第三次‘左’倾路线分化出来，就不可能开好遵义会议。”

在进占遵义城后，中央领导即开始了召开政治局会议的工作准备，经过会前协商，对会议报告人分工、议题、时间、地点、参加人员等达成一致意见。1935年1月9日，毛泽东同张闻天、王稼祥一起住进国民党黔军旅长易少荃的私宅，共同讨论形成了即将召开的政治局会议上的发言提纲，并推举张闻天在会上发言。

会址确定 周恩来指示负责中央纵队设营工作的王智涛寻找较为宽大的房舍做红军总司令部驻地。国民党黔军第二十五军第二师师长柏辉章的私宅，坐落在老城子尹路琵琶桥东侧，时为这片街区最大的建筑。它由主楼、跨院及临街门面房组成。主楼面南背北，上下二层，一正一横。楼上自东向西分别住进周恩来、刘伯承、朱德和康克清及参谋人员，东南侧客厅为遵义会议会议室，此屋面积为27平方米，中置一长桌，桌下有炭火盆，东墙上有一挂钟、壁橱，西墙赭红色木窗镶嵌着彩色玻璃。长桌四周摆放着藤编木架折叠椅、木凳、藤躺椅等。主楼底层由西至东分别为彭德怀、杨尚昆住室，刘少奇、李卓然住室，作战局长彭雪枫和参谋住室。领导人在这里既参加会议又指挥作战。

会议召开

会议时间 1935年1月13日24时，党中央以周恩来名义致电李卓然、刘少奇："卓然、少奇：十五日开政治局会议，你们应于明十四日赶来遵义城。"陈云在《遵义政治局扩大会议传达提纲》中写道："会议经过三天，完成了自己的决议。"综上所述，遵义会议召开的时间是1935年1月15日至17日。

会议过程 鉴于湘江战役失利以来，博古、李德等中央领导人一路都没有听取红军总部和前线指挥员的意见，毛泽东和军团指挥员一致要求吸收红军总部和军团指挥员参会，定为中共中央政治局扩大会议。会议议程：

（一）决定和审查黎平会议所决定的暂时以黔北为中心，建立苏区根据地的问题。（二）检阅在反对第五次"围剿"中与西征中军事指挥上的经验教训。

会上，博古首先作了《关于反对敌人第五次"围剿"的总结报告》，认为第五次反"围剿"失败的原因是客观的，是国民党反动派的军事力量过于强大，直接用于进攻中央苏区的兵力就有50万，还有帝国主义经济援助和军事顾问的帮助，这是主要原因；中央苏区的物质条件不好；白区反帝与革命运动没有明显进步；瓦解国民党军队工作和游击战争薄弱；各苏区互相配合不够紧密等。

周恩来作关于军事问题的副报告，指出第五次反"围剿"失败的原因主要是军事领导的战略战术的错误，作了自我批评并主动承担了责任。

张闻天按照会前拟草的"毛张王提纲"发言，作了反对中央领导单纯防御军事路线的报告（后人称之为"反报告"），以积极防御的战略思想为武器，批评"三人团"奉行的消极防御的指挥方针。

毛泽东紧接着发言，对博古、李德在军事指挥上的错误进行了切中要害的分析和批评，并阐述了中国革命战争的战略战术问题和此后在军事上应该采取的方针。

遵义会议会议室

王稼祥（因伤被战士用担架抬到会场，斜躺在藤椅上）发言，赞成张闻天和毛泽东的正确意见，并建议由毛泽东同志出来指挥红军。

刘少奇发言，批评了中央在白区工作中的错误。

朱德发言，严厉批评博古、李德在军事指挥上的错误，并提出要改变错误领导，说："如果继续这样的领导，我们就不能再跟着走下去！"

有人提出要清算"左"的政治路线。

与会同志相继发言，大多数同志不同意博古的总结报告，同意毛泽东、张闻天、王稼祥提出的提纲和意见。只有何克全（凯丰）在发言中为博古、李德的错误辩解。李德坚决不接受批评。会议最后指定张闻天起草决议。会后，张闻天根据与会多数人特别是毛泽东发言的内容，起草了《中共中央关于反对敌人五次"围剿"的总结的决议》。

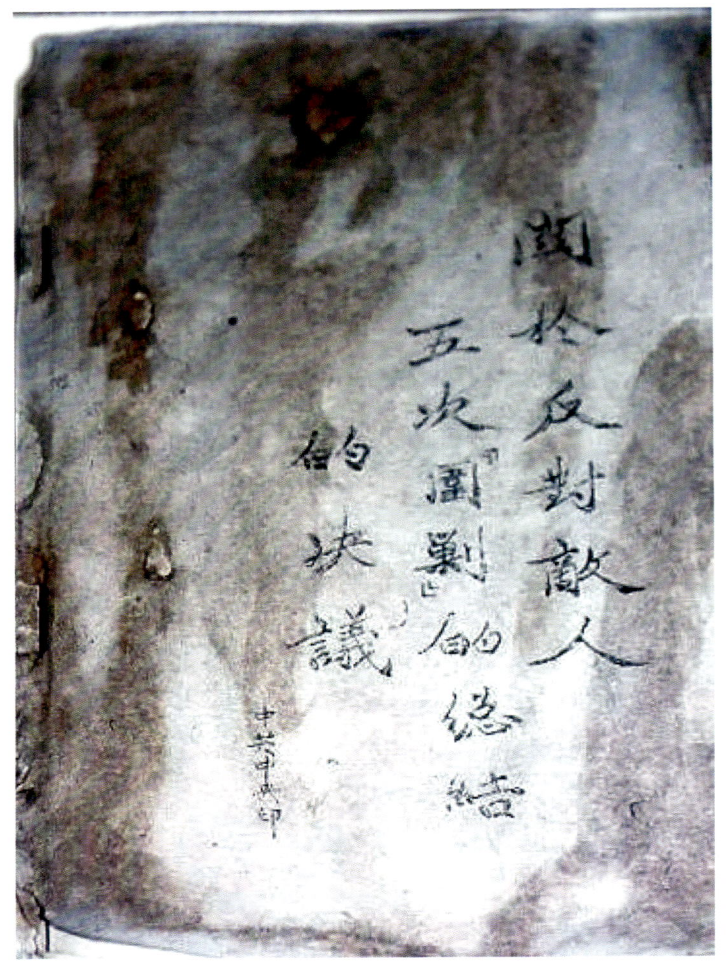

關於反對敵人
五次"圍剿"的總結
的決議
中共中央印

遵义会议决议油印本

扩大会最后作了下列决定：

（一）毛泽东同志选为常委。

（二）指定洛甫同志起草决议，委托常委审查后，发到支部中去讨论。

（三）常委中再进行适当的分工。

（四）取消三人团，仍由最高军事首长朱周为军事指挥者，而恩来同志是党内委托的对于指挥军事上下最后决心的负责者。

扩大会完毕后，中常委即分工，以泽东同志为恩来同志的军事指挥上的帮助者。

参会人员

毛泽东（1893—1976） 时任中共中央政治局委员，中华苏维埃共和国中央执行委员会主席。与张闻天、王稼祥共同商定了在遵义会议上发言的《毛张王提纲》。遵义会议上，被选为中共中央政治局常委。从此开始了以毛泽东同志为主要代表的新的党中央的正确领导。

张闻天（洛甫）（1900—1976） 时任中共中央政治局委员，中华苏维埃共和国中央执行委员会人民委员会主席。在遵义会议上作了反对中央领导单纯防御军事路线的报告（又称“反报告”），并受会议委托起草《中共中央关于反对敌人五次“围剿”的总结的决议》，即遵义会议决议。会后，根据中央政治局常委的分工接替博古负总责。

周恩来（1898—1976） 时任中共中央政治局委员，中华苏维埃共和国中央革命军事委员会副主席，红军总政治委员兼红一方面军政治委员。在遵义会议上深刻总结党中央和自己的工作，指出中央在军事指挥上的错误并主动承担责任。毛泽东后来高度评价了周恩来在遵义会议上的贡献，谈到如果周恩来不同意，遵义会议是开不起来的。

朱　德（1886—1976） 时任中共中央政治局委员，中华苏维埃共和国中央革命军事委员会主席，红军总司令，红一方面军司令。遵义会议上，支持毛泽东的发言，要求改变错误的领导。

陈　云（1905—1995） 时任中共中央政治局委员，中华苏维埃共和国全国总工会党团书记、军委纵队政治委员。长征初期任红五军团中央代表，临进遵义前，被任命为红军遵义警备司令部政治委员。遵义会议上积极支持毛泽东等人的正确主张。长征途中，受中央政治局委派，辗转到达莫斯科，向共产国际反映长征及遵义会议情况，指出遵义会议上撤换了“靠铅笔指挥的战略家”。

秦邦宪（博古）（1907—1946） 时任中共临时中央总负责人。遵义会议上受到批评，会后，交权给张闻天，改任红军总政治部代理主任。

王稼祥（1906—1974） 时任中共中央政治局候补委员（遵义会议上被选为政治局委员），中华苏维埃共和国中央革命军事委员会副主席，红军总政治部主任。在遵义会议上，率先提议由毛泽东指挥红军。

刘少奇（1898—1969） 时任中共中央政治局候补委员，中华全国总工会苏区中央执行局委员长，红八军团中央代表。在遵义会议上，积极支持毛泽东的正确主张，赞同改变军事领导。

邓　发（1906—1946） 时任中共中央政治局候补委员，中华苏维埃共和国中央执行委员会委员、国家政治保卫局局长。在遵义会议上，支持毛泽东等人的正确主张。

何克全（凯丰）（1906—1955） 时任中共中央政治局候补委员，红九军团中央代表。在遵义会议上，支持博古的报告，不同意毛泽东等人对博古、李德的批评。

刘伯承（1892—1986） 长征出发前，调任红五军团参谋长。1934 年 12 月，复任红军总参谋长，兼任军委纵队司令员。占领遵义后，兼任遵义警备司令部司令员。在遵义会议上，支持毛泽东等人的正确主张。

遵义会议参会者

李富春（**1900—1975**） 时任中国工农红军总政治部副主任（代主任）。在遵义会议上，支持毛泽东等人的正确主张。

林 彪（**1907—1971**） 时任红一军团军团长。遵义会议上“没怎么发言”。

聂荣臻（**1899—1992**） 时任红一军团政治委员，遵义会议前何克全去游说聂荣臻支持博古，聂荣臻予以抵制，何克全说聂荣臻“真顽固”。遵义会议上支持毛泽东等人的正确主张。

彭德怀（**1898—1974**） 时任红三军团军团长，中央革命军事委员会副主席。第五次反“围剿”中，支持毛泽东等人的正确主张。遵义会议尚未结束就前往前线指挥退敌，有效保卫了遵义会议。会后对遵义会议表示“完全赞同”。

杨尚昆（**1907—1998**） 时任红三军团政治委员。遵义会议上支持毛泽东等人的正确主张。中华人民共和国成立后，确认了遵义会议会址。

李卓然（**1899—1989**） 时任红五军团政治委员。遵义会议上支持毛泽东等人的正确主张。

邓小平（**1904—1997**） 1934年年底任中央秘书长。参加遵义会议，支持毛泽东的正确主张。

李 德（**1900—1974**） 时任共产国际驻中央革命军事委员会军事顾问。1933年9月进入中央苏区，开始推行错误的军事指挥，导致中央苏区第五次反“围剿”失败和长征初期部队的严重损失。在遵义会议上受到批评，拒不接受批评。

伍修权（**1908—1997**） 时为李德翻译。

决议落实

遵义会议刚结束，中央即指示红二、红六军团和红四方面军配合中央红军渡江，派出潘汉年、陈云等先后辗转上海、莫斯科，向共产国际汇报中国共产党、遵义会议和红军长征情况。

落实分工 1935年2月5日前后，军委纵队到达川滇黔边界一个鸡鸣三省的庄子里，中共中央政治局常委在此召开会议，中央政治局常委进行分工，决定由张闻天接替博古在党内负总责。2 月 8 日，中央政治局会议通过了张闻天起草的《中共中央关于反对敌人五次“围剿”的总结的决议》。2 月 9 日，军委纵队行军至云南省威信县扎西镇境内，中共中央政治局在此召开会议，决定利用敌人主力和注意力都集中在川南一线、黔北相对空虚的时机，回师东进，再渡赤水，重占遵义。

红军从云南扎西回师黔北，运用毛泽东游击战、运动战的战术，取得遵义大捷，再占遵义，红军士气高涨。3 月 10 日，红一军团负责人林彪、聂荣臻建议攻打打鼓新场（今毕节市金沙县城），同日，张闻天召集会议讨论。会上，多数同志主张要打。毛泽东认为，不能打固守之敌，不能“啃硬骨头”。会议采取少数服从多数的办法表决，否定了毛泽东的意见。会后，毛泽东坚持放弃攻打打鼓新场的见解，独自提着马灯走了一段山路找周恩来，建议推迟签发调部队攻打打鼓新场的电报。周恩来接受了毛泽东的意见。第二天（3 月 11 日）再开中央负责人会议，周恩来说服了与会者，放弃了攻打打鼓新场的计划。随后，毛泽东鉴于军情瞬息万变，指挥需要集中，建议成立几个人的小组全权指挥军事。3 月 12 日，中央决定以毛泽东、周恩来、王稼祥组成新“三人团”(此次会议后经考证，确定为“苟坝会议”)。遵义会议部署的组织调整工作到此告一段落。

传达贯彻 2 月 8 日，中央政治局通过了张闻天起草的《中共中央关于反对敌人五次“围剿”的总结的决议》，并指定毛泽东、张闻天、陈云等向各军团传达。

2 月 10 日，张闻天在扎西中央军委纵队干部会上传达了遵义会议的决议。遵义大捷后，毛泽东、张闻天在杨柳街天主教堂召开驻遵义的红军干部大会，分析遵义战役胜利的原因，传达遵义会议《中共中央政治局扩大会议关于反对敌人五次“围剿”的总结的决议》。决议充分肯定了毛泽东等指挥红军多次取得反“围剿”胜利所采取的战略战术的基本原则，明确指出博古、李德“在军事上的单纯防御路线，是我们不能粉碎敌人五次‘围剿’的主要原因”。在敌大我小、敌强我弱的条件下，“我们的战略路线应该是决战防御（攻势防御），集中优势兵力，选择敌人的弱点，在运动战中，有把握地去消灭敌人的一部或大部，以各个击破敌人，彻底粉碎敌人的‘围剿’。然而在反对五次‘围剿’的战争中却以单纯防御路线（或专守防御）代替了决战防御，以阵地战堡垒战代替了运动战，并以所谓‘短促突击’的战术原则来支持这种单纯防御的战略路线，这就使敌人持久战与堡垒主义的战略战术达到了他的目的”。决议还指出，在战略转变与实行突围的问题上，博古、李德“同样是犯了原则上的错误”，没有及时转变内线作战的战略方针，实行战略上的退却，以保持主力红军的力量，从而贻误了战机。在突围中，“基本上不是坚决的与战斗的，而是一种惊惶失措的、逃跑的以及搬家式的行动”。

决议还总结了在同国民党第十九路军建立统一战线问题上的经验教训，指出博古、李德等根本不了解在政治上、军事上同时利用第十九路军事变是粉碎第五次“围剿”的重要关键之一，没有在军事上采取与之直接配合的方针，失去了一个宝贵的机会。

天主教堂召开的连以上干部会上，当张闻天宣布毛泽东同志被选为中央政治局常委时，会场里顿时沸腾起来了。大家又蹦又跳，鼓掌的、捶桌子的、唱的、互相握手的都有，大家异口同声地说：“问题解决了，问题解决了。”

在这段时间里，各军团也通过各种形式向基层传达遵义会议决议。

摆脱困境 经历大迂回大调度，红军终于摆脱了国民党军的重兵包围，这是实行运动战思想的成果。5 月 12 日，军委纵队来到四川会理城郊的铁厂，在这里召开政治局扩大会议，统一遵义会议以来中央关于军事战略战术的认识，确定此后的行动方针。毛泽东总结了红军四渡赤水、抢渡金沙江的胜利，阐明了正确的战略思想和机动作战才能摆脱敌人的重兵包围的作战方针。周恩来、朱德等发言，支持毛泽东的意见，称赞毛泽东的军事指挥，指出在危急情况下，由于采用兜大圈、机动作战的方针，四渡赤水，威逼贵阳，佯攻昆明，北渡金沙江，才摆脱了敌人的重兵包围。这次会议总结了遵义会议以来在川滇黔边实行大规模运动战的经验，再次肯定了遵义会议以来毛泽东军事指挥的正确性，进一步巩固了毛泽东在红军和中央的领导地位，使遵义会议的成果得到进一步确认和加强。

文献辑录

战争和战略问题（节录）

（一九三八年十一月六日）

毛泽东

一九二七年八月七日党中央的紧急会议反对了政治上的右倾机会主义，使党大进了一步。一九三一年一月的六届四中全会，在名义上反对政治上的“左”倾机会主义，在实际上重新犯了“左”倾机会主义的错误。这两个会议的内容和历史作用是不一样的，但是这两个会议都没有着重地涉及战争和战略的问题，这是当时党的工作重心还没有放在战争上面的反映。一九三三年党的中央迁至红色区域以后，情形有了根本的改变，但对于战争问题（以及一切主要问题），又犯了原则性的错误，致使革命战争遭受了严重的损失。一九三五年的遵义会议，则主要地是反对战争中的机会主义，把战争问题放在第一位，这是战争环境的反映。到今天为止，我们可以自信地说，中国共产党在十七年的斗争中，不但锻炼出来了一条坚强的马克思主义的政治路线，而且锻炼出来了一条坚强的马克思主义的军事路线。我们不但会运用马克思主义去解决政治问题，而且会运用马克思主义去解决战争问题；不但造就了一大批会治党会治国的有力的骨干，而且造就了一大批会治军的有力的骨干。这是无数先烈的热血浇灌出来的革命的鲜花，不但是中国共产党和中国人民的光荣，而且是世界共产党和世界人民的光荣。

（《毛泽东选集》合订本，人民出版社一九六七年七月版第 513 页）

（摘自中共中央党史资料征集委员会、中共中央档案馆编《遵义会议文献》，人民出版社，2009，第 61—62 页）

《共产党人》发刊词（节录）

（一九三九年十月四日）

毛泽东

只在到了遵义会议（一九三五年一月在贵州遵义召开的中央政治局会议）以后，党才彻底地走上了布尔塞维克化的道路，奠定了后来战胜张国焘右倾机会主义和建立抗日民族统一战线的基础。

（《毛泽东选集》合订本，人民出版社一九六七年七月版第574—575页）

（摘自中共中央党史资料征集委员会、中共中央档案馆编《遵义会议文献》，人民出版社，2009，第64页）

在延安中央政治局会议上的发言（节录）

（一九四三年十一月二十七日）

周恩来

从湘桂黔交界处，毛主席、稼祥、洛甫即批评军事路线，一路开会争论。从老山界到黎平，在黎平争论尤其激烈。这时李德主张折入黔东。这也是非常错误的，是要陷入蒋介石的罗网。毛主席主张到川黔边建立川黔根据地。我决定采取毛主席的意见，循二方面军原路西进渡乌江北上。李德因争论失败大怒。此后我与李德的关系也逐渐疏远。我对军事错误开始有些认识。军事指挥与以前也不同，接受毛主席的意见，对前方只指出大方向，使能机动。因此遵义会议上我与博古的态度有区别。

……

由上面事实看到，中央红军能不在李德的荒谬指挥下消灭，而能渡过长征困难，实因在遵义会议后得到毛主席的领导，以及一、三军团骨干的努力。在与张国焘斗争中的胜利，也是如此。

（据中央档案馆所存记录稿）

（摘自中共中央党史资料征集委员会、中共中央档案馆编《遵义会议文献》，人民出版社，2009，第68—69页）

在中央政治局会议上的发言（节录）

（一九四三年十一月十三日）

秦邦宪

长征军事计划未在政治局讨论，这是严重政治错误。长征是搬家，抬轿子，使红军受到很大削弱。当时军事计划是搬家，准备到湘鄂西去，六军团是先头部队。当时三人团处理一切（博、李、周）。干部的处理我负全责。长征过程中毛主席起来反对错误领导，从湘南争论到遵义会议。长征军事计划全错的，使军队有消灭危险，所以能保存下来进行二万五千里长征，因有遵义会议，毛主席挽救了党，挽救了军队。教条宗派统治开始完结，基本上解决问题，组织上也做了结论。

（据中央档案馆所存记录稿）

（摘自中共中央党史资料征集委员会、中共中央档案馆编《遵义会议文献》，人民出版社，2009，第109页）

从福建事变到遵义会议

（一九四三年十二月十六日）

张闻天

长征出发后，我同毛泽东、王稼祥二同志住一起。毛泽东同志开始对我们解释反五次“围剿”中中央过去在军事领导上的错误，我很快地接受了他的意见，并且在政治局内开始了反对李德、博古的斗争，一直到遵义会议。

遵义会议在我党历史上有决定转变的意义。没有遵义会议，红军在李德、博古的领导下会被打散，党中央的领导及大批干部会遭受严重的损失。遵义会议在紧急关头挽救了党，挽救了红军，这是一。第二，遵义会议改变了领导，实际上开始了以毛泽东同志为领导中心的中央的建立。第三，遵义会议克服了“左”倾机会主义，首先在革命战争的领导上。第四，教条宗派开始了政治上组织上的分裂。这个会议的功绩，当然属于毛泽东同志，我个人不过是一个配角而已。

对于我个人说来，遵义会议前后，我从毛泽东同志那里第一次领受了关于领导中国革命战争的规律性的教育，这对于我有很大的益处。

但因遵义会议没有提出过去中央政治上的路线错误，而且反而肯定了它的正确，使我当时对于我自己过去的一套错误，还很少反省。这在毛泽东同志当时只能如此做，不然我们的联合会成为不可能，因而遵义会议不能取得胜利。为了党与革命的利益，而这个利益是高于一切的，毛泽东同志当时做了原则上的让步，承认一个不正确的路线为正确，这在当时是完全必要，完全正确的。这个例子，可以作为党内斗争一个示范来看。

在遵义会议上，我不但未受打击，而且我批评了李德、博古，我不但未受处罚，而且还被抬出来代替了博古的工作。这个特殊的顺利环境，使我在长久时期内不能彻底了解到自己的严重错误。

（据中央档案馆所存手稿）

（摘自中共中央党史资料征集委员会、中共中央档案馆编《遵义会议文献》，人民出版社，2009，第84—86页）

中国共产党中央委员会关于若干历史问题的决议（节录）

（一九四五年四月二十日中国共产党第六届中央委员会扩大的第七次全体会议通过）

犯教条主义错误的同志们披着“马列主义理论”的外衣，仗着六届四中全会所造成的政治声势和组织声势，使第三次“左”倾路线在党内统治四年之久，使它在思想上、政治上、军事上、组织上表现得最为充分和完整，在全党影响最深，因而其危害也最大。但是犯这个路线错误的同志，在很长时期内，却在所谓“中共更加布尔塞维克化”“百分之百的布尔塞维克”等武断词句下，竭力吹嘘同事实相反的六届四中全会以来中央领导路线之“正确性”及其所谓“不朽的成绩”，完全歪曲了党的历史。

在第三次“左”倾路线时期中，以毛泽东同志为代表的主张正确路线的同志们，是同这条“左”倾路线完全对立的。他们不赞成并要求纠正这条“左”倾路线，因而他们在各地的正确领导，也就被六届四中全会以来的中央及其所派去的组织或人员所推翻了。但是“左”倾路线在实际工作中的不断碰壁，尤其是中央所在地区第五次反“围剿”中的不断失败，开始在更多的领导干部和党员群众面前暴露了这一路线的错误，引起了他们的怀疑和不满。在中央所在地区红军长征开始后，这种怀疑和不满更加增长，以至有些曾经犯过“左”倾错误的同志，这时也开始觉悟，站在反对“左”倾错误的立场上来了。于是广大的反对“左”倾路线的干部和党员，都在毛泽东同志的领导下团结起来，因而在一九三五年一月，在毛泽东同志所领导的在贵州省遵义城召开的扩大的中央政治局会议上，得以胜利地结束了“左”倾路线在党中央的统治，在最危急的关头挽救了党。

遵义会议集中全力纠正了当时具有决定意义的军事上和组织上的错误，是完全正确的。这次会议开始了以毛泽东同志为首的中央的新的领导，是中国党内最有历史意义的转变。也正是由于这一转变，我们党才能够胜利地结束了长征，在长征的极端艰险的条件下保存了并锻炼了党和红军的基干，胜利地克服了坚持退却逃跑并实行成立第二党的张国焘路线，挽救了“左”倾路线所造成的陕北革命根据地的危机，正确地领导了一九三五年的“一二九”救亡运动，正确地解决了一九三六年的西安事变，组织了抗日民族统一战线，推动了神圣的抗日战争的爆发。

遵义会议后，党中央在毛泽东同志领导下的政治路线，是完全正确的。“左”倾路线在政治上、军事上、组织上都被逐渐地克服了。

（《毛泽东选集》第三卷，人民出版社一九五三年二月第一版第970—971页）

（摘自中共中央党史资料征集委员会、中共中央档案馆编《遵义会议文献》，人民出版社，2009，第48—50页）

在中国共产党第七次全国代表大会期间关于选举问题的两次讲话（节录）

（一九四五年五月二十四日、六月十日）

毛泽东

大家学习党史，学习路线，知道中国党历史上有两个重要关键的会议。一次是三五年一月的遵义会议，一次是三八年的六中全会。

遵义会议是一个关键，对中国革命的影响非常之大。但是，大家要知道，如果没有洛甫、王稼祥两个同志从第三次“左”倾路线分化出来，就不可能开好遵义会议。同志们把好的账放在我的名下，但绝不能忘记他们两个人。当然，遵义会议参加者还有别的好多同志，酝酿也很久，没有那些同志参加赞成，光他们两个人也不行；但是，他们两个人是从第三次“左”倾路线分化出来的，作用很大。从长征一开始，王稼祥同志就开始反对第三次“左”倾路线了。

（据中央档案馆所存记录稿）

（摘自中共中央党史资料征集委员会、中共中央档案馆编《遵义会议文献》，人民出版社，2009，第66页）

两条军事路线的斗争情况（提纲节录）

（一九六二年七月）

刘伯承

还在第五次反“围剿”进行中，大家对三次“左”倾的打法有意见：没有本钱打什么洋仗？毛主席是有什么本钱打什么仗。但是很多人不敢提意见，提了就被说成是对战争的动摇，就是机会主义，前途是反革命。这帽子吓人。

这时，按三次“左”倾“绝对正确”的打法，打了败仗，使党和红军遭遇绝大的危险。大家要求开会。毛主席为了挽救党的事业，在路上不断进行说服教育，不断和三次“左”倾斗争。三次“左”倾的领导者已没有办法，有的也多少有了点觉悟，而且贵州的军阀力量薄弱，就在遵义开了会（一月十七日结束）。在这个会议上，清算了三次“左”倾军事领导上的错误（形势紧张，政治领导上的错误未清算），重新由毛主席领导军队，在最危险情况下挽救了党。

（据一九六二年七月在军事学院的谈话记录稿）

（摘自中共中央党史资料征集委员会、中共中央档案馆编《遵义会议文献》，人民出版社，2009，第97—98页）

党的历史教训（节录）

（一九七二年六月十日）

周恩来

毛主席说：一九三五年一月遵义会议纠正了王明的路线错误，王明倒台了。这是简单的总结的话。事实经过是：在长征中，毛主席先取得了稼祥、洛甫的支持。那时在中央局工作的主要成员，经过不断斗争，在遵义会议前夜，就排除了李德，不让李德指挥作战。这样就开好了遵义会议。中央的很多同志都站在毛主席方面。由于毛主席拨转了航向，使中国革命在惊涛骇浪中得以转危为安，转败为胜。这是中国革命历史中的伟大转折点。毛主席的正确路线在党中央取得了领导地位，真正取得了领导地位。遵义会议一传达，就得到全党全军的欢呼。

中央红军一九三四年十月十日从雩都出发，出发时八万多人，号称十万人，辗转三个月到达了遵义地区。三个月中间，坛坛罐罐都带着，连机器都抬着，那简直是不堪设想的。哪有那种大转移呢？那是大搬家。当然那些东西都纷纷丢掉了，大概没有出江西，机器就丢掉了。经过广东、江西，然后又转到湖南。在湖南多次转移，然后才进到贵州。在进入贵州前后，就争论起来了，开始酝酿召集政治局会议了。从黎平往西北，经过黄平，然后渡乌江，达到遵义，沿途争论更烈。在争论过程中间，毛主席说服了中央许多同志，首先是得到王稼祥同志的支持，还有其他中央同志。当时林彪并不是积极的，是同别人说牢骚话的。在遵义会议上，毛主席作了讲话，扭转了航向。

遵义会议的主旨是纠正军事路线错误，因为当时是在惊涛骇浪中作战，军事路线最紧迫。长征是辗转战斗，蒋介石以大军围追我们，截击我们，侧击我们。我们在广西那个地方受了很大的损失。白崇禧用很厉害的办法对付我们，他把我们走的路上的老百姓都赶掉，甚至把房子烧掉，使我们没有法子得到粮食和住房。他在背后截击我们，我们一个师被截断了，得不到消息，牺牲了。经过多次挫折，到了遵义只有三万多人。这么大的损失！这个严重的错误是血的教训。毛主席取得领导地位，是水到渠成。事实证明，在千军万马中毛主席的领导是正确的。

（据中央档案馆所存记录稿）

（摘自中共中央党史资料征集委员会、中共中央档案馆编《遵义会议文献》，人民出版社，2009，第70—72页）

中国共产党中央委员会关于建国以来党的若干历史问题的决议（节录）

（一九八一年六月二十七日中国共产党第十一届中央委员会第六次全体会议通过）

一九三五年一月党中央政治局在长征途中举行的遵义会议，确立了毛泽东同志在红军和党中央的领导地位，使红军和党中央得以在极其危急的情况下保存下来，并且在这以后能够战胜张国焘的分裂主义，胜利地完成长征，打开中国革命的新局面。这在党的历史上是一个生死攸关的转折点。

（人民出版社一九八一年七月单行本第一版第3页）

（摘自中共中央党史资料征集委员会、中共中央档案馆编《遵义会议文献》，人民出版社，2009，第51页）

生死攸关的历史转折（节录）

——回忆遵义会议的前前后后

（一九八二年）

伍修权

遵义会议集中全力解决当时具有决定意义的军事问题，并在组织上作了调整。会议选举毛泽东同志为政治局常委，决定取消三人团。在由遵义出发到威信的行军中，常委分工，决定以洛甫同志代替博古同志负总的责任。以后，又成立了以毛泽东同志为首，有周恩来、王稼祥同志参加的三人军事指挥小组，作为最高统帅部，负责指挥全军行动。全党信服毛泽东同志，把当时最有决定意义的、关系到我党我军生死存亡的军事指挥大权托付给他，从而确立了毛泽东同志在红军和党中央的领导地位。这是遵义会议的最大成就，是中国党内最有历史意义的伟大转折。

（《星火燎原》一九八二年第一期第22—26页，收入本书前经本人校订）

（摘自中共中央党史资料征集委员会、中共中央档案馆编《遵义会议文献》，人民出版社，2009，第125—126页）

对遵义会议调查报告中几个问题的答复（节录）

（一九八二年十二月二十八日）

陈　云

一、关于毛泽东同志在遵义会议上是否增补为书记处书记的问题。这个问题要从党的六届四中全会说起。六届四中全会没有设立书记处，也没有设常委。会后不久，王明去苏联，恩来同志去中央苏区，留在上海的中央领导成员由博古、张闻天、康生、陈云、刘少奇以及卢福坦组成临时中央，博古为负责人。一九三三年初，临时中央迁入中央苏区（卢福坦叛变，未去）。一九三四年初，临时中央在江西瑞金召开六届五中全会。这次会议改选了政治局，毛泽东、朱德、博古、张闻天、康生、陈云等人被增选为政治局正式委员，但没有设书记处和常委。那么，为什么在有的历史文件中或一些同志的回忆中会出现书记处书记、常委的名称呢？我想，这是由于当时中央虽然没有正式设书记处、常委，但有一个处理日常工作的领导核心，而这个核心的名称又不那么固定，不那么严格的缘故。所以，说毛泽东在遵义会议上被增补为书记处书记也好，说他被增补为常委也好，只是表明他在遵义会议上进入了党中央政治局的领导核心，而不表明当时中央正式设有书记处和常委。

二、关于遵义会议前后，中央是否设有总书记职务的问题。这个问题的答案和上面那个问题的答案有些类似，即六届四中全会后，王明和博古虽然先后担任过党中央的负责人，但他们都没有总书记的称号。所以，张闻天在遵义会议后接替博古的工作，也只能是接替他在中央负总的责任，而不会是接替他任总书记。我记得，自从向忠发以后，我们党直到八大没有再设过总书记。不过，说博古和张闻天在遵义会议前后做过书记还是可以的。

（据手稿）

（摘自中共中央党史资料征集委员会、中共中央档案馆编《遵义会议文献》，人民出版社，2009，第78—79页）

打开遵义，中央召开政治局扩大会议

（一九八三年）

聂荣臻

会议的名称就叫遵义政治局扩大会议，共开了三天，出席会议的，除了政治局委员和候补委员毛泽东、周恩来、王稼祥、张闻天、朱德、刘少奇、陈云、博古、邓发、凯丰同志以外，还有刘伯承、李富春、彭德怀、杨尚昆、李卓然、邓小平同志，我和林彪也出席了会议。李德也列席了会议，伍修权同志给他当翻译。会议由博古同志主持——他既是会议的主持人，同时在路线方面，又处于被审查的地位。博古在会上作了主报告——关于第五次反“围剿”的总结，他一再强调客观原因，强调不可能粉碎这次“围剿”。副报告是周恩来同志作的，因为他是军委主要负责人。

在会上，多数人集中批判了王明的先是“左”倾冒险主义，以后又发展为右倾保守主义，以及在长征中消极避战，只顾夺路去湘西的错误军事路线；集中批判了王明路线在中央的代理人博古的错误。这方面遵义会议的决议已经讲得很清楚。毛泽东同志是批判他们的第一个发言人，王稼祥紧接着站起来发言支持毛泽东同志，所以毛泽东同志在“文化大革命”中说，遵义会议王稼祥投了“关键的一票”。会上大多数人拥护毛泽东同志出来领导，只有博古、凯丰出来反对。博古同志后来作了检讨，但没有彻底地承认错误。凯丰甚至很狂妄地对毛泽东同志讲：“你懂得什么马列主义？你顶多是看了些《孙子兵法》！”并且对会议表示保留意见。李德是列席的，遵义会议文件中的华夫同志，指的就是他。他没有正式座位，坐在屋里靠门口的地方，经常一言不发，只是一个劲地抽烟，情绪十分低落，但对会上大家对他的批评，他在发言中，一概不承认自己有错误，态度十分顽固。我在会上一提起李德的瞎指挥就十分生气。他对部队一个军事哨应放在什么位置，一门迫击炮放在什么位置——这一类连我们军团指挥员一般都不过问的事，他都横加干涉。我记得在会上，林彪没有发什么言。

对于今后行动方向，伯承同志和我在会上建议，我们打过长江去，到川西北去建立根据地，因为四川条件比贵州要好得多。从我到贵州看到的情况，这里人烟稀少，少数民族又多，我们原来在贵州又毫无工作基础，要想在这里建立根据地实在是太困难了。而到四川，一来有四方面军的川陕根据地可以接应我们；二来四川是西南首富，人烟稠密，只要我们能站稳脚跟，就可以大有作为；三来四川对外交通不便，当地军阀又长期有排外思想，蒋介石想往四川大量调兵不容易。会议接受了我们的建议。只是后来由于川军的顽强堵击，张国焘又不按中央指示，擅自放弃了川陕根据地，使敌人可以集中全力来对付我军渡江，这个设想才未能成为现实。

会议选举毛泽东同志为中央政治局常委。会后，在常委分工上，由洛甫同志代替博古负总责，主持党中央的日常工作。在行军途中，又组织了由毛泽东、周恩来、王稼祥三同志组成的军事领导小组，负责指挥军队。

关于遵义会议的传达，由于经常处在军情紧急状态，我们只能先用电报或个别告诉等形式向团以上干部打招呼，正式传达是在二渡赤水回来，第二次攻克遵义后，在遵义由中央召集团以上干部开会传达的。会上，张闻天、周恩来同志都讲了话。一些过去受过王明路线打击的干部，一提起过去的错误领导和它给革命带来的损失时，就气得捶桌子又打板凳。我给连以上干部传达，是在仁怀县一个叫什么场的镇子里，在一家地主的场院里传达的。传达的那天正下着小雨，谭政同志还帮我撑着伞。干部都很集中精力听，传达几小时无人走散避雨的。大家都拥护毛泽东同志出来领导。

遵义会议是我们党历史上具有最伟大意义的一次会议，它不仅纠正了党的错误的军事路线，为日后从政治上彻底清算王明路线打下了基础，而且从组织上改变了党的错误领导，从此在实际上确立了毛泽东同志在全党全军的领导地位，使中国革命走上了正确发展的道路。自然，由于军情紧迫，时间短促，以及条件尚未完全成熟，在遵义会议上还只能首先解决军事路线问题。但这却是一个伟大的历史转折。万分危急的中国革命已经从此得救了。

（《聂荣臻回忆录》（上），战士出版社一九八三年十二月第二版第241—249页，标题是原有的）

（摘自中共中央党史资料征集委员会、中共中央档案馆编《遵义会议文献》，人民出版社，2009，第105—108页）

关于遵义政治局扩大会议若干情况的调查报告

（一九八四年九月）

中共中央党史资料征集委员会

一九三五年一月，长征途中在贵州遵义举行的中央政治局扩大会议（以下简称遵义会议），是我党的一个具有伟大历史意义的转折点。这次会议结束了王明“左”倾冒险主义在党中央的统治，开始了以毛泽东同志为代表的新的中央的正确领导，在我党的历史上占有极其重要的位置。但是由于对这次会议的一些重要情节长期未弄清楚，以致众说纷纭，莫衷一是。为了“把党史资料立好，立准确”，我们对有关遵义会议的历史情况进行了调查研究，现报告如下。

目前我们掌握的资料，除原有的遵义会议的决议——《中共中央关于反对敌人五次“围剿”的总结决议》（一九三五年一月十七日政治局通过）、《中共中央致二、六军团、四方面军及中央军区电》（一九三五年二月二十八日）之外，在这次调查过程中，陈云同志还证实了《遵义政治局扩大会议传达提纲》是他在长征途中所写的传达手稿（以下简称陈云同志手稿）。这份宝贵的历史文件为弄清楚遵义会议的真实情况，提供了可靠的依据。遗憾的是，会议的一些其他重要资料，如博古同志的报告，周恩来同志的副报告，毛泽东、张闻天、王稼祥等同志发言的文字记载尚未发现，有待于继续收集。

此次调查，在中央组织部、中央档案馆、解放军军事科学院、贵州省有关部门以及遵义会议纪念馆等单位的配合和协助下，经过反复核对考证，初步弄清了下列几个问题。

一、遵义会议开会的时间

遵义会议决议上注明，该决议于“一九三五年一月八日政治局会议通过”。但是，当年的有关资料证明，这个时间是不准确的。

从红军第一次占领遵义，以及中央领导同志进入遵义的时间来看：

一九三五年一月七日二十一时十分，军委电报通报各军团及军委纵队首长：“我二师今二时（按：七日晨二时）已袭占遵义，敌由北门溃退，我正乘胜追击中。”同日二十三时，再次电告各军团：“总司令部决九时（按：应为八日九时）移至遵义城。”

一月八日，军委主席朱德又在《关于我军九日行动部署》电报中说："军委纵队明日进驻遵义。"同日，红军总政治部发布了九日进驻遵义城的通令，颁发了口号和进城的八项注意。

军委进驻遵义后，一月十日五时四十分又电告各军团："军委纵队昨日（按：九日）进驻遵义，将继续留此工作。"

我军占领遵义及中央领导同志进驻遵义城的时间，在敌伪资料中亦有记载：

当时任贵州邮区邮务长的王庆云于一九三五年一月十七日密报称："遵义一月七日失陷"；伪遵义县县长徐道伟在呈文中也说："至（六日）午夜十二时……新城失陷，始由老城北门撤退"。

当时在湘黔边境追堵红军的国民党军第九十三师甘丽初部呈报称："一、三、五、八、九军团一月三、四日由瓮安窜遵义，七日进陷遵义。""毛泽东九日到遵城。"国民党"追剿"军第二兵团总指挥薛岳，黔军副军长侯之担等在当时的有关文件、电报中所谈我军占领遵义的时间皆与上同。

上述资料说明，我军是在一月七日占领遵义，总司令部于八日移至遵义，军委纵队则是在九日进驻遵义的。因此，在此之前是不可能召开遵义会议的。

根据目前掌握的资料来看，遵义会议召开的时间应为一九三五年一月十五日至十七日。依据如下：

一月十三日二十四时，中央以"恩来"的名义发出电报通知："卓然、少奇：十五日开政治局会议，你们应于明十四日赶来遵义城。"这是目前找到的唯一正式通知。

陈云同志手稿中说：遵义政治局会议"经过三天，作出了自己的决议。"会议从开幕的一月十五日起，经过三天，决议通过的日期应为十七日。这个时间，在军委机要干部伍云甫同志的长征日记中亦可得到印证。伍云甫的日记中记载："二月十日阴驻扎西（即威信县）。上午九时开营、科长以上干部会议，洛甫报告五次'围剿'的总结和目前任务（即一月十七日中央政治局扩大会决议）。"

此外，当时军委发给各军团首长的电报亦可作为参考：

一月十四日十四时，军委电示一军团：在林（彪）、聂（荣臻）未回部队前，该军团"统归左参谋长朱主任统一指挥"。一月十五日，一军团即以朱（瑞）、左（权）的名义开始向军委报告战况。

由于一军团林、聂，三军团彭、杨已先后离开部队，军委于一月十四日至十七日

二十三时前，中断了给他们的电报。五军团政委李卓然同志因故迟到，参加了最后一天的会议。军委一月十六日二十四时，也中断了给他的电报。会议中间，彭德怀同志因敌人进攻，提前返回了部队。会议结束后，参加会议的各军团首长除林、聂外，均开始陆续返回部队。从一月十七日二十三时起，军委又开始恢复发给彭德怀、杨尚昆和李卓然同志的电报。

至于遵义会议决议上为什么标明该决议是在一月八日通过的，现在尚未查清。上述伍云甫同志的日记，证明洛甫同志传达时就说是一月十七日会议的决定，可见洛甫同志在起草决议时并没有标错日期。当时戎马倥偬，事后刻印文件时抄错日期而没有引起注意是可能的（17和八的旧体八字形相近）。

二、参加遵义会议的人员

据陈云同志手稿中记载："参加这个会议的同志除政治局正式及候补委员以外，一、三军团的军团长与政治委员林聂（林彪和聂荣臻）、彭杨（彭德怀和杨尚昆）及五军团的政治委员李卓然、李总政主任及刘参谋长都参加"了。

经核对，参加会议的有：

政治局委员：（以姓氏笔画为序）

毛泽东　朱德　陈云　周恩来　张闻天　秦邦宪

政治局候补委员：（以姓氏笔画为序）

王稼祥　邓发　刘少奇　何克全

中央秘书长：邓小平

红军总部和各军团负责人：

刘伯承　李富春　林彪　聂荣臻　彭德怀　杨尚昆　李卓然

共产国际派来的军事顾问李德，以及担任翻译工作的伍修权也参加了会议。

未参加会议的军团首长，除九军团军团长罗炳辉、政治委员蔡树藩外，五军团军团长董振堂亦未出席这次会议。

三、遵义会议前的酝酿情况

早在五次反"围剿"时，毛泽东等同志对李德错误的军事指挥就曾提出过许多意见。据陈云同志手稿中记载："这种错误的军事上的指挥，是经过了一个很长时期的。

在这一时期中，党内军委内部不是没有争论的，毛张王曾经提出过许多意见……但是没有胜利的克服这种错误。至于各军团……的首长不知有多少次的建议和电报，以及每个战役的‘战斗详报’，提出他们的作战意见，可惜完全没有被采纳。”遵义会议决议也指出：军委的一切工作为华夫同志个人所包办，把军委的集体领导完全取消，对军事上一切不同意见，采取各种压制的方法。虽是军委内部大多数同志曾经不止一次提出了正确的意见，而且曾经发生过许多剧烈的争论，然而这对于华夫同志与博古同志是徒然的。

长征开始后，“广大干部眼看反五次‘围剿’以来，迭次失利，现在又几乎濒于绝境，与反四次‘围剿’以前的情况对比之下，逐渐觉悟到这是排斥了以毛泽东同志为代表的正确路线，贯彻执行了错误路线所致，部队中明显地滋长了怀疑不满和积极要求改变领导的情绪。这种情绪，随着我军的失利，日益显著，湘江战役，达到了顶点”。周恩来同志回忆说：过了湘江后，毛主席提出讨论失败问题，“从老山界到黎平，在黎平争论尤其激烈”。当时争论的中心是关于红军的战略行动方针问题。毛泽东同志根据当时的敌我态势，从实际情况出发，主张改向敌人力量薄弱的贵州前进，并提出放弃与二、六军团的会合，而李德等人仍旧坚持按原计划行动。正如遵义会议决议中所指出的那样：“当红军到了湘黔边境，在当时不利于我的情况下，却还是机械的要向二、六军团地区前进，而不知按照已经变化的情况来改变自己的行动与方针。”一九三四年十二月，中央负责同志在途经湖南省通道县境时开了会，毛泽东同志继续西进贵州的主张得到了与会大多数同志的赞同。红军遂由湖南进入贵州。

同年十二月十八日，中央政治局于贵州黎平举行会议。据周恩来同志回忆，在黎平会议上争论得很激烈。军事顾问李德仍未放弃与红二、六军团会合的打算，提出到黔东北迎击敌人的计划。这样做，只能陷入敌人的罗网。毛泽东同志则主张向黔北走。主持会议的周恩来同志采纳了毛泽东同志的意见。这次会议作出了《中央政治局关于在川黔边建立新根据地的决议》，确定了新的战略行动方针。

一九三五年一月一日，中央政治局在贵州瓮安县猴场（草塘）召开会议，作出了《中央政治局关于渡江后新的行动方针的决定》。

毛泽东同志的正确意见虽然逐渐取得多数同志的拥护，但斗争并未结束。对此，周恩来同志后来回忆说：“从黎平往西北，经过黄平，然后渡乌江，达到遵义，沿途争论更烈。在争论过程中间，毛主席说服了中央许多同志。”“这样就开好了遵义会议。中央的很多同志都站在毛主席方面。”

陈云同志手稿中也指出：“遵义政治局扩大会议的召集，是基于在湘南及通道的各种争论而由黎平政治局会议所决定的。这个会议的目的是在：（一）决定和审查黎平会议所决定的暂时以黔北为中心，建立苏区根据地的问题。（二）检阅在反对五次‘围剿’中与西征中军事指挥上的经验与教训。”因此，我军占领遵义后，政治局扩大会议遂于遵义举行。

遵义会议的召开，本身就是毛泽东同志的正确主张的一大胜利。

四、遵义会议进行情况

遵义会议集中全力纠正了当时具有决定意义的军事上的错误，并在组织上作了一些调整。

会议开始，由博古同志作了关于反五次“围剿”总结的报告。他在报告中为导致第五次反“围剿”失败的错误军事领导进行辩护。正如会议决议所指出的：“××同志的报告基本上是不正确的。”接着周恩来同志作了副报告。

毛泽东同志在会上作了重要发言。他对错误军事路线进行了切中要害的分析和批评，正确阐述了中国革命战争的战略问题，指明了今后正确的方向。陈云同志在一九七七年八月二十三日接见遵义会议纪念馆负责人的谈话中说：在遵义会议上，“毛主席讲得很有道理。内容就是中国革命战争战略问题”。周恩来同志后来在谈到当时的情况时也说：在遵义会议上，毛泽东同志批判了当时错误领导在军事路线上的错误：先是冒险主义，继而是保守主义，然后是逃跑主义。“其他问题暂时不争论”，“很多人一下子就接受了”。

会上，其他同志也对博古同志的总结报告进行了批评。

经过三天的讨论，会议作出了《中央关于反对敌人五次“围剿”的总结决议》（会议的决议在会后由洛甫写成文字）。决议指出：“军事上的单纯防御路线，是我们不能粉碎敌人五次‘围剿’的主要原因。”在反对五次“围剿”的战争中，“左”倾错误的领导者“以所谓‘短促突击’的战术原则来支持这种单纯防御的战略路线。这就使敌人持久战与堡垒主义的战略战术，达到了他的目的。使我们的主力红军受到部分损失，并离开了中央苏区根据地”。而我们的突围的行动，又“是一种惊慌失措的逃跑的以及搬家式的行动”。三个月的突围战役，红军“减员到空前的程度”。“为了粉碎敌人新的围攻，创造新苏区，必须彻底纠正过去军事领导上所犯的错误，并改善军委领导方式。”

据陈云同志手稿中记载：在“扩大会中恩来同志及其他同志完全同意洛甫及毛王的提纲和意见，博古同志没有完全彻底的承认自己的错误，凯丰同志不同意毛张王的意见，A同志完全坚决的不同意对于他的批评”。

会议着重指出，军事领导上的错误，“A、博二同志是要负主要责任的”。

扩大会最后作出了下列决定：

“（一）毛泽东同志选为常委。

（二）指定洛甫同志起草决议，委托常委审查后，发到支部中去讨论。

（三）常委中再进行适当的分工。

（四）取消三人团，仍由最高军事首长朱周为军事指挥者，而恩来同志是党内委托的对于指挥军事上下最后决心的负责者。”

博古同志在一九四三年十一月回忆遵义会议时说：“因有遵义会议，毛主席挽救了党，挽救了军队。教条宗派统治开始完结，基本上解决问题。”

遵义会议纠正了“左”倾冒险主义在军事指挥上的错误，取消了“左”倾错误领导的军事指挥权，这在当时是一个生死攸关、急待解决的问题。由于当时，大多数同志尚未认识到中央政治上的错误，加之战争形势紧迫，会议没有就政治路线的问题展开进一步的讨论，因而，会议“认为当时党的总的政治路线一般的是正确的”。在当时的条件下，这样做，对顺利解决迫在眉睫的军事路线问题、动员全党团结一致去克服长征中的困难，是必要的。

五、关于洛甫同志代替博古同志职务和三人军事小组的成立

遵义会议期间，中央在组织上只作了部分的调整，至于洛甫同志接替博古同志的职务和中央三人军事小组的成立，则是在会议之后决定的。

（一）关于洛甫同志代替博古同志的职务问题

一九四三年博古同志回忆说，遵义会议之前，“三人团处理一切（博、李、周）”。这就是说，当时三人团实际上是拥有最高权力的领导核心。遵义会议决定取消三人团，而周恩来同志仍是最高军事指挥者，这就是在实际上取消了博古领导全党工作和李德指挥军事的权力。但当时博古并未正式交出职务。陈云同志的手稿中提到：“在由遵义出发到威信的行军中，常委分工上，决定以洛甫同志代替博古同志负总的责任。”

周恩来同志回忆博古同志交出职务的情况时说：遵义政治局扩大会议后，“博古再继续领导是困难的，再领导没有人服了”。当时部队行进到四川、贵州、云南交界的地方，在一个叫鸡鸣三省的庄子里，“毛主席把我找去说，洛甫现在要变换领导”。毛主席“说服了大家，当时就让洛甫做了”。现经查明，在长征途中，党中央曾在云、贵、川三省交界的鸡鸣三省一带宿营时间是一九三五年二月五日前后。

可以认为：洛甫同志接替博古同志的职务，是一九三五年二月五日前后在鸡鸣三省一带，当中央政治局常委进行分工时决定的。

经查对，当时中央并无总书记职称，洛甫和博古也未用总书记的名义。

早在一九三一年，向忠发被捕叛变后，临时中央政治局即决定不设总书记。

一九四三年十一月十三日，博古同志在中央的一次会议上提到：向忠发被逮捕后，临时中央政治局“到酒店开会（明、周、卢、博四人）决定不设总书记。当时决定我为书记，我的实权是总书记，但是在中央会议并没有决定我是总书记”。

洛甫同志在一九四三年十二月十六日在所写的笔记中说，王明、周恩来决定离开上海，提出新中央的名单时，“当时卢福坦想当总书记，所以我记得当时特别提到无总书记问题”。

周恩来同志于一九四三年十一月二十七日在中央的一次会议上也提到：“在分配工作时，曾向卢福坦解释不设总书记。”

由于博古同志的正式名义不是党的总书记，因而陈云同志手稿中只是说：“常委分工上，决定以洛甫同志代替博古同志负总的责任。”1953版《毛泽东选集》第三卷所载六届七中全会《关于若干历史问题的决议》后的注释（九）中也说：“秦邦宪同志……一九三一年九月至一九三五年一月，曾先后担任党的上海临时中央局和红色区域中央局的领导者。”周恩来同志一九七二年回忆说：遵义会议后，“撤销博古的那个声明也没有用‘总书记’”。“这个‘总’字好像没有加上。反正他是书记就是了，因为其他的人作常委嘛。”

一九三八年四月九日，张闻天同志致电长江局，提出对《救亡日报》发表有关他的谈话应作声明：说明“中共中央有几个书记，向无所谓总书记”。四月十二日，武汉《新华日报》刊登了《张闻天（洛甫）启事》，其中提到：“中共中央设有由数同志组织之书记处，但并无所谓总书记。”

由此可见，博古和洛甫同志当时并没有用总书记的名义，只用书记的名义。

（二）关于三人军事小组的成立

遵义会议结束后，中央政治局常委进行了分工，“以泽东同志为恩来同志的军事指挥上的帮助者”。一九三五年三月四日，中央军委又决定“特设前敌司令部，委托朱德同志为前敌司令员，毛泽东同志为前敌政治委员”。此时，三人军事小组显然尚未成立。它究竟于何时何地成立的呢？以下的资料提供了重要的线索：

毛泽东同志在一九四三年说：长征途中，“在打鼓新场，洛甫每天要开二十余人的中央会议。洛甫提议要我为前敌总指挥……以后组成三人团（毛周王）领导”。

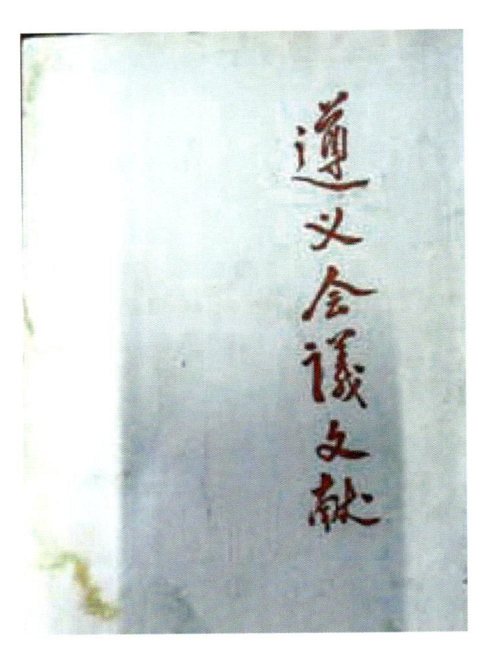

《遵义会议文献》

一九四三年，周恩来同志在谈到当年撤销进攻打鼓新场敌据点的计划时说：在鸭溪会议上，“毛主席坚决反对那个军事计划，后来还是停止了……自此以后成立三人团，集中军事领导，少开会议”。一九七二年，周恩来同志再次谈到这件事，他说：第二次从遵义出发，大家一致要打驻守在打鼓新场的敌人，“硬要去攻那个堡垒。只毛主席一个人说不能打”。由于“别人一致通过要打”，“他也只好服从”。会后，毛主席“半夜里提马灯又到我那里来，叫我把命令暂时晚一点发，还是想一想。我接受了主席的意见，一早再开会议，把大家说服了。这样，毛主席才说，既然如此，不能像过去那么多人集体指挥，还是成立一个几人的小组，有（由）毛主席、稼祥和我，三人小组指挥作战”。

一九七八年五月十八日，陈云同志在审查中国革命博物馆党史陈列时，谈到过三人军事小组成立的情况。他说：“成立三人小组是在遵义会议以后，四渡赤水时定的。大概在打鼓新场的地方。当时大家意见很多，就搞了个三人指挥小组。决议上没有。”

洛甫同志在一九四三年十二月的笔记中也说：“在抢渡乌江以前，泽东同志提议以毛泽东、周恩来、王稼祥三人成立三人团全权指挥军事。”

上述材料，说明三人军事小组的成立是和第二次撤离遵义后，作出撤销攻打打鼓新场决定紧密联系着的。根据这些线索，我们查阅了当时部队行动的有关电报。这些电报记载：军委二次撤离遵义后，一九三五年三月十日一时，一军团林、聂发电报给军委，建议我“野战军向打鼓新场、三重堰前进，消灭西安寨、新场（按：即打鼓新场）、三重堰之敌”。十一日，军委在苟坝附近发给一、三、五军团《关于我军不进攻新场的指令》的电报。电文指出：“滇军鲁旅已到黔西，十二号可到新场。安、龚两旅则跟进。依此，我主力进攻新场，已失时机。……军委已于昨十号二十一时发出集中平家寨、枫香坝、花苗田地域之电令，以便寻求新的机动。”

上述电报记载了中央军委撤销进攻打鼓新场计划的时间和中央军委当时所在的地点。那时，红军处于强敌围困之中，情况瞬息万变，亟需成立一个具有权威的军事指挥机构以保证毛泽东同志实施正确的军事指挥，因而在改变鸭溪会议上所作出的进攻打鼓新场计划后，成立了三人军事小组。这一点，从毛泽东、陈云同志的讲话中可以看出，特别是在周恩来同志的两次讲话中说得更为清楚。

据此，可以认为，三人军事小组是在一九三五年三月十一日左右在贵州鸭溪、苟坝一带成立的。

三人军事小组全权指挥军事。在当时的战争环境中，它是中央最重要的领导机构。毛泽东同志进入三人军事小组，表明了新的中央的领导地位在全党得到了进一步的巩固。也标志着毛泽东同志的正确主张取得了决定性的胜利。

遵义会议具有伟大的历史意义，这次会议为中国革命开辟了走向胜利的航道。

一九八三年二月初稿

一九八四年九月修订

（摘自中共中央党史资料征集委员会、中共中央档案馆编《遵义会议文献》，人民出版社，2009，第 130—145 页）

长征——前所未闻的故事（摘录）

［美］哈里森·索尔兹伯里

直到一九八四年春天，人们对于遵义会议的一些细节——例如时间和与会者的身份——还是不甚了了。然而，从未有人对遵义会议的结果产生过疑问。一九八四年三月四日，党中央的历史学家们透露，他们在档案里翻出了一份很早以前的备忘录，提供了很多失传的资料。

按现在的说法，参加会议的有：

政治局委员：毛泽东、朱德、陈云（他的丢失多年的回忆录提供了很多失传的细节）、周恩来、洛甫（张闻天）、博古（秦邦宪）和候补委员：王稼祥、邓发（安全保卫负责人）、刘少奇（多年后成了“文化大革命”的主要牺牲品），共青团领导人何克全（凯丰），共十人。

七位红军指挥员：刘伯承、李富春（他接替受伤的王稼祥，担任红军政治部代主任，一直是毛泽东的伙伴），林彪、聂荣臻（林的政委，毛泽东的坚定的追随者）、彭德怀（第三军团司令，态度强硬，反对李德）、第三军团政委杨尚昆以及第五军团政委李卓然。

红军报纸《红星》报的编辑、新任命的党中央秘书长邓小平也出席了会议。在场的还有李德和翻译伍修权，他们是列席代表，总共有二十人出席会议，中国的前途就取决于他们做出的决定。

博古首先发言。

他谈了蒋介石的第五次“围剿”，把共产党的失败归咎于国民党在数量上的绝对优势和中央苏区以外的共产党军队配合不灵。博古没有稿子，是即席发言。他着重讲了形势的客观一面。据翻译伍修权说，他相当客观地分析了当时的军事形势，并批评自己在军事路线上的错误。但他同时又力图为自己辩护和开脱。

秘书们不得参加会议。可能除了邓小平以外，与会者都没有做记录。大部分发言都是即席的。甚至到今天，这些发言的内容也未全部公布。现在在世的几个与会者凭记忆也很难把内容凑全。

博古显然没有赢得听众的同情。他的同志们说他企图推卸责任。李德列席会议，但态度并不客观，他的看法与众不同。他认为博古干得不错，他强调蒋介石正在从“帝国主义列强”那里得到贷款、武器和军事顾问。(博古显然没有特别提到冯·塞克特)。李德在回忆时还说，博古认为，共产党的战略是正确的，只是在执行中有错误而已。

第二个发言的是周恩来，他承认政策不对头，特别是不应当打阵地战。他说，这是造成红军第五次反“围剿”失败的原因。他自我批评的态度很坦率，丝毫不想推卸责任。他愿意承担责任的态度给同志们留下了很好的印象。

周恩来的发言使李德感到不安。他认为周强调了主观因素，巧妙地使他自己同博古、李德保持了一定距离，并为毛泽东把周和博古、李德之间划清界线创造了条件。

毛泽东一向总是等到最后才发言，这次一反常态，他首先讲了话。他作了一篇长达一个多小时的发言，比任何其他人讲得都长。他点名批评了李德和博古，指责他们无视红军打运动战的传统政策。李德的“短促突击”取代了朱、毛诱敌深入、围而歼之的战术。毛反驳了李德认为失败是由于数量上的劣势造成的这一观点。第一、二、三和四次反“围剿”中红军都是同数倍于己的国民党军队作战并取得胜利的。所以问题不是数量，而是战术。伍修权回忆说，毛泽东坚持认为军事路线错了。博古和李德的政策是“防守中的保守主义”“进攻中的冒险主义”和“退却中的逃跑主义”。

毛泽东发言说，领导者最重要的任务是解决军事方针问题。而博古和李德根本不顾这样明白的现实，即战士也是人，也要用双脚走路，也要吃饭、睡觉。假如一个指挥员不了解实际地形和地理情况，只知道根据地图布置阵地和决定进攻时间，他“肯定要打败仗”。

毛泽东还猛烈抨击了未能和十九路军联合这件事。他说，这就使红军失去了一个迂回到国民党防线背后、从后面攻击敌人的大好时机，而周恩来、洛甫和他本人都曾经主张和十九路军联合。

毛泽东的讲话赢得了热烈的掌声。他说出了大多数指挥员长久以来没有说出的心里话。

李德被毛泽东的话深深地刺痛了。三十年后，他对遵义会议只讨论军事问题而没有同时也讨论政治问题的做法表示了极大的不满，指出会上根本就没有提及苏联和世界政治。但是，中国人早在会前就已决定只讨论军事问题，因为他们知道，一讨论政治问题，会议很可能会开崩。

李德的处境很不利，他自己也意识到了这一点。他远远地坐在门旁，被有意地排斥在中国人圈子之外了。他只能通过伍修权的翻译来了解他们在说什么。而入夜以来，伍修权变得愈来愈不安和疲乏，翻译的内容也越来越简短，有时完全停了下来。李德长得体阔肩圆，平时总是不动声色，除非要发言，否则总象（像）块石头似的坐在那里纹丝不动。而现在他却怒形于色了。博古发言时，他的脸涨得通红，当毛泽东开始抨击他时，他的脸又变白了。他表面上一点没有失去控制，只是一根接一根地抽烟，把刚在遵义没收而分配给他的烟卷也抽了不少。看起来他变得越来越沮丧和抑郁了。

王稼祥接着毛泽东发言。他已经对聂荣臻说过，“到时候要把他们轰下去，把李德拉下台！”他拥护毛和毛的立场是大家意料中的事，因为他们一直注视着王稼祥在担架上与别人讨论的情况。他明确地说，博古和李德必须让位，由毛泽东来指挥红军。

李德在回忆录中声称，他在遵义会议上没有发言，因为他对当时的发言情况没有全面的了解，所以他决定在研究了会议记录或至少是总结性决议之后再说。看来并没有会议记录，而决议也是到了一九四八年才公开发表。斯诺一九三六年在延安同毛泽东和其他共产党领导人的长篇谈话中，也没有人提起过遵义会议。

李德回忆自己没有参与讨论的说法和别人的回忆不一致。翻译伍修权记得李德为自己作了辩护，坚持说，他只是作为一个顾问被共产国际派到中国来的。（这一点完全正确。）他为总的作战路线进行了辩护，但却说任何责任都应由中国领导人承担，是他们把事情搞糟了，应受谴责的是中国人，是中共中央委员会，等等。他没承认有任何错误。伍修权认为李德问心有愧，但是读过他的回忆录的人却不会得出这样的结论。事情过去三十年了，可他的态度似乎还是和他在遵义时一样坚决。

李德一再说，他只不过是个代表。他确实提出过各种各样的建议，但是，“这些建议是否被采纳就是你们的问题了”。根据中国的档案材料，胡华教授说，李德断然拒绝了一切批评。

批评火力持续了三天，会议一般都是晚上七点开始，持续了四五个小时。措词越来越激烈，翻译伍修权也感到越来越紧张了。

白天主要是处理军事事务，这期间正在对部队进行一次重大的改编。解散了中央纵队及其庞大累赘的挑夫队伍。剩下的重型设备或者被破坏，或者被埋藏起来以备后用。必须携带的东西都分散到各个部队去了。中央纵队的年轻人和留下的挑夫都尽可能被编进战斗部队里。第三梯队的政委李林凯病了，所以这些工作大都由小刘英负责。

征兵工作正在积极开展，又增加新兵四千人。清点人员后证实，红军现在只有三万人。

随着会议的进行，越来越多的人站到了毛泽东的一边。很多指挥员指出长征缺乏思想准备的问题。他们认为，部队的严重损失，特别是因开小差而造成的损失，主要是由于新兵在思想上没有做好充分准备。和往常执行任务不同，这些新兵不知道自己要到哪儿去，也不知道为什么打仗，为什么必须作出牺牲。指挥员们认为保密工作做得太过分了，连很多指挥员都不了解情况，这样就影响了战斗意志和官兵们的士气。

洛甫和朱德坚决支持毛泽东。周恩来再次发言，认为毛泽东对博古和李德的“左”倾路线的批评是正确的，并提议毛泽东任红军总指挥。

李富春的发言给伍修权留下了深刻的印象。李富春是毛泽东在湖南时的老朋友，他和毛的另外一位老朋友、才华横溢的蔡畅结了婚。聂荣臻的发言也使伍修权深受感动，聂荣臻对李德的表现非常生气。伍修权同意聂荣臻对李德的批评，因为他本人也经常领教李德的粗暴态度。有一次，他曾对一个部门的领导说：“李德是个帝国主义分子。如果让我自己选择，我绝不给他当翻译。既然分配我给他当翻译，我只好干。”

聂荣臻是躺在担架上来开会发言的。（过湘江时，他的脚负了伤，尚未痊愈。）他说话时很气愤。每次见到李德，他就恼火，因为使他想起李德的瞎指挥，李德对每门炮的位置以及哨兵设在哪里等具体部署都作指示，而这些细节连军团指挥员也无须亲自过问。聂荣臻对李德的尖锐批评，伍修权至今仍然记忆犹新。聂荣臻作为第一军团的政委，对李德的那种只允许和敌人正面作战的命令，并不是一概照办的。有时，他们用传统的朱毛战术诱敌深入，因而仍然打了一些胜仗。

彭德怀在发言中坚决支持毛泽东，并严厉批评博古和李德。刘伯承也是如此。令人奇怪的是，李德倒觉得，和其他人的发言相比，朱德、彭德怀和刘伯承还是比较“温和的”。

看来林彪在遵义会议上并没有起多大作用。当然，他在“文化革命”中的所作所为以及他的未遂政变可能歪曲了人们的记忆。和我交谈过的大部分军人都曾受害于他。伍修权断言说，林彪在会上一言不发，他因支持博古和李德而受过批评。聂荣臻同意伍修权的说法。可是其他有些人都记得林彪在会上支持毛泽东主张解除博古和李德职务的建议。据说，在湘江战役和第一军团遭受损失之后，林彪就开始公开批评这两个人了。临到开会，他讲了很多意见，对他们表示了很大的敌意。

会议所有的参加者当中，只有何克全几乎完全支持博古和李德。他曾在莫斯科学习过，是个“正统”的“布尔什维克”。他承认他们确实犯了错误，但不同意解除他们的职务。聂荣臻认为何克全“相当狂妄自大”。何对毛说：“你根本不懂马列主义。你只读过《孙子兵法》。”尽管遵义会议采取了行动纠正错误，何还是一味坚持己见，直到后来，才勉强承认他是错了。

聂荣臻和刘伯承建议红军改变路线，打过长江，在四川西北部建立一个新的根据地。他们认为，那里的条件比贵州好得多，——四川省比较富裕；而（公路）交通极不便利，这就使得靠两条腿走路、且行动迅速的红军占了点优势；那里的军阀一般来说对蒋介石怀有敌意；另外，四川省人口较多，可以补充兵员。

最后，周恩来建议停止目前由博古、李德和他本人组成的“三人团”工作。这个建议得到一致通过，据说没有进行表决，整个会议期间一次正式表决也没有。军事指挥权现在落在朱德和周恩来两个人身上。没有提到毛泽东。但在另一项决议里，毛被选为领导核心——政治局常务委员会委员。不管纸上写的如何，大家都知道谁当家。另外一项决议写进了洛甫为毛的批评发言所作的摘要。最后一项决议指出，常委内部的分工以后再讨论决定。

这时彭德怀已经离遵义去对付国民党将军吴奇伟了，吴正在威胁着他的第六师。打点行装，收起帐篷，毛泽东和司令部的人马也于一月十九日离开了遵义。出发前，在罗马天主教堂召开了一次军事指挥员会议，博古（做政治报告）、周恩来和毛讲了话。可惜，发言稿未被保存下来。

遵义会议结束了，长征继续进行，毛泽东在掌舵。中国的道路——至少今后半个世纪的路——就这样确定了。

（摘自哈里森·索尔兹伯里：《长征——前所未闻的故事》，解放军出版社，1986，第139—146页）

《中国共产党历史》(节录)

遵义会议明确地回答了红军的战略战术方面的是非问题，指出了博古、李德军事指挥上的错误；同时改组了党中央的领导，特别是军事领导，解决了当时党内所面临的最迫切的军事问题，结束了“左”倾教条主义在党中央的统治，实际上确立了毛泽东在党中央的领导地位。而这些成果，又是在中国共产党同共产国际联系中断的情况下，独立自主地取得的。这次会议，在极端危急的历史关头，挽救了中国共产党，挽救了红军，挽救了中国革命。从此，中国共产党能够在以毛泽东为代表的马克思主义正确路线领导下，克服重重困难，一步步地引导中国革命走向胜利。遵义会议是党的历史上一个生死攸关的转折点，它标志着中国共产党在政治上开始走向成熟。

（摘自中共中央党史研究室：《中国共产党历史（上卷）》，人民出版社，1991，第387—388页）

在纪念红军长征胜利80周年大会上的讲话（节录）

（2016年10月21日）

习近平

——长征是一次检验真理的伟大远征。真理只有在实践中才能得到检验，真理只有在实践中才能得到确立。长征途中，红军面临着凶恶残暴的追兵阻敌，面临着严酷恶劣的自然环境，还面临着同党内错误思想的激烈斗争。经过长征，党和红军不是弱了，而是更强了，因为我们党找到了中国革命的正确道路，找到了指引这条道路的正确理论。

长征途中，党中央召开的遵义会议，是我们党历史上一个生死攸关的转折点。这次会议确立了毛泽东同志在红军和党中央的领导地位，开始确立了以毛泽东同志为主要代表的马克思主义正确路线在党中央的领导地位，开始形成以毛泽东同志为核心的党的第一代中央领导集体，这是我们党和革命事业转危为安、不断打开新局面最重要的保证。

长征的胜利，使我们党进一步认识到，只有把马克思列宁主义基本原理同中国革命具体实际结合起来，独立自主解决中国革命的重大问题，才能把革命事业引向胜利。这是在血的教训和斗争考验中得出的真理。

（摘自习近平：《在纪念红军长征胜利80周年大会上的讲话》，人民出版社，2016，第4—5页）

《中共中央关于党的百年奋斗重大成就和历史经验的决议》(节录)

（2021年11月11日中国共产党第十九届中央委员会第六次全体会议通过）

一九三五年一月，中央政治局在长征途中举行遵义会议，事实上确立了毛泽东同志在党中央和红军的领导地位，开始确立以毛泽东同志为主要代表的马克思主义正确路线在党中央的领导地位，开始形成以毛泽东同志为核心的党的第一代中央领导集体，开启了党独立自主解决中国革命实际问题新阶段，在最危急关头挽救了党、挽救了红军、挽救了中国革命，并且在这以后使党能够战胜张国焘的分裂主义，胜利完成长征，打开中国革命新局面。这在党的历史上是一个生死攸关的转折点。

（摘自《中共中央关于党的百年奋斗重大成就和历史经验的决议》，人民出版社，2021，第6页）

遵义会议研究

研究状况 1978年中共十一届三中全会召开之后，实事求是的思想路线逐步恢复，史学研究工作渐趋活跃。遵义会议作为中共党史研究的重要课题之一，迅速引起国内外学者关注，研究工作随即展开。20世纪80年代初期，有关党史研究的刊物上开始对遵义会议史实进行披露，并对其进行了较为详细的介绍、分析、研究和评论。

1985年1月13日至17日，贵州省纪念遵义会议召开50周年学术讨论会在遵义市举行。来自全国各地的专家学者、党史工作者和宣传者共98人到会，提交论文80余篇。中共中央顾问委员会常委伍修权、中共中央党史资料征集委员会副主任童小鹏出席开幕式并讲话，同时还即席回答了有关遵义会议的一些问题。会议收到的论文和大会所作的发言，着重回应遵义会议的基本经验和为什么在遵义会议上没有批判以王明为代表的“左”倾政治路线的问题，论述四渡赤水作战是毛泽东军事思想的胜利，同时提出许多尚待研究的问题。此次学术讨论，为进一步研究遵义会议的有关史实提供新的线索与史料，提出新的见解与问题，推动党史的科研、教学和宣传工作深入进行。

20世纪80年代后期起，一些介绍和研究遵义会议的专著出版，对遵义会议进行了较为详尽的介绍、分析和评论，一批对中共党史特别是对长征进行深入研究的专家学者涌现出来。较有影响的是遵义会议纪念馆原副馆长、研究员费侃如，从20世纪80年代后期起，他先后出版了《张闻天与遵义会议》《中国工农红军第一方面军长征史事日志》《遵义会议研究论稿》《走进遵义会议会址》《陈云与遵义会议》《长征中的李卓然》等专著。《中国工农红军第一方面军长征史事日志》被称为“研究红军长征的上乘之作”。该书共26万字，根据大量的文献资料，逐日记述了从1934年10月10日长征开始，至1935年10月19日红军抵达陕北吴起镇止，中共中央、中央军委和各军团的主要活动及战斗情况，特别是对长征中党中央召开的历次重要会议，采用了当时党史最新研究成果，一些情况还没有被公开过。中国军事科学院审查书稿时给予较高的评价：“这本书以日志的形式，将文献资料、历史事实、研究成果集于一体。该书内容丰富，史料翔实准确，文字简练，观点鲜明，是一部集大成的著作，是红军长征研究的上乘之作。它对于研究党史军史有重要的参考价值，是进行革命传统教育和爱国主义教育的好教材。”该书多次修订出版，2002年获得贵州省哲学社会科学优秀论文二等奖。费侃如的另一部专著《遵义会议研究论稿》收录了其研究遵义会议的相关论文71篇，其中，遵义会议相关史实研究30篇，遵义会议相关人物研究23篇，红军长征与遵义8篇，遵义会议相关遗迹10篇，此书所收录的研究文稿具有很高的研究价值，在党史界有较大的影响。中共党史学家、中共中央党史研究室原副主任石仲泉在《长征行》一书中曾写道：“遵义会议纪念馆的老馆长费侃如就是研究遵义会议的专家，他的一些考证分析对推动（遵义会议）专题的研究起了一定作用。”

另有遵义会议纪念馆原副馆长、研究员石永言编著，遵义会议纪念馆编的《遵义——中国共产党在这里站起》由中央文献出版社出版；遵义会议纪念馆编的《毛泽东与遵义会议》由中共党史出版社出版；由上海人民出版社出版的专著有侯保重的《遵义会议：决定中国历史命运的三天》；遵义会议纪念馆原馆长、研究员陈松与红色文化专家黄先荣合著的《中国革命在这里大转折》及吴德坤主编的《遵义会议资料汇编》《遵义会议研究论文选编》《遵义会议前后红军政治工作资料选编》《遵义会议前后红军军事电文选编》等具有很高的史料价值。2020年1月，遵义会议纪念馆副馆长、副研究员王志力主编的《朱德与遵义会议》，由中共党史出版社出版。特别是中共中央党史资料征集委员会、中共中央档案馆编撰的《遵义会议文献》对遵义会议若干重大问题给予了最权威的解释和结论。

其他还有相关部门分别在纪念遵义会议50周年、60周年、70周年、80周年活动中收集编撰了相关文集，如中共遵义地委、遵义地区行署、中共遵义市委、遵义市人民政府编撰的《伟大的转折——遵义会议五十周年回忆录专辑》，中共遵义市委办公室、市委政策研究室、市委党史研究室编撰的《遵义会议永放光辉——纪念遵义会议80周年论文集》等。2015年，遵义市政协主办、遵义市长征学学会承办的“纪念遵义会议胜利召开80周年学术研讨会”在遵义宾馆召开，全国120位专家学者参会，提交学术论文80余篇，后集成论文集印发。

殷切嘱托 1985年5月，中央书记处书记、中央宣传部部长邓力群到遵义会议纪念馆参观后，对纪念馆主持工作的原副馆长费侃如和原副馆长田兴詠说：“遵义会议在中国革命历史上的重要地位，在中国共产党的两个重要历史决议中已作定论。具体到中国工农红军长征途中，是一次非常重要的会议。你们这里（指遵义会议纪念馆）应该成为研究长征的中心。红军长征虽然经过了许多地方，但这些地方，对长征研究的重要，都无法取代你们。你们应该很好收集整个长征途中所有的资料，包括历史的，以及以后宣传出版的。做到全国各地需要了解长征的资料，都到你们这里来，都能查到。”邓力群对遵义会议纪念馆在长征研究中的重要工作寄予期许。

2010年8月2日，中共中央政治局委员、国务委员刘延东参观遵义会议会址时指出：“遵义要突出‘遵义会议’这个独一无二的品牌，努力建设成为红军长征纪念基地、红军长征文化研究基地和红色旅游基地。”同样寄托遵义以重望。

2015年6月16日，中共中央总书记、国家主席、中央军委主席习近平在参观遵义会议会址和遵义会议陈列馆时指出：“遵义会议作为我们党历史上一次具有伟大转折意义的重要会议，在把马克思主义基本原理同中国具体实际相结合、坚持走独立自主道路、坚定正确的政治路线和政策策略、建设坚强成熟的中央领导集体等方面，留下宝贵经验和重要启示。我们要运用好遵义会议历史经验，让遵义会议精神永放光芒。”

2021年2月5日，习近平在贵州考察调研时的讲话指出：“当年长征时，红军在贵州活动时间最长、活动范围最广，为我们留下宝贵精神财富。遵义会议是我们党历史上一次具有伟大转折意义的重要会议。这次会议在红军第五次反‘围剿’失败和长征初期严重受挫的历史关头召开，确立了毛泽东同志在党中央和红军的领导地位，开始确立以毛泽东同志为主要代表的马克思主义正确路线在党中央的领导地位，开始形成以毛泽东同志为核心的党的第一代中央领导集体，开启了我们党独立自主解决中国革命实际问题的新阶段，在最危急关头挽救了党、挽救了红军、挽救了中国革命。遵义会议的鲜明特点是坚持真理、修正错误，确立党中央的正确领导，创造性地制定和实施符合中国革命特点的战略策略。这在今天仍然具有十分重要的意义。”

论文 截至2016年年底，全国社会科学、党史专业刊物和报纸共发表论文、资料数百篇，其中不少文章影响较大，研究局面逐步形成。具有代表性的有：费侃如的《遵义会议召开和结束时间问题》《关于陈云同志〈(乙）遵义政治局扩大会议〉形成时间的考析》《关于遵义会议时间问题的考证》《三人军事指挥小组与遵义会议决议》《遵义会议〈决议〉研究二题》；田兴詠的《邓小平与遵义会议》《也谈遵义会议的时间问题》；赵福超的《中央红军传达〈遵义会议决议〉考证》《遵义会议前后的毛泽东与张闻天》；张小灵的《新中国邮票上的“遵义会议”》等。

遵义会议精神传扬

遵义会议精神内涵 2015年6月，习近平总书记在贵州调研时指出：“遵义会议作为我们党历史上一次具有伟大转折意义的重要会议，在把马克思主义基本原理同中国具体实际相结合、坚持走独立自主道路、坚定正确的政治路线和政策策略、建设坚强成熟的中央领导集体等方面，留下宝贵经验和重要启示。我们要运用好遵义会议历史经验，让遵义会议精神永放光芒。”

2021年9月29日，党中央批准发布中国共产党人精神谱系第一批伟大精神，遵义会议精神名列其中。2022年3月14日，中央宣传部办公厅印发《关于反馈遵义会议精神基本内涵表述意见的函》，该函明确表示，经报请中央领导同志批准，将遵义会议精神基本内涵表述为“坚定信念、坚持真理、独立自主、团结统一”，并要求贵州省继续加强遵义会议精神及其基本内涵的宣传阐释，充分彰显其历史价值和时代意义，大力弘扬以伟大建党精神为源头的中国共产党人精神谱系，为实现中华民族伟大复兴凝聚强大精神力量。

遵义会议精神传承 遵义会议精神与长征精神都是中国共产党人精神谱系的重要组成部分。教育首先要从青少年抓起，遵义老城范围内的遵义开放大学、遵义四中、遵义市第四初级中学、遵义市第十一中学、遵义市文化小学、遵义市老城小学，以及各幼儿园，均把革命传统教育、长征精神教育、遵义会议精神教育作为德育工作的重要内容，广泛深入地开展了扎实的工作。这些学校充分利用遵义会议会址、红军总政治部旧址、红军烈士陵园等得天独厚的红色文化资源，利用各种节日、纪念日等，广泛开展了丰富多彩的爱国主义教育活动。

每年清明时节，各校、各园全体师生到红军烈士陵园扫墓，向烈士敬献花圈；举行中学生成人宣誓、入团宣誓等活动；举行赠挽联、讲故事、诗朗诵等活动。

7 月 1 日是中国共产党的生日，各校组织学生参观遵义会议会址等革命遗址，举行“遵义会议”“红军长征在遵义”“四渡赤水”等报告会，让学生了解中国共产党在中国革命中的伟大历史作用，培养学生热爱中国共产党的意识。

各学校利用全国爱国主义教育示范基地遵义会议会址和红军长征在遵义期间发生的许多可歌可泣的英雄事迹等丰富的红色资源，把有关教育内容纳入各学科教学过程中。语文有长征史诗、长征文学作品；历史有近代革命史、长征史、党史；政治有长征精神、遵义会议精神；地理有长征路线、长征地名；音乐有长征赞歌；美术有长征书画；英语有长征史料及遵义会议解说词的翻译等。除此之外，各校还创建了长征文化专题类网站，介绍中央红军在遵义、遵义会议等内容。

2001 年，遵义四中设立“中国红军长征在遵义”的校本教材试教本，于 2005 年编出了校本教材。把参观“遵义会议会址”“红军总政治部旧址”“红军烈士陵园”等作为地方课程的内容，每届新生需学习 6 课时，参观学习后写心得体会、观后感。课题历时 4 年，结题时，课题组将研究成果汇编成《“长征文化”校本课程网络资源的研究、开发与利用》一书，内容涉及高中语文、英语、历史、地理、政治、音乐、美术和信息技术等学科。课题组先后聘请老红军、作家、知名党史专家给学生们讲述红军长征艰苦卓绝的斗争经历，讲述遵义会议的伟大意义。老红军王道金讲述了自己与战友们强渡乌江、四渡赤水、爬雪山过草地的艰苦历程；遵义会议纪念馆研究员费侃如讲述了遵义会议召开的背景和意义；知名的长征文学作家石永言讲述了红军在遵义期间“军爱民、民拥军”的感人故事；遵义历史文化研究会原会长曾祥铣等讲述了红军在遵义期间留下的红军文化及其意义，以及红色旅游资源开发和文物保护知识等。

2002 年，遵义四中又确立国家级实验课题“长征电影主题课例研究”，通过组织观看《长征》《遵义会议》《四渡赤水》等影片，增进学生对遵义会议意义和长征精神的了解，坚定学生的政治信念，增强学生的爱国主义精神，进一步促进学生人格品性积极健康发展。在课题实验中，同学们深深体会到长征精神是中华民族百折不挠、自强不息的民族精神，并表示遵义儿女一定要继承和发扬长征精神。

遵义市第四初级中学、遵义市第十一中学均把长征和遵义会议文化融入校本课程中。老城所有学校都开展了“长征故事进校园”活动。遵义市文化小学、遵义市老城小学和各中学培训“红色宣讲员”，组织学生到遵义会议会址等红色景点进行义务宣讲，从而培养青少年的爱国主义情操。

遵义市强化红色文化挖掘和传播力度，先后创作了电影《遵义会议》、电视剧《伟大的转折》、舞台剧《伟大转折》、花灯戏《十谢共产党》、纪录片《出山记》、红色快闪《长征原来如此青春》等文艺作品，加大了遵义会议、红军长征的宣传力度。

长征精神、遵义会议精神的宣传也在社会各界广泛开展。长期以来，遵义老城红军山、红军街、遵义会议会址、纪念广场、纪念公园等场所，有 10 余个红歌团“高唱长征组歌，弘扬长征精神”。2005 年，老城各校举办“长征精神代代传”读书讲演活动。纪念馆社区居委会在唐家祠巷成立新时代市民讲习所，讲习内容包括“发扬遵义会议精神，做文明遵义人”等。2017 年，遵义市长征学学会对学会会员罗建华、丁啟梅夫妇“骑马走长征”活动进行全面策划，参与并主持二人从江西省瑞金市到陕西省吴起县长征全过程中各个节点的活动。在红军山举行“骑马走长征”启动仪式，在瑞金红军广场举行出发仪式，在全兴三官庙进行湘江祭奠仪式，在遵义乡韵庄园举办长征鼓劲会，在吴起县举行长征胜利祝捷会。回遵义后，罗建华夫妇还撰写出版了《农民夫妇长征日记》一书。罗建华、丁啟梅受邀到各个学校讲述其亲身经历，激励学生们发扬长征精神、走好新的长征路。

2019 年，红花岗社区在步行街开展“打造红色商圈、先锋社区”活动，注入红色文化内涵。

在 2020 年抗击新型冠状病毒感染疫情工作过程中，老城各社区数百名志愿者发扬长征精神，不惧困难、勇于担当、乐于奉献，全天候值守岗位、入户调查，送水送菜、送医送药，为抗疫工作做出了贡献。

红色文化宣讲　红色文化宣讲与培训是人民群众学习党史、了解遵义丰厚的红色历史、传承发扬长征精神和遵义会议精神的重要方式。红色文化宣讲培训在老城开展得非常热烈。

遵义有红色文化宣讲培训机构数十家，老城有两家较有影响力，即遵义红色文化教育培训学院和遵义会议研究院。

遵义红色文化教育培训学院，成立于2016年，位于解放路42号，是市内专业开展红色培训、党建团建、研学实践的大型国有企业。自2016年以来，累计开班800余期，接待来自全国各省市区的团队500余个，累计培训11万余人次。学院在1935大讲堂每周五举办开放式讲座，以各级党组织预约参与为主，也接受广大市民报名旁听。大讲堂邀请地方史专家、党史专家开展专题宣讲，主要课题有“中央红军在遵义”“遵义会议的历史地位和深远影响”“中国特色革命道路与中国建设道路之比较”“毛泽东四渡赤水的战略思想”等。

遵义会议研究院于2016年5月成立，主要负责遵义会议及长征文化研究宣教工作。2019年9月，遵义会议研究中心调整变更为遵义会议研究院。遵义会议研究院自设立以来，开展了《遵义会议的伟大历史意义和当代价值》《遵义会议与党的十九大精神》《遵义会议与不忘初心牢记使命》《遵义会议与红军长征的胜利》《遵义会议与遵义会议精神》《遵义会议与长征精神》《毛泽东与遵义会议》《周恩来与遵义会议》等专题讲座，接待来自全国的党、政、军和社会各界团体200余个，开办讲座800余场次，宣讲受众3万余人次。

2019年7月18日，在北京举行的全国旅游五好讲解员建设行动试点工作总结交流活动中，来自遵义会议纪念馆、遵义红色文化教育培训学院的10名红色旅游讲解员荣获“红色旅游五好讲解员”称号。

●遵义会议纪念活动

中华人民共和国成立后，党和国家、地方党政多次召开会议或举办活动，纪念遵义会议。

32周年纪念活动 1967年1月8日，在遵义纪念广场（今凤凰山文化广场）召开群众性纪念大会。全国各地和遵义地区各县的群众纷纷涌向会场，参会者有十万之众。

40周年纪念活动 1975年1月8日，遵义市在红花冈剧院召开了纪念遵义会议40周年大会。

遵义会议召开32周年之际，遵义群众自发组织的大规模纪念活动

50周年纪念活动 1985年1月17日下午，中共中央在人民大会堂召开遵义会议50周年纪念大会。党和国家领导人及干部群众代表300余人出席。中共中央委员会、中央顾问委员会、中央纪律检查委员会、全国人大常委会、全国政协常委会在京委员中参加过遵义会议和遵义战役的老同志，红军一、二、四方面军，以及陕北红军，当时在根据地坚持游击战争、在白区坚持斗争的部分老同志出席了纪念会。

与此同时，遵义地区纪念遵义会议50周年大会在红花冈剧院召开，中共中央顾问委员会常委伍修权，中共中央党史资料征集委员会副主任童小鹏，昆明军区政治委员谢振华，遵义籍在京沪工作的老同志陈沂、黄颖，中华人民共和国成立后在遵义地区担任过领导职务的裴志耕、李苏波，省、地、市党政军负责人及各界代表，共1400人出席大会。省委书记朱厚泽代表中共贵州省委发表讲话，强调："我们今天纪念遵义会议五十周年，要吸取历史的经验，正确回答我们贵州现实政治生活中提出的紧迫问题，艰苦奋斗，为从根本上改变贵州的落后面貌，使全省各族人民群众尽快富裕起来而努力。"

1985 年，遵义市举行纪念遵义会议 50 周年庆典活动

系列纪念活动还包括红军烈士纪念碑揭幕仪式、红军总政治部旧址整修竣工仪式、遵义会议 50 周年学术讨论会，各种展览、灯会及群众文艺演出有序进行，名城遵义一时热闹非常。

60 周年纪念活动 1995 年 1 月 15 日，贵州省纪念遵义会议 60 周年大会在遵义长征公司俱乐部礼堂举行。应邀参加会议的有：毛泽东同志的亲属李讷、邵华，部分老红军，在贵州工作过的老领导，来自江西、重庆、四川的代表，中央党校、中央文献研究室、中央党史研究室的代表，省、地、市领导及各县代表，共 1300 多人。会议指出，纪念遵义会议，要继承和发扬红军坚定的革命信念、百折不挠的革命精神、艰苦奋斗的优良传统，把全省各级党组织建设好，以只争朝夕的革命精神，把各项工作推上一个新台阶。在纪念大会前后，遵义地区机关、企业、学校开展了形式多样的纪念活动。

70 周年纪念活动 2005 年 1 月 14 日，中共贵州省委在遵义召开座谈会，隆重纪念遵义会议召开 70 周年。省委书记钱运录在会上强调，要在马克思列宁主义、毛泽东思想、邓小平理论和“三个代表”重要思想指引下，发扬遵义会议精神，始终保持党的先进性，不断提高党的执政能力，树立和落实科学发展观，继往开来，与时俱进，开拓创新，艰苦创业，加快全面建设小康社会、推进富民兴黔事业的步伐。座谈会由省委副书记、省长石秀诗主持。中共贵州省委、贵州省人民政府，中共遵义市委、遵义市人民政府主要领导同志出席了座谈会。座谈会前，省党政军负责同志怀着崇敬的心情参观了遵义会议会址，参加了新落成的遵义会议陈列馆开展仪式，并在红军山参加了植树活动。座谈会上，老红军代表王道金、遵义会议纪念馆馆长雷光仁、省委党史研究室主任吴廷述、中共遵义市委书记傅传耀先后发言，抚今追昔，从不同角度畅谈了纪念遵义会议的感想和体会。中共贵州省委有关部委、省级国家机关有关部门、部分人民团体主要负责同志、遵义市负责同志及市直机关部分干部，以及部分老同志和专家学者参加了座谈会。

75 周年纪念活动 2010 年 1 月 15 日下午 2 时，遵义会议召开 75 周年纪念大会在遵义会议会址举行。中共遵义市委书记慕德贵，遵义市人大常委会主任张志年，遵义市政协主席陈凌华，中国人民解放军第二炮兵部队政治部宣传部部长苏东昌、文工团政委刘永江，老红军王道金、王绍清、周先民等出席大会。大会由遵义市委常委、常务副市长王秉清主持，遵义市委书记慕德贵发表讲话。二炮文工团赴遵慰问团进行了首场演出。

纪念遵义会议 75 周年活动场景照

80 周年纪念活动 经中央批准，2015 年 1 月 15 日，中共中央宣传部、中央文献研究室、中央党史研究室、解放军总政治部、中共贵州省委在遵义举行纪念大会，隆重纪念遵义会议召开 80 周年。会议由贵州省委书记、省人大常委会主任赵克志主持，中共中央政治局委员、中央书记处书记、中央宣传部部长刘奇葆，中央文献研究室主任冷溶，中央党史研究室主任曲青山等在会上发言；中共中央宣传部、国家文化部、解放军总政治部、成都军区，贵州省委、省人大常委会、省政协有关负责同志，省级老同志、老红军代表，遵义市党政领导同志及社会各界人士代表出席了会议。

刘奇葆在纪念大会上讲话中指出：遵义会议是我们党的历史上一个生死攸关的转折点，在极端危急的历史关头，挽救了党，挽救了红军，挽救了中国革命，打开了中国革命的新局面。遵义会议的重大历史贡献，永载史册、永放光辉。遵义会议形成的革命传统、孕育的宝贵精神，是推动党和国家事业发展的强大力量。要继承发扬遵义会议革命传统，深入学习贯彻习近平总书记系列重要讲话精神，大力推进马克思主义中国化、时代化、大众化，坚定人们的中国特色社会主义自信。要发扬红色传统、传承红色基因，用革命文化传播和滋养

纪念遵义会议 80 周年大会会场

2015 年 1 月 4 日，中央电视台“心连心”艺术团在遵义会议会址举行
纪念遵义会议 80 周年慰问演出

社会主义核心价值观。要弘扬独立自主、改革创新精神，主动适应和引领新常态，奋力开拓中国特色社会主义更为广阔的发展前景。要坚持全面从严治党，严守政治纪律和政治规矩，保持党的先进性和纯洁性，使我们党始终走在时代前列、引领发展进步。

2015 年 1 月 18 日上午，“纪念遵义会议胜利召开 80 周年”活动在北京钓鱼台国宾馆芳菲苑举行。全国人大常委会原副委员长何鲁丽、顾秀莲，中央组织部原部长张全景参加会议。顾秀莲在会上致辞，张全景在会上发表讲话，毛泽东女婿、中国红色文化国际交流促进会会长王景清在会上发言。本次活动由中国红色文化国际交流促进会主办，并得到中国科协新技术开发中心等单位的大力支持。来自中央及国家机关有关领导，解放军四总部（总参谋部、总政治部、总后勤部、总装备部），各大军区部分老将军、老同志及驻京部队、武警部队有关领导，开国元勋将帅子女等 300 余人参加了纪念活动。

老城抗日活动

1938年4月，中共遵义县委重建，杨天源任书记兼组织委员，谢树中任副书记兼宣传委员。杨、谢二人都是杨柳街小学（今遵义市文化小学前身）的教师，二人以教师职业为掩护，以学校为阵地，领导全县开展抗日救亡活动。在县城，主要在老城组织“青抗会”“遵义民众话剧社”“遵义音乐教育促进会”“快读书店”等开展了轰轰烈烈的抗日救亡活动。同时，以熊佛西为团长的“西南文化垦殖团”，在遵义以文艺形式开展了一系列抗日宣传活动。遵义先后举行了抗日阵亡将领郝梦龄、刘眉生公祭公葬活动。日本投降后，遵义老城举行了别开生面的庆祝活动。

抗日活动兴起

1931年10月初，被九一八事变激怒的遵义县城的学生罢课、工人罢工和商人罢市，愤怒声讨日军侵占沈阳等罪行。遵义老城省立三中、遵义女中的学生，走上街头，张贴壁报、刷写标语、当众讲演，宣传抗日救亡思想。10月10日，遵义老城的学生、工人、商人和市民3000多人，积极参加县城举行的声势浩大的“双十节”示威大游行。当游行队伍经过协台坝、大十字、小十字、东门上（今红花岗广场）等地时，吸引了不少市民驻足观看。游行队伍沿途高呼“打倒日本帝国主义！”“东洋鬼子从中国滚出去！”“全国实现抗日！”等口号。游行结束后，又开展了抵制日货和抗日募捐等活动。

“双十节”示威大游行后，省立三中学生成立了4个宣传队，分东、西、南、北4路到遵义县各乡镇开展宣传活动，声讨日本帝国主义的侵华罪行，谴责蒋介石的“不抵抗”政策，呼吁人民大众团结起来，积极投身抗日救亡运动。省立三中去团溪镇的学生，除了演唱抗日歌曲外，还与当地师生一起演出《可怜闺里月》《一片爱国心》《放下你的鞭子》等10多个剧目。6个晚上，每晚1场，演员与观众的情绪激昂。

1932年秋，在上海读书的遵义籍学生、中共党员夏觉一、夏遵一、杨子湘和桐梓籍学生龙凤歧等人，创办了革命刊物《黔民》，揭露贵州军阀的反动本质，向家乡青年学生介绍抗日形势。《黔民》被寄到省立三中、遵义女中，在学生中引起强烈反响。1933年，余正邦到省立三中执教，在其引导下，省立三中学生何恩余等萌发创建组织、开展抗日活动的想法。1933年秋，何恩余等组建了“湄潭留遵学生文艺研究会”。不久，又改名为“遵义三中学生文艺研究会”。1934年秋，在中共党员周司和的帮助下，这个组织又改名为“反日反帝大同盟”，并在遵义成立总部，由周司和负责；在省立三中、遵义女中成立分部，由何恩余、李小侠负责，开展反日反帝宣传活动。1934年冬，中央红军辗转入黔的消息传来，“反日反帝大同盟”改名为“红军之友协会”，开展了一系列准备迎接中央红军入遵义城的活动。黔北各地继五四运动、五卅运动之后，自声讨九一八事变开始，进一步掀起了抗日救亡活动的热潮。

抗战组织

青抗会 青抗会是国民党遵义县当局组建的“遵义青年抗日救国会”，是“遵义各界抗敌后援会”下属的一个组织。为了广泛深入开展抗日救亡活动，中共遵义县委研究决定，派副书记谢树中、党员傅邦瑞，以教育界代表身份加入“青抗会”。谢、傅紧紧团结和依靠青抗会骨干成员陈福桐、潘名挥等一批进步青年，经过多方努力争取，谢树中当选为青抗会宣传股股长，陈福桐当选为宣传股副股长。这使得青抗会的宣传大权实际上被共产党人所控制，进而推动了一系列宣传活动的顺利开展。

举办《活路》壁报，宣传抗日战果。谢树中组织摘录《新华日报》刊载的八路军和各战区的抗战消息和抗日战果；有时根据《新华日报》社论精神自己撰写社论，编成一张《活路》壁报，抄写成若干份，张贴在老城、新城闹市区，吸引了不少读者驻足阅读。为了扩大宣传面，谢树中安排会员陈福彬、沈大新等，将《活路》中的要闻抄写成大要，以“游击队”做报名，每次抄写5张，张贴于距县城中心较远的街道。

组织抗日歌咏队，宣传抗日。中共遵义县委利用谢树中在青抗会中的合法地位，依靠陈福桐、潘名挥等，吸收部分中小学音乐爱好者，组成抗日歌咏队，由潘名挥指挥排练，先后在遵义老城、新城、乡间场镇演唱了《义勇军进行曲》《大刀进行曲》《牺牲已到最后关头》《河里水，黄又黄》《卢沟桥问答》等抗日歌曲。由陈福桐作词，潘名挥谱曲，自编排练演出了《遵义青年抗日救国会歌》《保卫大武汉》等抗日歌曲。

《遵义青年抗日救国会歌》歌词

我们是大时代的先锋队，
新中国的主人翁。
新的历史要我们来写成，
旧的社会要我们来改造。

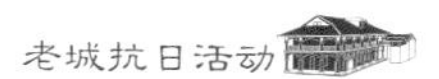

太平洋上，
响起战鼓。
几千年的沉默，
而今怒吼了。
为国家民族求生存，
为人类争取正义和平。
起来，青年朋友们！
起来，青年朋友们！
战斗！战斗！
冲锋向前，
冲到鸭绿江边。

《保卫大武汉》歌词

武汉，中国的心脏。
武汉，十字路上的哨岗。
你抚育出多少英雄的儿女，
也曾掀起民族解放的波浪。
今天哪怕敌人怎样的凶残，
我们拼死决不投降。
大家团结起来，
集中力量。
保卫武汉，
守住我们的哨岗。

排演抗日话剧。1938 年夏，中共遵义县委委托在贵阳读书的黎恒章从萧之亮处带回《三江好》《放下你的鞭子》和《扬子江暴风雨》等剧本，青抗会不分白天黑夜地排练，并多次深入街道、乡场向群众宣传演出。

发动群众捐款捐物，慰劳抗日军属。1938 年 7 月 7 日，在全面抗战爆发一周年之际，青抗会在新城丁字口搭了一个献金台，号召各界人士捐款捐物，用捐款买大米、食盐等，慰劳抗日军人家属；发动各校学生给八路军和抗日军政大学写慰问信；组织歌咏队，深入到城郊董公寺、高坪等地，演出《牺牲已到最后关头》《放下你的鞭子》等。

1938 年 8 月 13 日，为纪念上海“八一三”抗战一周年，青抗会在遵义播声电影院成功演出了《放下你的鞭子》《三江好》和《扬子江暴风雨》等抗日剧目。9 月，青抗会编印了《抗日歌选》第一集（37 首），在遵义城乡散发，并组织演唱，悲愤激昂的抗日歌声响彻云霄。

青抗会卓有成效的抗日救亡宣传活动，激发了遵义人民的抗日激情，鼓舞了人们的抗日斗志，但却遭到国民党遵义县当局的阻挠和破坏，国民党遵义县当局妄图逮捕谢树中等人。幸蒙遵义知名人士赵乃康、朱穆伯等的坚决反对，其阴谋未能得逞，但国民党当局仍于 1938 年冬强行解散了青抗会。为了安全起见，中共遵义县委征得省工委同意，提前安排谢树中离开遵义，辗转奔赴延安。

遵义民众话剧社　青抗会被强行解散后，中共遵义县委积极想办法开辟新的抗日宣传阵地。书记杨天源找到进步人士、遵义民众教育馆馆长胡滋椿商量，胡滋椿同意在馆内艺术部之下建立一个“遵义民众话剧社”。民众教育馆艺术部主任詹健伦是位开明人士，艺术部干事傅邦瑞是中共党员，这些条件都有利于开展工作。杨天源、胡滋椿、詹健伦、傅邦瑞与原青抗会的几位骨干研究决定，将原青抗会演出话剧的进步会员和歌咏队的大多数人吸收过来，于是民众话剧社的骨干力量得到增强。遵义民众话剧社社长由馆长胡滋椿兼任，陈福桐做导演，潘名挥做歌咏队队长兼指挥，原青抗会的骨干几乎又成了遵义民众话剧社的骨干，阵容强大。遵义民众话剧社于 1938 年年末、1939 年年初成立后，在胡滋椿的支持下，艺术部詹健伦、傅邦瑞和导演陈福桐、指挥潘名挥紧密配合，抓紧排练

遵义民众话剧社演出抗战独幕剧《放下你的鞭子》宣传画

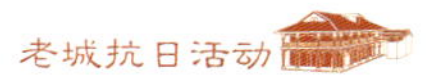

抗日剧目。话剧社成立不到半月，就在遵义老城、新城先后演出《新凤阳花鼓》《放下你的鞭子》《捉汉奸》《铁蹄下的歌女》《你问我的家乡吗？》等话剧和歌曲。在遵义城内演出一段时间后，话剧社还不辞辛劳深入到懒板凳（今播州区南白街道）、螺蛳堰（今播州区三合镇）等地宣传演出，颇受民众欢迎，进一步激发了城乡人民的抗日激情。但是，遵义民众话剧社的活动，又遭到国民党遵义县当局的干扰，他们先后支持当地驻军五五炮团的话剧团和自己拼凑的“力行剧团”同遵义民众话剧社竞争，妄图挤垮遵义民众话剧社，但终因这些拼凑的剧团演艺太差，加之其内部勾心斗角，最终都败下阵去。国民党县党部一计不成又生一计，给胡滋椿不断施加压力，让他停止话剧社的演出活动。胡滋椿身为国民党党员，无力抗拒国民党县党部的压力，只好把内心的苦衷向詹健伦、傅邦瑞透露。杨天源听了傅邦瑞的汇报后，让傅邦瑞多多安慰胡滋椿，同时做出决定：虽不公开宣布解散遵义民众话剧社，但组织社员自动退出剧社，减少直至停止演出活动，以缓解国民党县党部给胡滋椿的压力。与此同时，中共遵义县委设法另组新的抗日救亡团体。

遵义音乐教育促进会　1939 年春，由冯玉祥将军带领的国民党巡回歌咏第二演出队到遵义演出，宣传抗日，同时还邀请遵义教育界、戏剧界人士座谈。巡回演出队队长虞文在座谈会后和潘名挥谈话，希望潘名挥能把遵义的音乐活动开展起来。潘名挥把虞文的话向杨天源做了汇报。杨天源召集中共遵义县委相关同志分析后认为，这是公开建立抗日组织以开展活动的好时机，不过必须吸取过去的经验教训，重要的一条就是要切实加强统战工作，减少阻力。中共遵义县委决定，乘势组建“遵义音乐教育促进会”（以下简称“音教会”）。为了顺利开展工作，由杨天源出面，去拜访他的老师、时任遵义县政府督学的夏雨屏先生，由夏雨屏牵头做音教会发起人并担任会长。同时，又请音乐名师潘名挥担任副会长兼歌咏队队长。有夏雨屏担任会长，县政府不便干涉，音教会很快便获得立案，合法地位很快就得到了解决。1939

遵义音教会演唱《黄河大合唱》海报

年夏末秋初，音教会正式成立。

音教会的实际工作，最初完全由潘名挥负责。1940年年初，进步青年傅邦荣从武汉华北抗日宣传队回遵探亲，见音教会的活动搞得有声有色，决定留在遵义参加抗日活动。于是音教会聘请傅邦荣任歌咏队副队长兼指挥。音教会的骨干成员，包括原青抗会、遵义民众话剧社的骨干成员，遵义县城13间小学、6间中学的音乐教师，以及部分音乐爱好者，共100多人。再从中挑选男女青年六七十人，组成歌咏队。音教会又编印了《抗战歌选》第二集（43首）和《活页歌选》作为教材，书中的歌曲除音教会使用外，还在遵义城乡广为人们传唱。1940年春至1941年夏，音教会在县城成功举办了3次大型音乐戏剧演出，并演出了《流亡三部曲》《牺牲已到最后关头》《有钱出钱有力出力》《三江好》和《壮丁》等抗日组歌和话剧，效果很好。遵义老城杨柳街小学等校的音教会成员，组织了寒假农村宣传队，由老师带队，深入到遵义县三岔河、冷水坪（今白果）、尚稽、团溪、龙坪等地，演唱抗日救亡歌曲，宣传抗日。1940年春节前夕，傅邦荣指导歌咏队排练自己改编的以“踊跃参军抗日”为题材的两部歌剧，在春节期间开展募捐义演活动，并用全部收入购买大米，在老城体育场送给抗日军人家属。春节募捐义演影响很大，许多中学生和社会青年纷纷要求加入音教会。旅居遵义的女青年林莉、邓维能，参加过巡回演出队的演员姚少伦等，也深受感动，并参加了音教会的演出活动。在音教会活动轰轰烈烈开展起来之后，鉴于过去的教训，中共遵义县委让比较容易暴露的党员和骨干适当隐蔽，让他们回到杨柳街小学等地，以其他形式继续从事抗

遵义音教会活跃分子

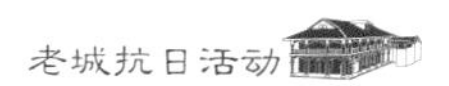

日救亡宣传活动。

西南文化垦殖团 1944年11月初，日军侵袭桂林，文化界人士被迫撤离。撤至贵阳的部分人士组成“西南文化垦殖团”，于1944年冬来到遵义。戏剧家熊佛西任团长，团员有叶子（演员，熊佛西夫人）、端木蕻良（作家）、秦牧（作家）、吴紫枫（新闻记者，秦牧的夫人）、王坪（记者）、沈丹枫（记者，王坪的夫人）、张光宇和张正宇两兄弟（均为漫画家）等。此外，路过遵义的戏剧家田汉、安娥（田汉的夫人）、吴宓、方殷、方敬、何萍嘉（方敬的夫人）、许幸之、陈迩冬、潘家洵、杜南星、田君亮、朱企霞等人，都先后受到内迁至遵义的院校和遵义本地文艺界等进步人士的热烈欢迎与积极配合，共同开展抗日文艺宣传活动，遵义迎来了文艺交流的黄金时期。熊佛西、叶子等文艺家到遵义后，大多数分住在老城。经遵义师范学校校长蹇先艾和《力报》记者王坪、沈丹枫的介绍，熊佛西夫妇住进老城杨柳街小学教师宿舍二楼，与该校教师陈福彬为邻。方敬夫妇住老城四方台（捞沙巷内），与其北京大学的同学、时任遵义师范学校国文教员朱企霞比邻而居。端木蕻良住老城协台坝16号。杨柳街小学校长陈福桐安排杀了一只羊，办了几桌筵席，约请遵义地方文教界知名人士作陪，在杨柳街小学礼堂开了一个欢迎晚会，晚会由校长蹇先艾主持。会上，

熊佛西

田汉

方敬讲话“美如散文诗”；端木蕻良对蒋介石的所作所为义愤填膺。后来，熊佛西夫妇租得老城府后山旁火药局颜家坡上（今菩提寺附近）的一幢茅庐，即从杨柳街小学迁去。其居青瓦木房，有碧山绿树，翠鸟声声，山涧流水潺潺，又有骚人墨客常聚，故美其名曰“勺水山庄”。在颜家坡上，熊佛西戴着高度数的眼镜，研究学问，接待客人，商讨问题，在老城积极热情地领导西南文化垦殖团的各项活动；举行文学性纪念、庆祝活动，激发民众抗日救国的热情，提高青年的文学素养。

1944年除夕，西南文化垦殖团举办文艺晚会。主持人熊佛西在开场白中指出：文艺是武器，是枪炮；文艺要宣传抗日，宣传团结，宣传民主。冯玉祥的夫人李德全接着在热烈的掌声中慷慨陈词：“……还退，退到四川，退到西康么？……”作家、诗人、浙大师生及其他文艺青年济济一堂，叶子、许幸之、张君川等集体朗诵了普希金的《茨冈》，端木蕻良朗诵了李商隐的诗作。整个晚会充满了坚持团结、坚持抗战的浓烈气氛。

1945年端午节，浙大现代文艺社等3个团体庆祝诗人节，熊佛西、端木蕻良、张居川、田德望等朗诵诗歌纪念屈原。在鲁迅纪念会上，叶子朗诵了鲁迅的一段小说。

西南文化垦殖团还开办了“文艺十讲”，举行文艺报告会，以传播文艺知识。蹇先艾讲“文艺工作者的苦与乐”，方敬负责诗歌欣赏与诗歌理论的讲授，田汉讲戏剧知识，端木蕻良讲小说创作。垦殖团还多次开展学术报告会，熊佛西、端木蕻良向浙大师生介绍战时文艺概况，熊佛西、张光宇、白克、端木蕻良等为浙大战地服务团开设战地服务讲座，西南联大教授吴宓为浙大师生及社会各界听众讲“红楼梦人物分析”等。留遵期间，熊佛西拿出自己卖文卖画的积蓄，把在湖南长沙开办的《力报》接过来经营，由端木蕻良任报社经理，秦牧任总编，熊佛西是董事兼采访，后来又聘请方敬主持文学副刊《阵地》。熊佛西、端木蕻良、秦牧等在老城苦心经营的《力报》，是遵义当时仅有的两三份报刊之一，对激励遵义人民的抗日斗志起了积极的作用。

全面抗战爆发后的抗日活动

开办快读书店 全面抗战开始不久，南京国民政府迁往重庆。毗邻重庆的黔北重镇遵义成了“京畿之地”，陆军大学、军官外语训练班、步兵学校、浙江大学和一些重要的工厂、机关单位先后迁来遵义，使遵义人口激增。为了满足人们的精神文化需求，中共遵义县委拟办一家书店。1939 年暑期，中共遵义县委请示中共贵州省工委，得到秦天真等领导的支持。于是，中共遵义县委在抓好开展音教会活动的同时，指派党员傅邦瑞、杨嗣祖参与筹建书店，他们采取入股集资的办法解决开办书店的资金问题，大股每股 50 元，小股每股 10 元。在詹健伦、陈福桐、潘名挥、吴开治等人的带动下，开办书店的资金问题很快就得到了解决。同时敦请民主人士、遵义女中校长傅梦秋任理事长，敦请民主

快读书店

人士、省立遵义民众教育馆馆长胡滋椿任监事长，推举詹健伦、陈福桐、潘名挥、吴开治、杨嗣祖、李伯谦、晏东藩、乔剑秋、曾仲常等人任理事或常务理事。经过紧张的筹备，书店于1939年初冬在老城今步行街捞沙巷口东侧正式开张营业，其名字为“快读书店”，开业那天热闹非凡，魏汝冰从国民党元老、书法家于右任字帖中挑选了“快”“读”“书”“店”4个字，并将这4个字放大印刷，作为快读书店的招牌，显赫夺目。书店大门贴出一副对联:“书味耐寻，快而忘倦；店今开幕，读者盈门。”一语双关，含义深刻，颇耐人寻味。开业当天，陆军大学军官、军官外语训练班学员，以及县城教育界、知识界的一些知名人士，云集书店，祝贺书店开业。中共贵州省工委对中共遵义县委开办的快读书店很重视，特派中共党员刘星洲任书店经理、中共党员李知群任书店会计，指派党员卢平和进步青年曹庆章等做书店营业员。书店的采购由人际交往比较广泛的可靠人员专门负责，除从公开渠道进书外，还请中共党员、汽车驾驶员余步全利用给遵义新生百货店、化伦绸布店运货之机，从贵阳、重庆等地运进马克思、列宁、毛泽东等人的著作和《新华日报》《真理报》等秘密书报。这些书报被运到遵义后，先放在中共党员杨嗣祖、曹庆章和进步青年曹同章家里，在需要的时候再秘密取来。书店的铺面上，摆的都是些中小学教科书、科技书和古籍书，以应付国民党当局的检查。而书店暗中销售《资本论》《列宁选集》《联共（布）党史简明教程》《大众哲学》《新哲学的人生观》《新华日报》《真理报》《群众》《解放》等。

书店开业不久，国民党遵义县党部宣传干事刘学文就带一个检查组来书店检查，想带走《联共（布）党史简明教程》《大众哲学》等书，遭到在场读者的谴责：这些书刊都是政府允许发行的，为什么要带走？刘学文不敢把书带走，只好灰溜溜地走了。于右任“亲笔”题写的店名，确实在一时还镇住了一些狂妄之徒。1939年冬，国民党贵州省党部主任委员黄宇人等来到遵义，嗅出了快读书店的“火药味”，把国民党遵义县党部臭骂了一通。不久，陈立夫也来到遵义，同

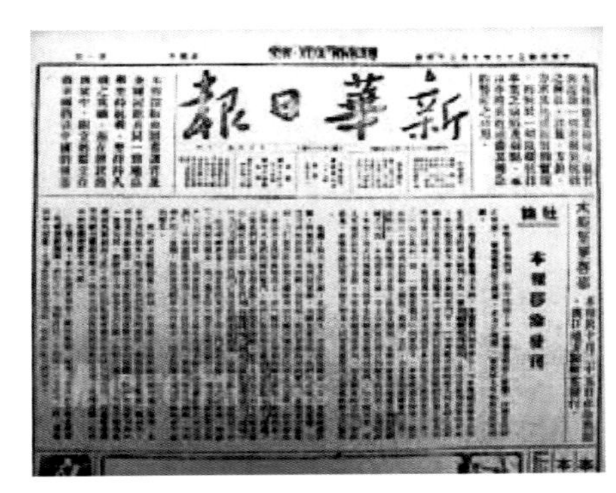

快读书店出售的《新华日报》

样嗅出了快读书店的“火药味”，又把国民党省党部和县党部臭骂了一通，并责令从严检查。于是，国民党县党部更加严苛地对快读书店展开检查，任意搜走许多书刊，致使书店经营困难。同时，他们还派人对书店经理刘星洲进行监视，企图寻衅逮捕。鉴于此，经中共遵义县委请示，中共贵州省工委同意，刘星洲调离了快读书店，转赴延安学习。刘星洲被调离后，书店经理由股东之一的李伯谦接任，书店继续艰难经营。但由于国民党县党部检查得更严，很多书都被扣留而使书店无法继续经营，于是在 1940 年年底，书店被迫转让给他人，中共遵义县委开办的快读书店到此停止营业。快读书店被转让后，中共遵义县委决定，由党员李知群在原快读书店对面另租一个铺面，打“合力文化教育用品社”的招牌，由李知群夫妇经销文具用品，暗中代订代销《新华日报》，一直到 1941 年年底合力文化教育用品社才停止经营。快读书店和合力文化教育用品社经营的时间虽然不长，但它们的影响却很大。仅以经销《新华日报》而言，每天可售卖 100 多份，其销量超过当时国民党的《中央日报》和《扫荡报》日销售量的总和。

公祭抗日阵亡烈士　抗日战争期间，遵义全区约有 15 万英雄儿女奔赴抗日前线，与日本侵略者做激烈的斗争。据各县（市、区）民政部门统计，至少有 1420 名遵义儿女牺牲在抗日前线。家乡人民闻讯，满怀悲痛，采取召开追悼会、举行公祭公葬、修建纪念碑和忠烈祠等多种形式，沉痛悼念、深切缅怀抗日烈士。1937 年 12 月 26 日，遵义各界在老城省立三中操场举行了公祭公葬抗日阵亡少将刘眉生烈士的活动，可谓盛况空前。

刘眉生，1904 年生于遵义南白（今播州区南白街道）。1937 年 10 月 2 日，团长刘眉生率五一〇团随八十五师奉调山西，参加太原保卫战的中心战役——忻口会战。10 月 7 日，刘眉生率五一〇团抵达忻口，奉命担任坚守忻口战场左翼战线横山阵地之重任。刘眉生深知守土御侮责任重大，日军气焰嚣张，一场恶战势不可免。刘眉生在阵地上慨然作书与妻子夏坤融诀别：

坤融卿鉴：

自京一别，忽已三月。此次随陈师长北上，途中虽鞍马劳顿及与敌激战，感于抗日之宏愿得以实现，亦不觉其苦也。近日已达晋北，拟于原平一带阻击敌人。日寇凶残，夺我疆土，戮我同胞，愿以七尺之躯，以报生我育我之故土。即令战死沙场，吾之荣矣。望吾卿切勿悲啼，希抚育两子，续吾未竟之志，未完之业，誓死抗战，光我华夏。吾虽死犹生，安笑九泉。阵中草此，顺祈安好！

眉生　上

民国二十六年十月七日于忻口

该信充分表达了刘眉生誓死抗日的决心。

1937 年 10 月 13 日，日军主力在飞机、大炮和战车的掩护下，强渡云中河，分三路向忻口阵地发起猛烈攻击。中国抗日将士同仇敌忾，浴血奋战，战斗异常激烈，敌我双方伤亡都很严重。中路正面阻击日军的第十四集团军伤亡尤甚。在第九军军长郝梦龄、五十四师师长刘家麒于前线督战时相继壮烈牺牲后，守卫横山阵地的五一〇团等部便成了抗击日军的主力之一，他们多次遭到日军猛烈的炮火攻击，战况十分惨烈。刘眉生临危不惧，把生死置之度外，亲临前沿指挥，虽两次受伤，仍不离开前线，指挥官兵奋力抗击。在整整半个月的激战后，横山阵地前日军尸横遍野，而横山阵地则安然无恙。10 月 28 日凌晨，日军又一次向横山阵地发起疯狂的炮击。正在指挥的刘眉生不幸被日军炮弹碎片击中头部左侧，壮烈牺牲，时年 32 岁。刘眉生殉国后，国民政府军事委员会授予其抗日阵亡烈士称号，追赠其陆军少将军衔，发给烈士家属抚恤金。在陈铁师长和陈德明团长等的关怀下，八十五师派人员与刘眉生生前的卫士长颜永鑫一道，组成 7 人护灵班，他们历尽艰辛，将刘眉生的灵柩辗转运抵遵义，并于 12 月 26 日举行了极为隆重的公祭公葬仪式。

抗日烈士刘眉生

刘眉生是全面抗战以来遵义乃至贵州第一个壮烈牺牲的团级将领，是全省、全遵义的光荣，省政府、遵义专署对公祭公葬刘眉生活动很重视。公祭会场设在老城协台坝遵义省立三中大操场，仪式由遵义专员主持，省民政厅厅长代表省主席出席，省绥靖司令部、省保安司令部、省军管区、省抗敌后援会、全省各专署、各专署师管区、遵义各县、各地抗敌后援会，以及遵义县城工、农、商、学各界都派代表参加，遵义城也有若干市民参加，最终共有近万人参加公祭。在公祭人和省政府代表讲话后，省抗敌后援会代表、各专署代表均做了简短发言。会场气氛慷慨激昂，“打倒日本帝国主义！”“继承烈士遗志，誓死保卫中华！”“坚决抗战到底！”等口号声此起彼伏，响彻省立三中上空。公祭大会还收到各地发来的唁电，主要有：国民革命军事委员会、第二战区司令部及司令长官阎锡山，第十四集团军司令部及总司令卫立煌，第七集团军总司令傅作义，第十八集团军总司令朱德、副总司令彭德怀，以及参加忻口战役各师部分师长（如裴昌会、陈长捷、李仙洲、林彪、刘伯承、陈铁等）。会上宣读了部分唁电、唁函。公祭完毕，接着举行公葬仪式。送葬队伍按以下序列行进：军乐队，仪仗队，点祖轿子（内坐牟贡三先生和捧灵牌的刘眉生长子刘伯禄），贵州省及各专署公祭代表扶灵（64 人抬灵柩，包括未亡人及孝子、亲属），各公祭代表团成员，驻省、驻遵部队代表，以及各界人士、各学校师生、参会群众等。送葬队伍前不见头、后不见尾，全城父老倾城而出，万人空巷送英烈。在途经万寿桥（今新华桥）、丁字口、狮子桥、丰乐桥（今迎红桥）时，还有群众自发在各桥头焚香祭奠。灵柩经过之处，有不少群众啼泣、跪拜、默哀。一路上，军人、学生队伍高呼“打倒日本帝国主义！”“坚决抗战到底！”等口号。“大刀向鬼子们的头上砍去……”“工农兵学商，一齐来救亡……”等抗战歌曲响彻云霄。送葬队伍到南门关以后才各自返回。灵柩安葬在忠庄铺右侧墓地上，建有碑亭、拜台。后因墓地兴建砖瓦厂，由烈士的夫人夏坤融于 1964 年将烈士遗骸迁葬遵义县龙坑镇八里村和平组。1988 年 4 月 26 日，中华人民共和国民政部批准追认刘眉生为抗日阵亡革命烈士。1996 年 4 月，夏坤融女士以 91 岁高龄辞世后，由其子刘伯禄、刘协禄将刘眉生遗骸、夏坤融骨灰合葬于园宝山公墓（位于今汇川区高桥街道），竖碑勒石，以资纪念。碑文曰“抗日牺牲烈士刘眉生将军墓”。墓前，由贵州省黄埔同学会和遵义市黄埔同学会联合敬立“忻口战役简介碑”，记述忻口战役之惨烈及中国军队之英勇。

抗日烈士郝梦龄

1937年10月30日，遵义民众在老城第一体育场（今碧云路南侧）隆重集会，公祭曾率部驻扎遵义、1937年10月16日牺牲于山西忻口抗日战场的第九军军长郝梦龄将军，挽联有上百副。郝梦龄，河北藁城人，1936年率国民革命军第九军驻扎遵义。驻遵期间，练兵习武，禁扰学校；尊敬贤明，常率高级军官请遵义宿儒赵恺讲授儒家学说；开办无线电学习班，为地方培植人才；建老城体育场，倡导体育强身新风。全面抗战爆发后，第九军奉调山西抗日。启程之日，遵义广大民众集会欢送。

欢庆抗战胜利 自1931年至1945年，中国人民经过14年浴血奋战，取得了抗日战争的伟大胜利。1945年8月9日，日本最后决定接受《波茨坦公告》；15日，日本天皇裕仁以广播《终战诏书》的形式向公众宣布无条件投降；21日，中国陆军总司令何应钦在湖南芷江接受日军代表投降；9月2日，在东京湾的美国“密苏里”号巡洋舰上，日本外相重光葵和日军参谋总长梅津美治郎，分别代表日本天皇、日本政府和日本帝国大本营无条件在投降书上签字；9月9日，中国战区日军投降签字仪式在南京举行。当这些胜利的消息先后传到遵义时，遵义人民欢呼雀跃，举行了一系列别开生面的庆祝活动。

李曙在《一九四五年八月十日遵义之夜》一文中做了如下记述：

> 晚饭后，我照例和国经外出散步，出了校门，走过一段坡路，进入街口，有人呼叫：“日本鬼子投降了！”我简直不相信自己的耳朵，但见街上行人匆匆来往，气氛与往常不同，我连忙拉着国经，三步并做两步跨过遵义石桥，来到“民铎日报”社门口，那里正围着大堆人，我们急忙钻了进去，只见门口贴了一张号外：“日本宣布无条件投降……”嗨！真的有这一天！多少年来，八年，何只（止）八年，从“九一八”算起，十几年了，同胞们最大的愿望终于实现了，长期压在大家心上的一块重石头一下子落了下来。我们跳跃高呼：“日本鬼子投降了！日本鬼子投降了！”街上响起了爆竹声，遵义中学的学生一大群一大群地走上街头。我们加入到他们的行列，人越集越多，爆竹声越来越响。我们掉转头过了桥，走上正街，浙江大学几百名学生、无数市民也纷纷走进行列，顷刻间，由学生、公务员、市民自觉地组成了一支庞大的游行队伍，迈着的整齐的步伐，挺起胸膛，高唱着抗日战歌，昂扬前进，鞭炮声响彻云霄，欢声雷动。尽管夜幕降临，但火光照耀得如同白昼，一张张红彤彤的脸庞泛起了胜利者的骄傲。

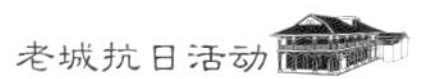

队伍到了汽车站，九点半钟了，谁也不想离去，领头的似乎领会大家的心情，又转向北去。夜色中，约莫走了四五华里，到了步兵学校，学员们早已齐集操场，我们汇合在一起。鞭炮声、锣鼓声、欢乐声交织在一起，再次出现了欢乐的高潮。

（摘自贵州省遵义市政协文史与学习委员会编《老遵义的记忆》，内部资料，2012，第142页）

顺安在《遵义庆祝抗战胜利盛况》一文中做了细致生动的记述，兹节录如下：

庆祝大会

一九四五年九月四日那一天的那些事，使我终身难忘。

[…………]

这一天老城体育场的大街上，两边商铺都插着“青天白日满地红”的中华民国国旗和张贴着各色庆祝抗战胜利的口号标语，一片节日景象。手执彩旗的参会人群喊着口号、唱着歌、敲锣打鼓、吹拉弹唱。大头和尚逗狮子的有、边行进边翻筋斗、打鹞子翻叉的也有……最好看的是那一支“东洋鬼子群丑”的化妆表演队：一个身着烂和服、头戴半截黑尖帽、满脸涂白、一撮人丹胡子，黑衣服背后贴个大圆红巴巴，双手高举一块白布写有“无条件投降”的日本“天皇”在前，好几个身穿烂军服的东洋鬼子兵，光着上半身，下穿大半截“武士道”裤子，几个衣着不整的汉奸“皇协军”跟在后面，他们被十来个化妆成的中国军民押着，他们有的手执大刀、梭标、长枪短炮……边走边呼口号、唱着《大刀向鬼子们的头上砍去》等歌曲向会场行进着。群丑们在行进中做出各种丑态，逗得沿街民众们一片哄笑。我看那些群丑的装扮者好吃大亏哟！因为他们走一路遭一路，沿街的民众报以烂水果、烂鸡蛋、烂菜邦子……砸向他们。最倒霉的还是那个“天皇”遭得最惨，满身污秽。尤其在围观群众最多的地方，他还要跪下来向民众表示谢罪，其时还有的小朋友偎拢去吐他的口水、砸泥巴、石子，他连忙用那块举在手中的“投降书”紧紧捂住自己的面孔，算躲过一劫，敢忙站起来再举双手往前一走，嘿！更好看了：原来用黑油彩抹在嘴上的“仁丹胡子”跑到额头上、脸上去了黑白相间——“天皇”变成阎王殿里的“黑无常”二爷，更加惹得人们哄笑。还好，他们那个领队的机灵，急忙在后面喊了几个手执三角彩旗的青年男女前来分成两边，对“群丑”们进行“保驾护行”，恐民众义愤偏激伤及演员［……］

还有一支队伍前面推了一辆小车，随着车轮一转动，车上那纸扎的日本天皇鞠躬举手，执一横条上书“投降”二字，做得太巧了［……］我们赶往体育场一看，好热闹，到场的人不少：步兵学校军乐队吹奏起那嘹亮的乐曲，尤其是那一对大号喇叭斗斗在朝阳照耀下，闪闪晃晃的（得）直反光。主席台上那重檐歇山顶阁式建筑的前檐之下扯起长长的一条横幅，黄底红字的一排大字：“遵义各界庆祝抗战胜利大会”，台下喏大的一片场地上已经聚集了好多参会的人，后面的还在涌进。参加的单位和民众团体，有的举着横幅、军旗、校旗……浙江大学、陆军军官学校、步兵学校、遵义师范、省立遵义高中、遵义女子中学、遵义县中、玉锡中学、城成中学、德隆中学、遵义卫生院、城区洗马、丁字、丰乐、白农、朝阳各镇，还有遵义县商会、农会、工会……参加开会的还有城区各公私立小学数间。

［…………］

九时许，大会主席宣布庆祝大会开始。升旗、鸣炮、唱国歌［……］向为抗日战争牺牲的英烈敬默三分钟……一应仪式俱毕，大会主席简短致词后，继有几位各界代表发言，其中最为引以全场注目的是浙江大学的校长竺先生，讲话内容广博、意义深厚，使我幼小的心灵和记忆最深。他说：“中国的抗日战争是自中华民族反对外国列强入侵以来，最为激烈、最为惨痛、牺牲最大的民族战争，历时之长远非自一九三七年‘七·七’卢沟桥事变之始之后的八年零二个月，中华民族反抗日寇‘亡国灭种’的血惺侵略应从日本鬼子在一九三一年‘九·一八’侵占我东北三省算起，历时一十三年半，牺牲死难好几千万人，造成我国经济损失几千亿美元，日本军国主义的暴行罄竹难书”、“中华民族各族人民在全世界反法西斯战争取得最后胜利作出的贡献最大……”最后他还振臂号召大家：“不忘国耻，振兴中华！”高呼“日本侵略者必须偿还血债！血债要用血来还！拥护波茨坦宣言！还我台湾！还我琉球群岛！世界人民万岁！世界和平万岁！”等口号，在他的讲话当中，常不时为人们的鼓掌声、口号声、欢呼声打断［……］

［…………］

从傍晚时分开始，又有好多好多人从丁字口那边过来，朝老城方向走去，每个人手里都拿有一盏各式各样的灯笼或火把。人群队伍中，有舞狮子、划龙船、踩高跷、耍板凳龙的［……］

［……］听说今晚火把提灯晚会，几乎所有临街商铺都关门了，少有几家铺子把店内的电灯、马灯牵挂出来，我和爷爷、奶奶到铺面楼上窗口等着看闹热。

晚八点过，“来了！来了！”听满街大人小孩在高兴地跑着喊着，游行队伍从盘安门那边过来了，在火把灯笼的光照下，陆军学校的军乐队开道一路缓行而来，接着来的是几泼大头和尚兜狮子、川剧锣鼓响器敲打其后……步校踩高跷的队伍中，队员也有妆扮成日本“天皇”、东洋鬼子兵、汪伪汉奸等丑角搞笑……紧接着跟进的是那四辆美国十轮大卡车，车上自带小型彩色串联灯泡照明，光彩夺目，驾驶室顶上货厢前面分别装有巨幅画像，以中美英苏四国元首为序。头一幅为中华民国总统蒋中正，车上载有帆布做的被击落的日本飞机模型一架，两翼过长还伸出车厢之外，车上几个中国军人敲打着京剧锣鼓；第二幅为美国总统罗斯福，车上装有两颗飞弹呈圆周转动，弹身上还标有两个英文字母，听大人说那是英语“原子弹”的缩写，车上站的是几个美国兵；第三幅是英国首相丘吉尔，车箱里装有一辆坦克战车模型，车盖打开，一高鼻子军人半身其外伸出大指姆以手语“OK”向人群示意；最后一辆车上载的是大胡子的斯大林大元帅，一纸扎的日本“天皇”高举双手跪着，手上举一写有“投降、谢罪”的纸牌牌一走一鞠躬。

高举火把、提着灯笼的游行队伍过来了，只见熊熊燃烧的火炬火光辉煌一片。我们见过过新年的“彩龙”、“板凳龙”、求雨的“水龙”和我们小朋友用干谷草扎来玩耍的“草把把龙”，哪里见过这成千上万的人们手执火炬形成的火龙，这是何等的壮观哟！这是真正的东方巨龙，是中华民族之龙！它的光是民族精神之光。

火炬长龙之后，又是成千上万的人民大众各提一盏盏式样各异、色彩不一、上面还书有庆祝抗战胜利标语口号的灯笼队伍潮涌而来，队伍中不泛有白发苍苍的老者，满脸皱纹的婆婆在儿孙的搀扶下手提灯笼也来参加游行了。队伍唱着歌、呼喊着口号，几支“划龙船”以川戏锣鼓声相伴、穿插其间表演，更加添色不少，围观群众又不断有民众手提烙粑灯笼，自发加入到队伍中去参加游行。游行队伍约头十里，一个钟头才走完。

[…………]

这晚上的火炬提灯晚会大游行一直游到北大路。

这一天的盛事为抗战以来少有！

这一天的盛况为黔北名城遵义所罕见！

（摘自贵州省遵义市政协文史与学习委员会编《老遵义的记忆》，内部资料，2012，第143—146页）

浙江大学在老城

抗日战争期间，浙江大学为避开战争，几经迁徙，最后迁到遵义。到达遵义后，文学院、工学院、师范学院文科设在遵义老城，理学院、农学院、师范学院理科设在湄潭县城及湄潭的永兴。遵义人民对浙大到遵办学表示欢迎，并积极给予支持和帮助。浙大在遵义办学近7年，为遵义教育、经济、文化做出了重大贡献，为遵义培养了一批优秀的专业人才。竺可桢校长要求浙大师生“竭尽知能”为地方做出贡献。浙大对遵义的自然地理、人文环境进行了实地考察、分析和研究，科研、教学成果丰硕，为遵义工业、农业生产发展提供了科学依据和帮助，推动了遵义的经济发展。浙大在遵义的教学、科研活动一部分发生在老城。受浙大的影响，老城的教育、经济、文化得到了很大的提升和发展。

西迁遵义

浙江大学的前身为创建于1897年的求是书院，求是书院是中国最早的由中国人自办的4所新式高等学堂之一。书院几易其名，于1927年定名为第三中山大学，1928年改名为国立浙江大学，为4年制本科院校。1936年，著名气象地理学家竺可桢出任浙江大学校长。1937年抗日战争全面爆发。8月13日，日本调集海陆空军进攻上海。8月14日，驻台湾的日本木更津航空大队首炸杭州，津沪杭沿线敌机肆虐，形势十分严峻，浙大在日机的轰炸中坚持了2个月教学后被迫西迁。一迁至浙西天目山、建德；二迁至赣中吉安、泰和；三迁至桂北宜山；最后迁至遵义老城、湄潭。浙大师生700余人在竺可桢校长的带领下，带着图书和仪器设备，历经两年多，跋涉2500余千米，于1940年1月抵达遵义。

1939年2月，竺可桢校长到贵阳，与当时的贵州省主席吴鼎昌商议，准备把浙大迁到云南的建水或贵州的安顺。在商议过程中，恰遇在贵阳办事的湄潭人陈世贤、宋麟生，他们两人力劝竺可桢校长将浙大迁往湄潭，力陈湄潭山清水秀，物美价廉，人杰地灵，民风淳朴。竺可桢校长听了两人的介绍后，遂来遵义、湄潭考察。遵义南有乌江天险，北通国民政府的陪都重庆，文化底蕴丰厚，民间办学读书的热情很高。遵义全年雨量丰沛，有“黔北粮仓”之称，冬暖夏凉，环境优美，是办学读书的好地方。时任湄潭县县长的严溥泉在江苏任过职，他亲自召集各界人士组织21个团体，对竺可桢校长的到来表示隆重欢迎，并答应竺可桢校长把湄潭最好的房舍供浙大师生选用。竺可桢校长在湄潭考察一天后，在日记中写道：“湄潭风景优美，民风淳朴，物美价廉。遂决定将浙大迁到湄潭。”

1940年1月16日，竺可桢从贵阳抵遵义，并偕李熙谋、张其昀等在遵义师范学校迎接教育部部长陈立夫。陈立夫命地方将遵义师范校舍让给浙大，遵义师范学校迁到梧村。地方政府和众乡绅表示赞同。另将何家巷等18处房屋扩充做校舍。2月1日，又决定在湄潭扩充校舍。因遵义至湄潭的公路还有部分路面和桥梁未竣工，迁到遵义的浙大只好临时安排房舍复课。同时派理学院院长胡刚复、农学院院长蔡邦华到湄潭筹划迁校事宜。6月初，浙大农学院师生陆续迁到

浙江大学遵义校舍分布图（史晓波绘制）

湄潭，6月10日正式开学上课。9月22日，竺可桢校长偕胡刚复、费巩教授赴湄潭，次日到城北20千米外的永兴场，察看江西会馆、三楚会馆、四川会馆、南华宫等处，决定将滞留在贵阳青岩的一年级迁到永兴，理学院及师院理科速迁至湄潭县城。至此，浙江大学在黔北找到了一方适合于教学和科研的落脚地，结束了两年多颠沛流离的西迁之路。由于浙大西迁的路线与中央红军长征前半段路线基本吻合，而落脚点又都是在具有转折意义的遵义，因此人们称之为“文军长征”。

浙大文学院、工学院、师范学院文科设在遵义，校本部设在老城子弹库（省立三中旧址），省立三中教室与实验室分别做浙大的教室、实验室。遵义新城何家巷大院为教务处、训导处、工学院办公室、教室和男生宿室；部

1943年浙江大学遵义校本部大门

分学生在杨柳街小学（今遵义市文化小学）上课。杨柳街民房为女教职员和女生宿舍；唐家祠堂为部分男生宿舍；柿花园、石家堡（今官井路官井旁）等处为单身教师和教授的宿舍；遵义师范学校为部分男生宿舍和食堂。理学院、农学院、师范学院理科设在湄潭，一年级分校设在湄潭永兴场。至此，各院所设实验室、研究室62个，附设实验工场11个，附设农场占地面积约20公顷。

浙大与老城

浙大校本部——子弹库　位于遵义老城省立三中。清光绪三十二年（1906），遵义知府袁玉锡在此创建遵义府中学堂，1926年改为省立三中。学校占地万余

子弹库校长办公室

浙大校本部子弹库远景

平方米，园林式建筑，有回廊环绕的木结构瓦房数十间，主建筑教学楼为二层木结构重檐歇山顶建筑，面阔 52.4 米，进深 12.4 米，园内园外古树成荫，四面筑有围墙，是一座完整的学府建筑。内有礼堂 1 栋，操场与师生食堂各 1 处，普通讲堂 5 处，理化专用讲堂及音乐讲堂各 1 处，自习室 24 间，教员住房 16 间，宿舍 21 间，事务室、庶务室各 1 间，图书标本室、仪器室、藏储室各 1 间，调养室、盥洗室各 3 间，阅报室、接待室、书记室、饮息室、沐浴室各 1 间，执役室 6 间，厨室 2 间，厕室 3 间，大门 3 楹。教学楼外为大操场，面积约为 4500 平方米，可供万人集会或开展大型体育活动。大门坐西向东，侧旁郑莫祠也由浙大使用。校长室、总务处、文学院、师范学院的办公室设立在校园南侧的郑莫祠内。

1943 年浙大在遵义的教学楼

曾住老城的浙大教授　曾住老城的浙大教授略述于下。

竺可桢，著名地理学家、气象学家、浙大校长，住杨柳街碓窝井巷 9 号。（详见本书《名人与老城》）

费巩，浙大教授，进步民主人士，1945 年于重庆千厮门失踪，被国民党特务杀害。（详见本书《名人与老城》）

丰子恺，曾居于老城何家巷（今红军巷），后居于南坛巷星汉楼。原名丰润，1898 年生于浙江桐乡。早年师从李叔同学习绘画、音乐。五四运动后，即悉心于漫画创作，“漫画”一词的运用即始于丰子恺。1921 年留学日本。回国后受聘于浙江大学从事美术和音乐教学。在遵义期间，丰子恺主授文学、美术及音乐课程。

涂长望，住石家堡。1906 年出生于湖北武昌。中学毕业后又考入教会办的华中大学。后转入上海沪江大学，1930 年赴英国留学，获英国伦敦帝国理工研究院硕士。竺可桢校长电请涂长望回国任研究员。浙大迁黔，设立史地研究所，涂长望兼任副所长。1937 年发表了著名论文《中国天气与世界大气的浪动及其长期预告中夏季旱涝的应用》。中华人民共和国成立后，担任中央气象局首任局长，中科院院士。1962 年 6 月 9 日辞世，享年 56 岁。

梅光迪，住石家堡。字迪生，安徽宣城人。1911 年自费留美，攻读西方文学，学成后留美任教多年。归国后曾先后任南开大学教授，东南大学西语系主任，浙江大学教授、文学院院长兼外文系主任。在遵义整整工作生活了 6 年，是《学衡》杂志创办者之一。

张荫麟，住石家堡。字素痴，1905 年生于广东东莞，1922 年毕业于广东省立第二中学。1929 年，张荫麟以优异的成绩毕业于清华大学，遂获公费到美国斯坦福大学攻读西洋哲学史和社会学，4 年后获哲学博士学位。在《学衡》杂志第 21 期上发表处女作《老子生后孔子百余年之说质疑》，针对史学家梁启超对老子的事迹考证提出异议。1924 年，又发表论文《明清之际西学输入中国考略》，分析明清两代传入的西方学术的差异及其对中国文化的影响。张荫麟先后在《学衡》《清华时报》《东方杂志》等多家刊物发表论文和学术短文 40 多篇。1940 年初，其史学专著《中国史纲》出版，深得史学界称赞。尤精研宋史，是国内著名的史学家。1942 年 10 月 24 日凌晨 3 时，年轻的著名历史学家张荫麟在遵义卫生院内不治病故，时年 37 岁。

王琎，住石家堡。字季梁，1888 年生于福建闽侯。1907 年考入北京译学馆，同年赴美留学，先后在美国科学院和理海大学学习。1915 年回国，任中央研究院化学研究所所长。1936 年 5 月获科学硕士学位。1937 年到浙江大学任教，1940 年随浙大迁遵义，历任化学系主任、师范学院院长、理学院代理院长等职。中华人民共和国成立后，任杭州大学化学系主任，第二、第三、第四届全国政协委员，第三届浙江省政协副主席，九三学社杭州分社副主委。1966 年 12 月 28 日被暴徒击伤致死，终年 79 岁。

郭斌和，住石家堡。字洽周，1900 年出生于江苏江阴。1917 年就读于南京高等师范学堂，1922 年毕业于香港大学，1927—1930 年在美国哈佛大学研究院获硕士学位，1930 年任英国牛津大学研究员。1931 年回国后，先后在东北大学、青岛大学、清华大学和中央大学（现南京大学）任职，讲授中国文学批评、外国文学批评。1937 年受聘浙大任文学院中国文学系教授、主任，外文系主任。1943 年 2 月任浙大训导长。1946 年任中央大学外文系教授、主任。1987 年病逝，终年 87 岁。

沈思岩，住石家堡。浙大音乐教授，总结了声乐发声方法及演唱理论，推动了我国新音乐运动的开展。在遵义期间曾举行过个人音乐会。

舒鸿，住杨柳街碓窝井巷杨家。字厚信，1895 年出生于上海。1917 年，求学于上海圣约翰大学。次年赴法国，1919 年，到美国斯林菲尔德学院（旧译春田大学）体育系学习。毕业后，又进克拉克大学攻读 2 年卫生学，获卫生学硕士。1925 年回国，1928 年，考取美国裁判会会员，是中国最早的国际级裁判之一。1934 年，到浙江大学担任体育系教授、主任。1936 年 8 月在柏林举办的第十一届奥运会上，被聘为篮球决赛的主裁判，是担任此职的第一位中国人。浙大西迁遵义后任浙大体育部主任，在简陋的条件下组织教师进行体育教学，开展体育活动。中华人民共和国成立后，先后任杭州体育专科学校校长、浙江体育学院副院长。1964 年逝世。

叶良辅，住仙龙巷 1 号王家院子。字左之，原籍浙江杭县。1894 年出生于杭州。1913 年考进地质研究所学习，1916 年毕业。1920 年，入美国哥伦比亚大学地质系进修，获得理学博士学位。当年 7 月回国，在地质调查所工作，兼任北京大学地质学教授。1927 年受聘担任中山大学教授兼地质学系主任。1928 年至 1937 年受聘为地质研究所研究员。1938 年初受聘担任浙大史地系教授。1940 年携眷随校西迁，到达贵州遵义。1943 年受聘为浙大史地系主任并负责史地研究所工作。1949 年辞世。

黄秉维，住仙龙巷 1 号。广东惠阳人，毕业于中山大学地理系。浙大文学院史地系副教授，擅长自然地理学教学。长期从事地貌和自然区划的研究，开拓了热量和水分平衡、化学地理和生物地理群落等自然地理 3 个方向，是当代地理学研究的带头人。

张其昀，住水硐街 3 号（今碧云路 52 号）。字晓峰，1901 年出生于浙江宁波。1923 年毕业于南京高等师范学校史地部，1927 年在国立中央大学地理系任教。1936 年夏，应竺可桢校长之聘，到浙大创办史地系，担任教授并任系主任。1940 年春，随浙大西迁遵义。1943 年赴美访问并讲学。1946 年任浙大文学院院长兼史地系主任、教授。他是《思想与时代》的主要创刊者，同时担任《遵义新志》主编。在遵义期间，其有《中华历代大教育家史略》等3部著作。发表论文38篇，其中在《思想与时代》上发表论文30篇。1985年病逝。

竺士楷，住水硐街3号。河海工科大学毕业，水利工程师。在遵义时任浙大土木系教授，担任测量学教学，老城子弹库前面的广场和遵义街道大多被作为测量实习用地。

钱穆，住水硐街3号。字宾四，江苏无锡人，生于1895年。自学成为名家。始为乡村教师，曾任中学教师，后相继在燕京大学、北京大学、清华大学、西南联大任教。一生为学，是国内著名的国学大师，对中国学术思想史很有研究，著有《先秦诸子系年》《中国近三百年学术史》等著作，兼涉四部（经、史、子、集），著作等身。1943年春应邀到浙大任教授，曾开过“中国学术思想史”一课。1949年去香港创办新亚书院。1990年去世。

田德望，住水硐街15号。河北完县人。毕业于清华大学外国语文系，浙大文学院外文系教授，擅长德国和意大利文学语言。曾翻译《乡村里的罗密欧与朱丽叶》《神曲》等名著。

王国松，住大士阁巷11号。字劲夫，1903年生于浙江温州。1920年考入浙江公立工业专门学校。1930年赴美国康奈尔大学深造，获博士学位。1933年年底回国后受聘为浙大教授，曾任电机系主任、工学院院长、副校长、代校长等职。其教学特点为：其教学治学严谨，一丝不苟；深入浅出，生动有趣；条理清晰，逻辑性强；明净畅达，循循善诱；理论实践，两者并重。王国松一直在浙大从教，共60年之久，于1983年病逝。

佘坤珊，住大井坎6号。天津人，曾就读美国波士顿大学。曾任浙大文学院外文系教授、主任，教授英国诗歌，对英国文学造诣颇深。

张绍忠，住大井坎6号。字荩谋，浙江嘉兴人，1920年成为“庚款留学生”之一。在哈佛大学研究院主攻高压物理。1931年，中国物理学会成立，当选为该会评议员（常务理事）。先任厦门大学物理系主任，后到浙江大学创办物理系并任主任（后兼文理学院副院长）。在竺可桢出任浙大校长后，他被聘为浙大物理系主任，随浙大西迁至遵义，主持物理系工作，升任教务长，最后病逝在教务长任内。

黄尊生，住经历司街（今唐家祠巷）。广东番禺人。毕业于香港皇仁书院。浙大文学院外文系教授，擅长法国文学及语言教学，曾任《国立浙江大学文学院集刊》编委，曾被聘为《世界语百科全书》主编之一。

陈卓如，住协台坝。又名陈立，毕业于英国伦敦大学，心理学博士。1934年冬学成回国，1935年于清华大学心理系任教，后为中央研究院心理研究所研究员。1939年受聘为浙大教育系教授，1940年随浙大西迁至遵义。

黄翼，住杨柳街4号（今杨柳街中华苏维埃共和国国家银行旧址）。又名黄羽仪，毕业于清华大学，后留美攻读哲学、心理学，获博士学位。1930年回国后任浙大心理学教授。1940年随浙大西迁至遵义。曾出版专著5部，被竺可桢校长称为年轻教授中的英才。1944年逝世于遵义。

费　巩

丰子恺

张其昀

梅光迪

钱穆

涂长望

舒鸿

黄秉维

杨柳街浙大学生宿舍 唐家祠堂位于今公园路唐家祠巷（原经历司街）内，由2个大四合院组成，有大小房屋40多间，曾是较多的浙大男生居住的地方之一。宿舍均为上下铺位，小屋4—8铺，大屋10—12铺，可容纳寄宿学生200余人。后浙大研究生部设立，在祠堂右侧新建研究生宿舍。唐家祠堂临湘江河岸，清晨学生沿河岸诵读，琅琅书声响成一片。

杨柳街浙大女生宿舍

浙大女生宿舍在杨柳街14号，曾居住过文学院、工学院、师范学院（文科）的二、三、四年级的全部女生100人左右。杨柳街14号系国民革命军二十五军第七师副师长侯之珪遗孀王杞良（人称侯二太）的私人宅第，它是一幢典型的民国时期的二层仿洋楼建筑，前后二进，中有一小天井，天井里有一口水井。楼上有回廊，可凭栏眺望杨柳街街景。前面一进底层为门房和会客厅，楼上和后面共有房屋10多间，后进还有厨房、热水灶和盥洗室。中央红军在遵义期间，博古、李德居住于此。浙大西迁遵义后即与之签订了两年的租用合同。浙大女生们虽来自四面八方，但团结友爱，情同手足。每当餐前饭后，天井里、走廊上总洋溢着欢乐的笑声。女生宿舍的床位没按院系分配，报到时哪个房间有空就住进去。一开始彼此都不认识，但住在一起就建立了感情，相互关心、相互体贴。同学之间不分贫富，有钱大家用，衣服、鞋子只要合适，也可以随便穿。大家晚上一起上街吃夜宵，最喜欢吃的就是甜酒汤圆。天井里打水洗衣被不方便，女生们就成群地端着脸盆跑到城外的湘江河边去洗衣被。

柿花园教职员俱乐部 浙大西迁入驻遵义，柿花园是当时部分单身教师和教授的宿舍。柿花园巷是位于子尹路中段的一条小巷，是杨柳街延伸出的一部分。原柿花园1号就是巷内一个二进庭院，有6栋房屋、20余间房间，原为朱姓的私人住宅，位置在今杨柳街西出口处。1940年6月18日，竺可桢校长在此处召开教职员俱乐部筹备委员会，到会的有舒厚信（又名舒鸿）、杨守珍、涂长望、任美锷、张孟闻、贺壮予、陈剑修、李相勖等。会议讨论如何开展活动、会员收费办法等章程。推定舒鸿为主任干事，然后与会人员一起去柿花园街1号参观俱乐部房舍。

浙大男生在宿舍楼上留影

1940年8月1日15时，教职员俱乐部开幕典礼在柿花园1号举行，到会教职员50余人。当时浙大的教师们经常在这里吟诗作对、谈道论学、清茶淡酒、自娱其乐，也举办一些小型的文娱活动。1941年4月18日下午，竺可桢校长主持的试唱浙大校歌活动在这里举行。校歌由国学大师马一孚作词，声乐家应尚能作曲，参加试唱的有各院院长，涂长望、黄羽仪、张荩谋、苏步青、张其昀、丰子恺、邱仲廉等教授，学生虞灵藻等，浙大“回声”“大家唱”“飞燕”3个团体团员八九人，歌咏队部分成员等共40多人。先后试唱3次，每次需时3分钟。这是浙大师生第一次唱浙大校歌，声音洪亮，整齐划一。

竺可桢校长还经常在这里主持召开浙大校务办公会议，与参会人员一起商讨浙大的办学大计。1941年8月6日，行政谈话会召开，商讨了招生、防空情报、学生竞试、房屋分配等诸多问题。1945年8月18日晚，浙大教职员工256人在这里集会，载歌载舞庆祝抗战胜利。1945年8月19日，在遵教授会议在这里举行，到会40人左右，讨论迁校问题。

柿花园浙大教职员俱乐部

这里还是浙大接待外宾和国内重要宾客的地方。1943年6月6日，竺可桢校长接待英国驻华大使摩西、生物学家姚乐赛和毕丹耀一行，在俱乐部用晚膳，膳后与摩西交谈。1944年4月10日，竺可桢校长接待首次前来考察的英国剑桥大学教授、英使馆科学考察团团长李约瑟先生和秘书黄兴宗，在这里晚膳后邀其叙谈，述其来中国后工作之经过；同年10月又在这里接待了李约瑟夫妇和随行人员；1945年2月15日，在此接待李宗仁夫人郭德洁，竺可桢校长致辞欢迎李宗仁夫人郭德洁、陆军大学参谋班主任何诚璞及罗专员。在此接待桥梁专家茅以升时，宾主畅快交谈，从自然科学谈到社会科学，从东方文明谈到西方文化，从战时困难谈到原子能研究……推心置腹，无所不谈。竺可桢校长及浙大教授们广博的知识和浙大求是的校风，给来宾留下了深刻的印象。李约瑟教授回英国以后在中国大学委员会讲演，赞扬中国科学家，并谓联大、浙大可与牛津、剑桥、哈佛媲美，称“浙大乃中国之剑桥”。

这里还是学术研讨交流的地方。1941 年 12 月 20 日，史地系在这里举行徐霞客逝世 300 周年纪念会，张其昀讲“徐霞客之精神”，竺可桢讲“徐霞客之时代”，叶良辅讲“丁文江与徐霞客”，方杰人讲“霞客与西洋教士关系”，黄秉维讲“徐霞客游记中之植物地理材料”，谭其骧讲“徐霞客对于地理上之重要发现”。1945 年 6 月 6 日，工程师学会在这里召开，汤元吉主席和竺可桢校长致欢迎词，苏元复报告遵义会员近况，会上讨论了工程教育、各厂报告、遵义发电之可能、贵州可能发展之工业等主题。到会会员 30 余人，会议推选竺可桢校长为名誉会长。

次东门浙大实验工场 在遵义老城次东门外（今遵义纪念公园门外），沿湘江河河岸有一狭长地带，浙大实验工场就建在这里。当时，浙大经费紧张，遵义也没有更多的房舍做实验场所。在电机系主任王国松的筹划下，工学院在紧靠城墙的菜地上租用一片场地，新建一个大型实验工场。场内建有十几座简易的茅草房，四面是竹编泥糊的墙壁，门窗齐全，宽敞通风，安装有各种机械设备。设有机械、化工、土木、电工、动力等馆，动力馆为各系公用。实验工场有电力装置、电讯设备等，其中有重达数吨的机器，也有易碎的玻璃器皿，珍

次东门浙大实验工场

贵的化学试剂……机械馆设有模型翻砂，车、刨、铣、钻冷加工车床。机工实验可做机械工程的基本试验，如对比重、摩擦系数、热膨胀系数等的测定，对各种燃料的热量分析，机器主轴功率试验等。动力馆有自己设计制造的水力实验场，可测定各种流道的流量和流速，还有材料应力试验的万能试验机、剪切疲劳试验机等。电工馆有发电、电动装备及电机实验设备等。化工馆可做各种定性、定量分析。一切都布置得井井有条，全天进行实验。战时大后方有这样的工场，是十分稀罕的。场内有一台“材料万能试验机”，据说当时大后方只有两台，有的单位还要借浙大这台机器做实验。

为向群众传播科技知识，校长竺可桢要求工学院在每年6月6日（当时的工程师节）全天开放浙大实验工场，演示通俗的科学实验，如发电、照明、电焊、电报、电话等，接待遵义中小学生和市民参观，为尚不知电为何物的遵义人上了生动的一课。每到那一天，遵义城里万人空巷，工场内拥挤得水泄不通，参观者目睹各种实验，聆听解说员的讲解，他们大开眼界。很多人都是第一次看到这种展览和表演，有些老人说：“这些玩意儿我活了这把年纪还是第一次见到，真是开了眼界。”这对引导当时的遵义人热爱科学、投身科技事业起到了教育作用。

1943年6月6日下午，由于内燃机工作时间太长，排气管高温引燃茅屋，发生了火灾。火势猛烈，蔓延到化工、材料各馆，学校师生和现场参观的群众共同奋力扑救，全力保护各种设备及材料。因不能用水浇泼，只能用竹竿或其他东西把茅草拨开，以阻断火路。大家合力灭火，直到天黑前才将火扑灭，之后大家才安全撤离。这次损失不小，工场经过月余修理才恢复原貌，给大家留下了难忘的记忆和教训。

浙大东归杭州时，将部分图书、仪器留赠遵义各界，电机系实验室的一台发电机就在其中。当时电工场主任俞国顺副教授作为技术顾问，还帮助在遵义的浙江人胡先生，利用这台发电机办成一个电灯厂。后来这台发电机还成为遵义发电厂的一部分，这也是浙大电机系留给遵义人民的又一纪念品。

浙大史地研究所　1939年8月浙大文科研究所史地学部成立，分设史学组、地学组、气象学组、人文地理学组。1946年改称史地研究所，增设人类学组。研究所所长是浙大史地系主任张其昀，住水硐街3号，史地研究所也设于此。水硐街3号系国民党军师长郭惠苍私宅“醒庐”，有3幢木结构二层楼房，环境优美。

《史地研究所丛刊》又称《国立浙江大学文科研究所史地学部丛刊》，汇编研究所各组教师和研究生的科研成果，前后共出4期。1942年12月出版第4期《徐霞客先生逝世三百周年纪念刊》，汇集了张其昀的《序言》、竺可桢的《徐霞客之时代》、叶良辅的《丁文江与徐霞客》等12篇论文。张其昀主编的《遵义新志》，全书11章17万字，主要记载了遵义县的自然情况，开创了中国人进行土地调查研究之先河，是一部集地方资料文献，具有研究性、开创性的地方志。谭其骧教授所著《播州杨保考》，对统治播州700余年的播州杨氏土司的形成与族属，做了独特的考证。研究所除编纂史地书籍外，还出版石印史地教学挂图50幅。

遵义测候所设在协台坝后院，由气象学家涂长望指导建立。史地系学生负责日常观察和记录，每天观测4次，按月统计报送国家气象部门。观测场地设有百叶箱、雨量计、日照仪、测云杆、风向风速仪等设备。观测使遵义有了相应年份的气象记录，时读大三的史以恒就利用所观测的资料研究著述了《遵义的气象》，着重阐明了遵义地区多夜雨的气候特征。后测候所随浙大回迁而撤销。

浙大史地研究所（水硐街3号醒庐）

《思想与时代》学术期刊 该刊是由抗日战争期间西迁后方的西南联大、浙江大学、中央大学、山东大学等几所中国著名大学联合发起创办的月刊，由浙江大学文学院主办。1941 年 8 月 1 日在遵义创刊。发起人有张其昀、张荫麟、贺麟、钱穆、朱光潜、谢幼伟等。因这些发起人及其所在的学校分散于昆明、成都、乐山、遵义等地，编辑部便设在遵义的国立浙江大学，由浙大史地系主任张其昀任主编，1941 年 8 月 1 日在遵义出版了第 1 期。其办刊宗旨是：探讨时代思潮和民族复兴的关系，促进中西文化的沟通与交流。该刊自 1941 年 8 月在水硐街 3 号创刊以后，共出版 53 期，其中在水硐街 3 号出版的就有 40 期，每期发行 3000 册左右。《思想与时代》专程被送到贵阳文通书局铅印，开本为 23 厘米 ×16 厘米。抗战胜利后浙大回迁杭州，刊物停刊了一段时间，1947 年 1 月复刊，从第 41 期起，出至第 53 期停刊。有了这个阵地，浙大师生的史地研究论文便有了发表的地方，而且也和校外，甚至国外的同行有了更多的交流。

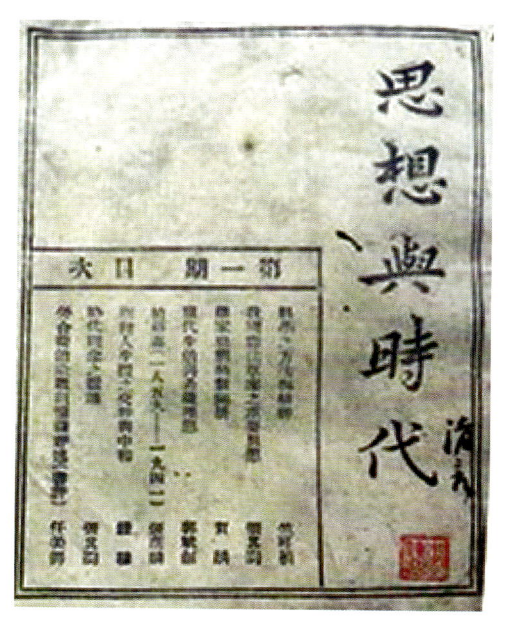
思想與時代

第一期 目次

浙大主办的《思想与时代》月刊

《思想与时代》在贵州遵义出版发行时，正值抗日战争时期，印刷、纸张等经费和交通、通讯等都极为困难，发行量也不大，因为刊物的学术水平很高，受到一些科研单位和大学的重视，故现在仅在浙江大学、中国社科院和国内一些大图书馆有不完整收藏，流入民间的极为稀少，创刊号更是凤毛麟角。刊物主要刊发有关哲学、政治、文学、历史、地理、心理、教育等内容的文章。作者大部分为浙江大学与西南联大文科教授，文章多为见解精辟、启迪思想的佳作。1943 年 5 月张其昀教授去美国后由钱穆接替主编，社址仍在当时的水硐街 3 号，后迁至经司历街 10 号（今唐家祠巷）。《思想与时代》是一份综合性刊物，销售发行遍于后方各省，军政工商各界均有订户。

浙大学生救济委员会 位于老城文化街（今官井路）23号，后迁至元天宫。竺可桢在日记中记载："九点至文化街廿三号学生救济委员会，此处有房屋四间，作为学生聚谈、阅报、游戏之用。该会经费由英、美学生捐助。""目前来会要工作者约六十人，其中有三十余人已得相当工作［……］室中有乒乓台及槌球游戏场地，但书籍极少。"（1941年4月20日）当时的元天宫，位于老城小十字，即杨柳街南出口对面的原红旗小学校址处。救济会的主要成员有竺可桢、郭斌和、振公、费巩、钮志芳等，其工作主要是救济贫困学生，帮助解决学生学习、生活上的困难，丰富学生课余生活，开展各种课外活动等诸多事宜。

救济会还开设娱乐室，课后组织各种文艺活动，如剧团、京剧社、文艺社、歌咏队等，写作出刊、办壁报、进行学术交流讨论。

当时学生自习时多坐在床上，两人合点一盏简陋的植物油灯——桐油灯看书学习，灯光昏暗，浓烟直冒，不时受到风吹的影响，灯光摇曳不定，严重影响学生视力和身体健康。救济会想方设法改善照明，在晚间增添汽油灯。费巩教授（时任浙大训导长）根据空气对流的原理亲自设计制造了一种既不冒黑烟、受风吹的影响较小，灯光又比较稳定还省油的油灯。这种油灯用50支装的香烟罐头盒做油壶，上装美孚灯头，再配上玻璃灯罩。费巩用自己的积蓄请洋铁铺做了800多盏这样的灯，分送到各个学生宿舍，极大地改善了照明情况，受到学生的普遍欢迎。为表达对费巩教授的感激之情，学生们亲切地将这种灯称为"费巩灯"。

救济会还组织学生进行生活自救，积极想办法改善学生生活，帮助学生御寒过冬。其中最主要的是医药救济。由于生活困难，医疗条件差，部分教师和部分学生染上疾病，最突出、最难治的就是肺结核病。肺结核病传染性强，患者急速增加。患病学生在浙大疗养室疗养治病。疗养室于1940年冬成立，租用的是中北路中段西侧的一栋民房，楼上3间住病员，楼下3间住工友。1941年年初，疗养室搬迁到老城北门阿家寺，这里空气新鲜，利于养病。在此疗养的学生共13人，有4人住院3年以上，其余有住2年的、1年半的、1年的及1年以下的。有一位叫吴寿松的学生患病在阿家寺疗养，因家庭处在沦陷区，无经济来源，生活很困难。竺可桢校长亲自出面劝其不要担心，安心养病，学校保证会想办法，设法给特困同学提供一些救济金。疗养室成立了两年多，除3位学生不幸逝世外，其余学生均陆续康复，返回学校。1946年5月浙大离遵，元天宫浙大学生救济委员会撤销。

“倒孔”游行　1941年12月7日，太平洋战争爆发，日本入侵香港，滞留香港的国民党官吏争先恐后纷纷内逃，南京国民政府行政院长孔祥熙的女儿更是包了专机运送洋狗、马桶、箱笼和大批洋货飞逃重庆，但当时许多知名的文化界人士，如茅盾等人却滞留香港，未能及时撤出。重庆《大公报》披露了这一丑闻，并将抨击的矛头直指孔氏：“譬如最近太平洋战争爆发，逃难的飞机竟装来了箱笼、老妈与洋狗，而多少应该内渡的人尚危悬海外，善于持盈保泰者，本应当敛锋谦退，现竟这样不识大体。……总之，非分妄为之事，荡检逾闲之行，以掌政府枢要之人，竟公然为之而无顾忌。此等事例，已传遍重庆，乃一

浙大“倒孔”游行

不见于监察院的弹章，二不见于舆论的抗言，直使是非模糊，正义泯灭。要知道一个国家若是正义消沉，那就是衰亡之兆。”消息传出，舆论哗然，全国上下知者无不愤怒,遂致“倒孔（祥熙）运动”的发生。各地大中学校学生群情激愤，西南联大、云南大学、中法大学、昆明大中等学校，首先于1942年1月6日爆发了打倒孔祥熙的示威游行，同日昆明市学生联合会还发表了讨“孔”通电。

西南联大等校学生“倒孔运动”的消息传到遵义，浙大在“马列主义小组”影响下，由进步学生谷长碌、王鸿礼、张宣三、吴作和等以秘密或半公开的方式，透露了昆明来电，又通过《生活壁报》向全校公开，将“倒孔”传单贴在《生活壁报》上，并加上按语“我们怎么办?”，立即在全校引起震动。1942年1月15日，反对孔祥熙、反对黑暗统治的斗争由此在浙大展开。浙大学生派代表分赴遵师、省高、玉锡、豫章、女中、县中等校联络，准备举行遵义“倒孔”示威游行。遵义警备司令部见情况不妙，立即召开紧急会议，宣布实施戒严，禁止集会、示威游行。浙大“马列主义小组”经过多次研究，最后决定领导此次运动，并制定方针：①可以响应西南联大的“倒孔运动”，必须由学生会经过合法程序作出决议；②明确游行示威的意义，主要是教育群众——浙大师生和遵义市民；③注意隐蔽，可能的话，把三青团团员推到前列去。同时对游行做了周密的部署。1月16日，当同学们去何家巷教室上第一节课时，院内已云集不少同学，大家群情激愤，要求学生会召开临时大会讨论“倒孔”问题。学生会主席应大家的要求，就地主持召开临时大会，请大家自由发言，不少同学慷慨陈词，说明响应西南联大举行“倒孔”游行的必要和意义。其中，张由椿及女同学王蕙讲了“马列主义小组”的意见和建议，原准备发言的进步骨干不再露面。参加会议的三青团分子俞宗稷、刘纫兰见状，也附和表示支持“倒孔”游行。当即有多人乘机提议推选俞、刘为游行示威指挥，同学们立即报以热烈的掌声。俞、刘见此情景，不知所措，只得接受任务。临时学生大会作出决议，于当天上午举行游行，约定在何家巷校门口集合。同学们准时集合，秩序井然。竺可桢校长赶到劝说学生无效后，乃谆谆教导说：“你们出于爱国之心是无可非议的，但游行时要守秩序，避免和军警发生冲突。你们既然要游行，我来领队。”16日上午10点，学生们举起“打倒孔祥熙”的标语和小旗，从何家巷校门口出发，以浙大校旗为前导，竺可桢校长和在场的教职员走在最前头，紧接着是女生，而后是男生。遵义新老城的街道早已布满了军警，浙大师生高呼“打倒中国财阀孔祥熙”“打倒贪官污吏”等口号。在浙大学生爱国精神的感召下，一些中小学生和市民纷纷加入，游行队伍进一步壮大。学生们沿途贴传单、写标语，或街头演讲，或口头宣传，揭露孔祥熙的腐败劣迹，要求国民党政府改组并撤换行政院长。游行队伍到了丁字口后沿大街北行至白农路到汽车站折回，再经过丁字口、中正桥（新华桥）、老城大十字，最后到老城体育场宣读“倒孔宣言”后结束。竺可桢校长在日记中写道：“此次驱孔运动左派学生活动者，遵义陈天保、董维宁、陈立、陈海鸣、王天心；湄潭张秋芳、李学应、钱念屺、滕维藻及教员黄川谷、潘家苏。接到联大学生（锡旗）之信者为刘玉钊，制油墨发传单者为伍学勤。又黄川谷前并常得共产党大批接济云云。”其中陈天保、滕维藻为“马列主义小组”核心成员。浙大的“倒孔运动”爆发以后，迅速得到遵义县中、遵义师范、女中和一些小学学生的响应，工人和市民也积极支持。

“倒孔运动”由于组织得当，又有竺可桢校长出面保护，并“令大同至专员公署见高文伯，嘱兵警维持秩序”。在游行中，竺可桢校长赴步兵学校找到警备司令张卓，“嘱军警弗与学生冲突”。针对军警干涉学生贴标语的情况，竺可桢对军警说：“学生有贴的自由，你们有撕的自由。”于是学生在前面贴，军警在后面撕，使学生未与军警发生直接冲突，避免了流血事件的发生。

浙大的“倒孔运动”惹怒了蒋介石，蒋介石于28日亲自致电遵义步兵学校张卓进行干预。电云：“特急，步兵学校张教育长，叙密。浙大学风不良，内部分子复杂。最近竟在遵义游行示威，并在湄潭南岸张贴标语，诬蔑中央，破坏抗战。此种越轨举动，必为反动分子所主使。以后该校学生之行动，应由步校政治部负责秘密监察，并与该校当局切实联系互助。对于该校军训教官，亦应在平时由步校每月定期召集会报、研究与切实指导。如该地附近各校学生，再有游行及不轨行动或发生风潮，须与地方政府协力，并用军事管理学生，有随时处置一切之准备，以安全后方之秩序为要。浙校近情如何？希即查复。中正。”为此，国民党教育部专派督学钟道赞到遵义，查办运动主使人，并于1月30日发出关于学校纪律须严加整饬的密电。国民党遵义当局逮捕了王蕙、何友谅、陈海鸣等人，使浙大进步学生运动受到阻碍。

发表《国是宣言》 由于国际形势急剧变化，日本军国主义在太平洋已开始节节败退，国内蒋介石独裁专制，政府腐败无能，人心惶惶。1944 年 9 月，中国共产党发出“废止国民党一党专政、成立民主联合政府”的建议；接着，郭沫若等关于《重庆文化界对时局进言》传到遵义，得到浙大学生的支持拥护。加之浙大费巩教授被国民党特务秘密杀害，学生反独裁、争民主的情绪激昂。浙大学生自治会在分析当时形势和广泛听取学生意见后拟就宣言，于 1945 年 3 月 16 日发表《国立浙江大学全体学生为促进民主宪政宣言》(简称《国是宣言》)，支持响应中国共产党的建议和重庆文化界的进言。《国是宣言》揭露了蒋介石的独裁专制，指出不改组独裁政府就不能挽救中国的危机，同时提出改革政治的 10 项具体要求。2000 多份《国是宣言》印刷品冲破国民党的检查封锁投往全国各地，得到西南联大、武汉大学、燕京大学等院校的响应和支持。

碓窝井 9 号 1940 年，浙江大学校长竺可桢受傅梦秋邀请入住碓窝井 9 号傅宅。碓窝井 9 号是杨柳街碓窝井巷内一幢民国时期仿洋房建筑，在当时颇为时尚，主人是知名词学家、遵义教育界和文化界名人傅梦秋。傅梦秋在南京高等师范学校读书时，竺可桢为该校老师，傅梦秋与竺可桢结下了深厚的师生情谊，傅梦秋对竺可桢的为人与学识非常敬佩。20 世纪 20 年代末，傅梦秋在碓窝井一块较为安静的地盘修建了自己的宅第——一幢一楼一底的玲珑小楼。楼上楼下各有五六间房，楼上屋前有走廊，可凭栏眺望。所有立柱，全系小木块上缠以麻丝再沾糊稀泥然后粉刷灰浆制成。楼房正面的窗户开阔明亮，采光极佳。傅梦秋早年在外求学见过世面，引入外面大城市建筑的元素，故将小楼设计得新颖时尚。再配以环境的佳美，显示出户主既是一户书香人家，又具有新派的审美。小楼的庭院里栽种着许多绿色植物：东面是一片茂密的竹林，粗如碗口的翠竹摇曳多姿；南面种植有梨、杏等果树；北面是花圃，有月季、栀子、海棠、大理茶花、菊花等，一年四季次第开放，姹紫嫣红，芬芳袭人。小楼外墙爬满绿化藤蔓，环境十分清幽。

1940 年 1 月 16 日，竺校长到遵义，在水硐街 3 号国民党军师长郭惠苍的“醒庐”居住月余后，受傅梦秋邀请于 2 月 22 日移居碓窝井 9 号。竺可桢住进去不久后，其夫人陈汲和儿女竺津、竺安、竺梅、竺宁也先后来到遵义碓窝井 9 号。傅梦秋将整个二层楼腾出，让与竺可桢一家居住，自己一家搬到楼下，两

竺可桢一家在碓窝井 9 号合影

家相处甚为融洽。每逢年节，傅家做了好吃的总要送到楼上，请竺可桢校长一家品尝。1941 年春节，傅梦秋亲自给竺可桢校长送去过年食品，竺可桢在日记中写道：“此间过年，不用粽子、年糕，而用糯米制发糕，白色，或圆或方。房东傅梦秋赠余若干。”可见执弟子礼的傅梦秋对老师的敬重与关怀。浙大驻遵，受竺可桢之邀，傅梦秋任浙大校长室秘书、庶务主任。

竺可桢很喜欢傅梦秋家翠竹掩映、清洁幽静的环境。他在 1940 年 7 月 4 日的日记中写道：“因多果木，如核桃、梨、桃、樱（桃）、葡萄、花红及竹子、橘子之属，故鸟类甚多。上月有数百舌已出雏，近八哥之雏亦能飞。每至晚，八哥成群喧哗至事半晚，亦有叫嚣者。尚有鸟如鸤鸠者，亦有巢出雏。据梦秋云，名乌鹑，在春天尚存极美观之寿带。则余以三四月间在渝未之见也。”竺可桢每天起得很早，日记里几乎都写着“晨六点起”，有时甚至五点起，从不懈怠。他起

浙大校长竺可桢

床后的第一件事，便是在楼上用望远镜观察天象，这是竺可桢作为气象学家每日的第一项工作，随后便在日记里记下这一天的天气情况。竺可桢每日记录的遵义天气情况，是研究当时遵义天气的重要气象资料。竺可桢在碓窝井 9 号度过了若干个不平凡的日日夜夜，其著名的论著《二十八宿起源之时代与地点》就是在碓窝井 9 号写作完成的。他在 1944 年 6 月 3 日的日记中这样写道：“晚作《二十八宿考》，直至十二点睡。迄今日已写十六页，约六千余字，全文一半之谱。余历［来］作文，无此次之苦者，因时间太局促，只有偷闲于批公文及写信以外时间。”繁忙的工作之余，竺可桢总是把观察庭院的植物与禽鸟作为最好的休息。日记还写道：“近日院中鸟类甚多，寿带鸟、白头翁、黄莺、百舌、八哥儿等，均在此造巢。百舌一对在南窗外一树上造一巢，高离地只一丈。有三雏已孵化，晨夕公母二大鸟轮流觅蚯蚓。他鸟有近巢者必起击之。寿带鸟虽小，亦常与乌鸦、喜雀奋搏也。”（1941 年 6 月 18 日）从 1940 年 1 月 16 日竺可桢到遵义，至 1946 年 5 月 16 日浙大复员返杭、竺可桢离开碓窝井 9 号，在遵义居住了 6 年零 4 个月。

竺可桢为傅梦秋一家拍的全家福

文体活动 在遵义期间，浙大的文体活动非常活跃。浙大开办了老城柿花园教职员俱乐部，举办各种文艺演出，开展体育活动，进行书画等艺术交流，等等，还成立了各类社团，如拓荒社（后改名为马列主义小组）、黑白文艺社、黎明文艺社、大家唱歌咏队、塔外画社、铁犁剧团、浙大剧团、浙大外文系戏剧研究班、桥社等。

浙大学生在一次歌咏活动后留影

黑白文艺社，1937 年成立于杭州，是一个由进步学生发起的文艺团体，宗旨为宣传抗日救国。首届社长是张启权。1940 年在遵义师范学校大礼堂举行过两次文艺晚会：第一次是诗歌朗诵，第二次是 9 月 25 日为纪念鲁迅诞辰而举行的。

铁犁剧团，在遵义师范学校礼堂举行首场演出。其中一个独幕话剧是讽刺英国首相张伯伦的。团长赵梦环扮演张伯伦，刘昌汉饰希特勒，庞增漱饰该剧中的女主角。铁犁剧团还演出过由该校学生潘传烈编写的大型多幕话剧《自由兄弟》和《夜光杯》，均叙打击汉奸的故事。

浙大剧团，1942 年选排曹禺写于抗战中的《蜕变》，揭露抗日战争中国民党当局的腐败。1943 年 2 月，公演话剧《此恨绵绵》。还排演《花烛之夜》《草木皆兵》《北京人》等宣传民主进步思想的剧目，演出过反映解放区生活的《兄妹开荒》《朱大嫂送鸡蛋》等小歌剧。1944 年，为纪念闻一多教授被害，排演了宋之的《万世师表》。

血痕剧团，曾为抗日救国募捐义演，义演的剧目分别是根据意大利喜剧《女店主》改编的《绿鹦鹉》和阳翰笙的《塞上风云》。演出收入除去少数开支外，全部汇交重庆《大公报》社，转交抗战前方。血痕剧团还为赈济河南灾民义演了《一间房间》《千方百计》《可怜的裴迦》等剧目。

外文戏剧班，上演过英语剧《蠢货》、德文本《寄生草》，还演出《金指环》《国家至上》《故乡》《禁止小便》《镀金》《塞上风云》等剧目。

大家唱歌咏队，成立于广西宜山，队长是刘颂尧。曾义演 2 天兼义卖花生米，其收入用于为“平民习艺所”的孩子们买寒衣。

浙大京剧研究社，在遵义演出《打渔杀家》《四郎探母》《三堂会审》等剧目，很受欢迎。还到中小学和街头教唱《流亡三部曲》《大刀进行曲》《打回老家去》《到敌人后方去》《古怪歌》《茶馆小调》《朱大嫂送鸡蛋》等歌曲。

浙大战地服务团

黑白文艺社、塔外画社在遵义通过壁报、刊物等，向广大群众宣传抗日。当时在浙大任教的丰子恺教授不仅创作了一批关注民生、为群众所喜爱的漫画，还关注地方历史文化，留下了一批遵义景物画和“沙滩文化”代表人物如郑珍、莫友芝、黎庶昌的画像。浙大史地系学生陈耀寰，1940年受教于著名木刻家李桦，1942年加入“全国木刻研究会”，1943年被选为全国木刻理事之一，筹备成立“全国木刻研究会贵州分会”，分会办公点就设在遵义浙大校本部内。浙大以“塔外画社”的名义先在何家巷举行过一次木刻画展。1942年，全国木刻研究会决定在国内10个地区举行“双十”木刻画展，贵州展区由陈耀寰负责，通过向全国征集作品和甄选浙大学生的作品，“双十”画展如期在贵阳举行，展出3天，作品216幅，木刻书刊64种，木刻工具多种，观众有4000余人次。1943年10月第二次展出，内容更加充实，作品中还有套色木刻40幅，观众达2万人次。当年浙大还举行过赈灾木刻展，其门票和卖画收入全部用于赈灾。

浙大很重视体育课教学和体育活动的开展。舒鸿教授任体育部主任。在子弹库（今遵义市第十一中学）体育场的体育课教学，由舒鸿教授及其助教负责。舒教授上课非常认真，而且对学生的要求很严格。舒鸿向竺可桢校长提出“若学生体育未能达标将不能毕业”的建议，得到校长的支持。浙大篮球队由舒鸿组织领导，他要求球队每周训练两次，在训练中反复强调运动员精神，要遵守纪律，服从裁判；要相互密切配合，发挥整体力量；绝不准故意伤人；要胜不骄、败不馁；比赛时，不管输赢，要全力以赴，每球必争，顽强战斗到底。1940年初夏，在遵义举办的青年篮球赛上，决赛队伍是浙江大学与步兵学校。决赛那天，球场上早已里三层、外三层地挤满了人，校长竺可桢也亲临现场，坐在球场边靠中线处观战助阵。浙大篮球队在舒鸿的指导下，将比分优势一直保持到终场。竺校长向篮球队祝贺胜利。1943年10月，舒鸿担任遵义体育代表队领队，率领比赛队员72名，参加在贵阳举办的贵州省第一届国民体育运动会。男子田径队以5枚金牌、7枚银牌、4枚铜牌，获团体总分第一名；女子田径队获团体总分第三名；男篮、男排均获第二名。

浙大开展的另一项体育活动就是在湘江河游泳。柏家堤坎是遵义老城湘江河上的一道堤坝，即今凤凰山文化广场前石龙桥附近。由于这段河河水清澈，当年浙大师生用大竹筐装载一筐筐大石头，并将竹筐垒高以加深堤坝，蓄水做池，于是这里便成了一个天然的游泳场所。特别是浙大女生下河游泳，成了当年遵义夏日的一道风景，开启了遵义女子游泳的先河。每到5月，天气转暖，浙大的体育课就改为游泳课，每人每星期至少要下水两次。竺可桢校长也常常和同学们一起在河里游泳。

浙大在遵义期间开展的文娱体育活动内容丰富，形式多样，表演艺术水平高，对宣传抗日起到了积极的作用，激发了遵义人民的抗日热情，同时极大地丰富了遵义人民的精神文化生活，加深了浙大师生与遵义人民思想感情的交流与融合。

竺可桢日记（摘录）

1940 年

【1 月 29 日　星期一　贵阳至遵义】三点至寰球旅社，遇士楷，遂回至寓中，在老城内水峒（硐）街三号。张孟闻、晓峰均住此。主人郭姓，陆大教官。剑修、季梁来，偕至寰球晤湄潭严浦泉县长。据严云，自遵义至湄潭之公路路面二月可就，石桥三四月可就云。

【2 月 22 日　星期四】浙大二、三、四年级在遵义上课。今日搬家，自水峒（硐）街三号移至碓窝井九号。碓窝井之屋则亦为三间，但房子较深。在北者隔为两间，为士楷夫妇及小孩卧室。南面者为余卧室，安与超二人亦睡此屋。当中一间为食堂。余等原欲居楼下，以小孩过多而闹。但房东傅梦秋欲余等居楼上。

午后二点偕苏叔岳至遵义师范晤校长万勉之，并视察浙大学生所居宿舍。现共住十二间，并教室一间。因遵师需教室故，教室可让出，但另嘱遵师再让一间宿舍。

【2 月 26 日　星期一】十一点至老城小学做纪念周。余报告迁移经过及教部与行政院准发之迁移［费］十四万元。次谈及战地服务团，希望能组织一永久之机关。每人可前去服务一年，则于抗战前途必大有利益。此次最佳之结果为大学生在前方确有用处，非如一般人所意想，以为前方用不到大学生也。既证明大学生可在前方能有贡献，则在全民抗战时期应踊跃参加，不然则所谓全民即应除大学生一个阶级矣。

【5 月 5 日　星期日】校长办公室自江公祠移何家巷。

【6 月 18 日　星期二】三点在寓开本校教职员俱乐部筹备委员会，到舒厚信、杨守珍、涂长望、任美锷、张孟闻、贺壮予、陈剑修、李相勖等，讨论会员收费办法。推定舒鸿为主任干事。五点偕至柿花园街一号看屋。偕舒鸿至河边，出次东门看游泳地点。

【7 月 4 日　星期四】寓居碓窝井九号，因多果木，如核桃、梨、桃、樱（桃）、葡

萄、花红及竹子、橘子之属，故鸟类甚多。上月有数百舌已出雏，近八哥之雏亦能飞。每至晚，八哥成群喧哗至半晚，亦有叫嚣者。尚有鸟如鸬鹚者，亦有巢出雏。据梦秋云，名乌鹑，在春天尚有极美观之寿带，则余以三四月间在渝未之见也。

【7月7日　星期日】参与三周年纪念芦（卢）沟桥事变。六点半余等抵公共体育场。今日到者约二千人。八点由公共体育场出发游行，经中正桥、丁字街至车站。

【8月1日　星期四】八点至播声电影园（院）开浙大成立十三周［年］纪念大会，到教职员、学生三百余人。余首致辞，述浙大之使命，抗战期中在贵州更有特殊之使命。昔阳明先生贬窜龙场，遂成“知难行易”之学说。在黔不达二年，而文风兴起，贵州文化为之振兴。阳明先生一人之力尚能如此，吾等虽不及阳明，但以一千余师生谒（竭）尽知能，当可有裨于黔省。在抗战期间，吾人应对于贡献生产物质各尽其能。在乾隆初年，陈玉璧为遵义太守，由山东运柞蚕至此，遂所遵义富甲全黔。凡所以为民生计，皆吾人之责任。

三点徐（余）至柿花园一号行［教职员］俱乐部开幕典礼，到教职员五十余人。

【10月11日　星期五】设立史地研究部。四点半至公共体育场之南庐，现史地研究部与史地系在此租屋。今日史地研究部开师生谈话会，到谭其骧、叶左之、张荫麟、涂长望、黄秉维、顾谷宜及季梁、晓峰等。研究生到沈玉昌、王爱云等等。由晓峰及长望报告。余述史地系以四年时间创立，迄今有此规模，真大不易。

1941年

【4月20日　星期日】九点至文化街廿三号学生救济委员会，此处有房屋四间，作为学生聚谈、阅报、游戏之用，该会经费由英、美学生捐助，会［之］英文名称Tsunyi Students Relief Committee。目前来会要工作者约六十人，其中有三十余人已得相当工作。室中有乒乓台及Croquet槌求（球）游戏场地，但书籍极少。

［下午］二点至播声电影园（院）参与农本局复生庄第一次纺手大会。该庄去年九月始正式推行手工纺织，最初只有四座［纺机］，现遵义近郊已有七百八十纺手，生产了六千多斤土纱（六个月）。一个纺手，四川省年可纺纱五六十斤，假使遵义八万妇女，就能纺四五十万斤土纱，可织布五万匹。

【5月9日　星期五】晚训导处及自然科学社遵义分社合办科学近况讲演，第一讲余在何家巷讲“近代科学之精神”。下午六点至何家巷十五号教室演讲，听讲者六十人

左右，余首引 Bernal 贝尔纳 *Social Functions of Science*《科学的社会功能》书中关于近世科学在中国之段。氏谓以中国谨严之态度、忍耐之精神、中庸之德性，将来对于科学之贡献决不在西洋之下。近世科学之兴起及科学之方法，注重于科学之精神。科学之精神在于不顾利害以求真理，祛除成见以就理智，及实事求是，知之为知之，不知为不知。

【6 月 6 日　星期五】下午二点至协台坝子弹库看电机实验。中国工程师学会以大禹诞生纪念择今日为各地展览期，故各地实验室均开放。观者络绎，尤以电话机为最触目。

【6 月 27 日　星期五】子弹库苏库［长］现可让出地点，为气象测候之用。最近气象所让美金值 215 元之仪器与浙大史地系。余嘱长望能于七月一日起开始观测，则遵义始有记录可与湄潭、贵阳相比较矣。

【7 月 2 日　星期三】四点至水峒（硐）街三号开史地研究部茶话会。现已有研究生九人，均已着手研究专题。余希望史地研究室能为遵义、湄潭作一地方志，以地形、气候均属现成材料，加以农产、水利、土壤、矿业等等，并不须费大力即可成为专书矣。

【7 月 16 日　星期三】十点至专员公署晤高文伯商量食米问题，据云专员公署有积谷一千余担可以支配，故紧急时可以平价出售。十一点至子弹库晤陈正修与苏绍文，苏谓桃源洞忠义庙屋二十七集团军可以让交，子弹库既无用，故可转让与浙大。

【8 月 6 日　星期三】四点至柿花园一号开行政谈话会，讨论一年级招生、防空情报、学生竞试诸问题及下学期遵义房屋支配问题。决定放弃北大路楼、遵义师范，将子弹库之学生迁出，宿舍集中于何家巷，办公室移子弹库。

【8 月 14 日　星期四】柿花园一号试唱校歌。四点到柿花园一号，请各院院长及长望、羽仪、荩谋、步青、劲夫，新聘之金城，丰子恺、邱仲廉，并学生虞灵藻等，“回声”“大家唱”“飞燕”三团体团员八九人来唱［校歌］。计先后唱三次，需时全歌计三分钟。全歌本可分为三段：自“大不自多”至“尔听斯聪”为第一段，“国有成均”至“嗟尔髦士，尚其有闻”为第二段，“念哉典学”至“天下来同”为第三段。

【10 月 18 日　星期六】今日抵遵义。十点至子弹库办公室（注：竺可桢自 8 月 25 日离遵义至重庆、北碚一个多月，该日返遵即开始在子弹库办公）。晤士楷、汪大同、俞心湛诸人，知化学三、四年级生因刚复之意已移湄潭。

【10 月 19 日　星期日】中膳后孔县长派人来，知立夫已到遵义。一樵欲晤晓峰，遂偕至水峒（硐）街三号晤晓峰。晓峰出布雷、钱宾四函相示，知布雷对于《思想与时

代》每文必读，且对于晓峰著《中国古代教育家》一文已集专刊，由委员长为之印行签署矣。

【10月24日　星期五】十点刘之远、陈正修偕朱熙人来。朱系东大地理系学生，后至哈佛大学。现为兵工署简任技正。朱此来为调查附近团溪之锰矿。此矿系刘之远所发现。缘本地人民知团溪有铁矿，入炉不熔，以询刘，知为锰矿。交化学系分析，得百分之七十以上，为国内难得之良矿。矿藏量二十万吨，而大渡口钢铁厂所需锰矿，每年不过一千吨以上。

【10月25日　星期六】八点至校，偕士楷视察子弹库一周。现子弹库前院连四十二兵工厂之办公室均归本校，系陈正修所让者。楼下均作为办公室，惟电通室实验在此。楼上则为化学［实验室］与教育学系之心理实验室。

【12月20日　星期六】午后三点至柿花园一号，史地系为徐霞客逝世三百周［年］纪念开大会。到史地系同事及学生与苏绍文库长、郭洽周、吴志尧诸人，共约八十人。首由张其昀讲“徐霞客之精神”。次余讲“徐霞客之时代”，谓其集中、西之大成，有中国之仁爱宽大，而具西洋求知的精神。叶良辅讲“丁文江与徐霞客”。方杰人神父讲“霞客与西洋教士关系”。任美锷代林文英讲“江流索隐”，谓金沙江本为红河上游，后为长江所夺取。黄秉维讲“霞客游记中之植物地理材料”。谭其骧讲“徐霞客对于地理上之重要发现”。

【12月30日　星期三】今晨较昨更冷，房中不到摄氏三度。八点三刻至［旧］府中学办公室，亦在摄氏三度。因为经济起见，故各办公室均未生火。九点开贷金委员［会］，通过十二、一、二、三个月之膳食贷金及补助贷金。坐二小时，余虽狐裘，仍觉足冷。

1942年

【1月16日　星期五】晨六点起，即至子弹库。时陈庸声、张荩谋、振公、大同已到，季梁、迪生、振吾亦来，商谈阻止学生游行事。以此事为西南联大所发起，而教部已来电阻止也。当决定如通知警备司令以武力制止未始不可，但难免不发生冲突，故决计出以劝导方式。令大同至专员公署见高文伯，嘱兵警维持秩序。七点，余等至何家巷劝阻，晓峰尤诚恳解释。余晓谕以守法，不听，自七点半至九点半无结果。余适得步兵学校张卓电话，知渠于前夕返，乃赴步校嘱军警弗与学生冲突。十一点回。

至中正桥见一人被警捉去，但旋即释。四点至警备司令部开会，初颇严重，经余解释始晓然。

【2月7日　星期六】中午至水峒（硐）街十四号晤高文伯，余告以反动传单系叶道明陷害潘、腾二人，余已得铁证，因孙念慈致高尚志函之信封有叶道明亲笔所书“明晨请面交”五字也。高意以为此事先将学生释放，然后叶由党部自已检举为最好云。

【2月12日　星期四】今日更冷，家中卧室摄氏零下一度，办公室零下二度，决计在办公室内生炭盆，并以摄氏零上3度，即华氏38度为标准。

【6月18日　星期四】三点至何家巷饭厅，招待四年级毕业学生，约一百余人，又研究院学生六人。余致辞，嘱注意三点：一、利用空余时间习得一高尚嗜好；二、随处随地求得学问；三、处事接物不能以个人本位之眼光。并请文学院谷宜、工学院振吾作临别赠言。

【6月21日　星期日】下午二点在［何家巷三号］第三教室文学院公开演讲，余主席。张荫麟讲章太炎，张晓峰讲梁任公，郭洽周讲鲁迅，题为“中国近代思想界之代表人物”。张述章太炎受英美政治影响，主张放任主义，晚年致力于通俗散文。晓峰则以任公亦为革命者，不过出以另一方式，其政见与中山先生并无大异。洽周以阮籍、嵇康比鲁迅。

【9月14日　星期一】中午回［校］。见工匠若干正拟将旧府中门前四株柳树斫去，南边向外者近根处已斫去一半，北边近台者则上面树枝已斫去不少，余即制止。因四柳均五六十年前所种，且均完好，斫去可惜。询知系舒鸿主张，因县府下月十五开全县运动会，故辟子弹库空地为之，以跑道不足，须抵除府中前之平台并斫去柳也。余与陶大队长决保存四柳，但使跑道不受影响。

【10月15日　星期四】遵义一届各界运动会开幕。八点至公共体育场参加运动大会，到者数千人。

【10月20日　星期二】迄止昨日，本校注册人数遵799，研究生19；湄357，研9人；永兴一年级到209人，先修班9人。三点偕介敏至体育场行运动会给奖典礼，由刘震清太太、高文伯太太及介敏三人给奖。到中小学生近千人，计高级组田径赛浙大得奖，足球、排球亦为浙大。篮球外语班得奖，田径赛个人锦标外语班丁溁原以十二分得奖。中级组田径赛遵师第一，排球亦遵师第一。足球、篮球则县中第一。

【10月23日　星期五】知张荫麟病无起色，张父母双亡，年卅七，其妻已离婚，

无子女，只一弟在贵阳。平常读书至深夜二三点钟，作文时甚至竟夕不睡。所作《中国史纲》已出《战国》，《两宋》亦写就。甚望其病能痊，但中西医均束手，奈何。

【10月24日　星期六】张荫麟于今晨三时去世。下午三点张已入殓，由狮子桥卫生院出发，送丧者史地系同仁及学生与洽周、谢之道、黄尊生、任美锷、羽仪、振公诸人。出老城南门至棋杆山天主教坟地，并先在体育场致祭。

【11月28日　星期六】晓峰［来］，知明日［在十六号教室开］张荫麟追悼会。翁咏霓、陈寅恪各有挽诗。委员长送赙仪万元。又教育部丧葬费五千元。

1943年

【3月17日　星期三】今日天气骤热。子弹库后院桃梨均开，宛如下江清明时节。校门外四株大杨柳亦均出芽叶矣。

【6月6日　星期日】英国大使西摩到遵义。七点高学洵来，嘱其预备招待英大使西摩。九点在旧府中约洽周、迪生、劲夫、振公，并派振公往晤高文伯，知其病倒。下午两点偕迪生至南门外接西摩。四点一刻，请西摩大使讲演。临时召集在社会服务处听者五百人。西摩讲近来大学生与四十年前之异同。五点偕西摩一行赴次东门看工场。六点半约西摩大使一行四人及洽周、劲夫、荩谋、迪生夫妇、介敏、卜青芳在俱乐部晚膳。余与西摩谈，谓战后希望英国能送教授来，并希望能得期刊与新出书籍。

【8月18日　星期三】八点至何家巷三号，［本学期］最后一次讨论会。由梅迪生、杨耀德主讲，题为修养问题。香曾、洽周、仁东、羽仪亦到，学生到七八十人。迪生讲历史上之不妥协精神，以齐太史、左光斗为率。杨耀德讲私德与公德。

【10月25日　星期一】余住碓窝井九号，初来时房租五十元，五年不加。而市中他屋有加至四五倍之多者。梦秋以熟人不愿增。今日余又提议，拒不允。

1944年

【1月31日　星期一】十点在柿花园一号开行政谈话会，商本校学生应征译员训练班。决定依教部办法，凡英文、体育考试及格，得前往服务。

【4月10日　星期一】十点半李约瑟偕其秘书黄兴宗来。李约瑟 Joseph Needham，年四十二，为剑桥大学之生物化学 Reader，能说俄、波、法、德诸国语言，对于中文亦能写能读。对于中国对于科学之贡献尤感兴趣。曾在美国斯坦福、加州、耶卢

各大学为教授。其夫人亦为生物学家，已到中国。三点请李约瑟讲 International Scientific Cooperation in Peace & War 和平与战争中的国际科学合作。谈一小时余，至四点半散会，由劲夫陪同，参观工学院实验室。六点半在教职员俱乐部晚［膳］，膳后请李约瑟谈话，述其来中国后工作之经过。

【5 月 25 日　星期四】阅《史记·律书》及《历书》，觉其中有若干与《天官书》不合，且与天象不符。《律书》中二十八宿之方位东西与实际不合，如营室在东壁之西，而反在东，即其例也。今日阅王应麟《困学记闻》。其人于书无所［不］窥，可称渊博。晚着手写《二十八宿考》。一年来未搦管作文，极觉生疏。至十一点一刻睡。仅写八百余字耳。［注：竺可桢自 4 月 7 日开始为著《二十八宿考》作准备，其间查阅大量资料，于当日动笔。］

【6 月 3 日　星期六】晚作《二十八宿考》，直至十二点睡。迄今止已写十六页，约六千余字，全文一半之谱。余历［来］作文，无此次之苦者，因时间太局促，只有偷闲于批公文及写信以外始有时间。以此常于八点后写至子夜始止，但亦并不觉乏力而已。

【7 月 3 日　星期一】今日将《二十八宿起源之地点与时间》一文稿寄重庆气象［所］吕蔚光转交长望，登《气象学报》，以今年值气象学会成立二十周年之纪念。

【8 月 15 日　星期二】决定再建遵义新宿舍，容 200 学生，以备将学生全体住校。

【8 月 17 日　星期四】晚七点半至子弹库操场，参加学生所组织之天文学会看星会。到卅人左右。林［昭］讲星宿之名称、位置甚详。余讲历史上星座之变迁等。今日星宿灿烂，无月光，故牵斗、婺、女诸宿均可见。

【9 月 17 日　星期日】偕允敏、王启东等徒步出老城北门，往高桥观音阁。观音阁有道光时碑，其上之文昌阁则有嘉庆碑。文昌阁地点俯视湘江，颇为佳胜。回途过湘江至东岸，参观省立高中，正在建筑宿舍，已成者只教室一座，计楼上下八间。现已开课，但不能住宿。计有高一、二、三、六班。

【12 月 18 日　星期一】见十二月十六日《贵州日报》载李约瑟 Needham 回英国以后在中国大学委员会讲演，赞扬我国科学家，并谓联大、浙大可与牛津、剑桥、哈佛媲美。

【12 月 24 日　星期六】上午九点至阿家寺看望疗养之肺病［学生］，计十三人。顾金梅、李金长、徐道观、方圆四人均已住院三年以上。黄一芹、顾荣申已一年半，吴

惠二年。其余凌明哉、王祖坡、徐扶明、杨钧、冯承昌均在一年以下。另高崇武则非浙大学生。十三人中惟李金长比较严重，不能起床，且有温度。顾金梅虽不起床，精神尚好。

1945 年

【2 月 8 日　星期四】昨晚下雪半寸许，晨起户外全白，地上积雪不融，此为遵义近来所仅见也。[下午] 六点至柿花园一号，为高文伯饯行。文伯在遵将四年，与浙大同人相处甚相得。其人廉洁，而学问知识亦高出侪辈，一旦离去，浙大将骤失一友人。

【2 月 15 日　星期四】晚五点至社会服务处，饯别高文伯并欢迎李宗仁夫人郭德洁、陆大参谋班主任何诚朴及罗专员。席间推余致辞，高文伯、郭德洁、何诚朴均有答辞。

【5 月 26 日　星期六】旧府中即子弹库大门外有袁玉锡所立府中成立时碑，余以浙大在遵义五六年，胜利在望，不久将回，不可不有一纪念。因嘱王驾吾作碑文，文已成，计 736 字。购石碑一，费一万余元，以不适用，又以巨款购另一石，连刻工去九万余元，可称贵矣。因碑上只能容六百字，故余于驾吾文中减去一百余字。

【5 月 31 日　星期四】自昨日校中已发电，发电室即在何家巷三号门房旁。共装灯五十盏，灯颇亮，四十 Watt 之灯胜于重庆 40 Watt，学生服务处之灯尤好。内有一室专为女生。

【6 月 6 日　星期三】柿花园一号开工程师学会，到会员三十余人。汤元吉主席、余致欢迎词、苏元复报告遵义会员近况。次讨论专题：①工程教育。②各厂报告。四十二厂、丝织厂、大兴面粉厂及酒精厂均有报告。③遵义发电之可能。④贵州可能发展之工业。中膳后参观工厂。五点至运动会 [场]。今年运动会昨今两天田径赛，明日球赛，后日游泳。昨开幕，推余为名誉会长。

【8 月 10 日　星期五】日本投降，大战终结。今日下午六点，日本正式向盟国波茨坦三国公告无条件投降。晚十点消息到遵义，新、旧城各鸣炮十响，满街爆竹，至子夜不绝。

本年演讲者在文组尚踊跃。计有：顾谷宜“中国战后国 [际] 地位与立国精神”，缪彦威“欧阳修治学精神”，叶左之“中国矿产”，谭香龙“中国史上之白种人”。上星期六为李挈非与严德一“太平洋形势”。本星期六王驾吾“耶教儒铨”。下星期六佘坤珊“莎士比亚人生观”，廿五日“欧洲之谜”。八月廿九陈乐素、王维屏“朝鲜、台湾之过去与将来”。理工方面演讲者有钱钟韩“无量论”、杨耀德“物理观与数学观念”、吴征铠“Penicillin 青霉素”、苏元复“Plastic 人造塑料”、钱令希“漫谈力学”等。劲夫约余于两星期后讲演。

【8 月 11 日　星期六】昨至［晚］十二点始睡，未睡熟即闻经历司街一带打锣声，未几渐近，并闻敲门声甚急。董嫂开门，则男女学生四五十人蜂拥而入。余虽睡即着衣下楼，告以余已知胜利消息。……时已晨一点。余上床后甚久不能睡。

九点至何家巷三号，首由余报告胜利后学校行止，谓今晨已电分校路主任，嘱接收校产；并洽黄季宽收回城内报国寺、蒲场巷，城外哈同花园、华家池与临平、湘湖、万松林之产业。但总校返杭须视交通工具与杭州交［涉］［舍］而定，至早亦须在明春。

【8 月 16 日　星期四】复李约瑟函，渠近得剑桥张资珙 Chang Tzekung 函，知与 Dr. Herbert Chatley 合作，欲著一《中国天文学史》*History of Chinese Astronomy*，拟包括董作宾之《仲康日蚀》《殷历长编》及《周公土圭量日影法》等。欲将余《二十八宿起源之地点与时代》［收入］，欲余觅人翻译。但气象所与浙大均无人能作此，故余［将］于十一月间回碚作成英文。

【8 月 18 日　星期六】晚浙大教职员在柿花园一号庆祝胜利，到二百五六十人，为空前盛会。

【8 月 19 日　星期日】柿花园一号开［在］遵教授会议，到四十人左右，讨论迁校问题。议定第一学期在此结束，并余去重庆再函政府营救香曾等。晚继续作《为什么中国古代没有产［生］自然科学》。

【9 月 4 日　星期二】遵义各界庆祝抗战胜利大会。上午在体育场，邵君甫主席，讲述抗战经过，次余讲述在五大强国中我国抗战最久，计 8 年 2 月。下午在社会服务处招待美国军人。晚火炬游行，各界参加，以步校最为出色，有各种灯彩高跷，有装飞机、坦克及自转之飞鱼，有日本人常作鞠躬者，有以电灯装入车中者，每部均有一队，洵出色也。火炬长十里，费时五十分钟始走毕，为遵义空前之盛况。

【11 月 27 日　星期二】教育部督学黄问歧、任东伯视察学校。任东伯现任贵州大学教务长，为张梓铭所倚重。振公与梦秋二人同往视察何家巷及桃源洞等地。二点至柿花园一号开行政谈话会，余报告赴杭视察经过。

1946 年

【4 月 2 日　星期二】柿花园一号开复员会议，议决第一批出发五月十日以前，四月十日以前派舒鸿、马宗裕赴汉口、长沙沿途观察，并勘定设站地点。

【5 月 11 日　星期六】偕荩谋及高品至老城［标］小学，应遵义教育文化界之欢送会，到《民铎日报》杨伯雍、王保康，社会服务处吴世恕，省高高树森，县中崔可章，遵师张其昌及李仲明，教厅督学王健吾，干部训练［班］曾毓嵩，《民铎报》景剑锋及八十三岁耆绅蒋篪谱。由杨伯雍主席，蒋篪谱献旗，上写“善教继志，尊道救学，嘉贤容人，毁方瓦合。浙大复员返杭纪念。遵义文化教育界敬献。”

【5 月 15 日　星期三】六点在柿花园一号［宴］请遵义文化界［人士］。（翌日，竺可桢校长离开遵义，结束遵义的办学生涯）。

摘自政协遵义市红花岗区委员会编《遵义—浙大西迁大本营》，内部资料，2011，第 191—214 页）

国立浙江大学黔省校舍碑记

岛夷之患兴，区内俶扰，徙都重庆，学多内移。士陷贼中者，辄冒险阻，间道来归。国家增学校，延师儒，优其廪给，收而教之。由是西南之名都繁邑，僻区隩壤，往往黉舍相望，弦歌之声洋洋。然顾庶事草创，师资图籍，弗备弗精，亦其势然也。当是时，国立浙江大学迁徙者数矣。民国二十九年春始抵贵州之遵义，而别置一年级生于青岩。既而以理、农二院处湄潭，文、工二院处遵义，师范学院则分布两县间。湄潭有镇曰永兴，一年级生复徙居之。盖积时六稔，而以学院名者五，析系至二十有五；以研究院名者一，析部至五。其隶而附者，若工厂、农林之场，中学、小学之属，又不一而足。师弟子之在校者，总三千人。其讲堂，寝室、集会、办公、操练、庖湢之所，取诸廨宇寺观与假诸第宅之羡者十八九。故其材不庀而具，其功不劳而集，其新筑者取苟完而已。凡为屋之数千有余间。其书自《四部》《七略》暨声、光、电、化、算数、农艺、工程之著作，不下五万余册；其仪器以件计者三万；机器以架数者七百有奇；标本都万二千。凡所以安其身，养其知，肄习其能者，如此遭时多故，世不复以简陋见责，甚或有从而誉焉者。可桢窃独忧之。夫至变而莫测者，事也；至赜而无竟者，学也。守先哲之所已明，而益穷其所未至，以应方来之变，犹惧或踬焉！况区区但袭故迹，无所增进，而谓可与一世角智力，竞雄长，倖存而不替，何其傎欤！校故在杭县，清季为求是书院，院废，为高等学堂，民国十六年易今名。余乃倡“求是”二字，以与多士共勉焉。军兴以来，初徙建德，再徙泰和，三徙宜山，而留贵州最久，不可以毋记也，故记之以谂后之人。

校长　竺可桢

中华民国三十四年六月　立

国立浙江大学黔省校舍碑及碑亭

老城迎解放

遵义解放前夕，中共贵州省工委领导的进步青年组织遵义曙光社及其领导下的“川黔边区纵队”，以及在遵义的一批进步民主人士，根据中共贵州省工委和中国人民解放军第二野战军联络处的指示精神，以遵义老城为中心，开展了一系列卓有成效的工作，争取了国民党地方当局部分军政人员起义、投诚，有效地开展了护桥、护路、护厂、护校、护粮、护盐等护城活动，使具有光荣革命历史的名城遵义完整地回到人民手中。遵义解放后，驻在遵义老城办公的中共遵义地委、遵义专署、遵义军分区领导高度重视统战工作，亲自做地方上层人士的统战工作，化消极因素为积极因素，使解放初期的解放、接管、建政、安定社会秩序、恢复发展生产等各项工作很快走上正轨，掀开了遵义历史发展的新篇章。

曙光社

曙光社成立 1949年3月，中共贵州省工委指派在贵阳中山中学读书的进步青年幸必泽回家乡遵义，以其家住的老城四方台和省立遵义高中为主要据点开展革命活动。同年3月，经省工委领导宋至平（即宋学芬，化名王平）介绍、组织批准，吸收幸必泽为中国新民主主义青年团团员，并明确由宋至平直接领导幸必泽在遵义开展革命活动。经过一段时间的艰苦组织，同年7月成立了进步青年组织“曙光社”，由幸必泽任核心领导小组组长，核心领导小组成员还有王孝源（中共地下组织介绍其去云南后，未再参加遵义的活动）、余大才、刘慎先、王慎公、熊明朝（女）、杨世贤（女）、王正初、李先淮等8人，都是青年学生。曙光社发展的社员对象，是经过教育、培养、考验的进步青年，主要是省高学生，部分是小学教师，也有少数青年工人和社会青年，共有120多人。其中，遵义城区70多人，团溪10多人，绥阳30多人。随着形势的发展，曙光社除大本营在遵义城区外，还在团溪、绥阳分别组建了支部，团溪支部负责人是王正初，绥阳支部负责人是李先淮。曙光社的活动经费来源主要是社员根据个人的经济状况自愿缴纳的社费。后来活动频繁，所需要的经费开支更多，就请潘名挥借了二两金子，换成一百多块银元；又向赵俊英（中共党员，杨天源之妻）借了一枚金戒指；社员杨世贤（女）、白静容（女）各拿出一枚金戒指；还向陈铁借了一百元大洋（1949年后中共遵义地委已付还），勉力维持必要的开支。曙光社成立后，先后根据中共贵州省工委的指示精神，以及原中共遵义县委书记、中国人民解放军第二野战军（以下简称“二野”）联络处联络员杨天源通过进步人士陈福桐、潘名挥等传达的有关指示精神，开展了一系列卓有成效的工作。

曙光社活动 加强宣传工作。1949年7月中旬创办了《曙光周刊》，主要转载进步书刊上的文章，深入宣传中国共产党的政治主张，使党和人民解放军的方针、政策深入人心。每期刊物印出后，由跑“交通”的同志们马上向城乡社员分发。

曙光社活动基地——贵州省立遵义高级中学

加强调查研究。根据中共地下组织拟定的调查研究提纲，利用一切关系，组织力量对敌情动态和遵义地方情况进行调查，搜集到不少重要情报。这些情报，对于曙光社分化瓦解敌人、争取国民党军政人员投诚和收编接管工作都起到了重要作用。

加强兵运活动。先后派遣余大才、梁仁德、段启荣、贾百川、胡振宇等到与曙光社核心成员有联系的国民党军队中去当兵，给士兵做思想工作。曙光社还派詹国屏、于伊文、晁元功（三人都是起义军官）到曙光社绥阳支部，协助

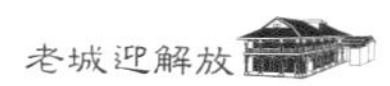

李先淮搞武装。

组建“川黔边区纵队” 1949年9月—10月，驻遵国民党军四十四军军长陈春霖下令要在遵义作“焦土抵抗”，遵义专员兼保安司令卢杰叫嚷要“血洗遵义地区”，磨刀霍霍，气势汹汹。根据形势的需要，曙光社决定将已经掌握的国民党军队葛德威等部统一组成一支部队，取名“川黔边区纵队”(以下简称“边纵”)，待遵义临解放时公开打出旗号，威慑敌人，保护遵义。推举潘名挥为政治委员，刘兆富（化名任魂）为司令员，幸必泽（化名詹周）为副司令员。当时边纵基本是葛德威连、张健夫连、冯正奇营、谌伯武警察大队、熊灿昭中队、曙光社绥阳支部和团溪支部等掌握的武装。

川黔边区纵队政委潘名挥

川黔边区纵队司令员刘兆富

边纵成立后加强了统战工作，主要由曙光社的领导和成员等配合，利用各自可以利用的关系，开展统战工作，争取国民党军警和地方实力派人物投向人民，保护城市，迎接解放。如由已隐蔽的潘名挥出面，由高允夫、曾宪云、陈福庆等配合，在老城南门李锡桐家约请国民党贵州第二绥靖区司令吴剑平、副司令柏辉章谈话，约请国民党二七五师参谋长兼遵义留守主任李益昌谈话，争取其投向人民。又如安排社员熊明朝（女）对其父熊灿昭（国民党遵义交警总队中校中队长）做思想工作，最终促使熊灿昭率部起义。由潘名挥委托陈福桐到团溪通过陈铁的妹夫姚世达去做争取陈铁的工作。敦请洪帮首领张肇奎以遵义城区联防指挥部副指挥长的身份，巧妙地挫败国民党遵义当局鼓动的“搬家运动”和“坚壁清野”阴谋，使遵义人民免遭流离失所之苦。

川黔边区纵队副司令员幸必泽

迎解放工作

传达指示 1949年8月，湖南常德解放。隐蔽在常德其四哥杨天恩处的中共遵义县委书记杨天源，找到中共常德地委，向地委领导汇报了自己的情况，同时拿出时任中共贵州省工委书记张立与自己联系的信封给地委领导看，地委领导对杨天源很信任，分配杨天源到地委宣传部工作。不久，入黔解放军需要了解国民党军在贵州的布防情况，于是把杨天源调到二野联络处工作。二野联络处主任王子英对杨天源说："二野入黔，急需贵州军事布防情报。组织考虑要你回黔作实地侦察。工作是很艰巨的，任务是光荣的，危险性也是很大的。看看你有什么想法？"杨天源毫不犹豫，坚定地表示："回黔侦察，我愿意去。此行事关重大，即使牺牲个人也在所不惜！""我服从组织决定！"几天以后，杨天源带着流落常德的贵州生意人易怀轩，肩负重任，踏上回黔征途。他们历尽艰辛辗转来到湘西、黔东交界地铜仁，这是杨天源侦察的第一站。杨天源在已搬至铜仁居住的四哥杨天恩及其朋友铜仁商会会长邓树高的热心帮忙下，通过邓树高的朋友、国民党军旅长蒋德明得到了国民党军在黔东地区的军事布防情报。杨天源将侦察到的情况综合起来，写了一封密信，叫易怀轩立即返回芷江，送交二野联络处，完成了第一站的侦察任务。

杨天源

两三天后，杨天源起程返回遵义。在回黔的路上，杨天源反复思考，要想获得川军罗广文部队和陈铁部队的布防情况，只有通过陈铁本人才能获得全面、准确的情报。杨天源本人又不能直接见陈铁，找谁去合适呢？考虑再三，他想到找晏东藩最合适。晏东藩和杨天源是同学、好友，一向倾向革命，可以信赖；晏东藩和陈铁是亲戚，交往甚密，无话不谈。打听陈铁的情报，晏东藩最合适。农历九月底的一天，杨天源回到遵义家中，叫爱人赵俊英把晏东藩请到家里，向晏说明此行回遵义的任务，希望晏帮忙搞到陈铁、罗广文的军事布防情报，晏东藩答应了。接着，杨天源又叫赵俊英去请陈福桐到家里来，委托陈福桐办3件事。杨天源对陈福桐说：“刘邓大军即向西南进军，遵义解放以后改为市，设军事管制委员会（简称军管会）。希望你在我军未入遵义前办三件事：一、保护遵义电灯厂，解放后要继续照明；二、保护《民铎日报》印刷厂，解放后要办党报；三、争取更多的人在解放时刻不要听信谣言逃走，还要争取敌军起义。解放军入城后，由你直接向军管会汇报。因为我回湖南去不一定就能和部队碰头一起回来。”陈福桐回答杨天源：“你放心，我保证能办到。”同时还告诉杨天源：“潘名挥和幸必泽已在搞迎接解放的活动，要不要将你来遵义的消息转告名挥？”杨天源说：“可以！”接着杨天源告诉陈福桐：“我明天就要走了。”陈福桐也告诉杨天源：“情况很不好，在我身边有人监视，你赶快走吧！”

第二天，杨天源秘密回到团溪，住肖义德家。第三天，晏东藩果然按时到了团溪肖义德家，向杨天源汇报了自己搞到的军事情报。杨天源将所获情报写成一密信，由肖义德找到的既可靠又有胆量的朋友雷亚伯将密信速送铜仁邓树高处，再由邓树高找可靠的人将密信速送湖南芷江二野联络处，完成了二野联络处交办的侦察敌军军事布防情报的任务。刚送走情报，杨天源、肖义德、晏东藩等商议决定：一方面由肖义德、晏东藩、欧阳纯儒等，攀邀团溪傅希贤、张昌炯、张昌烈、徐达三等人以昼夜打麻将为理由，死死缠住傅希贤等人；另一方面，杨天源秘密移住羊石场晏东荟家，蒙晏东荟叔父晏香泉调集乡、保武装，到晏东荟家周围执行“命令”，暗中保护杨天源的安全。在晏香泉家，杨天源召集肖义德、欧阳纯儒、晏东藩、晏东荟等人开了一个小会，杨天源将强记硬背的《中国人民解放军布告》和《三大纪律八项注意》等文件，向肖义德等人进行了传达（肖义德做了详细记录），要求欧阳纯儒等人在解放军到来前夕，油印散发。会上，杨天源还向大家布置了迎接解放军的工作，其中一项任务是：如果解放军在乌江对岸受阻的话，肖义德等人要设法偷渡过江，提供情报，配合解放军渡乌江。会议还提出争取陈铁早日起义的问题，杨天源当即回答：“可以。尽量做工作，争取陈铁早日起义。”之后，杨天源还会见了应约赶到团溪的李元化。杨天源完成任务后，由晏香泉派可靠佃户赵幺爷护送，离开团溪，前往瓮安、福泉继续做侦察工作。

策反工作　在遵义解放前夕，上级有关组织、二野联络处、遵义有关党组织、遵义曙光社和一些民主人士，通过各种渠道，对在遵义的国民党党、政、军、警、特和地方实力派首脑人物（含赋闲在家的），开展了大量的策反工作，其中绝大多数人转变了立场，逐步投向人民，减少了遵义解放、接管、建政的阻力，扩大了人民阵营的力量，使各级新生人民政权较为顺利地建立起来。在策反工作中，争取原国民党军“东北剿总”副司令、贵州省绥靖公署副主任陈铁起义的工作最具代表性。

陈铁，原名永祯，号志坚，1898年生，遵义团溪西坪人（现属遵义市播州区）。黄埔军校第一期毕业后，他从当排长起就一直跟随卫立煌。陈铁青年从军，历经黄埔习武、北伐战争、十年内战、抗日战争、解放战争，与国共双方一些高层领导人都有过接触，对双方的信仰、大政方针有过分析比较，特别是在陈又新等相关友人的劝导下，陈铁逐步走上弃暗投明、走向共产党阵营的道路。在争取陈铁起义的过程中，中共中央和中共贵州省委都做了大量扎实的工作。首任中共遵义地委书记陈璞如在《回忆解放革命历史名城——遵义》一文中说：“随我十七军来到贵州的原国民党起义将领陈又新，与陈铁、王家烈等均属故交，省委根据中央指示，派陈又新到遵义做陈铁的工作，并带来董必武同志的亲笔信。董必武同志的信中说，陈铁可以争取。”

陈铁等在抗日前线

除中共中央、中共贵州省委和中共遵义地委等对陈铁做的争取工作外，陈铁家乡团溪西坪的亲友们对陈铁做的争取工作，也是十分重要的。陈福桐在《迎接遵义解放纪事》一文中就有生动的记述：

（一九四九年）十一月十日下午，杰生中学教师、我的老同学姚世达从外面急匆匆回学校对我说：“大哥（指陈铁）要我告知你，卢杰专员对他说，要捕杀你，务必到乡

下避一避。明天大哥有车子到西坪，我和你搭车走。”我答应：“按陈先生的意见办。”

……

我将姚世达转达陈铁的一番话对他（潘名挥）说了以后，他提出“要相机争取陈铁起义”的意见，我说：“都作了考虑。”

……

十一日早上到学校，我才将详情告知何其荣，并要他在适当时候转告教育界的朋友，只有在战火纷飞时才停课，务望坚持下去。当升旗礼完毕，学生都进入教室，监视我的训育员抱着点名册到教室去点名时，我才一口气向现在的新华桥跑去。正巧姚世达坐在架有长枪的卡车上从老城开出来，车子在我面前停下，我爬上去，从新城丁字口穿过向团溪驶去。当车子在团溪公路上的桑木垭因路滑停下时，我和姚世达研究去和陈铁商议宣布起义的事。当天，……夜宿湘坪姚家。十三、十四两日，我同姚世达到湘坪下面公路边，在一家鸦片烟馆里等候陈铁的小车过路。两天没有等到，便叫世达的三弟姚周达到肖义德那里，了解他们的活动情况，并告知我已到了湘坪，有事要联系。

十五日半夜，姚家黄犬突然狂吠起来，我们以为是国民党警特来捕我们的，而走进屋里来的却是肖义德和晏东荟。他们说：“我们都是和杨天源有了联系的，也在作迎接解放的活动。陈铁已于今天到达他的家里。”我们等到第二天就到陈铁家去。姚家离陈家有二十华里，下午起身，天还未黑。天黑尽后，世达带我们三人摸黑穿过一条碎石砌的夹道，走进陈铁的房间。陈铁的女儿寿珊和妹子永文都是我的学生，他的妹夫姚世达是我的老同事。我和他虽然没见过面，但他在一九四八年因朱振民、姚世达等人的关系，曾向国民党担保我出狱（没有成功）。姚世达介绍见面后，我先开口：“陈先生，你的情况，世达都详细谈过了。你离开遵义时，朱大哥（振民）到道真去没有？”因为我们约好在紧要关头，国民党要对他下手时，就离开遵义到道真去活动。陈铁说：“振民虽然在特务监视中，已平安离遵到道真去了。”我说：“目前的形势，你是知道的，解放军已进入贵州，联络人员杨天源已秘密来遵义作了迎接解放的部署。我们希望你有所行动。”陈铁知道他的同乡杨天源的情形。陈铁驻防黄河时，曾经介绍晏东荟等到“抗大”晋西南分校学习过。他说：“你们要我怎么办？”我说：“川军（国民党军）陈春霖部准备破坏遵义，遵义人民希望你调第二七五师到遵义宣布起义，保护遵义。共产党、解放军和遵义人民不会忘记你的。”陈铁说：“可以办。你们和王家烈、

> 蒋丕绪有联系吗？他们是反蒋的。”我说：“城里同志作了工作。”
>
> 晏东荟、肖义德和姚世达都讲了话。陈铁没有犹豫，抽出钢笔，用西式信笺写一封信给二七五师师长陈德明，要他由黄平到鸭池河一带调部队到遵义宣布起义。他还问是否需要一点钱作活动。萧、晏都说要几个钱，他叫他的张氏夫人取出一百块银元交给我们（后由我们转付“曙光社”的同志支用，这笔钱解放后已如数归还）。我们的任务完成，世达以眼色示我，我们告辞出来……
>
> 陈铁给陈德明的信，是晏东藩和陈德明所派来向陈铁请示机宜的副官陈英一道带去的……
>
> 以后，我就住在羊石场晏东荟家，大约是十七或十八这天，……恐陈铁不明情况，误认为陈春霖部要袭击他，以致思想动摇。怎么办？我们研究后，认为陈铁的起义是有思想准备的，不会动摇。但也无妨写一封信去坚定他的意志。义德叫我提笔，写道：“志坚先生：顷接城中同志来信告知，国民党扬言，‘陈铁业已背叛党国，各地军警拿获，就地格毙’。我方已作好充分准备，保护先生安全，请勿虑，专此，即问近好……”肖义德以快速的步伐，赶到陈家把信交给陈铁。……二十二日中午刚回羊石场，团溪区公所派人来说：城里来电话说遵义解放，要我们火速进城……

陈德明接到陈铁的亲笔信，于1949年11月23日在金沙县安底镇联名率二七五师官兵通电起义，投向人民。

护城斗争　遵义解放前夕，面对人民解放军向西南神速进军，国民党垂死挣扎，阴谋应变破坏，遵义的情况日益紧张。驻遵国民党四十四军军长陈春霖下令要在遵义作“焦土抵抗”，遵义专员兼保安司令卢杰叫嚷要“血洗遵义地区”，形势严峻。遵义曙光社及其所组建的边纵，以及相关进步人士，根据二野联络员杨天源传达的《中国人民解放军布告》《三大纪律八项注意》等文件精神，积极开展迎接解放的准备工作。其中，护城斗争就是一项涉及面广而又艰巨的任务。

陈福桐在《迎接遵义解放纪事》一文中说：“我将上述我准备作的一些事和朱振民商谈，他表示高兴，愿意一起活动。”“他和我去找《民铎日报》经理王葆康，毫不掩饰地讲明了必须保存印刷厂为解放后的宣传工作服务的理由，王葆康接受了我们的意见。我又单独去找电灯厂经理曾仲常，指明：‘如果按照自卫

干训团谷正伦的要求爆破电灯厂，必受处罚；如果保存电灯厂在解放军入城时继续照明，人民政府将按表现给予保护，并给出路。’我们的谈话是开门见山，单刀直入，相信他不敢也不肯去密告我们，以后同归于尽。曾仲常答应了我们的要求。”结果，印刷厂和电灯厂都被保护了下来，在遵义解放后，重新为新生的遵义人民政权服务。

陈福桐

在国民党遵义专员卢杰等人的蛊惑和强迫下，遵义解放前夕掀起一股所谓“搬家运动”和“坚壁清野”的逆流，其罪恶目的是离间人民群众与共产党、解放军的血肉关系。卢杰督促遵义城区联防指挥部副指挥长张肇奎在社会服务处召集“兄弟”开会，催促搬家。曙光社幸必泽、潘名挥获悉后，研究决定派张肇奎的熟人高允夫去劝阻。高允夫到会场把张肇奎请出来说：“地下党有人托我问候你张大爷，请你看清形势，不要离开遵义，弟兄伙也不走。留下来协助保护地方，共产党不会亏待你。”张问：“地下党负责人是哪个？”高说：“你认识的，以后可以见面，你先按他的话办。”张点点头回到会场，话锋一转：“大家刚才说搬家太慌忙，我想也是的，啥时候走，听通知。我如不走，你们也不走。”会场一哄而散，搬家的事没有人再提了，这有效地抵制了所谓“搬家运动”。

潘名挥与张肇奎建立了联系，继续推动张肇奎开展合法斗争。如国民党四十四军军长陈春霖坚持要炸毁乌江大桥，而吴剑平则以“影响贵州人吃盐巴”为由反对炸桥，两人争吵起来，僵持不下，张肇奎出面从中调和：“炸桥，吴司令对不起贵州父老；不炸，陈军长又难交差，两边都需要考虑，依我看多少炸一点算了。”于是，只把乌江大桥炸了一孔了事。遵义解放前夕，陈春霖命令其后卫部队陈家骥营炸掉遵湄线、川黔线上的桥梁后再撤退。曙光社早已通过晋润昌、杨德宣、杨德威等做陈家骥的工作，争取了陈家骥营适时起义。1949 年 11 月 21 日，解放军第十军二十八师进入遵义，起义的陈家骥营奉命编入二十八师，随军入川参加成都战役。

陈家骥巧妙地应付上司，首先保护了遵湄公路上的清深桥。在国民党四十四军撤退前夕，担任后卫的陈家骥巧妙地对付督战官，他命人在遵义酒精厂附近的运亨桥栏杆上绑了几颗手榴弹，拉响后只把石栏杆炸了个缺口，而执行任务的陈家骥的“弟兄伙”则大声惊呼：“发现共军了！发现共军了！”不知内情的督战官急忙坐上吉普车逃跑了。就这样，川黔公路、遵湄公路在遵义附近的桥梁、道路基本上没遭破坏。

当时，国民党茅草铺粮食仓库储有30多万斤粮食，遵义县县长沈麟书下令给仓库主任李楠银，限李楠银三天内把仓库烧掉。边纵派李楠银的好友高允夫去找李做工作，李苦笑说：“就是我躲起来，粮食也难保住。沈麟书可能另打主意，还有散兵游勇。”高、李商议后，又一道去找张肇奎，晓以大义，张肇奎即以遵义城区联防指挥部副指挥长的名义，派人把茅草铺粮食仓库看守起来，李楠银随之隐蔽，烧粮仓的事就拖下来，从而保护了30多万斤粮食免遭损失。

遵义当时是黔北食盐转运中心，盐务局（官盐）和中和盐业公司（商盐）共存盐巴约400吨。国民党遵义专员卢杰曾密谋“开仓散盐”，妄图使解放军和群众都没有食盐吃，从而制造混乱。这首先就遭到国民党贵州第二绥靖区司令部司令吴剑平的反对，吴剑平说：“搞不好我们自己先就没有盐巴吃。”这样才彻底粉碎了卢杰的这条毒计。边纵成员继续找关系做国民党旧盐务局局长李健武的工作，直至以边纵名义给李健武下通知：“务必保存好全部盐巴和一切资料，听候接管。”李健武接到通知后，吓了一跳：“共产党怎么知道我李健武？”边纵成员再找关系给李健武打招呼，李健武表示“一定保存好全部盐巴”，终于这批食盐被保存了下来，在解放后供应遵义军需民用。

国民党旧军政部第七军械总库遵义分库（下设4个军械仓库）贮有子弹约100万发、各种炮弹约1万发、手榴弹45万枚、大量黄色炸药和其他军事装备。遵义解放前夕，少将库长已离遵，库员有山东籍、广东籍的，群龙无首，互相搞摩擦，有的想弃库逃走，有的想浑水摸鱼，还有人偷卖服装、马具等物资。边纵派起义军官王根荣（曾任该库库员）去找到其认识的库员“拉山东老乡”，以“老同事”身份出面调停；又和广东籍库员交朋友，大家认为王根荣“够意思”，比较听王根荣的。王根荣趁机给山东籍、广东籍库员出主意说：“我们这

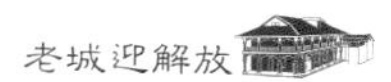

些中下级军官能逃到哪里去？不如就留在这儿看好仓库，共产党有政策，不会亏待咱们。”王根荣又给库员讲《中国人民解放军布告》精神，经过五进五出，做通了管理人员的工作，他们都表示一定会保存好这批军械。与此同时，边纵成员又通过关系争取了担任该库警戒的监护营官兵，要求监护营官兵切实做好警卫工作，确保军械库的安全，终于，这批军械在遵义解放后为人民解放军所用。

迎接解放军入城 自1949年11月中旬以来，曙光社成员、边纵成员及相关民主人士，巧妙地开展统战工作，做了大量迎接遵义解放的准备工作，随时准备迎接解放军入城，宣告遵义解放。1949年11月19日下午，曙光社了解到乌江下游孙家渡附近有解放军，即派出社员白仲乾、王永琪、何国仁从遵义去湄潭方向迎接解放军。白仲乾等社员于当天晚上9点多钟赶到车水（距遵义城约30千米）住宿，沿途遇到国民党军队的盘诘，他们均出示“通行证”顺利通行。20日又赶了约25千米的路，才遇见中国人民解放军三兵团十军二十八师的侦察兵（这支部队的任务是解放四川泸州）。侦察兵把白仲乾等引到三渡关，面见了行军到此的二十八师政治部副主任高世平。白仲乾等讲了联络暗号，表明是党的地下组织派来的，又汇报了遵义城内的敌情，请大军急行军到遵义，以免国民党破坏城市，并表示愿意为解放军带路。高世平听了汇报后，为了争取时间，即紧急

二野部队进入遵义城

布置干部分别下连队，边走路边动员战士急行军，以解放遵义。部队行军到距离遵义城约35千米的虾子场时，侦察兵拦住一辆国民党的小汽车，乘车人原来是遵义县县长沈麟书。沈麟书不知道解放军来得这么快，还大摇大摆地前来虾子“巡视”。部队命令沈麟书给国民党遵义专员卢杰打电话报告：“此地平安无事，未发现共军。”在虾子场匆匆吃了晚饭，解放军部队不顾疲劳地继续向前赶路。到距遵义还有约10千米的老蒲场（今新蒲）时，天还未明，国民党军刚刚撤走，解放军就脚跟脚地向遵义追击。20日午夜后，曙光社再派社员王慎公、梁仁德、陈家麟、陈家麒等出城迎接解放军，王慎公等在礼仪坝前面迎接到十军军部的一些首长。这样，白仲乾、王慎公等社员分别为解放军十军二十八师和十军军部带路，马不停蹄地昼夜赶路，直奔遵义。

11月20日白天，遵义城内敌军调动频繁，散兵游勇在街上乱窜，群众惊慌，入夜后更加慌乱，不知解放军何时能入城。为了防止可能出现的抢劫破坏，边纵决定进占市中心，控制局势，安定人心，保护城市。晚上10时左右，潘名挥、刘兆富、幸必泽带着边纵第一支队葛德威部和一营起义部队占领丁字口一带，在一家商店楼下设立了指挥所。同时，派出一部分兵力占领了东面制高点桃源山；一部分兵力向北警戒，准备阻击陈春霖部；一部分兵力向西警戒，准备阻击卢杰部。潘名挥在指挥所拿起电话，以边纵名义首先命令电信局确保电话畅通。接着又通过电话与重点保护的工厂企业联系，要工厂企业随时报告情况。幸必泽带一部分人到市中心各处查看，随时与指挥部联系，沟通情况。由于事前做了细致的工作，电信局当班的职工都安定地坚守在岗位上，保证了电话畅通。边纵查到张肇奎的联防指挥部，便加派了门卫，坚守该部电话。对联防指挥部派往各条街的岗哨都不进行更换，只是改用“边纵”的口令。在联防指挥部楼梯的阴影处，边纵抓住了遵义中统行动大队长吉燊，当吉燊看到黑洞洞的枪口对准自己时，吓得浑身打战。边纵缴了吉燊的枪，命他如实写出中统在遵义的组织和成员名单，争取立功赎罪。第二天早晨，吉燊交出特务名单，中统特务在遵义之多，出人意料。晚12时左右，边纵抓住了卢杰的传令兵，由潘、刘、幸亲自审问，以了解卢杰的兵力部署。随即截住卢杰调兵的命令，打乱了卢杰的部署。

根据新发现的情况，11月21日，边纵命令谌伯武率部到市郊桃溪寺一带布置警戒。凌晨1时，大兴面粉厂工人打电话向指挥所报告：该厂已被大批国民党军队包围，他们要强行进厂破坏，请求支援。大兴面粉厂地处城内，与指挥所就一河之隔，一旦出问题，对全城都有影响。当时就只有一个排的兵力担任保卫指挥所的任务，情况紧急，不能犹豫。幸必泽要潘名挥在电话里告诉护厂工人再坚持几分钟，由自己亲率这一个排的兵力前去解围。幸必泽指挥这一个排的兵力，一路由中正桥（今新华桥）迂回敌侧翼，一路由跳蹬河涉水过河，直扑敌背后。敌人不知底细，胡乱放几枪后就逃跑了。21日黎明，指挥所以边纵的名义出了安民告示——《川黔边区纵队司令部布告》，告知民众边纵司令员为任魂，副司令员为詹周，政治委员为潘名挥。大家对潘名挥很熟悉，但却不知“任魂”“詹周”是何许人也，经说明才知道“任魂”即刘兆富，“詹周”即幸必泽，遵义大多数人都是知道的。早上6时许，由解放军十军二十八师八十四团及军、师侦察、工兵分队和通信连报话排组成的先遣支队，由二十八师副师长卢彦山、政治部副主任高世平率领，由曙光社白仲乾等做向导，进入遵义城，受到遵义人民的夹道欢迎，遵义宣告解放。

紧接着，曙光社、边纵即派幸必达、傅邦荣、晋润昌、喻圣训、曾宪云等同志，分头带领人员接管了仓库、电台、工厂、银行、企业，清点资产档案，封存不动，并派部队警卫。9时许，在白仲乾等的引导下，曙光社、边纵领导人潘名挥、刘兆富、幸必泽等，与解放军十军二十八师副师长卢彦山、赖大元，政治部副主任高世平见面，他们互致问候，交换情报。11月23日，二十八师政治部在老城体育场召开群众大会，有1万多人参加，师政治部副主任高世平发表了讲话。工人、农民、商人、群众会议分别召开，选举成立了工人纠察队、农协会、商会等组织。11月24日，中共遵义地委书记陈璞如率地委领导班子抵达遵义城，与先期入城的解放军十军政治部主任许梦侠，二十八师师长姚银汉，副师长卢彦山、赖大元，政治部副主任高世平等领导见面，交换情报，交代工作。11月25日，解放军十军二十八师离开遵义继续西进，先后解放了仁怀、习水、赤水等县后，入川参加成都会战。12月2日，中共遵义地委、遵义军分区在遵义老城原省立三中大礼堂举行会师大会，与曙光社、边纵会师。

会师后，根据中央有关政策精神，曙光社成员全部被转为中国新民主主义青年团团员，入团时间按入社时间计算；边纵的冯正奇营、王琦营被编入

遵义军分区与川黔边区纵队、中国新民主主义青年团举行会师大会（1949.12.2）

十六军；葛德威、张健夫、詹国屏3个支队分别被编入遵义、仁怀、绥阳县大队；谌伯武部由遵义市公安局改编。各级干部和编余人员都有适当安排，继续投入接管建政等工作。

统战工作 1949年11月24日，中共遵义地委领导班子成员进入遵义城，地委书记陈璞如最初驻柏辉章公馆办公。地委一面与先期入城的解放军第十军二十八师领导见面，交接工作，一面连夜召开地委会议，部署各县接管工作。11月26日，遵义市军事管制委员会成立，地委书记陈璞如兼任主任，遵义军分区司令员李程兼任副主任，分设经济、建设、文教、交通、公安和秘书6个处，具体指导全区接管工作。至1950年1月11日，全区各县全部解放，由二野五兵团西进支队二大队负责全遵义专区的接管建政工作。在敌情严峻复杂、任务艰巨繁重、接管干部严重不足的形势下，中共遵义地委坚决贯彻执行党的方针政策，充分发动和依靠人民群众，团结一切可以团结的力量，迅速开展接管、建政、安定社会秩序、恢复发展生产等各项工作，并取得显著效果。

在这千头万绪、卓有成效的工作中，特别值得一提的是遵义地委进一步加强党的统战工作。遵义解放后，党、政、军领导都非常重视党的统战工作，组

建了遵义军分区政治部联络处、中共遵义地委统战部等机构，并调配了得力干部。联络处由军分区保卫科科长杜芳义负责办公室工作，成员有潘名挥、朱振民、晏东荟、曾宪云、陈福桐、傅邦瑞等，朱振民任主任秘书，陈福桐任秘书。地委书记、军分区政委陈璞如和专员李苏波都曾兼任过地委统战部部长，亲自深入实际抓统战工作。

约见“遵桐派”代表人物。遵义党、政、军领导班子进入遵义城后，刚安顿下来，就立即召集当时在遵义的以“遵桐派”为代表的国民党中央系和地方系上层代表人物吴剑平、王家烈、何知重、杜叔玑、谭星阁、侯之玺、周沆等开会，阐明当时的革命形势和党的统战政策，晓以大义，鼓励其立功赎罪，争取人民谅解。

恭请陈铁、王家烈入住遵义城。陈铁于1949年11月宣布起义后，曾在老家遵义县团溪西坪住了一段时间。中共遵义地委遵照中共中央、中共贵州省委的指示，决心做好争取陈铁的工作。省委还派起义将领陈又新到遵义帮忙做陈铁的工作。1949年12月到1950年春，地委派遵义军分区司令员李程带队到西坪去访问陈铁；陈璞如又亲自到陈铁家住宿两晚（随行者有晏东荟、李守信等），同陈

解放初期的遵义老城

铁谈心，坦诚相见，说明党和政府将按起义将领对待陈铁，为了安全，劝陈铁迁往遵义。陈铁表示愿意进城，还杀了大肥羊款待大家。后来，地委派统战部的俞百巍、晏东荟去西坪迎接陈铁全家迁往遵义老城。王家烈在20世纪30年代曾任贵州省主席、国民党军二十五军军长，解放前夕隐居在桐梓老家新站乡，是“遵桐派”的首领人物之一。遵义解放不久，陈璞如亲笔写信给王家烈，派晏东荟、邱运泰等到桐梓，与中共桐梓县委书记曹信、县长王保生商议后，又派邓保光一同到新站请王家烈。当天，王家烈见信后即随车到遵义。

陈璞如会见8名国民党军将领。1949年11月下旬的一天晚上，中共遵义地委书记兼遵义军分区政委、遵义市军事管制委员会主任陈璞如，在办公室（即老城水硐街3号，原国民党军师长郭惠苍的房子，今碧云路中国人民银行老办公楼）亲切会见了起义的遵义籍国民党军将领。时年32岁的陈璞如，彬彬有礼，沉着老练地和8名国民党军将领（多数都是50多岁的人）亲切交谈，让他们打消了不必要的疑虑，并进一步加深了对《中国人民解放军布告》的认识。席间，陈璞如还特地邀请起义军官陈又新向大家介绍解放军在全国各地取得的一个又一个胜利，这更加坚定了国民党将领弃暗投明的决心。接受陈璞如书记会见的8人分别是：

陈铁，时年51岁，遵义西坪人。黄埔一期毕业生。抗战中先后任国民党八十五师师长、十四军军长等职，中将。曾经卫立煌介绍，与中共领导人朱德、彭德怀、刘少奇等有接触。1949年11月23日与国民党二七五师师长陈德明联名在金沙通电起义。

王家烈，时年56岁，桐梓新站人，贵州桐梓系军政集团继周西成、毛光翔之后的第三任贵州省主席兼二十五军军长，中将。1935年蒋介石部队“追剿”长征红军而进入贵阳，夺了王家烈的军政大权，委王做个挂名参军并调王离开贵州。临解放时，王回桐梓新站老家。

吴剑平，时年54岁，绥阳旺草人。抗战中曾任国民党八十六军副军长、第八军副军长等职，中将。1944年任遵婺师管区司令。1949年任国民党贵州黔北第二绥靖区司令。1949年11月24日在绥阳八甲沟率部起义。

柏辉章，时年52岁，遵义老城人。抗战中曾任国民党一〇二师师长、第四军副军长等职，中将。

何知重，时年56岁，桐梓新站人。抗战中曾任国民党一〇三师师长、八十六军军长等职，中将。因所率的部队伤亡惨重而被撤销番号，他愤而不就国民党军委会中将高参虚职，只身返黔，筹款在贵阳三桥建抗日阵亡烈士纪念塔，并设招待所，接待前来吊祭烈士的烈士亲属。

蒋在珍，字丕绪，时年53岁，桐梓官仓人。抗战中曾任国民党新八师师长、九十六军副军长等职，中将。曾奉蒋介石之命，决开黄河大堤，“以水代兵”，阻止日军西进。1949年11月24日率残部在遵义起义。

陈德明，时年50岁，遵义西坪人。抗战中曾任国民党八十五师师长等职，少将军衔。1949年随陈铁返回贵州，奉命组建国民党二七五师，出任师长。1949年11月23日，奉命与陈铁联名在金沙率部通电起义。

解放黔北时牺牲烈士纪念碑

朱振民，时年 47 岁，遵义老城人。抗战中曾任国民党新八师副师长，参与指挥守卫山西河津禹门渡口。1943 年出任遵义警备司令部参谋长、副司令，巧妙保护了家乡学子。1948 年任“东北剿总”少将参议，在辽沈战役中向解放军投诚后返遵，协助家乡开展争取国民党当局起义投诚、保护城市、迎接解放等工作。陈璞如会见 8 名国民党军将领时，朱振民正前往正安准备开展争取宋希濂部陈、曾两团的工作，因而缺席。

除上述国民党军 8 名将领外，陈璞如会见的还有张肇奎和史肇周（后叛变）2 人。除上述 10 人外，遵义军分区政治部联络处秘书陈福桐也奉命参加会见，做联络服务工作。

1950 年春，贵州省人民政府主席兼贵州军区司令员杨勇由贵阳到重庆路过遵义时，住在潘名挥家，向遵义军分区司令员李程指示剿匪机宜。杨勇由重庆回来又住在潘名挥家，并借潘家设宴招待遵义籍国民党起义高级将领陈铁等人，进一步宣传党的统战政策，联络感情，鼓励投诚将领们为人民再立新功。

为了争取国民党遵义第五行政区保安副司令赵兴鉴和保安十三团团长张代龙起义，除仁怀县委书记杨用信、县长潘广乾亲自写信做了大量工作外，中共遵义地委书记陈璞如、专员李苏波也写了亲笔信，托进步人士周梦生交给赵兴鉴、张代龙，耐心细致地做争取工作。遵义军分区政治部主任任涛又写信给罗再启（国民党军八十九军第六旅旅长），托进步人士罗次启、陈佛中等做工作。最终争取了赵兴鉴、张代龙、罗再启等率部起义，归向人民。

遵义军分区联络处指定由杜叔玑、张肇奎、朱振民、潘名挥、陈福桐组成一个小组，联名写信给各地的国民党军政人员，要这些人员回来投向人民政府并广泛开展“叫夫、叫友、教子”活动，敦促亲属迷途知返，归家团聚，投诚报到。又分别派人或写信争取遵义县长沈麟书、遵义县党部书记长曹文光、绥阳县党部书记长张天佐，以及在团溪的 13 个国民党人员等。这个小组也曾专函给国民党遵义旧专员卢杰，要卢杰向人民政府投诚。联络处还安排张肇奎以“袍哥大爷”的关系，通知那些一时认不清形势、不理解政策的做了土匪的军人、绅士到城里座谈，由张肇奎办酒席招待，向他们传达《中国人民解放军布告》精神，其中有四五十人携枪投诚。小组在豫章中学（今遵义市第二中学）为这批人举办了训练班，由俞百巍、幸必达等去讲课。最后，本着“坦白从宽、

抗拒从严、立功受奖”的政策对他们作了处理。

在中共遵义地委、遵义专署、遵义军分区领导下，各县也开展了大量统战工作，都收到了很好的效果。中共遵义地委非常重视对起义、投诚人士和民主人士的工作安排，使之各尽所能、各得其所。

在上级党委支持、帮助下，贵州省人民政府及中共遵义地委等对全区主要起义将领、民主人士作了如下安排：

王家烈任西南军政委员会委员；

陈铁任西南军政委员会委员兼农林部部长；

吴剑平任贵州省人民政府委员兼民政厅副厅长；

柏辉章任遵义专区剿匪委员会副主任委员；

蒋在珍任遵义专区剿匪委员会委员；

何知重任贵阳市各界人民代表会议协商委员会委员；

朱振民任遵义专区剿匪委员会委员、遵义军分区联络处主任秘书，后任遵义专署林业科副科长；

原贵州省政府秘书长杜叔玑任遵义专区剿匪委员会委员；

原贵州省绥靖公署政工处处长郑代恩任遵义专区剿匪委员会委员；

张肇奎任遵义专区剿匪委员会委员、遵义市各界人民代表会议协商委员会副主席；

民主人士牟贡三任遵义市各界人民代表会议协商委员会副主席；

民主人士杨祖恺任遵义市各界人民代表会议协商委员会秘书长；

教育界民主人士佘东帆任遵义专署民政科科长；

教育界民主人士万苏黎任遵义专署文教科科长；

民主人士陈福桐先任遵义军分区政治部联络处秘书，后任遵义市各界人民代表会议协商委员会副主席。

各县对起义、投诚的军政人员、民主人士也作了适当安排。所安排的这些人，在以后漫长的时间里，绝大多数经受了各种锻炼和考验，职务也有升迁，始终紧跟共产党走，为党和人民做出了积极的贡献。

遵义会议纪念体系

1935年，红军在遵义开展了一系列革命活动，留下许多重要的遗址遗迹。中华人民共和国成立后，政府对遵义老城革命遗址遗迹进行了保护利用以及对革命纪念建筑物进行了复原、修葺、迁建，逐步形成了以遵义会议历史事件为核心内容、以遵义会议会址为中心地标的革命纪念体系，这些遗址遗迹成为爱国主义教育的重要基地。对这些革命文物、文献资料和纪念建筑物进行保护、管理和应用，旨在大力弘扬长征精神与遵义会议精神，让世人尤其是青少年了解中国革命的艰辛历程，继承革命传统，走好新时代的长征路。遵义会议纪念体系是落实习近平总书记“运用好遵义会议历史经验，让遵义会议精神永放光芒”指示的重要阵地。

遵义会议纪念馆

纪念馆的建立 1951年7月1日，为庆祝中国共产党诞生30周年，中共遵义地委成立遵义会议纪念建设筹备委员会，组织调查落实1935年1月中共中央在遵义召开政治局扩大会议的地址，并收集相关史料。1954年8月确定遵义会议召开地为遵义老城柏辉章私宅，位于贵州省遵义市老城子尹路96号。1955年1月成立遵义会议纪念馆筹备处，同年2月配备馆长及工作人员，陆续开展开馆前的各项筹备工作，如会址修缮、资料收集、文物征集、复原陈列、接待宣传等。1955年9月基本完成遵义会议会址的修缮及复原陈列工作。同年10月，遵义会议会址内部开放。1956年年初，遵义会议纪念馆提出“1956—1958年三年建馆计划”并组织实施，逐步建立健全机构编制、人员队伍、管理制度，开展史实研究、文物征集、陈列展览、基础设施建设等工作。1957年7月，遵义会议会址辅助陈列工作启动，在会址一楼建立遵义会议陈列馆（展陈面积为167平方米），遵义会议纪念馆陈列布展工作于1959年10月

遵义会议纪念馆

完成并正式对外开放，这标志着遵义会议纪念馆建馆完成。遵义会议纪念馆是中华人民共和国成立后最早建立的21个革命纪念馆之一。其宗旨和业务范围包括收藏展览文物，弘扬遵义会议精神，从事文物征集、鉴定、登编、保管、展览，近现代史研究、文物宣传、文物讲解、历史著作及图录编辑出版等工作。

纪念馆变迁 1961年3月，国务院公布遵义会议会址为全国第一批重点文物保护单位。1964年2月，会址进行大维修，严格保持了建筑原貌。1964年11月，毛泽东为遵义会议会址题字。1968年3月18日，遵义市革命委员会批准成立遵义会议纪念馆革命委员会，同年4月15日，“遵义会议纪念馆筹备处”印章作废并启用“遵义会议纪念馆革命委员会”印章。1981年3月21日经中共遵义地委宣传部批准，“遵义会议纪念馆革命委员会”印章作废，启用“遵义会议纪念馆”印章。1983年12月，国家文物局批复同意将遵义会议期间毛泽东、张闻天、王稼祥住处，以及红军总政治部旧址列入全国重点文物保护单位“遵义会议会址”的组成部分进行保护。1993年，遵义会议纪念馆被国家文物局选定为全国优秀社会教育基地；1995年，被团中央命名为全国青少年教育基地；1996年，被国家教育委员会、民政部、文化部、国家文物局、共青团中央、解放军总政治部联合命名为全国中小学爱国主义教育基地；1997年6月，被中共中央宣传部公布为全国爱国主义教育示范基地；2001年，被评为全国文化工作先进集体；2004年，荣获全国爱国主义教育示范基地先进单位称号，同年被国家旅游局列入全国10个红色旅游经典景区；2005年12月，被国家旅游局评为国家AAAA级旅游景区；2008年5月，被评为全国首批国家一级博物馆，同年8月起，对外免费开放；2014年，被中国关心下

20世纪50年代游客参观遵义会议会址的场景

一代工作委员会确定为第一批“全国关心下一代党史国史教育基地”；2017年，被中共中央宣传部评为全国理论宣传先进集体，被国家教育部确定为第一批全国中小学生研学实践基地。

遗址遗迹

遵义会议会址 位于遵义市红花岗区老城街道子尹路96号。原为国民党第二十五军（黔军）第二师师长柏辉章的私邸。整座楼房由主楼、跨院和街面房等3部分组成，主楼和街面房于20世纪30年代初修建。临街大门两侧原是柏家当年经营酱菜和颜料纸张的铺面，进入大门后南侧跨院是柏家的旧宅。主楼坐北朝南，为中西合璧砖木结构一楼一底的建筑，歇山式屋顶上开一“老虎窗”，有抱厦，楼层四周有回廊，堂屋保留了中国古代建筑“彻上明造”的建筑风格，檐柱顶饰有垩土堆塑的花卉。整座楼房的檐下柱间有10个券拱支撑，底层有走廊，东西两端各有一转角楼梯，外加一道木栏。主楼门窗均涂饰赭红色，楼上为梭窗，楼下为对开窗，窗外加有板门，镶嵌彩色玻璃。整个主楼通面阔25.75米，通进深16.95米，通高12米，占地面积528平方米。

遵义会议会址

中央红军进入遵义前夕，柏家老幼逃离遵义。1935 年 1 月，中国工农红军第一方面军长征到达遵义，中央军委总司令部驻于此。1935 年 1 月 15 日至 17 日，中共中央在这座楼的二楼会客室召开政治局扩大会议（即遵义会议）。遵义会议会址在解放初为遵义市公安局“剿匪总指挥部”。1954 年 8 月，此地被确定为遵义会议召开所在地后，遵义市人民政府进行了系列修复修缮、陈列布展、宣传接待等建馆工作。1959 年 10 月 1 日，遵义会议会址正式对外开放。1961 年 3 月，遵义会议会址被列入第一批全国重点文物保护单位。1964 年 2 月，中共贵州省委、贵州省人民政府决定对遵义会议会址进行全面大维修，在保证外形恢复原状的原则下，采取整体脱落、原状安装、重新修复的方法，对会址内的陈列重新进行了布置。1964 年 11 月，毛泽东题写了“遵义会议会址”6 个大字，这是毛泽东为中国革命旧址留下的为数不多的一幅题字。20 世纪 70 年代后期，根据史实资料和部分当事人的回忆，陆续在会址主楼复原陈列了周恩来、刘少奇、朱德、刘伯承、彭德怀、杨尚昆、彭雪枫等住室及参谋人员和警卫人员住室。遵义会议会址除 1964 年 2 月至 1965 年 6 月、2009 年闭馆维修外，常年对外开放。从 2023 年 5 月起，实行夜间开放。

红军总政治部旧址 位于老城杨柳街 66 号，距遵义会议会址约 200 米。原为天主教堂，由经堂、学堂两大部分组成，修建于清同治五年（1866），占地面积为 13555 平方米。四周高墙相围，院内布局十分严谨。经堂在整座建筑的北端，系“罗马式”建筑，堂内宽敞明亮，两侧为雕花窗，镶嵌有五颜六色的玻璃，是一座玲珑剔透、气势雄伟的西式建筑。学堂在经堂南侧，是一组庭院式木结构平房。

遵义会议期间，红军总政治部机关设在这里。1935 年 1 月，红军总政治部在经堂内召开遵义各界群众代表大会，商讨成立遵义县革命委员会、红军之友社、赤色工会、工人游击队等，并将打土豪劣绅所得的财物集中于此，分发给人民群众。中央红军二进遵义后，在经堂内召开红军干部大会，毛泽东、周恩来、张闻天等在会上作了重要讲话并传达了遵义会议精神。

1952 年至 1983 年 10 月，红军总政治部旧址为遵义市图书馆馆址。1978 年国家文物局拨 20 万元专款维修经堂，在整体脱落、保持原貌的原则下进行彻底重建，将部分砖木结构改建成钢筋混凝土仿古结构。经堂维修工程竣工后，仍交遵义市图书馆使用。1982 年 2 月，贵州省人民政府公布其为省级重点文物保

红军总政治部旧址

护单位，由遵义会议纪念馆管理保护。1983年10月图书馆迁出。同年12月，国家文物局同意将红军总政治部旧址列为全国重点文物保护单位——遵义会议会址的组成部分，并拨款56万元对其进行维修，1984年9月竣工后，将其辟作“遵义会议辅助陈列室”，于1985年1月对外开放，直至2005年遵义会议陈列馆建成后关闭。2001年6月18日，为配合由共青团中央发起，浙江嘉兴、陕西延安、贵州遵义响应的“党在我心中·红船圣地行”庆祝建党80周年活动，遵义“红船陈列室”在红军总政治部旧址内布置开放。该陈列室主要介绍中共一大会议和嘉兴、延安、遵义三地的活动情况。2001年7月1日，“党和国家领导人来馆参观图片暨题词展”在遵义红军总政治部旧址内开放参观。修改后的展览增加了党和国家领导人在遵义的题词。2006年3月至8月，遵义会议纪念馆与湖南韶山毛泽东纪念馆联合举办的“伟人风范——毛泽东遗物展”在红军总政治部旧址展出。2007年复原陈列红军干部大会会场的同时，一并复原展示了红军总政治部。2011年4月11日，解放军总政治部捐资200万元用于红军总政治部旧址维修，该维修工程于10月竣工并完成复原布展。2012年3月，恢复红军总政治部机关驻扎时的原貌，复原陈列了总政治部代主任李富春的办公室兼住室，总政治部秘书长萧向荣的办公室兼住室，组织部、宣传部、《红星》报编辑室、地方工作部、破坏部、最高军事裁判所、政治保卫局、没收征发委员会办公室及其负责人的住室，并展示了各部门的职责及负责人照片。旧址复原布展工作于同年6月上旬完毕后对外开放。2013年5月，因遵义会议陈列馆改扩建，红军总政治部旧址的复原陈列室暂时拆除，又将旧址改作遵义会议辅助陈列室，将原陈列馆的内容精简压缩陈列展出。2015年，遵义会议辅助陈列室被拆除，恢复红军总政治部机关驻扎时的原貌，并增加"红军长征时期政治工作陈列室"，专题展出红军长征时期政治工作史实。

红军遵义警备司令部旧址 复原的红军遵义警备司令部旧址位于杨柳街中段，与遵义会议会址内的陈列馆隔街相对。1935年1月7日，中央红军前卫部队进驻遵义城。8日，中央革命军事委员会即决定成立红军遵义警备司令部，由

红军遵义警备司令部旧址

红军总参谋长刘伯承兼任司令员，军委纵队政治委员陈云兼任政治委员。司令部驻地在遵义新城何家巷（今飞天花园），系黔军副师长周吉善的私宅，是一栋中西合璧的砖木结构小楼。刘伯承、陈云分别住在二楼。刘、陈在住下的当晚，即在这里主持召开了遵义名流座谈会，被邀请到会的有遵义邮电局局长、商会会长和部分在国民党军中不得志的军官。会上，刘伯承向名流们讲述了国内外形势，宣传了中国共产党和红军的方针、政策，使名流们开阔了政治视野，极大地消除了思想疑惑，对共产党和红军有了比较正确的认识，纷纷反映其知道的许多重要情况，如国民党军的部署、武器装备、战斗能力、主管军官的姓名和性格，以及一些重要地域的人力、经济和交通等情况。座谈会气氛热烈友好，一直开到深夜。会后，刘伯承请名流们吃夜宵。饭后，邮电局局长还把一张云、贵、川 3 省邮电交通图献给了刘伯承。这张交通图在此后红军四渡赤水战役时起到了一定的作用。红军遵义警备司令部的成立，对遵义会议的顺利召开、巩固和维护新生的革命政权、维持群众正常的生活秩序，以及对以遵义为中心的苏区根据地的建立，具有重要作用。2004 年，遵义市人民政府拨专款按原样在遵义老城杨柳街中段（即现址）修复重建红军遵义警备司令部。修复后的旧址坐东朝西，一楼一底，占地面积为 863 平方米，建筑面积为 743 平方米，室内复原布置了红军遵义警备司令部司令员刘伯承、政治委员陈云，以及警卫员、工作人员的住室。2005 年 1 月 15 日，红军遵义警备司令部旧址正式对外开放。

中华苏维埃共和国国家银行旧址 位于杨柳街南口，原为国民党黔军第二十五军副军长犹国才的私人住宅，建于 20 世纪 20 年代末期。该建筑是典型的黔北老式结构民房，青瓦屋顶，由大小 3 个天井组成，一楼一底四合院，大小房间 40 余间，穿斗房架，以柱为主要物件，一搭三青瓦，中式门窗，水泥沙地面，天井院坝地面及阶沿、室外踏步等为青细条石板，整座建筑占地面积为 1155 平方米。1935 年 1 月初，红军攻占遵义后，中共中央决定成立没收征发委员会，由苏区财政部部长林伯渠任主任，毛泽民任副主任。其任务是掌握和执行党的民族政策、党对土豪劣绅的政策，征粮筹款，用以补给部队或散发给人民群众。没收征发委员会和国家银行的同志利用部队休整机会，进行了具有历史意义的苏维埃币发行和回笼工作。1998 年遵义市城市规划，将中华苏维埃共和国国家银行旧址并入遵义会议期间系列旧址进行保护管理。原建筑只剩下临杨柳街面

遵义会议期间中华苏维埃共和国国家银行旧址

约半个四合院和一幢花厅房，根据遵义会议纪念馆调查考证材料及要求，遵义会议纪念馆于 1998 年 12 月动工复原修建，1999 年 9 月竣工并陈列布展，按原样在楼下布置了林伯渠、毛泽民、钱之光、李井泉等人的住室，银行管理科、发行管理科、出纳科、会计科和没收征发委员会办公室展陈，于 1999 年 11 月 20 日正式对外开放。2002 年 1 月 15 日，在旧址楼上推出专题陈列，旧址成为展示中共领导的初期金融工作比较全面、系统的场所。2014 年 8 月，对该旧址进行局部修缮并改陈布展，并在复原陈列的基础上增加“马背上的银行和苏维埃币”展览，2015 年 1 月对外免费开放。

秦邦宪（博古）住址 位于杨柳街中段，原为国民革命军第二十五军第七师副师长侯之珪的私人住宅，修建于 20 世纪 20 年代末期。整个房屋由前面的中西合璧小楼与后面的中式楼房组成，在两建筑之间为砖砌花墙、圆拱门。该房屋有院坝庭院，前院为砖结构，后院为老式木结构，用青石条做柱脚和下穿，排架为老式平方架，以柱为主要构件，配上穿、楼楞、条、挑、木板壁、木地板，底地面及外走廊阶沿、室内及通道为水泥砂浆地面，中式门窗、木质楼梯、

遵义会议期间秦邦宪（博古）住址

木柱栏杆脚踏等为青石条、石板。为30°坡屋面，一搭三青瓦，用水泥砂浆铺筑瓦顶。整座建筑占地541平方米。遵义会议期间，中共中央总负责人秦邦宪（博古）和共产国际军事顾问李德（奥托·布劳恩）及翻译伍修权、王智涛等住此。中华人民共和国成立后为民宅，1998年遵义市城市规划，将其划归为遵义会议会址组成部分。根据遵义会议纪念馆调查考证材料，秦邦宪（博古）住址于1998年12月动工复原修建，1999年9月竣工并陈列布展，复原陈列了秦邦宪（博古）、李德住室，以及翻译伍修权、王智涛、警卫员黄英夫等人的住室，于1999年11月20日正式对外开放。2014年8月至2015年1月，又进行了局部维修和外墙粉刷。

中华苏维埃中央政府筹备委员会暨红军总政治部地方工作部旧址 在长征中，中华苏维埃中央政府筹备委员会、红军总政治部地方工作部（两机构合署办公）承担着动员群众、组织群众、武装群众、建立苏区革命政权等工作。红军驻遵义期间，红军总政治部地方工作部驻地位于今遵义会议会址北侧的文化小学内。在潘汉年、李维汉、凯丰等的领导下，红军总政治部地方工作部开展了一系列宣传发动群众、组织建立工农革命政权等活动，指导建立了长征中第

中华苏维埃中央政府筹备委员会暨红军总政治部地方工作部旧址

一个机构健全的县级政权——遵义县革命委员会，建立遵义县回山乡革命委员会等乡级革命政权 20 多个，建立区乡游击队 20 多支。同时，经总政治部、地方工作部报中央批准，成立了长征中唯一的省级党组织——中共贵州省工作委员会，这一省级党组织的成立为革命火种播撒黔中和此后贵州革命运动的发展发挥了重要的作用。为隆重纪念遵义会议召开 80 周年，中共遵义市委、遵义市人民政府决定在文化小学旁复原重建中华苏维埃中央政府筹备委员会、红军总政治部地方工作部房舍，并在复原建筑里推出相应展览，把中华苏维埃中央政府筹备委员会、红军总政治部地方工作部旧址建成弘扬遵义会议精神、践行党的群众路线、传承革命传统文化的纪念场馆，使之与遵义会议会址融为一体，成为全国红色旅游精品区的重要组成部分。该建筑为黔北民居建筑风格，二层，三合院形式，前部设财门及两个小花园，总占地面积为 990.75 平方米，总建筑

面积 552.7 平方米，建筑占地面积为 380 平方米。土建工程于 2014 年 10 月完工。2015 年 1 月，中华苏维埃中央政府筹备委员会暨红军总政治部地方工作部旧址完成陈列布展并正式对外开放。

遵义赤色工会遗址 现仅在红军街有一块遗址纪念碑留存。1935 年 1 月，中央红军在遵义期间，总政治部在老城天主教堂召开了各界群众代表大会，总政治部负责同志在会上阐述了苏维埃政府和红军的政策及政治主张，号召各行各业的工人群众组织起来，成立自己的工会，团结一致，参加革命斗争。会后，泥、木工人邓云山、季松柏、吴万益等积极响应号召，分别在杨柳街第一两级小学、轿子街考棚上、何家公馆后面山王庙、丁字口永顺斋、丰乐桥接官厅等处集会，推选代表筹备成立“赤色工会”。1 月 10 日，吴相臣、冉海臣、邓云山、冯树清等分别率领泥工、石工、木工、缝纫工三四百人，在柿花园附近的鲁班庙召开赤色工会成立大会，红军总政治部派员参加并给予了指导。大会选举邓云山为主席，吴万益为副主席。赤色工会成立后，一面进行宣传鼓动工作，扩大红军队伍；一面清查土豪劣绅和隐藏在革命组织内部的奸细，打击反动分子的破坏活动。同时积极组织起一支有七八百人的工人游击队。遵义赤色工会是贵州工运史上成立的第一个工人革命组织。

遵义赤色工会遗址纪念碑

万人大会会场旧址 位于原省立三中操场。红军攻占遵义后，广泛开展宣传和发动群众工作，很快激发起工人、知识分子、郊区农民群众等各阶层人士的革命热情，他们纷纷组织起来，要求打土豪、分田地，组织工会。1935 年 1 月 12 日，红军总政治部根据各阶层代表的要求，在省立三中操场召开了遵义县群众大会，宣布成立遵义县革命委员会。前一天，赤色工会会员就在操场南段三棵大树下搭好一座讲台，台上安设了从学校借来的一些桌椅板凳。群众积

万人大会会场旧址

极分子刁保、陈树清、胡晓甲、杨斌武等连夜赶到城内、城外的大街小巷，通知各家各户第二天参加大会。12日下午，人们从四面八方陆续来到大操场，几位女红军在台子前教孩子们唱歌。最初，少数群众听坏人造谣，说会场到处架设有机关枪，要把开会的人都打死，因而不敢进入会场，在外观望。当看到会场里唱的唱、笑的笑，红军连枪都未带时，这才打消顾虑，纷纷走进操场。人越来越多，连四周的围墙上也站满了人。有的还爬上附近的马草街、大坝子、玉皇观几条街道的屋顶观看。会场内外，万人攒动，旗帜如林，它是遵义解放前历史上规模最大的群众集会。由于参加的人民群众很多，人数无法统计，于是，群众习惯称这次大会为“万人大会”。若干年后，妇孺皆知，传为佳话。2003年在此设立了万人大会会场旧址纪念碑。

邓小平住址 在遵义会议召开期间，中央秘书长邓小平与总政治部宣传部部长潘汉年、《红星》报主编陆定一，以及成仿吾、李一氓等人，住在与红军总政治部旧址毗邻的遵义教育界知名人士傅梦秋的私宅里。该楼建于20世纪20年代末，原位于碓窝井9号，小楼一楼一底，楼上楼下各有五六间房屋，楼上屋前有走廊，可凭栏眺望。小楼设计格调新颖时尚，极具新派的特色。庭院里

遵义会议期间邓小平住址

花树满园，一年四季次第开放，姹紫嫣红，芬芳袭人，环境十分清幽。1940年年初，浙大校长竺可桢受傅梦秋邀请移居碓窝井9号。傅梦秋将整个二层楼腾出，让给竺可桢一家居住，直至浙大回迁。2007年11月，遵义会议期间邓小平住址易地复原修建，陈列布展后正式向游客开放。当年邓小平曾用过的那张铁床，已从北京傅珥（傅梦秋之女）处征集运回展出。住址内除了复原邓小平、潘汉年等老一辈革命家的住室原貌外，还专门开辟了邓小平在遵义会议前后的相关历史陈列室。陈列内容分为"红军时期的邓小平"和"邓小平在遵义"两部分，再现了邓小平在遵义会议前后的部分革命活动。同时，还将人民美术出版社出版的《纪念邓小平百年诞辰书画展》中的部分作品进行复制后展出。

陈列展览

遵义会议陈列馆 该陈列馆位于老城杨柳街南段。陈列馆是为延伸遵义会议纪念体系、拓展接待服务空间、提升展陈展示水平、加强爱国主义教育示范基地等社会功能而建设的。遵义会议陈列馆历经了5次较大的升级建设变迁。1956年年初，遵义会议纪念馆筹备处提出“1956—1958年三年建馆计划”并组织实施。1957年7月开始启动遵义会议辅助陈列工作，在遵义会议会址一楼建立遵义会议陈列馆，展陈面积有167平方米，展览内容由南渡乌江、遵义会议前后、四渡赤水3个部分组成，以图片和实物的形式展出。陈列布展工作于1959年10月完成并正式对外开放，这是遵义会议陈列馆的雏形。1970年10月，贵州省革命委员会核心领导小组决定将遵义市劳动人民文化宫（市政府政务服务中心原所在地）一、二层楼作为“遵义会议陈列馆”。经过1年多的准备、布展，于1972年1月对外开放。党的十一届三中全会召开后，由于陈列内容更新迟滞，且陈列馆与遵义会议会址距离较远，观众参观很不方便，该馆便于1980年闭馆。1984年，遵义会议纪念馆利用红军总政治部旧址的空余房间筹建了“遵义会议辅助陈列室”，于1985年1月对外开放。至21世纪初，遵义会议纪念馆仍然没有专门用于陈列布展的陈列馆，远远不能满足迅速兴起的红色旅游发展的需求。为进一步发挥其爱国主义教育功能，弘扬长征文化，2003年，中共遵义市委、遵义市人民政府决定征迁遵义会议会址和杨柳街之间的建筑物（遵义市民族商品厂暨遵义市彩印厂）以修建遵义会议陈列馆。同年7月动工修建，2004年竣工并布展。该建筑一楼一底，占地面积有4679平方米，建筑面积有6612平方米，总投资共800万元。遵义会议陈列馆馆名由中央军委原副主席张震题写，在纪念遵义会议召开70周年之际正式向公众开放，中共贵州省委常委集体参加了开展仪式。为迎接遵义会议胜利召开80周年，在中央和省、市领导及各部门的关心和支持下，遵义会议陈列馆改扩建工程于2013年动工建设，2015年1月建成并对外开放。改扩建后的遵义会议陈列馆总建筑面积为19054平方米，扩建范围西至遵义会议会址后花园围墙，东至杨柳街中段，北至文化小学家属区、大士阁巷，南至会址路中段，其中地上工程为15198平方米，

遵义会议陈列馆序厅

包括扩建的陈列馆、陈列馆文化广场、绿化休闲区及多功能报告厅等。遵义会议陈列馆展厅面积为8000平方米。建筑外观设计遵循历史文化名城保护区的要求，汲取遵义民居特色，利用小青瓦坡面顶、圆拱形柱廊等遵义会议会址及周边建筑元素，使新陈列馆与周边环境风格一致，和谐统一；内部空间按照陈列布展要求，增大展厅面积、扩展建筑空间，充分满足陈列展示和宣传等需求。馆内设置“遵义会议伟大转折”专题陈列，展线长1200米，文物展品有1500余件。展览内容包括“前言”“战略转移开始长征”“遵义会议伟大转折”“转战贵州出奇制胜”“勇往直前走向胜利”“遵义会议精神永存”“结束语”等7个章节。展览以中央红军长征为主线，重点突出展示遵义会议前奏（通道会议、黎平会议、猴场会议）、遵义会议召开和遵义会议完善的过程（扎西会议、苟坝会议、会理会议），以及红军长征在贵州的活动情况（四渡赤水、南渡乌江、兵临贵阳等）。在展陈形式上，力求主展线的图片、文字、文物等设计元素表现形式生动多样、丰富多彩，展现历史的波澜壮阔；文物陈列方面，要求构图美观、结构严谨，营造出强烈的空间感和悬浮感，文物复制件需量身定做，并重视文物保护工作；大型景观艺术、雕塑、油画等作品力求真实再现历史场景，生动刻画人物形象，确保艺术表达的准确性和感染力，同时强调作品的原创性和首创性，力求达到国内博物馆的一流水平。在展陈手段上，运用三维成像、多媒体半景画、电子触摸书籍等最先进的技术手段，增强与观众的互动，进一步提升展览的吸引力、感染力、震撼力。遵义会议陈列馆对外开放以来，取得了很好的社会效益、政治效益、文化效益，获得了党和国家领导人及广大游客的赞誉。

“陈云与遵义会议”专题展 该展室设于杨柳街中段，遵义会议期间秦邦宪住处与大士阁巷之间。1935 年 1 月，陈云在遵义会议上支持毛泽东的正确主张，及时准确地对外宣传红军长征及遵义会议情况，并在会后前往苏联汇报遵义会议情况，为争取共产国际的支持做出了重要的贡献。1935 年 1 月，陈云以中央政治局委员、全国总工会党团书记的身份参加了遵义会议，会后撰写了《遵义政治局扩大会议传达提纲》。1935 年 8 月，陈云在上海停留期间，撰写了《随军西行见闻录》一文，该文详细、生动地记述了中央红军从江西出发，开始长征，行至四川天全、芦山期间的传奇经历，包括红军在遵义的活动。此文于 1936 年春在巴黎《全民月刊》上发表。陈云是以毛泽东同志为核心的党的第一代中央领导集体和以邓小平同志为核心的党的第二代中央领导集体的重要成员。陈云同志把

“陈云与遵义会议”专题展

自己毕生的精力和卓越的才智都贡献给了党和人民。2009年，为纪念陈云诞生104周年，中共遵义市委宣传部、陈云故居暨青浦革命历史纪念馆与遵义会议纪念馆联合举办了“陈云与遵义会议”专题展，展览内容分为“在早期革命斗争中”“在中央苏区”“参加长征和在遵义会议上”“赴苏联争取共产国际支持”“在抗日解放战争时期”“在新中国的建设中”“在改革开放新时期”等，展出珍贵历史图片数百张。该展于2009年6月16日正式对外开放。

“长征中的李卓然”专题展 该展室设于红军街70号。李卓然，出生于湘乡溪塘（今湘乡市山枣镇），1934年夏任红五军团政治委员。1935年1月，参加了遵义会议并积极支持毛泽东的正确主张，拥护了毛泽东的领导地位；9月任红四方面军前敌政治部主任，为发扬军队政治工作优良传统、密切官兵关系、发扬英勇作战精神做了大量工作。领导西路军期间，与国民党军进行了殊死搏斗，在形势危急、条件极其恶劣的情况下，为战胜艰难险阻、保存革命骨干做出了重要贡献。在李卓然诞生113周年之际，遵义会议纪念馆和湖南省湘乡市文物局联合举办了“长征中的李卓然”专题展。该展由“序厅和前言”“早期革命斗争和在中央苏区”“参加长征和在遵义会议上”“在中国工农红军西路军”等4个部分组成，重点突出了李卓然对长征、对遵义会议的历史贡献。湖南省湘乡市文物局为该展提供了李卓然1925年在苏联莫斯科中山大学学习时用过并伴随李卓然走完长征路的毛毯，以及李卓然阅读过的书籍，使用过的沙发、钱包、钢笔、老花镜、小皮箱等重要文物。该展于2012年11月10日正式对外开放。展厅面积为200余平方米，展线长120余米。

智勇双全 文武兼备——彭雪枫将军纪念展 该展室位于红军街南段。彭雪枫在遵义会议前后担任了中央革命军事委员会作战局局长、红三军团第五师师长、第十三团团长，为遵义会议的顺利召开、遵义会议的安全保障、遵义会议成果的巩固，为红军长征取得娄山关战斗的胜利立下了不可磨灭的功勋。为隆重纪念遵义会议召开75周年，缅怀彭雪枫同志的光辉事迹和革命精神，中共遵义市委宣传部、遵义会议纪念馆与中共宿迁市委宣传部、宿迁市彭雪枫纪念馆联合举办了“智勇双全 文武兼备——彭雪枫将军纪念展”。展览内容分为“中原之子学运先锋”“雄关漫道屡建奇功”“风云际会不辱使命”“挺进豫东敌后开辟豫皖苏边”等部分，展示了彭雪枫同志忠于人民、毕生为党、奋斗不息的一生。展室面积为230余平方米，展线长100余米，于2010年1月对外开放，2013年闭馆。

遵义会议参加者杨尚昆生平事迹展 该展室位于红军街1号。在70多年的革命生涯中，杨尚昆为中国革命和建设、改革开放事业不懈奋斗，贡献了毕生精力，做出了重大贡献。1933年1月，杨尚昆从上海到中央革命根据地，先后任红一方面军政治部主任、红军总政治部副主任，转战前方。1934年1月，任红三军团政治委员。遵义会议上，杨尚昆坚决拥护毛泽东的正确主张。会后，杨尚昆和彭德怀率部执行毛泽东的战略战术，避强打弱、声东击西，抢占娄山关，同红一军团一道再进遵义城，取得中央红军长征以来最大的一次胜利。在参与组织实施四渡赤水、巧渡金沙江等一系列军事行动中，杨尚昆和彭德怀率

遵义会议参加者杨尚昆生平事迹展

部英勇克敌，为中央红军甩掉敌人、转危为安建立了不可磨灭的功勋。为纪念红军长征胜利80周年和杨尚昆诞生110周年，进一步继承和发扬长征精神和遵义会议精神，以及老一辈革命家留下的宝贵精神而举办了该展，与此同时，该展被纳入遵义会议纪念体系。该展于2017年8月对外开放，展厅面积为120余平方米，展线长60余米，主要以图片形式展出。该展以杨尚昆革命生涯为主线，由“青少年时期”“红军时期”“抗日战争时期”“解放战争时期”等4个部分组成，翔实展现了杨尚昆光辉的一生、战斗的一生。

遵义会议参加者张闻天生平事迹展 展室位于红军街70号。张闻天是中国共产党早期重要领导人。1925年加入中国共产党，1933年进入中央革命根

张闻天、李卓然专题展

据地，1934年10月参加长征并在长征初期即拥护毛泽东的正确主张。在遵义会议上，根据毛泽东等同志的意见做了批判“左”倾军事路线的报告，为会议的成功召开以及确立毛泽东的领导地位做出了突出贡献。会后，根据中央政治局常委分工接替博古负总责。长征途中，他同张国焘分裂主义进行了坚决斗争。张闻天在中国新民主主义革命、社会主义革命和建设的半个多世纪中，始终奋斗不息，把整个生命献给了这一壮丽的事业；张闻天无私奉献的精神和坚持真理的优秀品德赢得了广大党员和群众的尊敬。为了缅怀张闻天，遵义会议纪念馆在遵义老城红军街举办了张闻天生平事迹展。展室面积为120余平方米，展线长50余米，展览内容由“青少年时期”“在上海时期”“在苏区时期”“长征时期”“抗日战争时期”“外交战线中的张闻天”“庐山会议前后的张闻天”“‘文革’中的张闻天”“人民心中的张闻天”等9个部分组成，再现了张闻天忠于党、忠于人民，坚持真理、不计得失，坚定信念、实事求是的革命品质。

发行纪念邮票

普通邮票　1970年1月1日、1971年9月25日、1975年11月12日，邮电部先后发行3种以遵义会议会址为图案的普通邮票，其面值、计划印量分别为20分、2.25万枚，35分、1万枚，22分、1万枚。

纪念邮票　1960年1月25日，邮电部发行遵义会议25周年纪念邮票，每套3枚，其图名、面值、发行量分别为：遵义会议会址，4分，500万枚；在毛泽东旗帜下永远胜利地前进，8分，1000万枚；强渡金沙江，10分，300万枚。1965年1月31日，邮电部发行了遵义会议30周年纪念邮票，每套3枚，其图名、面值、发行量分别为：决战前夕，8分，1000万枚；毛主席像，8分，1000万枚；娄山关大捷，8分，1000万枚。1971年7月1日，邮电部发行了庆祝中国共产党成立50周年纪念邮票，全套9枚。其中，第4枚图案为遵义会议会址，面值8分。1985年1月15日，邮电部发行了遵义会议50周年纪念邮票，每套2枚，其图名、面值、发行量分别为：遵义会议，8分，1786.36万枚；红军胜利到达陕北，20分，1141.51万枚。2006年10月22日，中国邮政发行了中国工农红军

长征胜利 70 周年纪念邮票，全套 4 枚。其中，第 2 枚为遵义会议纪念币，面值 80 分，发行量为 1048.35 万枚。2015 年 1 月 15 日，中国邮政发行了遵义会议 80 周年纪念邮票，1 套 2 枚，图名分别为遵义会议会址和遵义会议会场，面值均为 1.20 元。

遵义会议纪念邮票（部分）

街区文化

老城区域历来为黔北文化先进地区。自清代起，许多遵义知名文人都生活著述于此。被称为“西南巨儒”的郑珍（字子尹）、莫友芝（字子偲）数度在育才书院（老城府后山山脚）讲学，在来青阁（遵义府署）修成《遵义府志》，《遵义府志》也被誉为“天下府志第一”。为缅怀郑珍对遵义文化的重大贡献，1921年，政府将贯通老城的主街命名为子尹路。红军长征驻扎遵义期间在杨柳街红军总政治部编印了《红星》报，民国年间遵义主要报纸《民铎日报》报馆设在民主路小十字。当时遵义的主要学校、书店、剧社均坐落在这一区域。民主革命时期各种进步文化活动十分活跃，影响很大。

郑珍、莫友芝在老城

洛安江是遵义沙滩文化的发祥地，其源头在绥阳县境内，流入位于遵义市红花岗区新舟镇境内的洛安江水库，下游再汇入湄江、流入湘江，流经遵义老城，最后经乌江流入长江。洛安江河畔的新舟镇沙滩村是因洛安江中一片四面环水的沙滩而得名。从明末到清后期，沙滩孕育了以郑珍、莫友芝、黎庶昌为代表的一大批文化名人，这里崇尚渔樵耕读，文学著作和自然科学研究等诸方面的成果累累，著述丰富。他们于经学、小学、方志、教育、农桑诸学都有颇高造诣，其学术成就影响深远。郑珍、莫友芝被载入《清史稿·儒林传》，被称为“西南巨儒”。两人所纂方志《遵义府志》，搜罗赅备，资料翔实，体例严谨，文风典雅，被近代学者梁启超誉为“天下府志第一”。郑珍文有《巢经巢文集》5卷等数种。郑珍的诗歌成就突出，因此他被评为“晚清诗坛三大家”，与龚自珍、黄遵宪比肩。浙大史地研究所学者研究了这一文化现象（张其昀主编《遵义新志》），于是这一时期被人们称为“沙滩文化期”，后被称为“沙滩文化”。

郑珍、莫友芝均数度在老城讲学，郑珍任育才书院（府后山山脚）主讲、山长（院长），莫友芝两度任讲习，《遵义府志》是郑、莫在老城府署来青阁编修完成的。1921年为郑珍诞生115周年，为缅怀纪念郑珍对遵义文化做出的巨大贡献，遵义县政府将老城南接碧云路、官井路，北接洗马路，间含协台坝、大

郑珍

莫友芝

黎庶昌

十字、琵琶桥、三官楼、梧桐街至北门的一条老石板街，即南北贯穿老城的主街命名为子尹路。

文化活动

《红星》报 《红星》报是中共中央和中央革命军事委员会在长征途中的唯一报纸，1931 年 12 月 11 日创刊于瑞金。由中央革命军事委员会主办，红军总政治部出版发行。遵义会议以前由邓小平负责编辑，遵义会议以后由陆定一负责编辑。报纸为四开版，毛边纸油印，多数是每期两版。每期印 700—800 份，发至连队。长征期间共出版 28 期，其中第 6 期报道了中央红军在遵义地区的重要活动。1935 年 1 月 15 日集中报道了红军进遵义的消息和红军在遵义进行的革命活动、遵义县革命委员会成立的经过；2 月 10 日，刊发了《为创造云贵川边新苏区

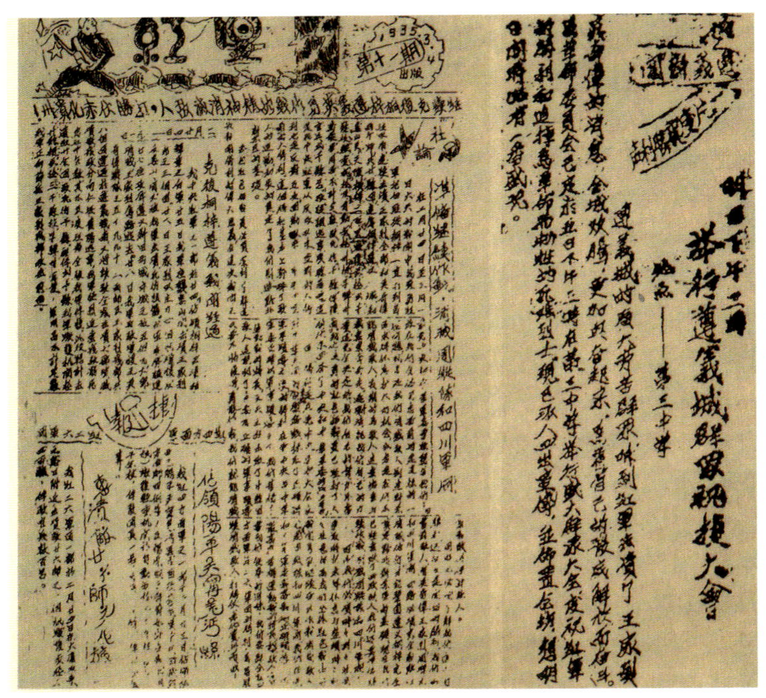
1935
第十一期
出版
社論

红军主办的《红星》报

而斗争》的社论，传达了遵义会议精神；2月19日，刊发了《共产党中央委员会与中央革命军事委员会告全体红色指战员书》《军委纵队党的干部会议决议案》；3月4日，刊发了《准备继续作战，消灭周纵队和四川军阀》的社论，要求全军指战员“坚信在党中央政治局扩大会的正确结论与领导之下”团结一致，夺取革命和战争的胜利。特别是《遵义新闻》用大量的篇幅报道了遵义人民对红军的欢迎和遵义人民高涨的革命热情。该报还报道了遵义大捷的情况，并于3月10日和4月5日连续报道了遵义人民群众的斗争情况。

《民铎日报》 20世纪40年代初，曾任过遵义县党部书记的杨伯雍，与王葆康在老城关圣殿前面临街的房屋（今老城小十字元天宫路口一侧）办起了铅印四开版面的《民铎日报》，由原县府官办的《实验简报》改为私营，杨伯雍任社长，王葆康任经理。编辑部设在这幢一楼一底的木结构房屋铺面里，编辑部后面的关圣殿，则是报社的印刷厂。当年在民铎日报社工作的，有中华人民共和国成立后成为贵州省著名作家的何恩余，以及陈福桐和其堂弟陈福彬等。何恩余任主编，陈福桐任主笔，陈福彬负责编辑副刊。该报为反映民间疾苦，登载过一些进步人士抨击国民党统治的文章。当时浙江大学师生常有欢呼光明、揭露国民党黑暗的文章见报。该报的《山蕾》《启明星》《牂牁》副刊，刊载过端木蕻良、方敬、熊佛西、郭风、彭燕郊等人的诗文。遵义的青年作家陈福彬、田井卉等，也常有诗文发表。遵义报界组织学子为历史文化名人、遵义省立三中教师赵乃康、朱穆伯扫墓，其学生余选华曾赋《为朱师穆伯扫墓》七律五首并作序，刊于当时的《民铎日报》。

川剧 川剧源于四川、重庆。清咸丰三年（1853），遵义已有川剧演出。清末民初，遵义出现川剧玩友俱乐部。遵义玩友柯炳生（铜匠）和从四川自流井

20世纪60年代的遵义川剧院

唱川戏回遵义的王幺爸（众称）等组织了“乐群俱乐部”，他们经常于晚上打玩友，唱《姑苏台》《情深》《秋江》等戏目。玩友自置衣箱、乐器，随时挂衣上台表演。1931 年前后，逐渐以夜场为主。小十字关圣殿大殿前的阶檐坎是演川戏的舞台，每天要演午场和夜场，还有外地名角来搭班，如川剧名角李天厚、坤角花旦七岁红曾来演出过。余绍堂、祝光华等人组班至重庆公演 3 天，场场满座。抗日战争期间，城区有 9 个玩友俱乐部，在王芝农的统领提调下，他们为黄河泛滥区灾民义演 6 天，后多次到贵阳义演。

1949 年 12 月，遵义第一联合川剧社建立，1956 年转为国营，改为遵义市川剧团。团部设于红花冈剧院北侧。1950—1965 年，遵义川剧团坚持剧场演出和巡回演出，每年演出 340 天，500—1000 场，每场平均上座率为 80%。1964—1965 年，徒步上山下乡巡回演出 13 个月，行经 8 个县的县城区域以及所属部分乡、村。1965 年，遵义市川剧团被文化部授予“全国红旗剧团”称号。1959—2009 年，剧团创作了多部大型现代川剧，包括《红军坟》《激战遵义》《军民鱼水情》《红军魂》等。《红军坟》获贵州省创作演出一等奖；《红军妹》获贵州省“五个一工程”奖、首届中国川剧艺术节银奖，其剧本获文化部文学剧本奖；《潘金莲》在 1998 年获贵州省文艺调演二等奖；《吐火、变脸》在 2003 年获“中国国际艺术新星交流大赛”金奖；《宋江题诗》获首届中国戏曲红梅奖、贵州选拔赛金奖。1997 年应文化部邀请，剧团赴京为中国人民解放军建军 70 周年演出《红军妹》和《红军魂》，又先后在湖南、上海等 10 多个省（自治区、直辖市）巡回演出 700 多场，创全国单个红色剧目演出场次最高纪录。2008 年，遵义市剧团与红花冈剧院合并。2009 年 3 月，贵州省全民国防教育艺术团和中国人民解放军贵州省军区国防艺术团同时挂牌遵义市川剧团。2011 年，遵义市川剧团改制转企，离退休职工转入红花岗区文化馆。现只有唐家祠堂门口的川剧票友会偶尔开展一些自娱自乐的活动。

遵义市川剧团进京演出的川剧《红军妹》剧照

京剧 遵义京剧第一个组织“京调会”，成立于1929年，由王芝农（原名毓麟）和杨仲翁（名祖怀）在老城杨柳街牵头组建。起初，杨仲翁听熊兆（字逸滨）从南京带回的京剧唱片，并学唱京剧片段，后又从王芝农处学习京调，杨仲翁的同学亦跟随学习，于是就形成了遵义的“京调会”。京调会形成后，最初每个星期天在杨仲翁家里集会一次，由王芝农亲自操琴教唱，参加的多数是当时的老城高等学堂（杨柳街小学前身，今文化小学）的教师。1931年，京调会已开展活动两年多，由原来在杨家集会改为转转会。春节后不久，京调会募捐举行了义演，将京剧彩排剧目搬上了舞台。演出在老城大士阁遵义女子中学举行，演出内容有京剧和话剧，京剧每晚有一两出，如《八义图》《捉放曹》等。1935年以后，特别是抗日战争全面爆发后，外地的军事单位、学校迁入遵义，许多京剧爱好者积极参与，京剧、话剧一并步入新的发展阶段，京剧活动在遵义初步形成。1940年浙江大学西迁遵义后，有职业京剧演员和京剧爱好者经常在何家公馆、西南大舞台、丁字口戏院演出。1951年，他们合股成立了遵义京剧社。1958年10月，成都市群众京剧团全团人员被调来遵义，成立遵义专区京剧团，1960年改为遵义市京剧团。演出剧目除传统剧目外，还有《红旗飘飘庆春回》《八一风暴》等。“文化大革命”期间，演出革命样板戏《红灯记》《沙家浜》等现代京剧。改革开放后，从20世纪80年代开始就逐渐被边缘化。1985年7月，遵义市京剧团由于没有市场而停演，保留建制。2011年，经转企改制，退休人员转入红花岗区文化馆。

遵义京剧团京剧《三打白骨精》剧照

话剧 话剧始称文明戏或新戏。1926年，遵义老城省立三中学生在校内演出《亡韩刺伊》，开遵义文明戏之先河。因不断地演出，培养了一批话剧演员，如韩念龙、余选华、朱绶文、杨伯勋等。1930年10月，该校学生又演出话剧《觉悟》。抗日战争时期，1939年1月，遵义县委与进步人士民众教育馆馆长胡滋椿商议，组建了遵义民众话剧社，并排练了《放下你的鞭子》《新凤阳花鼓》《捉汉奸》等抗日剧目。田汉、熊佛西率领的西南文化垦殖团和浙江

遵义市文工团创作并演出的话剧《王若飞》剧照

大学的铁犁剧团、步兵学校的血痕剧团上演了《寄生草》等剧目。省高排演的抗日话剧《秋子》，影响很大。中华人民共和国成立后，参与演出的有中苏（联）友好协会宣传队、遵义市业余剧团、遵义地区文工团，共演出大小剧目100多个。其中，受欢迎的剧目有《雷雨》《日出》《北京人》《故乡》《蜕变》《绿鹦鹉》《茶花女》等。贵州省话剧团、中国人民解放军国防文工团话剧队、总政治部话剧团、重庆话剧团先后在遵演出《在那一边》《曙光照耀莫斯科》等剧目。随着时代的变化，遵义话剧逐渐被其他文娱活动所代替。

杂技 遵义杂技蜚声海内外，取得了骄人的业绩，获得了诸多荣誉。1958年12月，北京星星马戏团和北京天桥辛稳立杂技小组合并迁遵建团，名遵义杂技团，国营性质，在红花冈剧院训练和演出。1962年改隶遵义市，更名为遵义市杂技团。1976年4月，遵义市杂技团与贵阳市杂技团联合组成"贵州省杂技代表队"，赴北京参加全国第一次杂技调演。1985年实行体制改革，拓展国外演出市场，先后在亚洲、非洲、欧洲、拉丁美洲的60多个国家和地区进行了商业演出，在各种国际、国内杂技赛事中共获奖牌100多枚。1986年6月，遵义市杂技团组建"长征演出队"，沿当年红军长征路线演出，受到老少边穷地区人民的好评。拥军慰问演出100余场，慰问解放军武警官兵15万余人次。

1988年，中华人民共和国文化部决定把四年一届的金狮奖全国比赛的比赛场地放在遵义。1993年、1998年、2002年分别成功举办了第二至第四届。2004

年，杂技团所访演的国家和地区已达35个，共出国演出63次。

《三人技巧》于1991年获中国吴桥国际艺术节金狮奖，于1992年获意大利首届杂技马戏明星艺术节银星奖。《坛技》于1993年获第二届全国青少年杂技比赛金狮奖和最佳表演奖，于1994年获比利时第七届希望星之路国际杂技比赛银奖。《转台顶技》于1995年在第四届全国杂技比赛中获金狮奖。《梅颂·转毯》于1998年获第三届全国少儿杂技比赛金狮奖，于1999年获中国吴桥国际杂技艺术节金狮奖。2003年，遵义市杂技团创作和演出的《依依山水情》被评定为“全国十台国家舞台艺术精品工程”剧目之一，于2004年获法国巴黎第23届明日未来杂技节法兰西共和国金奖。该团1995年被文化部授予全国文化先进集体称号，2005年获全国精神文明建设先进单位称号。2009年有演职人员102人。2010年11月23日，遵义市杂技歌舞艺术有限责任公司在红花冈剧院挂牌成立。2011年，其组团赴土耳其、德国、瑞士等国家演出。2012年应邀一行30人到美国进行为期300多天的巡回演出。

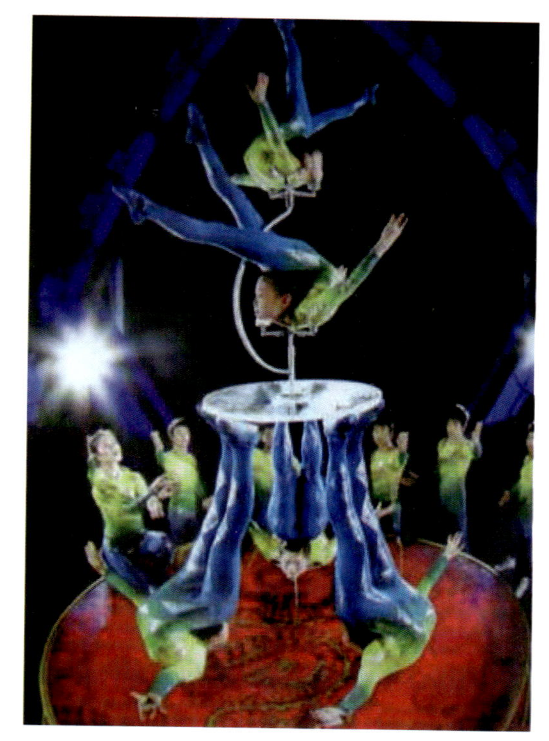

遵义市杂技团演出剧照

歌咏活动 1937年9月，遵义青年抗日救国会成立，简称“青抗会”。次年初在中共地下组织的引导下，青抗会成员创作了《遵义青年抗日救国会会歌》《保卫大武汉》，这两首歌曲当时在遵义广为流传。歌曲有着很强的号召力，极大地激励和鼓舞了青少年的斗志，当时在遵义影响很大。同时青抗会成员还创作了不少校歌，如《贵州省立遵义师范学校校歌》《杨柳街小学校歌》。

杨柳街小学校歌

绿杨浓阴里，
是我们的摇篮。
千百个儿童朋友，
正受着磨练。
我们有悠久的历史，
有智仁勇诚的精神。
而今，更勇敢地，
担负起复兴民族的责任。
粉碎侵略者的迷梦，
争取独立生存。
我们要做新中国的主人，
新中国的主人。

该歌曲体现了“天下兴亡、匹夫有责”的思想，激励学子准备肩负起振兴国家民族的重任。1938 年春，遵义青年抗日救国会歌咏队成立，潘名挥任队长兼指挥，定期排练演出。青抗会成员在丁字口、老城大十字街头搭设“七·七献金台”募捐抗战资金。由于国民党监视逮捕了进步人士，1938 年年底，青抗会歌咏队被迫解散。后民众话剧社歌咏队成立，仍由潘名挥任队长兼指挥。

1939 年，夏雨屏以督学身份向县府提出：遵义的小学音乐课教学需要提高教师的教学水平，建议成立遵义音乐教育促进会。当年春末，遵义音乐教育促进会在杨柳街小学成立，简称“音教会”，夏雨屏当选为会长，潘名挥仍为音教会的队长兼指挥。

1940 年春节开学后，音教会把遵义 13 所小学的歌咏队组织起来，总称为遵义音乐教育促进会儿童歌咏团，共 500 多人，以 1 个小学为 1 队，每周星期日上午集中练唱新的抗战歌曲。该歌咏团在遵义县城曾上演歌剧《壮丁》，该歌剧由遵义音乐教育促进会编演，傅邦荣执笔、配曲，全剧除序曲外，分为“豺狼进家门”“送郎去当兵”“捷报频传想亲人”“一件寒衣一颗心”“政府发下光荣证”“凯旋归来情更深”等部分。1940 年秋季开学后，潘名挥、傅邦荣应聘老城标准小学，任教音乐课，并成立了老城标准小学学生歌咏队，队员有 50 多人。除学校歌咏队外，各班均有歌咏队。1941 年春季开学后，老城标准小学与老城女小联合在老城标准小学大礼堂举办学生歌咏会，以演唱《黄河大合唱》为主。1947 年 10 月，潘名挥、朱石林、陈立华等共同组织城区 7 所中学 2000 名学生演唱《黄河大合唱》等抗战歌曲，有力激发了青年学生的爱国热情，震撼了遵义城。

歌舞 老城歌舞是遵义红色文化的一大亮点，对传承红军长征精神，讲好红色历史故事，宣传遵义、唱响遵义，传播正能量发挥了积极作用。

遵义市激情广场合唱团又称名城星期天合唱团，成立于 2004 年 11 月，是一支由离退休干部、教师、医生、职工等组成的演唱队伍。他们先是在红军烈士纪念碑旁的亭子里唱红歌，提出的口号是：“无论你是谁，无论你来自何方，想唱歌就来这里，为了开心、健康、快乐。”并规定每周四、周日上午 8:30—10:30 为固定演唱时间。他们每周日在红军街中段的凉亭里演唱，有时也在纪念广场参加重大演出活动。2005 年，合唱团参加了“迎国庆大家唱”活动，获中共红花岗区委颁发的“特别贡献奖”。2006 年，该团参加了“祭奠红军英烈、传承长征精神”演出活动，还参加了“遵义市纪念抗战胜利 60 周年合唱大会”“交行杯纪念改革开放 30 周年合唱音乐会”“庆祝中华人民共和国成立 65 周年”“纪念遵义会议召开 80 周年”等歌咏活动。2007 年 8 月 31 日，合唱团与央视著名主持人刘璐、歌唱家耿凤莲一起高歌了《四渡赤水出奇兵》和《幸福拍手歌》，刘璐签名赠送了带有央视《激情广场大家唱》栏目组标志的旗帜。2007 年 9 月 1 日，合唱团受邀参加央视组织的“和谐遵义歌飞扬”唱歌方阵。2012 年 11 月 14 日，《遵义日报》以《黔北儿女喜迎十八大》为题，报道了合唱团在遵义会议会址前高唱红歌的场景。合唱团的演唱受到游客们的关注和赞赏，有的驻足观看聆听，有的甚至参与其中，与歌友们同声高歌，感受演唱红歌的愉悦。合唱团曾赴香港、澳门、北京、上海等地和韩国等国演出，获得好评。除此之外，合唱团还积极参与各种社会活动和送文化下乡活动。2014 年冬，该团冒雪将捐赠的衣物送给桐梓县黄莲乡的孩子，到桃溪寺敬老院慰问老人。春运期间，该团组织歌友参加义工，到火车站协助维持秩序。此外，他们还到戒毒所参加启发教育演出，与周边合唱团开展联欢活动等。2016年，该团固定团员有100余人。合唱团在高歌长征、唱响遵义、歌颂党、歌唱人民的历程中发展壮大，得到各级政府部门的关心和支持。

遵义红歌合唱团成立于2009年7月1日，由退休公务员、教师、医生、工人等组成。每周一到周日，数十名身着红军服、穿着红军鞋、戴着红军帽的老人常在红军街的红歌台（百姓周末舞台，位于红军街中段的长亭内）上拉二胡、弹古琴，集体唱红歌。合唱团成员中年龄最大的是76岁，最小的是58岁，平均年龄为63岁。团员由最初的10多人发展到2016年的80多人。他们每天9:30—11:30在红军街唱红歌。嘹亮的歌声令游客们情不自禁地放慢了脚步，纷纷向红军街聚拢，或驻足倾听，或加入其中和老人们一起高歌一曲。周恩来总理的侄女周秉德、刘少奇之子刘源等老一辈无产阶级革命家的后代来到这里，曾和合唱团一起唱起了周总理生前最喜爱听的《南泥湾》，周秉德在留言册上题写了“红军精神、永放光芒”的赠言来勉励合唱团。来自福建泉州的游客潘世良双眼湿润地说道：“刚从红军山上下来就听到红歌飘荡，内心深处的情感再也控制不了，希望红歌团成为遵义永久的名片。”2015年4月，重庆游客陈洪义老人忍不住上台唱了一曲《遵义会议放光辉》。从延安、井冈山、韶山、西柏坡等地来的游客特别喜欢听红歌，并说“同是革命老区，你们却把红歌唱得这么好，我们回去后要多向你们学习”。游客中最有趣的是外国人，他们虽听不懂唱什么，但喜欢红歌的旋律，红歌团一边唱，外国人就一边跳舞，而且跳得很卖力。香港凤凰卫视的记者还专程来拍摄遵义红歌合唱团唱红歌的场面，为此，遵义红歌合唱团热情地演唱了《四渡赤水出奇兵》《人民军队永远忠于党》等经典的红色歌曲。凤凰卫视美洲台和欧洲台中国事务中心编导倪立晗说，凤凰台正在做一档关于贵州红色旅游的专题节目，准备放在凤凰卫视美洲台和欧洲台播放，旨在让西方国家更多地了解中国的红色文化。为给红歌团老人们提供良好的环境，遵义会议纪念馆专门在红军街上设立了一个红歌台，专供老人们每天来这里唱红歌；并为老人们免费发放冬、夏两季红军服装备；为老人们办理乘车卡，解决每天来此唱红歌的车费。遵义会议纪念馆还在馆内免费给老人们提供一个房间，供老我们回去后要多向你们学习”。游客中最有趣的是外国人，他们虽听不

红军街的一道风景——红军街上唱红歌

懂唱什么，但喜欢红歌的旋律，红歌团一边唱，外国人就一边跳舞，而且跳得很卖力。香港凤凰卫视的记者还专程来拍摄遵义红歌合唱团唱红歌的场面，为此，遵义红歌合唱团热情地演唱了《四渡赤水出奇兵》《人民军队永远忠于党》等经典的红色歌曲。凤凰卫视美洲台和欧洲台中国事务中心编导倪立晗说，凤凰台正在做一档关于贵州红色旅游的专题节目，准备放在凤凰卫视美洲台和欧洲台播放，旨在让西方国家更多地了解中国的红色文化。为给红歌团老人们提供良好的环境，遵义会议纪念馆专门在红军街上设立了一个红歌台，专供老人们每天来这里唱红歌；并为老人们免费发放冬、夏两季红军服装；为老人们办理乘车卡，解决每天来此唱红歌的车费。遵义会议纪念馆还在馆内免费给老人们提供一个房间，供老人们换衣服、中场休息。室内设有饮水机、电风扇等家电。对遵义来说，遵义会议会址是一张永久的名片，而红军街上的红歌团，无疑成了这张响亮名片的一个符号，这对丰富遵义红色旅游文化具有重要意义。

遵义红叶艺术团成立于 1998 年 1 月 16 日，原名红叶合唱团，同年 8 月划归遵义市老龄工作委员会管理，更名为遵义红叶艺术团，团员 43 人。1998 年加入贵州省合唱协会，2002年加入中国合唱协会。2005年7月，被划入遵义市红花岗区老年大学，保留艺术团建制，开设了3个音乐班、2个舞蹈班。至2012年年底，团员发展到140人。艺术团实行团长负责制，团长由民主推荐选举产生。艺术团下设合唱团、舞蹈队、时装队、民乐队和曲艺队，积极开展各种演出活动。1999年10月，艺术团参加遵义市“庆国庆、迎澳门回归”文艺演出；2000年，参加军民迎新春文艺晚会；2003年10月赴澳门参加“北京遵义‘老年艺术之旅’”活动；2005年，参加贵州省老年教育发展20周年老年大学合唱比赛，并获金奖；2007年，赴云南参加“七彩云南”全国老同志合唱邀请赛，并获金奖；2008年，参加山西太原“永远的辉煌”第七届全国老年合唱比赛；2009年，参加文化部、国家广电总局、中央电视台联合举办的第三届“永远的辉煌”全国老年合唱比赛，并获老年文化贡献奖。2012年11月，艺术团应邀赴北京参加“红叶风采”大型文艺晚会演出，该晚会从全国参选的300多个节目中优选15个进行展示，遵义红叶艺术团参演的节目是其中之一。艺术团此次演出得到了专家的肯定，也得到了回良玉、顾秀莲等国家领导人的接见。

遵义红叶艺术团演出场景

遵义木兰协会舞蹈队隶属于遵义市木兰拳协会，现有30人，每周一至周五上午8:30—10:30在纪念广场排练。木兰舞蹈（拳、剑、扇）为上海舞蹈家应美凤独创，融入了舞、拳、操等形体姿势，动作优美，木兰舞蹈因此而命名。木兰舞蹈队成立后，积极创新、开拓进取、自编自导、排练节目，把《大海航行靠舵手》《敬爱的毛主席》等编排成舞蹈表演，高歌《四渡赤水出奇兵》《红军不怕远征难》等红色

遵义木兰协会舞蹈队演出后合影

歌曲，在传播群众文化、丰富百姓精神生活等方面发挥了积极作用。舞蹈队多次参加国家级、省级、县级的表演和比赛，曾赴香港、澳门演出。2005—2008年，舞蹈队参加国家体育局举办的木兰拳、剑、扇比赛，在拳、剑、扇3种类型比赛中均荣获一等奖；2014年，参加遵义市群艺馆举办的首届广场舞比赛，荣获金奖。2012—2016年，代表遵义市参加幸福贵州健美女性体育彩票杯三八妇女健身操舞大赛，荣获规定舞蹈和自选舞蹈一等奖；2016年7月，参加遵义市举办的第一届运动会广场舞比赛，荣获第二名；2016年11月，参加红花岗区老年体育协会举办的广场舞大赛，荣获第二名。舞蹈队为不同阶层人士休闲娱乐、信息交流、文化传播提供了场所。

茶馆文化 茶馆文化在黔北源远流长。早在明清时期，各街巷就有茶馆存在。20世纪40年代，在老城小十字有关家茶馆，遵义会议会址不远处有余家茶馆，民主路东出口万寿桥头（今新华桥）有吴苑茶社，杨柳街有悦来茶馆等。茶馆里摆放着竹躺椅、大方桌、小方桌、小茶几。茶馆内的圆柱上挂着茶的价格牌：香片××元，桂花××元，毛尖××元……明码标价。来喝茶的人，大多穿着长衫，如果是冬天，则在长衫的前摆下夹着一个竹烘笼，双手牢牢捏着进茶馆。茶馆内张贴着“莫谈国事”的告示，这里便成为人们交流家长里短、轶闻轶事、趣闻笑话的场所。而谈生意或做买卖的，也把这里作为交流场所，因茶馆里人多，常有“第三者”在，故做生意的谈判双方，均将手伸在长衫的下摆里面捏指头，用10个手指代表数目的多寡，讨价还价。喝茶者的嘴里，大都叼着一根叶子烟竿，茶馆里弥漫着一股浓烈的烟味，大家便在这“云山雾海”里喝茶、嗑瓜子、吹壳子，地上到处是烟灰、瓜子壳、茶叶水。时有浙江大学进步学生、地下工作者借茶馆喝茶之际交流信息，传递情报。浙江大学教授旅遵文化人（如田汉等）也到茶馆休憩、闲谈、吟诗互唱。茶馆常聘请各种艺人到场来表演、说评书，如《三国演义》《水浒传》《七侠五义》《济公传》《火烧红莲寺》等。茶馆正前方设有一桌一椅，桌上放“戒尺”一方，说书人每说到精彩处，即在桌上“啪啪”拍几下，听众便聚精会神，时而报以热烈的掌声、喝彩声。20世纪三四十年代，常有蒋秉清、周盛乾、汤又新、刘锡林等人到老城茶馆说唱。茶馆除有说书外，还有京剧清唱、曲艺表演等。吴苑茶社生意极好，每晚座无虚席。抗战中到遵义的一批文化人还在悦来茶馆举办过文学讲座，由著名作家蹇先艾主持，主讲者有国内知名作家、剧作家、诗人，如端木蕻良、熊佛西、方殷、方敬、丰子恺等。主讲人根据自己的特长，讲授小说、剧本、诗歌等方面的知识，观众纷至沓来，大部分听众是学生。

“文革”期间，遵义茶馆一度消失。改革开放后，茶馆又逐渐兴盛起来，有湘江茶苑、红雅苑一类的高档茶楼及诸多大小会所，街头小巷则遍布各类普通茶馆，这类茶馆的活动主要是打牌、搓麻将、闲谈、吹牛、会友、谈生意。

中央电视台“心连心”艺术团来遵义演出 中央电视台“心连心”艺术团曾两次到遵义演出。1997 年 1 月 20 日，“心连心”艺术团首次在遵义会议会址演出，现场观众约 3000 人。起初演出，选址在凤凰山广场，总导演认为广场背景没有遵义会议会址好，最后定在遵义会议会址演出。但会址场地小，为了扩大场地，让更多的观众能观看演出，主办方就拆掉了会址与后花园相隔的一道围墙，将会址与后花园连成了一片，这样就可以容纳更多的观众。这场演唱由央视主持人赵忠祥、周涛主持，有彭丽媛、贾世俊、刘秉义、杨洪基、马玉涛、姜昆、关牧村、张也、孙悦等 30 多位艺术家登台献艺，歌唱家彭丽媛演唱了《父老乡亲》，杨洪基演唱了《四渡赤水出奇兵》，孙悦演唱了成名作《祝你平安》。屋顶、墙头都挤满了观众，气氛非常热烈。演出结束后，全团成员在红军山瞻仰了红军烈士陵园。

中央电视台“心连心”艺术团纪念遵义会议 80 周年慰问演出

为隆重纪念遵义会议召开80周年，认真贯彻落实习近平总书记在全国文艺工作座谈会上的重要讲话精神，充分体现党中央、国务院对遵义革命老区人民的深切关怀，中央电视台“心连心”艺术团“2015我们的中国梦”慰问演出于2015年1月4日在遵义会议会址举行。中共贵州省委宣传部领导及遵义市领导与2000多名干部群众现场观看了演出。《心连心》歌曲拉开了序幕，著名歌唱家耿莲凤等演唱了《遵义会议放光辉》《红军战士想念毛主席》《四渡赤水出奇兵》《鼓动天地》《张灯结彩》《共筑中国梦》等歌曲。蔡国庆、吕继宏、王莉、张英席、魏金栋、汪正正、阿幼朵、阿宝、王二妮、正月十五组合等艺术家与基层群众共同演绎了一曲《中国梦》大合唱。巴蜀著名笑星张德高、叮当及川剧演员张玺为观众带来了小品《送礼》，他们以风趣幽默的表演风格讲述了大学生村官带领乡亲致富的感人故事。整场演出由“红色遵义”“绿色遵义”“多彩遵义”等3个部分组成，除1月4日在遵义会议会址的主会场演出外，1月5日还在遵义县（现播州区）枫香镇花茂村设分会场进行了慰问演出。

文化产业

红军书屋 亦称黔北作家书社，位于红军街6-1-1，面积为20平方米，为个体工商户。主要经营红色书籍和遵义本土作家书籍，书种有7000多种，有20万册。红色书籍有《长征》《毛泽东诗词》《毛泽东传》《红军的故事》等近2000种，遵义本地书籍有《遵义府志》《续遵义府志》《遵义地名志》《黔北古近代文学概观》《遵义文化遗产》等5000多种。1935年，遵义有一个红军“交通员”叫罗君彝（后任游击队队长，并加入了中国共产党），他受“反帝拥苏大同盟”的指派，和谢丰一起在遵义会议会址附近开办了黔北书店，以出售进步书刊来联络革命志士。2002年7月，为

红军街红军书屋

赓续红色文化薪火，人们在遵义会议会址北侧办起了黔北作家书社，面积为 50 平方米。2007 年 12 月底，书社搬迁到红军街，更名为红军书屋。

21 世纪初的黔北作家书社

西西弗书社 原在子尹路，因扩建迁到步行街元天宫巷 4 号，并成立了西西弗助学中心。该店最先于 1993 年 8 月 8 日在交通银行附近开业，主要经营教辅书籍，由大学毕业生薛野和高东梅合伙开办，是一家民营文化企业，隶属于贵州西西弗文化传播有限公司。步行街西西弗书社面积为 200 多平方米，装饰古朴而时尚，简约而大方，进门处是一张醒目的提示牌，上书："书太贵了，抄吧！站太累了，坐吧！包太沉了，存吧！"一种人文的温暖瞬间涌上顾客心头。店中书籍种类比较齐全，每一类书都分门别类地整理得极好。店内提供饮水，有茶室、咖啡馆，有很多桌椅，阅读的人可以坐下来一边读书一边做笔记。1997 年 10 月 18 日，西西弗书社注册为有限责任公司，组成股东会，实行董事会领导下的总经理负责制，以诚信、敬业、协作、创新为企业精神，诚信经营。2004 年获第四届全国"双优"发行先进单位称号。2005 年，因老城房租开始上涨，加之受网购电商的影响，书店经营收支资不抵债，后撤离迁至汇川区珠海路新国贸店。

1993 年民主路上的西西弗书社

斯巴达书社 于 1994 年 4 月 28 日开办，由董酒厂下海经商的陈江创办，先后在丁字口、老城步行街、遵义师院设有零售店，是一家民营文化企业，位于红花岗区中山路 50 号，营业面积为 500 平方米，现有员工 20 人。书店坚持"高品位、高档次、实用性强"的售书宗旨，1998 年被中国书刊发行业协会授予全国信誉良好书店称号。老城步行街零售店于 2005 年年初开业，面积为 500 余

斯巴达书社

平方米，主要经营历史、教育、政治、经济等领域的书籍以及各类名著，店内员工有 11 人，每年售书近万册。经营 5 年后，因租赁期满，加之市场因素，与位于新华路 50 号的斯巴达书社旗舰店合并。

西南风书店　位于老城子尹路与碧云路交界处的二楼，于 2000 年 1 月开办，面积为 500 多平方米，曾是当时遵义最大的一家书店。店中书籍种类多且全，涵盖了全国图书市场上最新出版的各类图书。书店西面临窗的地方，设有休息间，摆放着五六张方桌，供读者坐下来阅读。书店有代订代邮业务，店里如果没有读者想要的书籍，读者可以办理此项业务。书架摆放大气，灯火通明，色调柔和，不刺眼，合宜的钢琴曲余音袅袅，让读者心旷神怡。不过书店现已停办。

茂文书店　该书店是由遵义四中退休教师黄茂文投资开办的微型书店。开始时投资约 3 万元，黄茂文在石龙路租了几个平方米的门面，于 1994 年 8 月 8 日挂牌开业。后来门面扩大，约 20 平方米，营业员有两人，主要经营教辅材料、文学及实用书刊。几年间书店生意兴隆。2000 年搬至有 300 多平方米的子尹路柿花园商住楼二楼。经过扩建，设备齐全，书籍扩充，平台摆满各种书籍。这一时期主要由刘林、刘丹林主管，营业员五六人，生意一直不错。平时人来客往，双休日顾客更是络绎不绝，营业员有时都忙不过来；一到晚上，茂文书店灯光明亮，买书的、看书的人很多。应文化部门安排，书店多次举办上街售书活动，以方便读者，读者反映也很好。茂文书店为老城中小学学生、机关干部、街道居民提供了舒适的购书平台和阅读平台，还与街道居委会联合办“文化站”，普及青少年文化教育。但由于多方面的原因，茂文书店由盈利到持平，最后难以周转，所以开了 15 年的茂文书店，在 2009 年 4 月不得不关门。茂文书店对繁荣城乡文化起到了一定的促进作用。

遵义腾飞工艺品 位于老城红军街 4–13–1 号，是一家集民族民间手工艺品开发、遵义红色文化旅游产品开发及遵义文化创意产品开发于一体的企业。产品开发部设于毛主席旧居桃源路桃源公寓 B–5–3 号，商品经营和售卖部位于红军街，展示基地位于 1935 文化产业园 6 栋 17、18、19、20 号门面。企业主要生产制作非物质文化遗产遵义通草堆画和遵义红色剪纸，以艺术作品为底本，开发红色旅游商品和文化创意产品，产品数次参加全国、全省、全市的大小型展出活动，且多次获奖。20 世纪 60 年代初，遵义市工艺美术厂艺术家左靖等人在仿制苏州通草彩绘平贴的基础上，大胆创新，突破吴越等地通草堆画平贴彩绘的传统模式，改平贴为堆贴，变彩绘为素堆，创制了不施色彩，多层次、厚堆叠的手法，创造出具有贵州特色的民族工艺品。1972 年，左靖创作的《遵义会议会址》《徐悲鸿的马》《熊猫》和胡佐书制作的《孔雀》《松鹤》等产品送往广州交易会做样品，受到国内外客商的重视和喜爱。交易会上，日本客商购买数十幅产品，其后订货者源源不断，产品销往法国巴黎、英国伦敦等地。1975 年，中央人民广播电台组织题为《遵义堆画展新容》的专题广播，《贵州日报》发表了《贵州名牌产品——遵义堆画》的介绍文章。遵义通草堆画从此成为堆画中的一个新品，走俏于 20 世纪六七十年代，在国内外获得广泛赞誉。2005 年，遵义市红花岗区人民政府对遵义通草堆画进行普查后，将它列入市级非物质文化遗产；2007 年，遵义通草堆画被列入贵州省非物质文化遗产。2015 年 12 月，遵义通草堆画传习所在老城红军街成立，且已有多人学习通草堆画制作技艺。

浥心书院 位于红军街中段原民俗博物馆旁，面积200平方米左右，2008年成立，以“秉承传统、以文化养心”为宗旨，主要功能是书画教学和培训。书院门前张贴着“烹茶佐酒观世事，捉管弄弦乐平生”的楹联。教学内容有硬笔书法、软笔书法、金石篆刻、绘画（儿童画、卡通画、素描、水粉画、国画）等。书画教师主要培训书法艺考生和美术艺考生。书院常年开设儿童班、成人班、寒暑假书法强化班。“浥心”即“润泽心灵”之意。院长郭玉峰是中国硬笔书法家协会会员，全国规范字书写注册教师，贵州省书法家协会会员，红花岗区书法家协会理事，从事专业书画教学20多年。萧锡义为文化顾问，他是当代著名文学艺术家、理论家；邓永平、庄平为艺术指导；郭玉超为文化指导；执教者有3—4人。书院内设集贤堂，有30平方米，是书画名人、书画爱好者聚集献艺表演的场所。此外，还有50平方米左右的浥心学堂，为教学、培训之地。

文化场馆

通俗图书馆 该馆是遵义最早的图书馆，成立于1925年，地址在老城柿花园的蹇宅内。图书馆向社会开放，属于公共图书馆性质。通俗图书馆之所以被称为私立，是因为蹇氏家族创办此图书馆时不仅提供了馆址，而且还捐了一块田，他们用此田的租谷作为图书馆的开支，另有地方热心文化人士也捐款资助。借阅室悬有一牌匾，上书“务本草堂”，说明开办者以“读书学习为做人修身之本”为创办理念。馆内藏书也有两说，一说几经搬移，尚存6个书架的旧书，规模相当宏大；一说藏书近万册，“虽属草创，搜罗有限”。时图书管理员为徐立人，后因时局变动，图书馆关闭，图书被搬存至城成小学。

文通书局遵义分局 清宣统三年（1911），贵州文通书局成立。贵州文通书局为贵阳华之鸿集资创建，有印刷纸币、出版图书的设备和功能。1927年，文通书局遵义分局在遵义老城小十字开设，李复荃任经理，以经营贵州文通书局出版的图书为主，同时代销中华书局、开明书局、世界书局等出版的图书和文具仪器、理化用品等，后又印刷出版教科书和贵州地方文史资料。现已不存。

郑莫祠附设图书馆 该馆创设于1930年。赵乃康先生撰有《创设郑莫祠图书馆记》，全文有刻石版存于郑莫祠内。1938年8月，《贵州文献季刊》曾将此文刊出，文叙“业于本年三月开始经营，不数月落成，前为新堂，砖礣岿然；中置两先生木主，后为重楼，为藏书之庋。楼临池，中有亭，左右去欹庼之楼为夹室，以居主祠祀者。收集书籍以供阅览，皆酌订规则。既备乃周，宏模严肃”。于文可见，郑莫祠3月开工，8月落成，靠近荷花池的一面为藏书楼。主祠祀者兼任图书管理人，收弆书籍以供阅览。郑莫祠附设图书馆，利用郑莫祠的房屋，募集了一批郑、莫、黎等人的著述，以供瞻仰郑莫祠的人阅览。图书馆定有规章制度。现已不存。

遵义市图书馆 始建于1951年，是中华人民共和国成立初在遵义创办的公共图书馆。先由市政治协商会议发起，拟名“泽东图书馆”，报西南军政委员会文化部审批。因不宜用领袖姓名命名，改称“遵义人民图书馆”，后更名为“遵义图书馆”。该馆是贵州全省新建的第一个公共图书馆。馆址位于老城杨柳街天主教堂（现红军总政治部）。筹建期间由专署文教科科长熊荒陵兼任馆长，1951年3月，遵义市人民政府委任傅梦秋为图书馆馆长。创办之初，图书馆向社会各界征集图书，当时市政协副主席陈福桐起草征集图书的信发出后，征集到的第一本图书是东北人民大学教师余正邦（遵义籍人）寄赠的《列宁选集》。傅梦秋、张志辉、李锡极等人率先将家里的藏书捐给图书馆。1985年，馆址迁红花岗区老城子尹路7号，2006年迁汇川区人民路现址。

20世纪50年代设在天主教堂内的遵义市图书馆

遵义民俗博物馆（嘉丰民俗博物馆） 位于红军街中段3号楼二层2号，2008年1月正式对公众开放，有职工18人。馆内面积为1100平方米，设有明清以来的家具文化馆、汉唐以来的陶瓷文化馆，以及石刻文化馆、傩戏文化馆、玉器文化馆等9个展厅，有1000多件藏品，其中长征文化展厅陈列展品30余件、黔北民居文化展厅陈列展品200余件、明清家具文化展厅陈列展品150余件、傩戏文化展厅陈列展品320余件、石文化展厅陈列展品50余件、书画文化展厅陈列展品100余件、瓷器文化展厅陈列展品100余件、汉唐以来陶文化展厅陈列展品50余件、大型根雕文化展厅陈列展品3件。馆藏古生物化石、汉宋元陶器、宋元石雕、明清瓷器、明清家具、黔北雕花门窗、傩戏作品等文物最为珍贵。博物馆对外免费开放，至2016年接待观众11.6万人次。现已不存。

遵义民俗博物馆

酒文化博物馆 成立于2015年，隶属于遵义博广酒文化传播有限公司。酒文化博物馆以弘扬保护中国酒文化，展示实体中国白酒历史液态文物为主，集观赏性、知识性、体验性于一体。酒文化博物馆为独立一幢二层古建筑，馆内使用面积为660平方米，一楼为贵州白酒展馆群，展示贵州48种酒品、贵州老八大名酒（匀酒、平坝窖酒、安酒、习水大曲酒、金沙窖酒、董酒、鸭溪窖酒、湄窖）。设8个分属展区，也有遵义13个县（市、区）行政区域展区。一楼展出的主要是贵州名酒，这些酒均是20世纪60年代—90年代贵州酒类生产厂家生产的，展柜中展出的一瓶1955年生产的茅台酒为镇馆之宝。二楼展区较多，有国老八大名酒展区，是以1989年国家颁发的全国十七大优质名酒为基础建立的全国酒文化名酒专属展馆，如“西凤酒馆”“剑南春馆”等；十二大香型（老白干香型、芝麻香型、米香型、馥郁香型、清香型、浓香型、董香型、凤香型、酱香型、兼香型、特香型以及豉香型）展区；中国53优名酒展区；等等。展区还展有各类酒文化历史文献及中国酒业发展的历史资料。展厅中央的玻璃柜里展出酒标、酒票等，其中一张是1929年6月10日的《中央日报》，其头版正中刊登着一则贵州茅台酒广告，这堪称茅台酒最早的广告。馆内共收藏了20世纪50年代至90年代液态文物陈年白酒近万瓶，是目前国内最大的酒文化传承保护酒类博物馆。该馆于2015年11月14日试运行，2016年元旦正式开馆。现已迁出。

红花冈剧院　位于红花岗新华桥桥头西侧。1959年建成，1960年元旦正式对外开放，时为西南地区标准的演出剧场之一，也是遵义老城标志性建筑之一。

红花冈剧院

中国名人馆　位于遵义纪念公园内北端，毗邻红军街。2015年1月14日开馆，馆长陈祖伟是中国名人书画收藏家、中国名人实物收藏家。中国名人馆主题鲜明、格调高雅、互动性强，通过对名人书画真迹、照片、手札、手稿、名片等实物进行展示，彰显中国名人风采，传递名人们的正能量。中国文化部原代部长、著名诗人、剧作家贺敬之，中国记协原主席邵华泽，西泠印社原执行社长刘江等众多名人，曾专门为“中国名人馆”题写馆名。此馆陈列了约百人

的简介，开放不久后即关闭。后由遵义红色旅游（集团）有限公司接手，更名为遵义名人馆，展陈了舍人、尹道真、郑珍、莫友芝、黎庶昌等70位遵义名人的相关内容。

宗教场所　遵义历史上流传的宗教主要有佛教、道教、伊斯兰教、天主教、基督教。各教派均曾经或至今仍在老城设有宗教场所。中华人民共和国成立后，天主教和基督教开展反帝爱国运动和“三自”（自治、自养、自传）革新运动，摆脱帝国主义的控制和利用，走上独立自主、自办教会的道路。佛教、道教、伊斯兰教开展民主改革运动，废除封建特权和压迫剥削制度。人民政府维护宗教界的合法权益，保护公民宗教信仰的自由，帮助修复和开放寺观、教堂，支持和帮助各教建立爱国宗教团体，满足信教群众开展宗教活动的需要。人民政府引导宗教界和信教人士热心公益事业，推进精神文明建设，开展对外友好交往活动，为社会稳定和经济发展做出了贡献。

佛教：唐乾符二年（875）传入遵义，属大乘佛教，以禅宗临济宗为主，有部分净土宗。现存菩提寺，始建于民国初年，位于老城府后山左侧颜家坡，从解放路水井湾二巷直上可达，是遵义老城唯一开放的佛教寺庙。

道教：南宋嘉定年间（1208—1224），桃源山西侧修建玄妙观，道教始传遵义，南宋时得到较快发展，清代逐渐衰落，有全真和正一两派。先后建有位于协台坝（今遵义市第十一中学校址）的玉皇观和位于柿花园（今遵义市第四初级中学校园西南角）附近的祖师观，以及位于小十字（今杨柳街附近）的三官殿等道观数处，今均已不存在。

菩提寺

遵义市伊斯兰教协会

伊斯兰教：明末清初传入遵义城区。现存清真寺，始建于明末清初，位于火药局（今遵义宾馆西侧），清光绪三十二年（1906）迁老城协台坝（今官井路北端）。

天主教：清乾隆三十九年（1774）传入遵义城区。现存天主教堂，位于元天宫巷内（今杨柳街北端），内有经堂和学堂。1935 年红军进入遵义，红军总政治部机关设于此。1984 年，经国家文物局同意，该处成为全国重点文物保护单位遵义会议会址的组成部分。

基督教：清光绪年间传入遵义，有内地会、安息日会、圣公会、卫道会 4 个差会。1996 年，中华路改造，政府合并福音堂、圣马可堂资产，重新出资在老城杨柳街口新建基督教堂。

天主堂

基督教堂

文化社团

遵义会议研究院 位于红军街中段、红歌走廊与遵义纪念公园之间。办公用房有 3208 平方米。遵义会议研究院于 2016 年 5 月 4 日成立，与遵义会议纪念馆合署办公，实行“两块牌子、一个机构”的管理体制。同时，设遵义会议研究中心办公室，聘用 10 人专司研究服务工作，为遵义会议史事征集研究、陈列、阐释、传承提供服务。研究院自成立以来，建立了遵义会议研究中心信息平台，出

版了《纪念遵义会议 80 周年文集》《周恩来与遵义会议》。截至目前，研究院共开办红色文化培训 800 余场次，宣讲受众达 3 万余人次。

遵义市历史文化研究会 成立于 2004 年 11 月 23 日，地址在老城玉屏路遵义市委老干部工作局原址，后随老干部工作局迁至汇川区苏州路。2011 年 1 月 17 日，遵义市历史文化研究会长征学分会成立；2011 年 4 月 16 日，遵义市历史文化研究会饮食文化分会成立，从 2004—2016 年开展活动 60 多场。会刊《遵义市历史文化研究会简报》于 2005 年创办，2006 年更名为《遵义历史文化》，至今已出了六七十期。该刊刊载学会组织的作品讨论、新书首发、走访采风等活动的动态信息，发表了不少对地方历史文化有价值的研究论文。学会每年都被遵义市社科联评为先进学会，2016 年获贵州省社科系统社会科学团体先进集体称号，2012 年、2016 年两次获全国大中城市先进社会科学团体称号。

遵义会议研究中心

历史文化研究会成立 20 周年座谈会

遵义市长征学学会 于 2014 年 1 月 21 日在遵义师范学院成立，时有会员 110 人。学会常设办公机构位于解放路 31 号红色旅游集团 3 楼，后搬迁至红旅集团红培中心办公楼 3 楼。遵义市长征学学会原为遵义市历史文化研究会于 2011 年 1 月 17 日成立的长征文化分会。

2013 年 12 月 19 日，中共遵义市委宣传部批复同意组建遵义市长征学学会。长征学学会成立后，编辑发行研究性内资《长征学学刊》，刊登了许多长征学研究成果及有关长征史料、长征文化等方面的论文；编印《长征学学会通讯》，及时报道学会工作的开展情况。参与编辑出版《长征地名录·遵义卷》《遵义与红军故事》等专著。2016 年 10 月 18 日，由遵义市政协主办、遵义市长征学学会协办的纪念长征胜利 80 周年长征精神及长征学学术研讨会在遵义宾馆举行。北京专家、长征沿线地方的论文作者及代表 120 余人参会。大会收到全国各地论文 40 余篇，后编入《长征学刊》印发。先后有《遵义简史》《遵义·1935》《长征精神》《遵义会议参加者谈遵义会议》《长征与遵义初探》《长征与遵义》《红军与遵义故事集》《遵义记忆中的女红军》等著作出版发行。学会还积极帮助了一些民营企业开展长征文化宣传活动。2015 年至 2020 年，学会连续被遵义市社科联评为先进学会。2016 年受到全国社科联表彰，曾祥铣、黄先荣被评为全国社科联先进个人。

遵义市长征学学会年会

贵州省写作学会遵义联络处 于 2012 年 4 月 5 日成立，办公地址位于老城解放路 119 号，时有会员 137 人。自联络处成立以来，会员撰写各类文章近 4000 篇，个人出版专著 168 部。2020 年，遵义联络处会员已达 230 人。联络处积极开展工作，并组织采风等活动。除此之外，联络处还编印了《遵义写作报》和《遵义写作》，每年都会被贵州省写作学会评为先进单位，被贵州省写作学会领导誉为“贵州省写作学会的一面旗帜”。

遵义市诗词楹联学会 由遵义市诗词学会和遵义市楹联学会于2016年1月18日合并组成。现有会员1200多人。地址在玉屏路遵义市委老干部工作局，后随老干部工作局迁新址至汇川区苏州路。遵义市诗词学会的前身是遵义地区播风文学社，其成立于1985年10月12日，是以离退休人员为主体的群众性文学团体，1997年有社员300多人。1999年经遵义市民政局批准，遵义地区播风文学社更名为遵义市诗词学会，挂靠遵义市离退休干部工作局管理。2012年年底，会员增至739人，除离退休老同志外，学会还重点发展青壮年会员，注入新生力量。学会一直编印会刊《播风诗词》，并征编《千秋伟业》《遵义美》《经巢流韵》《青田溢彩》《沙滩放眼》等专集；编辑出版了《遵义历代诗词选》《遵义当代诗词选》《抗战诗联选》等书。

遵义地区播风文学社1985年10月成立时部分社员合影

遵义市老年书画研究会 其前身是遵义地区老年书法协会，于1984年11月14日成立。办公地点设于玉屏路遵义市老干部工作局，后随老干部工作局迁新址。1987年5月13日，中共遵义地委批准更名为遵义地区老年书画协会。1992年更名为遵义地区老年书画研究会。会员由组建时的73人发展到501人。2015年，更名为遵义市老年书画研究会。多年来，遵义市老年书画研究会坚持在贵州省内乃至全国开展一系列书画交流活动。

遵义市老年摄影协会 其前身是遵义地区老年摄影协会，于1986年12月成立。办公地点设于玉屏路遵义市委老干部工作局，现随老干部工作局迁至汇川区苏州路。1997年，遵义撤地设市，遵义地区老年摄影协会更名为遵义市老年摄影协会。截至2024年12月共发展会员389人，在册会员有135人。编印出版了会员摄影作品集5册和《多彩贵州——红色遵义》专集；该协会共参加贵州省老年摄影作品联展28届，参加贵州“福彩杯”老年文化艺术节书画、摄影、诗词楹联联展4届。在历次活动（联展）中，先后有190多人获奖，80多人（幅）作品分别被各种杂志、报刊选载。

遵义市老年摄影协会2024年年会

遵义印社 成立于1985年10月18日，是西南地区成立最早的印社组织之一。地址位于老城玉屏路遵义市老干部工作局原址，后随老干部工作局迁至汇川区苏州路，有社员66人。印社坚持“‘二为’方向”“‘双百’方针”，以繁荣历史名城艺术创作为宗旨开展活动。多年来，遵义印社协助遵义市老年大学开办8期篆刻班，编印社刊《印存》30多期、纪念册5集，与全国200多个印社团体进行交流。作品传到美国、德国、韩国、日本、新加坡等国，会员作品入选《全国印

社篆刻联展作品集》《当代篆刻家大辞典》《中国印谱》等书籍之中。

文艺创作

诗词 清后期，遵义的诗词创作丰厚，以郑珍、莫友芝、杨兆麟等为代表。郑珍被称为清末宋诗派的宗祖，在诗坛有“清诗三百年，王气在夜郎”之说。郑珍将明万历二十八年（1600）至清咸丰年间在遵义创作的诗作收录于他自己编辑的《播雅》之中，郑珍大量的诗作编入《巢经巢诗钞》。杨兆麟也有诗集传世。20世纪30年代至40年代，卢葆华、蹇先艾、陈福桐等人成为遵义诗词传承发展的代表，他们建湘川诗社，吟诗作赋，均以古体诗见长。蹇先艾于1923年5月发表第一首新诗《闸舟中》，至20世纪20年代末在《晨报副刊》《文学旬报》《小说月报》等报刊发表40多首诗作。朱自清于1935年编选的《中国新文学大系·诗集》中将蹇先艾的《春晓》《雨后游龙潭》两首诗选入。抗日战争时期，卢葆华著有旧体诗诗集《飘零集》和现代诗诗集《血泪》，均获得较好评价。此间浙大师生也创作了大量诗词，同时现代诗亦获长足发展。中华人民共和国成立后，从20世纪50年代开始，廖公弦（遵义四中学生）以《山中月》为代表进军诗坛，以后成为全国著名诗人，有诗集《廖公弦诗选》。石果诗集《石果诗词》、石永言的《大海之歌》均获贵州省首届文学创作奖。1979年，李发模以一首激情澎湃的诗作《呼声》成名，并获1979—1980年全国第一届优秀新诗奖，其另有诗集《李发模诗选》《遵义之歌》等。20世纪80年代，毕业于遵义师范学校的盲人诗人周嘉堤，身残志坚，讴歌光明，较有影响。遵义市诗词学会除有《播风诗词》出版外，还征编了《千秋伟业》《遵义美》《经巢流韵》《青田溢彩》《沙滩放眼》等，同时还编辑出版了《遵义历代诗词选》《遵义当代诗词选》《抗战诗联选》等；会员有112人出版了诗词集。红花岗区诗词楹联艺术学会，重刊了杨祖恺、陈福桐、幸必达等人的大量诗词。

诗词选录

遵城八景（录二）

李铠

吴桥夜月

济川功业建高标，又跨飞虹石作桥。万里行人浮宝筏，一江烟雨荡轻桡。城边乌散秋能渡，峡底鱼驯夜不骄。遥忆秦淮何处是？依稀明月听吹箫。

红花晚风

极目高冈落照西，天风吹彻碧云齐。峰头乱坠桃花雨，寺外平铺绿柳蹊。拾翠人同飞蝶醉，寻春路逐早莺啼。停车坐爱韶华晚，几度红妆送马蹄。

和遵城八景之二

陈瑄

吴桥夜月

蛮烟敛净播城东，揽辔津梁眺远空。
地入锦江通万里，光摇银汉落长虹。
无人更拟西征赋，有客横吹短笛风。
廿四桥边谁度曲，乡心忽在月明中。

红花晚风

为爱南冈石径斜，聊从曲磴问丹砂。风生远树飘芳霰，山抹孤烟起暮霞。
故国不来鸿雁影，夕阳开遍杜鹃花。轻轩此日怀潘岳，独对春晖鬓欲华。

樾峰次前韵，以郡志稿重属仍和道怀

郑珍

孙作铏羹待絜和，高邮修补费牵萝。
图昏乐得神君洗，麻乱愁教瞽女搓。
善后事宜终莫备，识箴名宿况无多。
天荒文献堪愁绝，空负黄鸡白日歌。
穷年掎摭不闲闲，漫诩蓑衣与画斑。
地赖桑经求鳛部，水须班志定狼山。
游心上下职方氏，搔首西南天地间。
寄语邦人莫金玉，怀铅相待馈刍还。

晚望

郑珍

向晚古原上，悠然太古春。
碧云收去鸟，翠稻出行人。
水色秋前静，山容雨后新。
独怜溪左右，十室九家贫。

湘川讲舍四十生日二首（录其一）

莫友芝

少小离乡到老边，此身飘泊尚依然。
百年未满正多事，四十无闻安望前。
北道孤怀禁冷暖，南山极望塞云烟。
浑浑过雨前溪水，作弄波涛亦可怜。

来青阁落成重九日偕同官宴集

张日崙

气运扩山川，楼高北斗悬。
景非同结绮，图敢望凌烟。
卷雨飞云地，歌风弄月天。
桃源长在望，把酒会神仙。

遵义景致

斧樵山人

杨梅台上三击鼓，马坎高官接状元。
白虎头前回龙寺，红花晚景对桃源。
太白亭前闲游耍，得见仙人把棋玩。
夜月吴桥真好看，碧云峰上望人烟。
这些景致无心看，后牙床上眠一眠。
马市偏岩下埸水，四方井后有湘山。
大小二龙隔河站，鲤鱼背上凤凰山。
享堂生基真好地，皇刚堂上望圣贤。
迎晖楼上去观看，踏梯望月大红湾。
玛瑙窝上西水井，怀德门内炮台喧。
琵琶桥把丝弦断，三官楼接北门边。
洗马滩前后龙现，冷水孔下把象拴。
飞龙关踏海龙囤，九龙山上金鼎山。
大觉寺下黄泥孔，对对鲤鱼水上翻。
磨刀溪下官马井，一股洪水对城穿。
龙井石狮长长睡，古式巷上凤朝关。
演武厅前狮子口，望见雷台第一山。
湘江顺河朝下走，乌江又到河口前。

雷打岩下渔翁站，木龙溪边打鱼船。
南门关前海风井，海风一出万古传。

赠徐特立

赵恺

军中忙无暇，积极救文化。
维护文物功，当不在禹下。

忆秦娥·娄山关

毛泽东

西风烈，长空雁叫霜晨月。霜晨月，马蹄声碎，喇叭声咽。
雄关漫道真如铁，而今迈步从头越。从头越，苍山如海，残阳如血。

遵义会议

朱德

群龙得首自腾翔，路线精通走一行。
左右偏差能纠正，天空无限任飞扬。

悼红三军团参谋长邓萍同志

张爱萍

长夜沉沉何时旦？黄埔习武济国端。
北伐讨贼冒弹雨，平江起义助烽焰。
围剿粉碎苦运筹，长征转战肩重担。
遵义城下洒热血，三军倚马哭奇男。

西江月·遵义大捷

张爱萍

抢夺娄山天险，直下遵义月明。鏖战竟日老鸦岭，援敌两师丧尽。
长征首获大胜，转战历数艰辛。欢声动地如雷鸣，远望万山横亘。

遵义会议定乾坤

陈毅

十年建设诚不易，百年革命更艰辛。
共庆长征人未老，遵义会议定乾坤。

《长征》组诗之二

欧阳文

遵义会议挽艰危，全军将士喜上眉。
重占遵义施计巧，再夺娄山显神威。
四渡赤水歼顽敌，三路白军化烟灰。
夜过乌江迫贵市，军威浩荡震蒋魁。

重访遵义

竺可桢

一别遵城十五年，重游旧地如登仙。
红花冈上千株雪，湘水桥边万斛田。
厂矿商场现满谷，园亭黉舍亦连绵。
播州自古称穷僻，黔北于今鞭着先。

鹧鸪天·红军烈士纪念碑

刘海粟

仰望丰碑遏晓云，庄严妙相力千钧。心香一瓣聊当酒，稽首崇山忆汗青。

山与笔，两铮铮。高风自古是忠魂。凤凰展翅迎虹舞，山水今朝倍有情。

沁园春·遵义

余选华

记得当年，红军北上，遵义观兵。想乌江强渡，霆奔电闪；娄山摧敌，雨骤风横。三中广场，万人大会，如纶天语记分明。最难忘，是壶浆夹道，三辔偕行。

工农遍地红旗，更红军之友结社成。今桥访琵琶，街寻杨柳；低徊往迹，缱绻深情。四十年来，天翻地覆，红透江山玉宇清。凝眸处，看红楼耀日，历史名城。

楹联

赠养儒尊兄

莫友芝

正其谊不谋其利，明于理必达于权。

挽莫友芝联

曾国藩

京华一见便倾心，当年虎市桥头，书肆订交，早钦宿学；

江表十年常聚首，今日莫愁湖上，酒樽和泪，来吊诗人。

遵义中学堂联

杨兆麟

吾道南来，此地曾传叔重学；欧风东渐，分门肄业佉卢书。

郑莫祠联

赵恺

阐汉宋两朝学术，为西南百代儒宗。

挽郝梦龄将军

傅梦秋

功德在闾阎，筑公路、建球场、扶植文化，尤见热忱，一邑有碑皆堕泪；
光荣并日月，战冀宁、扼关隘、横截倭奴，继以死命，两城无巷不哀声。

遵义纪念公园门联

杨得志撰联

长征威震世界，遵义光照千秋。

谢尊修撰联

赤帜指航程，当年遵义名城，挥戈纵马，求同胞解放，挽民族危亡，志士雄关开坦道；芳园昭业绩，今日中华大地，起凤腾蛟，谋世界安宁，为国家昌盛，健儿阔步续长征。

散文 明清以来，散文作家逐渐增多，黎恂、黎恺、郑珍、莫友芝、郑知同、黎庶昌等均有文集传世。黎庶昌为桐城派晚期散文名家之一，曾国藩称其“行文颇有坚强之气”。老城作家蹇先艾著有《城下集》《离散集》《新芽集》等；

卢葆华著有《哭父》，柳亚子赞其“琐屑字常语可思”“真爱弥纶见此时”；20世纪60年代，石永言有《风雪乌江》《遵义灯火》《会址沧桑》发表；20世纪70年代起，伍本芸先后发表《胜利之歌》《遵义霞光万代红》《古道茶亭》等散文，其中《武林一叶》获贵州省第二届文学创作奖；黄先荣著有《青山多妩媚》《寂寞的爱》等多部散文集，较有影响。

散文选录

巢经巢记

郑珍

非居盛文之邦，或游迹遍名会，或膺朝省硕官，其人自负学，好事而雄于财，又亲戚僚友子弟力为罗摘，贵鬻转钞，无不如志，不能名藏书家也。

余幼喜泛窥，见人家稍异者，必尽首末。稍长，读《四库总目》，念虽不得本，犹必尽见之。裹足牂、犍丛山之中，家赤贫，不给饘粥，名闻不到令、尉，相过从不出闾里书师。齐、秦、吴、越、晋、楚之都，又无葭莩之因可藉摅蓄念也。冻馁迫逐，时有所去，去即家人待以食。归而顾担负，色喜也，解包乃皆所购陈烂，相视爽然。而余常衣不完、食不饱，对妻孥脉槁寒栗象，亦每默焉自悔，然性终不可改易，迄今二十余年矣。计得书万余卷，汉魏后金石文字暨宋元来名人真迹又近千卷。虽不能名藏家，吁！亦多矣！其得之之难为何如哉？玉川子欲拾遗经巢之空虚，诚贵之也；以余得之之难，其视玉川之贵之，又当何如？傥寓夷牢水上，若羁禽无定栖，因以“巢经巢”名所寄之室。

嗟乎！书犹财也。当其无，百方期有之。有而仅摄缄固鐍，不为己用，则反不若不有不为累。或用而仅馨之居服饮博，淫荡无益，亦未见为能用也。聚书而不读，与读之而不善者何以异？是夫聚而不读，犹不失为守财之俗子，至读之不善，斯败家辱宗之尤矣。致足于外而不求足于内，则是外物者，又安见其可贵哉？昔陆务观为“书巢”，入其中，不辨奥窔，而卒以浮文诞词名，至记南园，为世诟病。下民侮予，或亦其不善读书招之也，可无惧乎！

巢经巢文集·诗集序

莫友芝

圣门以诗教，而后儒者多不言，遂起严羽“别材、别趣，非关书理”之论，由之而弊竟出于浮薄不根，而流僻邪散之音作，而诗道荒矣。夫儒者力有不暇、性有不近则有矣，而古今所称圣于诗、大宗于诗，有不儒行绝特、破万卷、理万物而能者邪？

吾友郑君子尹，自弱冠后即一意文字声诂，守本朝大师家法以治经。于前辈述作，爱其补苴昔人罅漏者多，又病其或不免杂博横决，乃复遍综洛闽遗言，精研身考，以求此心之安。静涵以天地时物变化之妙，切证诸世态古今升降之故。久之，涣然于中，乃有确乎不可拔者。其于诸经疑义，抉摘畅通，及小学家书，经发明者，已成若干编。而才力赡裕，溢而为诗。对客挥毫，隽伟宏肆，见者诧为讲学家所未有；而要其横驱侧出，卒于大道无所抵牾，则又非真讲学人不能为。彼持别材、别趣，取一字一句较工拙者，安足以语此哉？

子尹长友芝五岁，友芝兄事之。自廿年前，友芝侍先君遵义郡学，子尹居东八十里乐安溪上，每以秘册互假写勘，时常往来。丁酉以后，春官奔走，郡乘牵绊，两人共晨夕尤伙。至辛丑，先君见背，即卜兆乐安溪上青田山，复结庐其间，以近吾子尹也。计订交到今且三十年，虽中间饥驱离索，不常合并，而靡不以学行文章相砥砥。而子尹事事精锐，对之使人气馁。即如为诗，若非所甚留意，良晨朋酒，常不自揣，力操旗鼓而与之角，往往脉张筋急，不能自如。而子尹率然应之，其要害曲折，转益洞快。人之学问才力真不可强乃如此！友芝即戏谓曰：“论吾子平生著述，经训第一，文笔第二，歌诗第三。而惟诗为易见才，将恐他日流传，转压两端耳。”子尹固漫颔之，而不肯以诗人自居。当其兴到，顷刻千言，无所感触，或经时不作一字。又脱稿不自收拾，子弟抄存十之三四而已。而其盘盘之气，熊熊之光，浏漓顿挫，不主故常，以视近世日程月课，楦酿篇牍，自张风雅者，其贵贱何如也！

今岁春初，友芝过望山作上元，乃把酒慨然曰：“吾辈俱老大，所学既不见于用，计无复长进；而数十年心力所寄，不忍弃置，将次第厄梨枣，取当世通人是非焉。忆吾子昔者漫有右小诗语，姑以先之，唯吾子为我序。”辄书其学术根柢所以能昌此诗者，以谂观者，他不具论也。

咸丰二年夏五月，独山莫友芝。

小说 20世纪20年代起，遵义老城作家蹇先艾出版多部小说集，《在贵州道上》《盐巴客》《到镇溪去》《春和客栈》为其代表作，鲁迅称他为新文学史上乡土文学代表作家。卢葆华的中篇小说《抗争》、蹇先艾的《在贵州道上》、傅泽的短篇小说《小姐妹们》、石永言的长篇小说《遵义会议纪实》，均入选“20世纪贵州最佳文学作品”。20世纪70年代至90年代，石永言的作品，如《长征三部曲》集中展示了红军长征、遵义会议的历史故事，发掘遵义的红色历史文化。石定先后出版有小说集《公路从门前过》《石定小说选》等，作品曾获1983年全国优秀短篇小说奖，全国少数民族文学创作“骏马奖”。赵剑平短篇小说集《小镇无街灯》获第四届全国少数民族文学创作“骏马奖”，中短篇小说集《赵剑平小说选》获第五届全国少数民族文学创作“骏马奖”。

书法 明清时期，遵义书法界人才如林。清代郑珍擅小篆、楷书及行草；莫友芝精篆隶，在遵义书法史上居一流地位；刘天经擅真篆。近现代以来，从事书法创作者众多，傅梦秋擅行草，杨祖恺善篆书，陈福桐善行楷，田井卉以隶法作行草，陈腾善行楷，杨大德善楷书。此外，郭元远等10余人亦均有成就。20世纪80年代后，各种书法协会组织相继成立，展现了遵义丰厚的文化底蕴。

绘画 中国画：清末有郑珍传世作品《柴翁书画集锦》；抗日战争期间，丰子恺在遵义完成《子午山纪游册》和《战时相》等画册。版画：抗日战争时期内迁遵义的浙江大学学生成立塔外画社，从事业余版画创作，陈耀寰先后创作《推盐车》《筑路》《春耕》《麦场上》《黄昏歇马》等版画。现代有胡炳煊、苏文焱、姜海犁、李节全、邓永平、蒋明泽等人的画作或获奖或进入全国美术作品展。

绘画作品选录

《遵义会议》 油画 沈尧伊

《春江水暖》 国画

蒋明泽

《抗英名将陈化成》 国画

何修正

《郑珍、莫友芝修志图》

版画 杨田力

摄影 遵义摄影界人才辈出，其摄影作品多有成就，其中李仁义的摄影作品最具代表性，其《娄山关》入选第八届全国摄影艺术作品展，《竹荪王》获贵州“林海珍奇”摄影展一等奖，《苗寨风情》入选新加坡摄影艺术展。此外，李仁义的《锦绣田园》和黄永通的《高原牧羊》均入选了中共遵义地委、遵义地区行署编的《永恒的纪念》影集。

篆刻 清代莫友芝善篆刻，传世作品有《郘亭印存》。民国年间，萧之亮给学生传授篆刻技艺。中华人民共和国成立后篆刻一度消沉。20 世纪 80 年代，篆刻兴起，操刀篆刻者 30 余人，其中居于老城的叶位琛、周树心、陈腾、徐永超等人的作品入选《现代中国印社作品》。

篆刻作品选录

没有共产党就没有新中国

刘轩

党啊伟大的母亲

叶位琛

立党为公

蒲廷玺

弘扬长征精神

王礼榛

长征

邝成大

遵义会议永放光芒

李开升

遵义会议光照千秋

王礼榛

雄关漫道真如铁

李传煜

歌曲 抗日战争期间，遵义老城的音乐创作非常活跃，其中影响较大的歌曲有陈福桐、潘明挥合作的《遵义青年抗日救国会会歌》《保卫大武汉》《缝衣歌》《杨柳街小学校歌》等。20 世纪 60 年代，由萧华作词、晨耕等作曲的《长征组歌》红遍中国，传唱至今，成为老城各歌咏团队的主打歌曲之一。特别是《遵义会议放光芒》《四渡赤水出奇兵》等更是脍炙人口，遵义会议会址、红军街、红军山上常播放这类传统歌曲。

名人与老城

遵义老城是黔北文化的发祥地。这里人杰地灵，孕育出灿若群星的俊彦。本书现选部分出生于老城或与老城有重要关系的人物予以记述。在正文中以事系人已做介绍的，本篇不再记述，记述各类人物时以年齿为序。

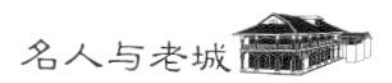

军政界

袁玉锡与遵义中学堂

袁玉锡（1857—1915），字季九，湖北襄阳人。清光绪二十年（1894）登进士，光绪三十一年（1905）出任遵义知府。袁到任之后，致力于推行新政，兴办教育与实业，废科举，兴学堂，推行新学制。在老城火神庙开办遵义师范传习所，为省内开办师范教育之先河。1906年，以科举旧“考棚”换得地势宽敞的“旧副将署”（协台衙门，今遵义市第十一中学校址处），创办遵义府中学堂，建校时常亲力亲为，如亲自做木工，人们曾戏称其为“袁木匠”。同时选派“中学已通之士”赴日本选修师范专业，学成归国后充任师资，派劝学员赴府属各县督办新学。1908年，遵义府中学堂建成开学，可容千余人就读。之后，此校多次更名，但始终是遵义中学教育中坚，为遵义培养出不少知名人士。

袁玉锡还先后创办了蚕桑学堂、高初两级学堂等30余所，居黔省前列。同时，还引进国外先进教学设备和实验仪器，开创了遵义现代化教育之先河。任内，为发展地方经济，他兴办实业，创建百艺厂，安置数百人。在老城及新城分建谷仓，储粮备荒；创建“官书局”，引进铜活字版印刷等先进技术和设备；创办了当时贵州省第一份报纸《白话报》，宣传新思想、新观念；亲自主办“遵义府运动会”等新政。

袁玉锡在遵义6年，政绩卓著，深得遵义民众的赞誉与尊敬。宣统三年（1911），袁升任云南劝业道台。民国初年（1912）回归故乡，1915年去世。遵义人为纪念其政绩，在遵义马王庙（今老城官井路）修建了袁公祠。后以祠开办学校，先后开办玉锡小学、玉锡中学。20世纪40年代，今官井路曾更名为玉锡路以示纪念。

清末探花杨兆麟

杨兆麟（1871—1919），字次典，别号锡谟，遵义牛蹄场（今红花岗区金鼎山镇）人，后居遵义老城（今官井路）。清光绪十七年（1891）中举人。清光绪二十一年（1895）赴京参加会考，以杨锡谟之名与遵义赴考的共15名考生参加“公车上书”。光绪二十九年（1903），再次进京会试，取殿试一甲第三名，为钦点探花，授翰林院编修。光绪三十三年（1907）9月，受清政府派遣，公费留学日本，入早稻田大学学习法学，获法学博士学位。留学日本期间加入同盟会，与章太炎等交往甚密。清宣统元年（1909）学成回国，任浙江记名提学使兼嘉兴知府。

1914年，杨兆麟返回遵义，与乡中名士创议续修《遵义府志》，众士拥护，后拟文获准，任总纂。从1914年起，杨兆麟与遵义赵恺、黎汝怀、周滋余、徐大凡、吴国霖、杨葆宸、杨文湘等通力合作，撰写稿件，编辑工作用房设于其宗弟杨葆宸在杨柳街的住宅里。时章太炎函请北上共修国史，婉言辞谢。

1916年，杨兆麟当选非常国会议员。同时，在遵义主持修建郑莫祠，集资修造集义桥（今红花岗区狮子桥）。1919年7月，应孙中山之邀赴广州参加非常国会并筹建中华实业会。因染上猩红热，病逝于广州，时年48岁。孙中山亲往吊唁，归葬遵义城北牛蹄场。杨兆麟临终前嘱人将其随身携带的《续遵义府志》书稿带回遵义，后由赵恺、杨恩元编纂完成。

抗日烈士柏宪章

柏宪章（1903—1938），字鉴臣，遵义老城人。1922年毕业于遵义中学堂，并考入贵州讲武学堂。毕业后入黔军，历任排长、连长。后又历任黔军第二师副营长、营长、副团长等职。1935年中央军入黔，整编黔军，其所在第二师易番号为“国民革命军陆军一〇二师”，改任干部大队中校队长。

柏宪章

1937年抗日战争全面爆发后，柏宪章改任师兵站站长，仍领中校衔，移驻陕西。1938年5月，一〇二师奉命开赴江苏参加徐州保卫战。部队在砀山筑防，与日军精锐板垣师团鏖战累日，陷入重围，弹药及粮草消

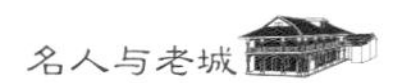

耗殆尽，柏宪章亲押军需火速东进救援。军需列车经由陇海铁路飞驰至开封以东牛蹄圈车站，遭遇敌机反复轰炸扫射而着火燃烧。柏宪章于情况万分紧急之时，毫无惧色，奋力指挥部属抢救车上军火、物资，不幸身中数枚弹片，为国捐躯，时年 35 岁。

国民政府军事委员会追授其上校衔抚恤。1988 年 4 月 16 日，国家民政部批准其为革命烈士。

血洒遵义钟伟剑

钟伟剑（1907—1935），又名钟继连，湖南醴陵人。1924 年考入广州黄埔军校，1926 年加入中国共产党。毕业后加入国民革命军第六军，参加北伐战争。第一次大革命失败后，在国民党第三十五军从事兵运工作，曾秘密将枪支供给郭亮、贺龙，准备发动武汉暴动。1928 年后，因身份暴露出国，入日本东京大学学习。1930 年，因参加爱国活动被日本当局驱逐回国，继续从事地下革命工作。

钟伟剑

1932 年春到中央革命根据地，同年 11 月任瑞金阅兵副总指挥。1933 年 10 月参与组织成立瑞金红军大学，任训练部部长。1934 年 10 月任军委干部团参谋长。旋即改任中央革命军事委员会第一野战纵队参谋长，协助司令员叶剑英率中央革命军事委员会机关和直属队出发长征。1935 年 2 月部队于云南扎西整编后，钟伟剑任红三军团十团参谋长，参与指挥全团二渡赤水河。

1935 年 2 月 28 日上午，吴奇伟以国民党军第五十九师主力及第九十三师的一个团为左路，经遵义桃溪寺向红花冈、老鸦山进攻。11 时许，第五十九师攻击红花冈阵地受挫后，将主力转攻老鸦山并占领制高点。防守老鸦山的红十团虽占地利，但一个团对一个师，火力又与对手差距太大，红三军团与敌第五十九师在老鸦山反复争夺，鏖战竟日，团长张宗逊在战斗中负重伤，参谋长钟伟剑指挥战斗，连续坚持数小时，红十团伤亡严重。在红军组织反攻中，钟伟剑举起手榴弹准备投掷时被敌人子弹射中，当即牺牲，优秀的红军指挥员钟伟剑血洒遵义老鸦山，年仅 28 岁。

三军奇男邓萍

邓萍（1908—1935），原名邓少章，四川富顺人。1927 年考入黄埔军校武汉分校，在校加入中国共产主义青年团，不久转为中国共产党党员。1928 年 7 月，与团长彭德怀率领该团官兵在平江县起义，中国工农红军第五军成立后，任参谋长。11 月红五军主力到达井冈山，与朱德、毛泽东领导的红四军会师。1930 年 6 月，红五军编入中国工农红军第三军团，邓萍任军团参谋长兼红五军军长。

邓萍

1934 年 10 月，邓萍与彭德怀一道带领红三军团随中央撤出江西革命根据地，开始长征。1935 年 1 月到达遵义。同年 2 月二渡赤水回师遵义，当时必经之路的重要关隘娄山关已被敌军占据。在彭德怀的指挥下，邓萍做了部署并亲自指挥红十一团先从娄山关左翼迂回到山后断敌退路，红十团、红十三团分别从正面和右翼进攻。邓萍集中了军团的全部迫击炮，向敌人的阵地齐射。不到两小时，红军占领了娄山关主峰，接着乘胜追击，于 27 日傍晚进抵遵义城下。

邓萍与红十一团政委张爱萍、参谋长蓝国清，研究攻城部署。他们隐蔽地来到湘江河东岸小龙山山脚下的洗马滩跳蹬河河滩边茂密的草丛中侦察对岸拱安关敌情，邓萍拿起望远镜仔细地搜索、观察。突然，一发冷弹击中邓萍头部，邓萍倒在张爱萍怀里，当即牺牲，年仅 27 岁，葬于城北罗家坟山。张爱萍为其写了一首挽诗："长夜沉沉何时旦？黄埔习武济国端。北伐讨贼冒弹雨，平江起义助烽焰。围剿粉碎苦运筹，长征转战肩重担。遵义城下洒热血，三军倚马哭奇男。"1959 年，邓萍遗骸被迁葬于遵义红军烈士陵园。张爱萍为之撰写墓志铭。

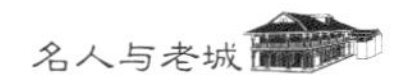

中共遵义县委书记杨天源

杨天源

杨天源（1910—1991），又名象初，化名赵一帆，遵义团溪（今播州区团溪镇）人。1929 年考入贵州省立第一中学，毕业后赴广州入军政学校。1935 年 5 月加入中国共产党，任中共贵州省工委军事小组秘书。同年 7 月奉命回遵义，恢复红军留下的遵湄绥游击队，拟与川南游击队会合，计划创建川黔边根据地。但当时游击队已被打散，一时难以恢复，即改在团溪新民小学教书，以待时机。

不久，杨天源与共产党员谢丰组织遵义青年反帝拥苏同盟，在遵义老城今民主路中段开办黔北书店，团结进步青年，发展党的组织。1935 年 12 月，中共贵州省工委批准重建中共遵义县委，杨天源任书记。1937 年 6 月，杨天源被捕，1938 年初，经党组织营救获释后在杨柳街小学任教做掩护。1938 年 4 月中共遵义县委再建，杨天源任书记。杨天源联络爱国进步人士创办音乐教育促进会，在老城大士阁巷对面开设“快读书店”，宣传抗日主张。至 1941 年，在遵义先后发展共产党员 30 多人，还输送了一批党员、进步青年去延安。皖南事变后，因党员身份暴露，其被迫赴湖南常德隐蔽。1949 年 8 月，常德解放；9 月，奉调二野任联络员，奉命回遵义侦察敌军布防情报，在遵义联络进步人士，传达二野关于迎接解放的指示，口授《中国人民解放军布告》《三大纪律八项注意》大意，瓦解敌人，安定民心。

遵义解放后，杨天源历任遵义县人民法院院长，遵义县副县长、县长，遵义专署文教科长，中共遵义地委宣传部宣传科科长，遵义市第一中学校长、党支部书记，中共遵义地委顾问等职。1991 年 4 月病逝。

首任纪念馆馆长孔宪权

孔宪权（1911—1988），原名孔权，湖南浏阳人。出生于贫苦农民家庭，幼年加入儿童团。1930 年参加红军，1933 年加入中国共产党。逐级提升至代理营长、侦察队队长。1935年1月，随部队长征到遵义，时任红三军团三师作战参谋。同年2月，红军二渡赤水，回师遵义，在娄山关战斗中，孔宪权率突击队与敌人反复争夺关口，右腿胯骨被子弹击碎负重伤后，仍坚持参加三渡和四渡赤水战斗。在部队南渡乌江前夕，总部医院奉上级指示，为其留足钱、药，安排在黔西县（今黔西市）大岚头地方养伤。从此，孔宪权与部队和党组织中断联系。两年后，辗转至遵义枫香坝，以做小生意或帮人烧瓦为生。

孔宪权

中华人民共和国成立后，1949年12月，孔宪权在遵义县枫香坝恢复工作。1950年，经入党介绍人证实，恢复党组织关系。1953年，调遵义会议纪念馆建设筹备委员会任秘书。1955年，任遵义会议纪念馆筹备处处长。纪念馆开馆后，孔宪权是首任馆长。在任馆长期间，孔宪权调动工作人员的积极性，大力征集红军文物和口述资料，丰富陈列馆内容。美国作家哈里森·索尔兹伯里、日本记者迫田胜敏均在其著述、专访报道中多处提及孔宪权的革命经历。城区各级机关、学校、工厂常邀请孔宪权做报告，孔宪权也积极应允，对群众进行革命传统教育，1988年病逝。

老城红枫谢树中

谢树中（1914—1992），原名谢家新，遵义团溪（今播州区团溪镇）台上人。1932年毕业于遵义老城的省立三中，由该校聘为图书管理员。在此期间，与罗俸宽、余正邦等组织读书会，向青年学生推荐进步读物，介绍马列主义书刊。1935年年初，中央红军长征到达遵义，谢树中积极参加红军组织的活动。红军离开前夕，谢树中参加红军遵湄绥游击队，转战于遵义、湄潭、绥阳三县边境。1935年秋，谢树中加入遵义反帝拥苏同

谢树中

盟，11 月秘密加入中国共产党。中共遵义县委成立后任宣传委员。1936 年秋，被推选为中共遵义临时县委书记。11 月，由于叛徒出卖而被捕，被关押于重庆巴县监狱，受尽各种刑罚，甚至被人用假枪威逼等，谢树中始终坚贞不屈，后被判刑 8 年。西安事变后，经党组织营救，谢树中于 1938 年 3 月出狱，回遵义后到老城小学任教。1938 年 4 月，重建中共遵义县委，杨天源任书记，谢树中任副书记，他们积极领导开展抗日救亡活动。

为避免被敌人逮捕，经中共遵义县委安排，谢树中于 1938 年年底离开遵义前往延安。从青年时代投身革命活动至离开遵义前往延安的这段时间，谢树中始终置身于老城进行革命活动，历经磨难，不屈不挠。1946 年，调任中共哈尔滨市委群众工作组组长，旋任松江省人民政府建设科科长。解放后，历任沈阳市建设局局长，沈阳市建委、沈阳市计委副主任等职。1992 年病逝。

百岁红军王道金

王道金（1915—2018），江西兴国人。1930 年 8 月参加红军，时年仅 15 岁，被称为“红小鬼”。土地革命战争时期，参加过中央苏区第二至第五次反“围剿”战斗。在第 4 次反“围剿”战斗中，王道金身经 20 余战，两负枪伤。1934 年 10 月随红军长征，辗转到达遵义。时任红三军团第十一团警卫连长的王道金和战友们一起为保证遵义会议顺利召开而参与了阻击敌军的斗争。后随中央红军走完了二万五千里长征。抗日战争时期，历任八路军连指导员、营副教导员。解放战争时期，先后任解放军第二十二旅卫生处、热河骑兵团政治委员，独立第一师、第一四四师供给部政治委员。

王道金

中华人民共和国成立后，王道金入中南军政大学学习。毕业后任赴朝慰问团秘书长、师干部部长、解放军第四十一政治文化干校副校长。1955 年，被授予上校军衔。1958 年转业后任贵州省铜仁专区第一副专员、铜仁地委常委。1971 年，调任中共遵义地委副书记。

王道金于1983年10月离休。人虽离休，但其几十年如一日，常到遵义会议纪念馆、遵义红军烈士陵园、中小学进行革命传统教育，讲述其亲身经历的长征故事，被誉为“永不退休的老红军”。王道金说：要让后人记住长征，记住长征精神。2018年2月6日，王道金逝世，享年103岁。

首任地委书记陈璞如

陈璞如（1918—1998），山东博兴人。1932年参加革命。1937年加入中国共产党。历任博兴县抗日志愿军小队长、中共中央山东分局组织部巡视员、湖西地委书记、南下支队三大队政委、江西省浮梁地委书记兼景德镇市委书记和市长。1949年11月，遵义解放，建立中共遵义地委，陈璞如首任中共遵义地委书记。此间，为做好统战工作，陈璞如在水硐街（今老城碧云路）会见国民党军起义将领陈铁、王家烈等8人，宣传中国共产党的政策，做好统战工作。1950年，陈璞如任中共遵义地委第一书记。后历任贵州省副省长，中共贵州省委常委、候补书记、书记。1977年2月起，历任中共辽宁省委书记处书记、辽宁省省长、铁道部部长。

红军之友李小侠

李小侠（1918—1999），女，遵义老城人。1931年考取遵义女中，在余正邦、谢树中等老师的影响下，读了许多马列著作，对妇女解放充满激情。同中共党员周司和、进步学生何恩余等发起组织“反日反帝大同盟”，后“反日反帝大同盟”更名为“红军之友社”，李小侠为主要负责人之一。1935年，红军进入遵义城，李小侠积极组织群众到丰乐桥迎接红军，后被选为遵义县革命委员会委员。1935年1月19日，红军离开黔北时，李小侠加入红军并随红军北上。同年3月，随红军返回遵义，届时其父母已被国民党以共党家属为名杀害。红军撤离遵义时，李小侠参加红军遵湄绥游击队，转战于遵义、湄潭、绥阳边境，开

李小侠

展游击战。游击队被打散后，转入地下斗争。后与组织失去联系。

陈云在其《随军西行见闻录》中记述道：“尤有一事可记者，当红军在遵义成立革命委员会时，有一女学生名李小侠者，年约二十，同情红军，在大会上演讲，后被举为革命委员之一，为当地学生中之长于交际者。当红军退出遵义时，李小侠亦随红军而去。”

1985 年，杨尚昆、李伯钊夫妇来遵义时，专门接见了李小侠。1986 年，李小侠任遵义市政协驻会常委，之后安度晚年。1999 年因病逝世。

正气乾坤陈淑蓉

陈淑蓉（1920—1943），女，遵义新城龙井沟人。少年时期就读于遵义新城大悲阁小学，后升入遵义老城县立女子中学。1936 年，参加中共遵义县委组织的读书会，开始阅读《大众哲学》等进步书刊。同年冬，因参加抗日宣传被捕，后由社会各界营救出狱。1937 年于女中毕业后，考入贵州警察学校，以图抗日报国。时过一年，在贵州警察学校未能实现其抗日愿望，陈淑蓉决心另谋出路。

陈淑蓉

1938 年，中共遵义县委输送青年赴延安抗日军政大学学习，陈淑蓉返遵与罗茜等人辗转千里，经 3 个月的艰苦跋涉到达延安，入抗日军政大学第五期学习，编入一大队女生中队四班。陈淑蓉在政治学习、军事训练和大生产运动中表现出色，不久升任班长。次年 7 月，所在大队开赴晋察冀抗日前线。

陈淑蓉于 1940 年毕业，留二分校警卫连任文书，并加入中国共产党。两年后，与冀东军区 13 分区供应处许印辉结婚。1943 年，调冀东军区 13 分区任卫生处文化教员。

1943 年四五月间，日军发动“扫荡”，陈淑蓉身怀有孕，不便行动，与分区后勤人员隐蔽山中。后在转移途中，于河北迁安县金厂峪附近遭遇日军，被俘。陈淑蓉不甘受辱，在押送途中纵身跳崖，身未殒，复被日军抓回严刑拷打，逼供 13 分区后勤物资隐蔽处。陈淑蓉坚贞不屈，严守机密，理直气壮、义正词严地谴责日本强盗侵略中国的法西斯罪行。残暴的日寇无计可施，恼羞成怒，用刺刀将陈淑蓉戳死，陈淑蓉牺牲时年仅 23 岁。后人赞颂陈淑蓉“丹心昭日月，正气贯乾坤”。

文教界及其他界

郑珍与子尹路

郑珍（1806—1864），字子尹，号柴翁，别号五尺道人，晚号且同亭长，自署子午山孩、巢经巢主、小礼堂主人。出生于遵义西乡天旺里荷莲庄（今播州区鸭溪镇金钟村荷庄组）。清道光三年（1823）中秀才，清道光五年（1825）选取拔贡。先后拜程恩泽、莫与俦为师。程恩泽为了勉励郑珍，以先贤尹道真为楷模，赐字“子尹”。

郑珍于道光十七年（1837）乡试中举。翌年，受知府平翰聘请，与莫友芝在老城府署来青阁（今遵义军分区北侧）合纂《遵义府志》。他们阅书万卷，焚膏继晷，历时 3 年，成书 48 卷，80 余万言。所纂方志搜罗赅备，资料翔实，体例严谨，文风典雅，近代学者梁启超赞誉“或谓府志第一”。

郑珍

道光二十四年（1844），郑珍任古州厅（今贵州省榕江县）代理训导，后任镇远府学代理训导、荔波县学训导。清咸丰五年（1855），携家眷回遵义，居家著述。清同治元年（1862），受聘湘川书院讲席，曾任湘川书院（后并入启秀书院）山长（院长），后任启秀书院（位于今遵义军分区处）主讲。

郑珍一生著述宏富，通音韵训诂之学，被称为“西南巨儒”，为晚清宋诗派重要作家。有《巢经巢诗钞》《巢经巢文集》等各种著述 37 种。其诗歌成就突出，被认为“晚清诗坛三大家”之一，与龚自珍、黄遵宪比肩。其诗文风格质

朴而奇奥，平易而峭丽，饱含忧国忧民的深情，抒写了民生多艰，鞭挞了不平的现实。并工书画，有《柴翁书画集锦》一册存世。清同治三年（1864）九月，病逝于禹门山寨，葬于子午山望山堂后母墓后侧。

鉴于郑珍的学术成就和重大影响，1921年，在纪念郑珍115周年诞生时，经遵义文化教育界众多名人倡议，遵义县政府遂将老城南接水硐街，北接洗马路，间含协台坝、大十字、琵琶桥、三官楼、梧桐街的一条老石板街（即贯穿老城的南北主街）命名为子尹路。1930年，由遵义地方人士捐款，在遵义老城官井路省立三中西南角的荷花池建郑莫祠，以资纪念。

“西南巨儒”莫友芝

莫友芝

莫友芝（1811—1871），字子偲，号郘亭，亦号紫泉，晚年号眲叟，贵州独山人。清道光三年（1823），随父母到遵义，拜沙滩黎恂为师，与郑珍、黎兆勋同窗共读，互磋诗艺，研讨学问。清道光六年（1826）取秀才；清道光十一年（1831）中举人；清道光十七年（1837）受知府平翰之聘，与郑珍于老城府署来青阁共同编纂《遵义府志》，历3年成书。清道光二十二年（1842），受聘主讲湘川书院。清道光二十六年（1846），再度进京会试，邂逅并结交曾国藩，做曾国藩的幕僚逾10年。清同治十年（1871）秋，往扬州追寻《四库全书》流散残本，是年9月14日病逝于舟中，终年60岁。其灵柩停于莫愁湖畔胜棋楼中，前往吊唁者络绎不绝。时任两江总督的曾国藩率下属官员数百人前往祭奠，送挽联云：“京华一见便倾心，当年虎市桥头，书肆订交，早钦宿学；江表十年常聚首，今日莫愁湖上，酒樽和泪，来吊诗魂。”莫友芝遗体归葬于遵义新蒲禹门青田山。

莫友芝在金石版本目录学、训诂学、声韵学、经学、史学等方面均有很深的造诣，与郑珍并称“西南巨儒”。刊行的著述有《韵学源流》、《遵义府志》48卷（与郑珍合纂）、《黔诗纪略》等数十种。莫友芝工书法，四体皆工，尤长于篆、隶，是清代中晚期书体创变中有成就的大家之一，有《莫友芝真草隶篆墨迹》印行。

1930 年，为纪念学术成就丰硕的郑珍和莫友芝，地方人士筹资在遵义老城官井路省立三中西南角的荷花池修建了郑莫祠，后在此举行了多次公祭文化先贤郑珍、莫友芝的活动。

赵恺与《续遵义府志》

赵恺（1869—1942），字乃康，号牂北生、平叟，遵义团溪清水塘（青龙山）人。出身书香门第，受业于鞠子清、郑知同（郑珍之子）。清光绪三十年（1904），中恩贡生（国子监生员）。曾任四川省江津县参事。民国初回到遵义，曾在老城几所中学任教。

1926 年，赵恺受任整理杨兆麟初纂的《续遵义府志》书稿，次年与杨恩元共同担任总纂，清理志稿，修改润色。《续遵义府志》于 1937 年 4 月在郑莫祠刻印问世，共 35 卷。

有人评说《续遵义府志》可与郑珍、莫友芝所纂的《遵义府志》“媲美前贤，后先辉映”。赵恺一生推崇郑珍，潜心研究整理郑珍著述，编著有《巢经巢全集》《巢经巢诗钞后集》《郑子尹先生年谱》等，是郑珍学术的集大成者。另有《读说文解字》《平水旧闻》《近泉居杂记》《剑山庐杂话》等著述 10 余种，均很有影响，不幸均毁于“文化大革命”中。

1935 年，红军长征到遵义，革命老人徐特立闻其人品和学识，特地登门与之晤谈，建议其收集保护于战乱中散落的图书。赵恺遵照徐特立的意见，收集图书于学堂，令学堂代为管理和保存。又呈诗赞徐老：“军中忙无暇，积极救文化。维护文物功，当不在禹下。”后来，赵恺悉数将所收集保存的图书交给遵义图书馆，这些图书成为馆藏的珍贵文献。

赵恺支持民主革命，多次保护和营救杨天源、谢树中等进步青年。

1942 年 6 月 6 日，赵恺病逝，被葬于遵义县团溪青龙山。时任贵州省主席吴鼎昌曾赠挽联悼念。

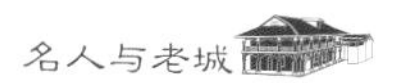

省立三中校长黄齐生

黄齐生

黄齐生（1879—1946），又名黄禄祥，号青石，安顺人。早年热心开展业余教育工作，主持兴办贵州达德学校并任校长。积极倡办勤工局、农事试验场、商品陈列所和妇女习艺所等实业场所。参加护国运动，反对袁世凯复辟帝制。

1917 年，黄齐生率贵州学生赴日本留学，后又率外甥王若飞和学生刘崧生（遵义老城大士阁巷人）等赴欧洲勤工俭学。在此期间，结识了蔡和森、李维汉、徐特立等人，接触了马克思主义，支持共产主义革命主张和留欧学生革命活动。回国后任贵州省视学等职。

1926 年，黄齐生任遵义老城省立三中校长。任内延聘名师执教，倡导白话文，宣传新文化，开新学风尚，倡导男女平等，反对封建包办婚姻，积极支持学生的民主进步活动。贵州省主席周西成以“主张自由恋爱，接近共党嫌疑”为名，欲加迫害，黄齐生闻讯离开遵义。

1929 年，黄齐生赴南京，在陶行知创办的晓庄师范学校任教，后参与乡村教育试验和平民教育改革等活动。1931 年，去绥远探望被营救的外甥王若飞。不久，回黔后组织抗日救国会，宣传抗日主张。

抗日战争全面爆发后，黄齐生偕王若飞夫人去延安，受毛泽东接见，毛泽东称其为“共产党最艰难的时候，党外人士同情爱护党的第一人”。1945 年，黄齐生再赴延安。次年被推选为代表，赴重庆慰问在“较场口事件”中受伤的李公朴、郭沫若。1946 年 4 月 8 日，与叶挺、王若飞、秦邦宪从重庆返回延安时，在山西兴县黑茶山飞机失事中不幸遇难。

女师校长朱季瑜

朱季瑜（1880—？），字光沛，遵义县人，住老城小街（今公园路小街）。清末庠生，后留学日本，就读于帝国大学（现京都大学）。曾参加孙中山先生组织的兴中会、同盟会。回遵后，在遵义中学堂执教。

辛亥革命前夕，朱季瑜参加遵义自治学社，参与组织领导光复活动。1913年，遵义知府周恭寿着手筹办女子师范学校，选址于老城城隍庙（今遵义会议纪念馆北侧）。朱季瑜参与筹办。1915年春，女子师范学校正式开学，朱季瑜任校长。朱借鉴在日本学习的管理方法，在课程设置上彻底打破了旧学的陈规，引入算学、代数、几何、理化、博物等自然科学，以及音乐、美术等素质修养和劳作、家事等能力锻炼的内容。学校要求学生着朴素、大方的统一校服，校服领章上印有“女子师范”字样，中午由学校提供伙食，学生全天都需在校学习，中途不得离校。这和当时欧美、日本等国家的做法非常相似。朱重视教师的知识修养，聘请遵义有声望的教师任教，任课教师多是前清举人、贡生及大学毕业生。

1915年5月，日本帝国主义挟制袁世凯接受妄图使中国灭亡的“二十一条”，引起全国人民的公愤，全国各地广泛开展抵制日货运动。消息传来，朱季瑜等人义愤填膺，带领女师学生与遵义省立三中学生一起游行集会，反对丧权辱国的“二十一条”。女师学生卢葆华登台演讲，慷慨激昂，义正词严，民众纷纷加入到集会中来。

朱季瑜为女子师范学校制定的校训是“尊师重道，敬业乐群”，该校训继承了我国几千年传承的优良传统，又注入了新时代注重事业和团结合作的精神。女师开办10年，为遵义培养了大量的师资，为地方教育做出了重大贡献。朱季瑜毕生致力于教育事业，为桑梓培养了许多人才。朱季瑜在老城逝世时，其女儿朱芬吉尚在襁褓之中，由学生及教育界的亲朋好友为之营葬。

教育先贤傅梦秋

傅梦秋（1889—1961），亦名延栋，遵义县团溪（今播州区团溪镇）人。1921年秋毕业于南京高等师范学校，曾任遵义县教育局局长。1928年，任大定中学校长。1931年至1936年，先后任省民政厅秘书，施秉、台拱（今贵州省台江县）代理县长和贵阳民众教育馆馆长。

1937年春，任遵义女中校长。次年，招收男生，首开男女同校之风。抗日战争全面爆发后，遵义的抗日救亡运动十分活跃，傅梦秋积极支持并参与。1939

年冬，中共遵义地下组织发动进步人士在大士阁巷口对面开办快读书店，傅竭力支持并任监事长，遭国民党县党部警告。1942 年，浙江大学学生举行“倒孔”示威游行活动，县中学生也纷纷加入游行队伍。

浙江大学迁至遵义，校长竺可桢寓居于老城碓窝井九号二层小洋楼里，这里是傅梦秋的住宅。竺重其学识，聘其为浙江大学事务主任。从此两人交往甚密，常促膝谈心，结下了深厚友谊。1943 年 3 月，傅梦秋任贵州省立遵义高级中学筹建处主任，之后就职于浙江大学。

1951 年，傅梦秋任遵义市图书馆馆长。他带头献书，征集图书，亲编书目。1957 年，馆藏图书已达 12 万册。其征集的图书中有不少珍本、善本、孤本，这些都成为遵义图书馆馆藏的珍贵文献。著有《词调辑遗》《词调拾读》《词律拾遗补》《读词偶记》《词调汇编》。可惜他的这些著作生前未能出版。1957 年，傅梦秋被错划为“右派分子”。1961 年，病逝于遵义，中共十一届三中全会后得以平反。

傅梦秋含冤离开人世后，其女傅珥、傅珊将其手稿交给其生前好友竺可桢先生处理，竺可桢先生将书稿交给中国科学院文学研究所所长何其芳和著名学者吴世昌审阅，何、吴一致认为书稿极具价值，吴世昌认为其《词调汇编》“较清人万树的《词律》完备”。1990 年，《词调辑遗》出版面世，其余书稿不幸散失。其他著作有《健康学》《体育研究》等。

浙大校长竺可桢

竺可桢

竺可桢（1890—1974），浙江绍兴东关镇人。1936 年 4 月，出任浙江大学校长。“七七事变”爆发后，他决定把学校迁到僻静的地方躲避战乱，努力办学。自 1937 年冬始，竺可桢亲率 633 名师生四度迁徙，途经浙、赣、湘、粤、桂、黔 6 省，行程 2600 千米，于 1940 年年初抵达遵义，史称“文军长征”。浙江大学文学院、工学院、师范学院文科各系驻遵义城，校本部设于遵义老城省立三中子弹库，竺可桢在此办公。竺可桢在黔北山区艰苦的环境中坚持教学与科研，倡行民主爱国精神，保护浙江大学师生；他率先垂范，勤奋搜集资料，潜心开展研究，要求师生“竭尽智能以有裨于黔省”；督促院所各据所长，或考察地方自然地理，或研究地方历史，务以实际成果贡献于地方。文学院院长张其昀领衔主编的《遵义新志》，为遵义日后的建设和发展提供了科学依据。位于协台坝的省立三中学校实验室和东门河滩的试验工场对外开放，大大开阔了遵义民众的眼界，增长了民众的知识。竺可桢带领浙江大学师生，为遵义教师举办进修班，推动了遵义文化教育事业的发展。此外，竺可桢还重视以科学实用技术成果为地方服务。这些举措有力地推动了遵义社会、经济的发展。

在艰苦奋斗中，浙江大学也得到了较快发展，并且造就了一支人品高尚、知识广博的教授队伍，一些人后来成为中外著名科学大家。英国学者李约瑟来遵义考察后，称浙江大学为“东方剑桥”。1989 年的统计数据显示，中国科学院学部委员中，曾在浙江大学任教的有竺可桢、苏步青、王淦昌、谈家桢、谭其骧等 27 人，浙江大学历届毕业生有程开甲、叶笃正、朱祖祥、施雅风等 40 人；这 67 人中，80% 以上都是遵义和湄潭办学时期的师生。

日本投降后，1946 年，浙江大学东归，返回杭州，临行前，将大量图书资料、仪器等留赠给当地学校。

中华人民共和国成立后，竺可桢历任中国科学院副院长等职。1962 年加入中国共产党。1974 年在北京逝世，享年 84 岁。代表作有《竺可桢文集》。

黔北怪才朱穆伯

朱穆伯（1895—1945），原名绶纶，亦名毅，1895 年生于遵义新城棉线街（今红花岗区新华路）。民国初年考入北京大学中国文学系。胡适上中国古代哲学课时，提出诸子之学皆出于王官之论，朱穆伯作《驳诸子出于王官论》相诘。章太炎夸其敢发前人所未发，黄侃称其文有阳刚气，擘肌分理，入木三分，因此名噪北大。

毕业后，朱穆伯执教于天津南开大学。不久返黔，受黄齐生之聘传播新学，培植新风。后曾任贵州省立遵义高级中学筹建委员。1935 年 1 月，红军长征到达遵义，徐特立曾造访其家，这对其后来的思想走向有着深远的影响。1937 年

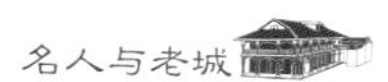

后，朱穆伯入遵义师范、县中和省立高中执教。浙江大学西迁至遵义后，入浙江大学执教，兼图书馆馆长，继转赴贵州大学中文系任教授。

朱穆伯在县中和省高任教时，在学生中影响很大。其学识渊博，才华过人，无论是文史诗词还是古今中外的知识，都能纵横贯通，相互印证。由于他十分自负，乡人戏称为“朱大圣人”。朱穆伯性格直率热烈，爱憎分明，毫不掩饰地体现在言行之中。他心气高昂，刚直不阿，针砭时弊，愤世嫉俗，蔑视权贵，有人称之为“黔北怪才”。

朱穆伯对社会黑暗、官吏腐败深恶痛绝，常嬉笑怒骂，尽显倜傥不羁之风范。为了拉拢知名人士，国民党派原为朱穆伯器重的学生至朱家当说客，劝其加入国民党。朱穆伯说：“我不是没同你们说过，君子不党，鸟兽不可以同群，你请我入国民党，岂不是与我开玩笑！”说客饶舌欲加劝说，朱穆伯骂道：“勿污我耳，再不滚蛋，我要用脚踹你了！”说客只好悻悻走了。1938 年，朱穆伯向学生杨天源、谢树中提出了加入中国共产党的申请，经中共贵州省工委批准，朱穆伯成为一名特殊党员，由中共贵州省工委直接领导，开展相关活动。

朱穆伯对音韵学、训诂学均有研究。1945 年，从贵州大学返回遵义度假，不幸身染霍乱不治，与世长辞，时年 50 岁。

漫画名家丰子恺

丰子恺（1898—1975），原名丰润，浙江省桐乡市人。早年师从李叔同学习绘画、音乐。五四运动后，即悉心于漫画创作，漫画之名始于丰子恺。1921 年留学日本。回国后受聘于浙江大学从事美术和音乐教学。

丰子恺

1940 年，浙江大学西迁来到遵义时，丰子恺曾居于老城何家巷（今红军巷），后居于南坛巷星汉楼。在遵义期间，主授文学、美术及音乐课程。既教授校内学子，亦教导校外学生。其长髯飘拂，性情平易近人，致使登门求画、学画者挤满庭院。有一邮差想向丰子恺求画，又不敢开口，丰子恺知道后主动绘画并题字相赠，邮差十分感慨，并保存至今。

在遵义期间，丰子恺积极从事抗日宣传活动，创作大型宣传画，立于丁字口，披露日军暴行。此外，还在老城小学开办讲座。闲暇之余，他与赵恺等宿学诗酒酬唱。1941 年结伴游沙滩，拜谒郑珍、莫友芝、黎庶昌墓，参与编辑《子午山纪游册》，其所绘郑、莫、黎描像传于遵义。寓居遵义 3 年间，丰子恺著有《子恺漫画全集》《子恺近作漫画集》《子恺漫画选集》《绘画改良论》《艺术修养基础》，与萧而化合编《抗战歌选》等。

1975 年病逝于上海。

黔北侠女卢夔凤

卢夔凤（1903—1945），女，字韵秋，号葆华，遵义虾子（今红花岗区虾子镇）宋家坝人。后随家迁遵义城住杨柳街，青少年时期在杨柳街度过。在遵义大悲阁女子小学两次跳级，直升入遵义县立女子师范学校（遵义四中前身），后肄业于上海中华艺术大学。

1919 年 6 月，五四运动的消息传到遵义后，省立三中和遵义女中学生集会，反对北洋军阀政府在“巴黎和约”上签字，卢夔凤第一个在集会上发言，言辞慷慨激昂，号召群众投身爱国运动，奋起抗争，还当即捐出右手上的金戒指一枚，以为救国活动之资。卢夔凤积极参加各种宣传活动，反对封建礼教，号召妇女走出家庭，争取男女平等，主张社交公开、婚姻自主，一时名噪遵义城乡，有人称之为“黔北侠女”。

卢夔凤在遵义县立女子师范学校毕业后，迫于父母之命，嫁给了指腹为婚的表兄赵文特。1925 年前后，因婚姻破裂去上海，就读于上海中华艺术大学和上海艺术大学，“两校之名教授鲁迅、王独清等都以余名列前茅”。1931 年，于上海市教育局任职，并为《上海晚报》副刊撰稿。1932 年，移居杭州，从此独自一人，以写作、教书的收入维持母亲及 3 个孩子的生计，饱受生活煎熬。

卢夔凤是民国时期贵州著名女作家，其处女作新诗集《血泪》、小说《抗争》、旧体诗集《飘零集》、旧体词集《相思词》、散文集《哭父》和文言体自传《飘零人自传》等，都是记录她坎坷而悲惨的一生的作品，记述过去之血泪史，将来之期望，现在之祈求，不管是痛哭或欢笑，不管是血或泪，全都表达于笔

端。卢夔凤认为，自己的二十几年都是生活于血、泪的漩涡之中。“七七事变”后，卢夔凤“扶母携孤流寓昆明”，仍以写作、教书兼以开小书店维持生计。1945 年，客死昆明。1999 年，其《抗争》被评为 20 世纪贵州 20 部（篇）最佳文学作品之一。

民主斗士费巩

费巩（1905—1945），字香曾，出身苏州文化世家。毕业于复旦大学，自费出国留学。1931 年，毕业于英国牛津大学政治经济学系，并回国任教。1932 年，进入复旦大学，讲授英国政治制度，并主编《复旦同学会会刊》，著有《英国政治组织》一书。

1933 年，费巩受聘浙江大学，任政治经济学副教授、教授，兼注册科主任。1940 年年初，费巩随浙大西迁遵义，住老城南门石家堡。1940 年 8 月，出任浙大训导长，8 月 12 日发表就职宣言，以声明、政策、立场、希望等 4 点说明其施政方针和所持态度。费巩声明不要训导长薪俸，仍取教授原薪，一年省出的四五千元用于帮助学生改善物质生活。见师生点植物油灯不亮又冒黑烟，费巩研究并自费制作了 800 余盏“费巩灯”，并赠予居住于杨柳街、唐家祠堂等地的学生使用。此外，他还经常接济贫困学生。

费巩著有《中国经济问题》《中国政治思想史》《中国政理》《中国政治制度》等书，这些书籍都是中国政治学、经济学和法学的重要文献。

费巩在讲台上或在文章中极力抨击国民党的腐败政治，拒绝加入国民党，并鄙弃监视进步学生的三青团学生，力主开除三青团学生。其政治主张使国民党当局非常恼火，因而被逼辞去训导长职务。1945 年 3 月 5 日凌晨，费巩在重庆乘船去北碚复旦大学举办民主与法制讲座时，于千厮门码头“失踪”，被国民党特务秘密绑架后杀害。周恩来称费巩为“爱国民主教授”。1978 年 9 月 5 日，上海市革命委员会正式追认其为革命烈士。

乡土作家蹇先艾

蹇先艾（1906—1994），字萧然，遵义老城姚家巷人。1919 年，就读于北京师范大学附属中学。1923 年，发表新诗《二闸舟中》、小说《人力车夫》，自此走上文学创作的道路。1931年，毕业于北京大学法学院经济系，获法学博士学位。后任北京松坡图书馆编纂主任。1936年，在鲁迅等人发起的“中国文艺工作者宣言”上签名。蹇先艾连续发表以家乡所见所闻故事为素材，描绘贵州民间疾苦的小说《水葬》《到家》等文学作品，引起了鲁迅的关注，并被其誉为“乡土文学家”。

“七七事变”后，蹇先艾携家眷返黔。1938年，与谢六逸等发起成立中华文艺界抗敌协会，并任理事。蹇先艾以《贵州晨报》副刊《每周文艺》为阵地，发表杂文、诗歌、短评，唤醒民众，鼓舞抗日救亡斗志。1942年后，历任贵州省立贵阳高级中学教员、贵州省立遵义师范学校校长、贵阳师范学院教授等。1945年，受聘《贵州日报》，主编副刊《新垒》，经常发表喻讽国统区独裁、黑暗，鼓励人民为争取民主权利而斗争的文学作品。1948年，他被迫辞去主编职务，《新垒》因此停刊。

中华人民共和国成立后，蹇先艾主持《贵州文艺》期刊。历任贵州省文化局局长、贵州省文联主席、贵州省政协副主席等职。1983年，加入中国共产党。著有短篇小说集《朝雾》《盐的故事》，散文集《城下集》《离散集》等，共约350万字。1999年，《水葬》被评为20世纪贵州20部（篇）最佳文学作品之一。

1994年10月26日，蹇先艾病逝于贵阳，享年88岁。

边纵政委潘名挥

潘名挥（1912—1994），遵义泮水（今播州区泮水镇）人。自幼好学，尤喜音乐。1937年“七七事变”爆发后，全国掀起抗日救亡高潮。当时，中共遵义县委以老城杨柳街模范小学（今文化小学前身）为活动中心。潘名挥参加“遵义青年抗日救国会”，与傅邦瑞、陈福桐等办《活路》《游击队》壁报，宣传抗日救亡主张。同时组织话剧、歌咏等活动。曾为《遵义青年抗日救国会会歌》和《保卫大武汉》等歌谱曲。之后其又参加了“民众话剧社”“遵义音乐教育促进会”“农村抗

潘名挥

日宣传队”，以其家为中心开展活动。1939 年，私人出资刻印《抗战歌选》两集，作为小学音乐教材发行于县内。中共遵义县委组织倡建“快读书店”，潘名挥投资 100 块银元，成为主要股东。

抗日战争胜利后，潘名挥与中共贵州省工委负责人张立参与接待过境共产党员的联络工作。1949 年春，张立派幸必泽回遵义与潘名挥从事统战、策反活动。11 月，中共遵义县委书记杨天源以二野联络员的身份从湖南回乡部署迎接解放事宜。幸必泽、潘名挥等人组建“川黔边区纵队司令部”，潘名挥任政委，幸必泽任副司令员。他们以完整保护城市、不毁坏乌江公路桥为条件，与贵州省第二绥靖区司令员吴剑平、柏辉章谈判，促成了吴剑平与柏辉章的起义行动。

解放后，潘名挥任遵义军分区政治部联络处交际科长，为争取黔北地区原国民党军政人员、地方势力投向人民的事业而努力工作。1950 年夏，调贵阳师范学院。1957 年，调任贵州省花灯剧团艺委会主任，同时任贵州省音乐家协会副主席。潘名挥研究整理的《贵州民间花灯资料》7 集也成功出版。1984 年，潘名挥加入中国共产党。晚年任贵州省音乐家协会顾问。1994 年 8 月 22 日，病逝于贵阳，享年 82 岁。

文化老人陈福桐

陈福桐（1917—2010），笔名梧山，遵义团溪（今播州区团溪镇）人。1935 年，毕业于省立三中。1937 年，赴上海求学，抗日战争全面爆发后回遵义任教。协助中共遵义县委组织抗日救国会、音乐教育促进会、农村抗日宣传队，创办快读书店，积极宣传抗日主张。1941 年参办《黔声日报》，次年创办《时代儿童》期刊。1944 年，任《遵义国民教育》杂志主编，同时出任老城标准学校（今遵义市文化小学）校长、《民铎日报》主笔。

陈福桐

1948 年，陈福桐以共党嫌疑罪被捕，解送贵阳关押，因证据不足，1949 年 2 月准予具保释放回遵义。当年 9 月，接受二野联络员杨天源的指示，发动群众开展护城、护厂斗争，迎接解放。同年

11月末，中共遵义地委、军管会将其调任中国人民解放军遵义军分区政治部联络处秘书，陈福桐参与对原国民党军政人员的争取联络工作。1951年8月，陈福桐当选遵义市各界人民代表会议协商委员会副主席。同年12月，调任贵州省文联秘书。次年秋，任《贵州文艺》编辑部编辑。1954年，受诬陷被捕。1962年，刑满获释。1976年，贵州省委书记处原书记兼副省长、辽宁省省长陈璞如提交确凿证明材料，党组织为其彻底平反，从而恢复工作，陈福桐也被安排为贵州省文联行政组负责人。

1979年，陈福桐参与恢复贵州省文史研究馆工作，参与创办《贵州文史丛刊》。1983年，担任《贵州省志》副总纂。由于其治学严谨，文化深厚，被文化界尊称为贵州的“文化老人”。有《晚钟出谷》《梧山遗稿》等著作问世。2010年，病逝于贵阳。

武装委员何恩余

何恩余（1917—2003），字君儒、绮波，笔名石果，贵州湄潭人，中共党员。1933年，在遵义老城省立三中校刊上发表处女作《穆家川上》。曾参与领导遵义老城学生组织的反日反帝大同盟。1934年末，反日反帝大同盟更名为“红军之友社”。1935年1月8日，何恩余与李小侠等社员连夜写标语、制作三角旗，组织群众迎接红军首长和军委纵队入城。遵义县革命委员会成立，何恩余被选为委员，负责武装工作。他积极协助调查，参与打土豪行动，为红军筹粮筹款，进行宣传，并努力扩大红军队伍。同年3月，加入红军遵湄绥游击队并任一分队队长。1938年，任中共湄潭县总支书记。1945年，任《民铎日报》主编。1948年至1949年11月，任中共湄潭县工委书记，后任黔东北纵队第三支队政委。

何恩余

中华人民共和国成立后，何恩余任湄潭县副县长、县大队副政委。1950年，调入《新遵义报》任编辑部主任。后调入贵州省文联任创作组组长。著有长篇小说《沧桑三部曲》，散文、评论集《浪花集》，短篇小说集《喜风集》，诗集

《石果诗词》等。短篇小说《风波》曾被改编成电影、话剧，被翻译成英文、日文、丹麦文，1999年被评为贵州省20世纪最有影响的20部（篇）代表作之一。

老城先觉余正邦

余正邦（1906—1976），原名蔚中，化名高羽，遵义源泉水（今播州区茅栗镇）人。1924年考入遵义府中学堂。1927年，重庆发生屠杀共产党员和进步人士的“三三一”惨案，余正邦与萧之亮等人发起组织救援会，印发宣言，声讨反动当局的罪行，获得近代教育家、民主人士、省立三中校长黄齐生的支持。余正邦毕业后考入北平中国大学，1930年加入中国共产党，是遵义城最早加入中国共产党的人员之一。次年6月6日，被北平宪兵司令部逮捕，入狱受到严刑拷问。出狱后，与中共组织失去联系，深感懊悔。不久辗转回到遵义。

1933年秋，余正邦就任遵义老城省立三中教师，建议开设语体文课程，颇受学生欢迎。余利用课堂，在学生中讲述中国共产党反帝反封建的主张与斗争故事，受其影响，罗倖宽、罗倖余、罗倖永、何恩余、谢树中等相继参加革命，成为遵义地下党活动的重要力量。1935年，中共遵义县委在今老城民主路中段开办黔北书店，余正邦投资入股并予以支持。国民党遵义县党部视余正邦为眼中钉，于1936年以遵义共产党领导人的名义将其逮捕，因无证据，数日后将其释放。

两年后，余正邦离开遵义前往延安，任《抗战日报》编辑。1946年，调东北先后任齐齐哈尔师范学校校长、东北人民大学师范部主任。1951年秋，调北京师范大学任历史系教授、马列主义教研室主任，著有关于《老子》《庄子》《中庸》等的讲义及《常用字解说》等专著。1976年病逝。

开明药商谌明道

谌明道（1890—1967），四川省三台县人。1917年移居遵义，借得本金，在新城丁字口开设太平洋药房。谌明道不吸烟、不喝酒、不赌博、不看戏、不雇工，夫妻自营药房。药不二价，老少无欺。

1935年，中国工农红军长征到达遵义，谌明道与刘伯庄等到丰乐桥迎接红军入城。见红军纪律严明，药房便照常营业。当时红军总医院设在老城省立三中，大量红军伤病员驻于此。红军卫生部部长贺诚为寻药救治红军伤病员，到太平洋药房了解情况，表明购药之意，谌明道慨然应允，愿将药品、器械献予红军。贺诚婉言称谢，按市价计算，付给银元1000元。后经贺诚引见，谌明道与红军医生傅连暲、国家政治保卫局局长邓发、中华苏维埃共和国国家银行行长毛泽民等相识。闲谈中，谌明道得知傅连暲入伍前家境贫寒，问得地址，谌明道主动给傅家邮寄银元80元。是年，红军二进遵义时，谌明道再次捐献药物器械，红军依价折付银元500元。太平洋药房为红军提供的药品、器械，在长征途中对救治红军伤病员起到了很大作用。

红军离开遵义前，国家政治保卫局局长邓发、总政治部代主任李富春、卫生部部长贺诚于新城桃园酒家宴请谌明道、刘伯庄等，谢其为红军提供大量药品和支持红军的举动，并希望谌明道等人开办一家医院，以救治伤病员和平民百姓。之后，谌明道、张鑫华、田庆云等果然成立了贫民医院，救治离散红军和贫苦百姓。遭到国民党当局为难后，贫民医院改为平民医院。

全国解放后，贺诚与傅连璋数次写信，感谢谌明道对红军及其家属的帮助。遵义解放后，谌明道积极参加各种社会组织，支持人民政府的工作。1956年，带头参与公私合营。历任遵义市民主建国会主任、遵义市工商联合会主席、贵州省政协常委、贵州省人大代表，以及全国工商联执委等职。1967年病逝。

红色旅游

遵义旅游产业的兴起，是以建立遵义地区旅游局为标志，始于20世纪80年代中期。遵义老城有着丰富的历史文化、红色文化资源，红色旅游是遵义旅游的重要内容，众多红色旅游经典景点聚集于老城，使老城成为遵义红色旅游的核心景区。中央红军长征在遵义期间，召开了具有伟大历史意义的遵义会议，开展了一系列重大的革命活动，留下了以遵义会议会址为代表的众多革命遗迹遗址。全国各地的游客纷至沓来，例如，遵义会议纪念馆自1955年建馆以来，累计接待游客量约9000万人次。

景区景点

遵义红色旅游景点高度集中于老城的子尹路、杨柳街、红军街、官井路及其周边区域。以遵义会议纪念馆为核心组成全国红色旅游经典景区，而各遗迹遗址则为遵义会议纪念馆这一 AAAA 级景区的重要组成部分，是全国重点文物保护单位。2005 年，该区域被纳入中共中央宣传部、国家发展和改革委员会、国家旅游局等 13 个部门联合公布的 30 条全国红色旅游精品线路和 100 个全国红色旧址旅游经典景区。老城主要的红色景点分布情况为：遵义会议会址位于子尹路中段，万人大会场位于官井路中段，中华苏维埃共和国国家银行旧址位于杨柳街南端，遵义会议陈列馆、红军遵义警备司令部旧址位于杨柳街南部，红军总政治部旧址、秦邦宪（博古）住址、红军地方工作部旧址位于杨柳街中段，邓小平住址位于红军街南端，遵义赤色工会旧址碑位于红军街中段，遵义红军烈士陵园位于红军街斜对面的红军山上。遵义会议会址—遵义会议陈列馆—中华苏维埃共和国国家银行旧址—红军遵义警备司令部旧址—秦邦宪（博古）住址—红军地方工作部旧址—红军总政治部旧址—邓小平住址—遵义赤色工会旧址碑—红军烈士陵园构成了一条经典红色旅游路线。

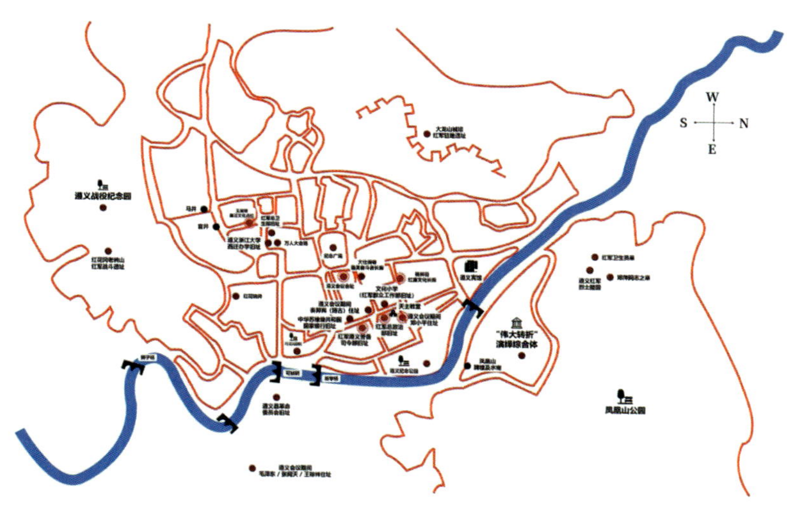

遵义老城红色景点分布图

遵义会议会址 遵义会议会址位于子尹路老96号，是遵义会议纪念体系的核心景点。1935年1月，中国工农红军第一方面军长征到遵义，军委总司令部就驻于此。1935年1月15日至17日，中共中央在这里召开了政治局扩大会议（即遵义会议）。遵义会议会址原为国民党军第二十五军第二师师长柏辉章的私邸。2004年，荣获全国爱国主义教育示范基地先进单位称号。同年被国家旅游局列入全国10个红色旅游经典景区名录。2005年12月，被国家旅游局评为国家AAAA景区。2008年4月，被评为全国首批国家一级博物馆。2008年8月起，对外免费开放。游客量每年激增，2019年国庆节出现井喷现象，日接待游客量达6.5万人次。2024年正在申报国家AAAAA景区。

遵义会议会址游客如云

开放时间：周一闭馆（法定节假日、重要时间节点、学校寒暑假除外）。遵义会议会址和遵义会议陈列馆于2023年5月起实行夜间开放，开放时间为8:30—21:00。邮编：563000。具体地址：贵州省遵义市红花岗区子尹路96号。

交通信息：公交站台为遵义会议会址站。有2路、4路、6路、7路、9路、18路、21路、26路公交车和旅游1路公交车经过。

讲解服务：遵义会议纪念馆宣教部提供了优质、专业、有偿的讲解服务，在自愿的前提下，可在入口处（进入安检以后）讲解服务台办理相关手续。

讲解内容：以普通话的方式讲解1小时左右，包括两个部分，一是遵义会议会址实地讲解，二是在遵义会议陈列馆讲解“遵义会议伟大转折”展览内容。

培训服务：2016年5月成立遵义会议研究中心，主要负责遵义会议及长征文化的研究宣教工作，为团体提供红色文化宣传及革命教育培训服务。

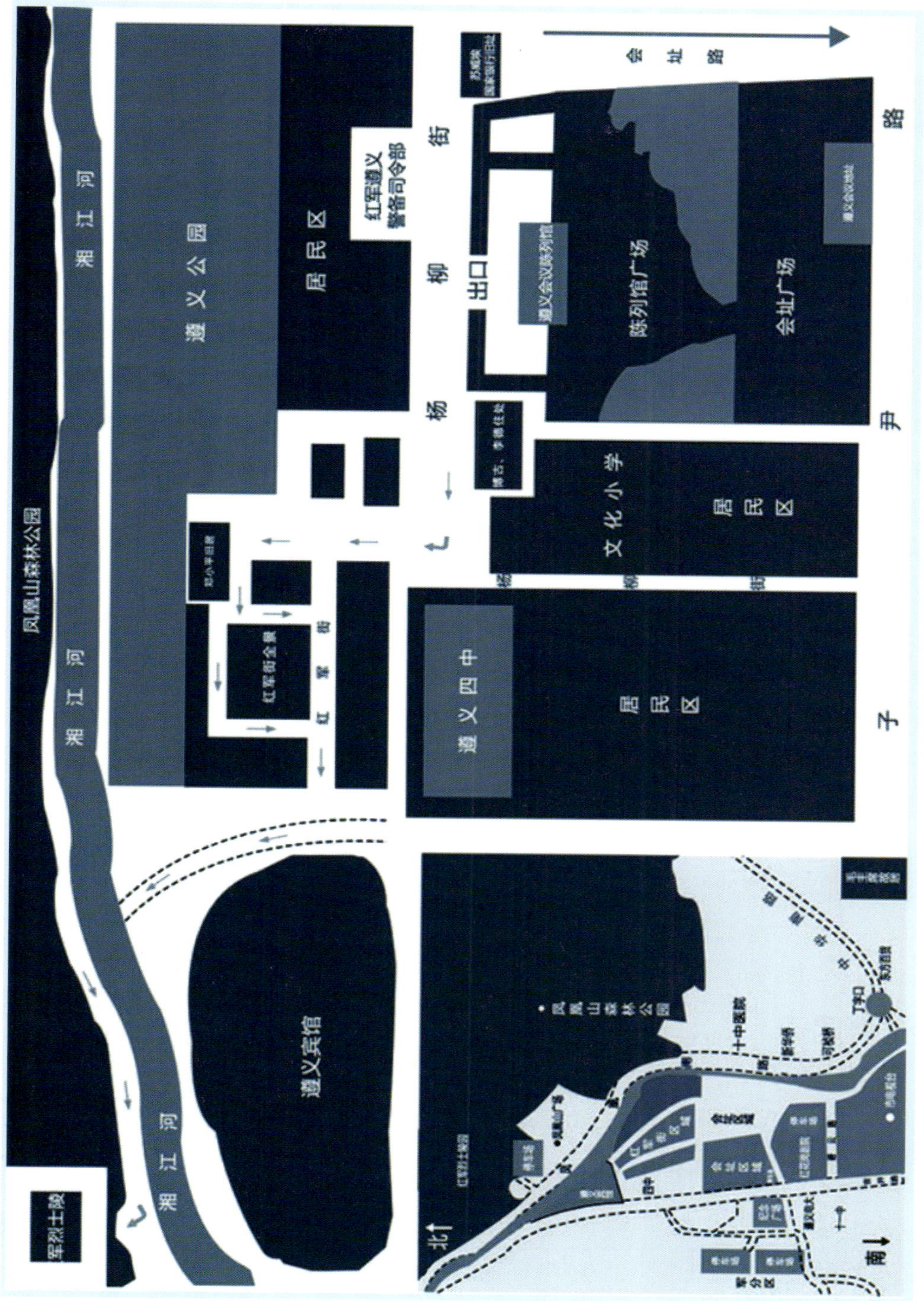

导游全景图

其他服务：20世纪80年代，遵义会议会址成立游客服务部，提供摄影留念、纪念商品出售、免费志愿讲解、游客投诉处理等服务。发展至今，摄影方面提供现场拍摄取像、水晶影像制作等服务。纪念商品涵盖富有长征文化、体现遵义会议精神的文化产品、学习生活用品等千余种，以及诸多讲述长征史实、遵义会议史实等内容的党史研究著作。2016年起，遵义会议会址共建立“学雷锋·志愿者服务站”4处，为前来参观的广大游客提供了宣传学习手册、免费饮用水、便民工具免费使用、应急充电充气、信息咨询、不文明行为劝导、医疗应急救助等多项服务。

表4　遵义会议会址、陈列馆历年接待游客情况表

时间（年）	接待游客量（万人次）	备注
1955.10—1999.12	4000	根据历年工作总结汇总数据（含免费接待人次）
2000	25	仅为会址接待人次，不含其他场馆累计
2001	27	仅为会址接待人次，不含其他场馆累计
2002	26	仅为会址接待人次，不含其他场馆累计
2003	20	仅为会址接待人次，不含其他场馆累计
2004	24	仅为会址接待人次，不含其他场馆累计
2005	50	仅为会址接待人次，其中免费接待14万人次
2006	50	仅为会址接待人次，其中免费接待10万人次
2007	50	仅为会址接待人次，不含其他场馆累计，其中免费接待10万人次
2008	95	仅为会址接待人次，2008年8月8日免费开放后，免费接待55万人次
2009	142	仅为会址接待人次，不含其他场馆累计
2010	178	仅为会址接待人次，不含其他场馆累计
2011	213	仅为会址接待人次，含其他场馆累计共300余万人次
2012	279	仅为会址接待人次，含其他场馆累计共362余万人次

续表

时间（年）	接待游客量（万人次）	备注
2013	328	仅为会址接待人次，不含其他场馆累计
2014	386	主参观区（会址、陈列馆）接待386万人次，红军街区接待224万人次，红军烈士陵园参观区接待207万人次。合计为817万人次
2015	423	主参观区（会址、陈列馆）接待423万人次，红军街区接待251万人次，红军烈士陵园参观区接待238万人次。合计为912万人次
2016	452	主参观区（会址、陈列馆）接待452万人次，红军街区接待264万人次，红军烈士陵园参观区接待277万人次，全国巡展活动“行进中的遵义会议纪念馆”接待217万人次。合计为1210万人次
2017	480	仅会址、陈列馆接待人次
2018	495	仅会址、陈列馆接待人次
2019	520	仅会址、陈列馆接待人次
2020	261	仅会址、陈列馆接待人次
2021	414.5	仅会址、陈列馆接待人次
2022	110	仅会址、陈列馆接待人次
2023	801	仅会址、陈列馆接待人次

红军街　2007年11月9日，遵义市人民政府打造了以仿古建筑群为特色的遵义红色旅游商业街——红军街。红军街原名杨柳街历史街区，是遵义会议会址景区的重要组成部分，日游客量达2万人次。从遵义会议陈列馆所在的杨柳街北行50米后右拐，便是红军街南入口。进入街口，两边是错落有致的仿古小楼，木栏青瓦，雕花门窗，尽显古色古香之韵。到了北面街口，矗立着一座古朴的牌楼。近年来，红军街区复原了遵义会议期间邓小平住址景点，并先后推出了与长征有关的开国将领系列展览，陈列了红一、红二、红四方面军长征纪实展，长征与工运展，毛泽东遗物展，毛泽东文化藏品展，胜利之师展，以及红军转战图片展等。中间的回廊常有红歌团在此演唱《长征组歌》等红色歌曲，吸引着游客纷纷加入，不仅丰富了游客的旅游体验，也为红军街增添了浓厚的红色元素，进一步丰富了红色文化的内涵。此外，红军街还建有红色旅游纪念品

红军街与杨柳街交会处

销售功能区、红军书屋、民俗博物馆、遵义奇石馆、紫云轩等文化场所，巧妙地融红色文化与乡土文化于一体。红军街是典型的融观光、休闲、餐饮、娱乐、购物于一体的商业文化街，汇聚了许多遵义当地和贵州其他地方的名优土特产品店铺。遵义会议会址、遵义会议陈列馆、红军总政治部旧部、红军街和红军烈士陵园等景点，共同连成遵义市区红色旅游的一条主线。2016 年 12 月，红军街入选全国红色旅游经典景区名录。

遵义纪念公园　遵义纪念公园位于遵义老城东侧，临湘江河，与凤凰山隔河相望，面积为 8.8 公顷。

1951 年，遵义会议纪念建设筹备委员会决定建纪念公园，园址选定在老城次东门至柏家堤坎城墙内外一带。规划依地形分成三级台阶，由南至北呈长条状布局。1952 年年初动工，拆除城墙，将旧城墙基改为连接公园前后大门的南北通道。1956 年 1 月始售门票，每人 0.02 元，后逐渐提高至每人 2 元，曾为遵义市唯一封闭管理的公园。1977 年至 1981 年，对园林建筑进行维修，新建前后大门和沿河栏杆。1988 年，在公园后门修建“跌水池”景观一处，面积为 90 平方米。1989 年，增建园林景观，将 2000 平方米的荷花池改建为水榭，建蘑菇亭等园林

遵义纪念公园北门

小品景点。新建仿古建筑式厕所 3 座。2000 年，新建七彩广场和儿童乐园，面积为 5302.60 平方米。在公园东侧沿湘江河河边新建人行步道一条，河岸增设青石栏杆，步道宽约 5 米、长 500 米，供游人休闲散步。2005 年 11 月，公园内的动物园搬迁至红花岗区长征镇民政村乐山水库一带，公园所在地被划拨为新建红色旅游景点——红军街。

2014 年 8 月，根据遵义老城纪念区的总体规划，市人民政府投资近 2 亿元对遵义公园进行升级改造，打造自然、休闲、人文、活力的城市文化纪念公园。2015 年 1 月 15 日，遵义纪念公园免费开放，年入园率达 4000 万人次。2016 年，在公园中间十字路口东南部建国家优秀旅游城市标志——飞马雕塑。

改造后的遵义纪念公园占地为 5.38 万平方米，园内古树成林，绿化覆盖率达 75%。东、南、西、北有 4 个大门供游人进出。在杨柳街增加了 3 个进出通道，从遵义会议会址出来的游客可以直接从红军街进入公园。整个公园焕然一新，比以前大气、漂亮、整洁，更具文化品位和遵义特色。夜晚的遵义纪念公园流光溢彩，斑斓绚丽，成为湘江古道一景。公园所在区域本身也有红军的活动足迹，公园各个区域都突出了红色元素。1935 年红军进入遵义期间，这里都是河滩地和稻

遵义纪念公园一角

田，有的红军队伍进城后在河滩地上扎营，之所以将其命名为遵义纪念公园，正是为了让后人铭记这段历史。

公园共分为八大区域，即北门广场区、艺文沙龙区、古典园林区、桂花庭院区、休憩聚会区、雕塑花园区、南门广场区、遵义 1935 商业区。其中主要景点有老城记忆、名人展馆、遵义碑林、桂花庭院、古城墙等。

老城记忆：位于北门附近，有一面长长的浮雕墙，墙上刻画的是清末民初遵义城的风貌。

名人展馆：位于公园北面，小而精致，展出了遵义历史上 70 位名人的故事和成就。无论是展板还是展墙，整个展馆都被设计成书籍的式样。

遵义碑林：位于南门左侧，“遵义碑林”4 个大字是由书法家李铎题写的。里面收藏了 83 幅全国知名书法家的书法作品。

桂花庭院：位于公园北门附近，院内遍植桂花树，环境极为幽静，待桂花

绽放时，花香四溢，是绝佳的休憩之地。

古城墙：是公园中被玻璃罩保护起来的一段古城墙。这段古城墙可以追溯到清咸丰年以前。

遵义红军烈士陵园 遵义红军烈士陵园坐落在红军山上。烈士陵园坐东向西，前临湘江河，背靠遵义市凤凰山国家森林公园，与当年红军鏖战的红花冈、老鸦山遥遥相望。1949 年 11 月 21 日遵义解放后，遵义市人民政府在清理 1935 年年初在遵义战役中牺牲的红军烈士遗骸时，先后找到了 77 位红军烈士的坟墓，并将他们全都集中迁葬至此。1957 年，国防部部长彭德怀致函中共贵州省委，提请务必找到在遵义战役中牺牲的邓萍的遗骸。经省、市、县党政军的共同努力，1958 年终于在城北松子坎罗家坟山找到邓萍的遗骸。同年，遵义市人民政府即报请上级批准兴建遵义市红军烈士陵园，上级批准并拨款 30 万元，于是烈士陵园于 1958 年 9 月动工兴建。遵义市人民政府划定陵园范围为 6.87 公顷，由陵门、墓地和登山石阶组成。陵门四柱三道，宽 14 米，高约 8 米，顶饰

英勇奋斗的红军万岁

红旗和五角星，门额横嵌“红军烈士陵园”6个隶书大字。陵门两侧竖长15米、高约7米的巨型砖砌水泥墙，墙面白底红字，展示了毛泽东关于红军长征和遵义会议的论述。门前广场与凤凰路相连。陵门至墓地高约50米，由12米宽的260级（后改建为316级）石梯相连，两侧有1米高的护栏，由水泥浇灌而成（后改为青石）。陵门右侧有沥青公路绕石级上至墓地活动坪场。墓地居小龙山山腰平台上，有广场。红军坟在邓萍墓右后侧。墓地右侧北有青松亭，南有翠柏苑，为红军烈士遗骸存放处和红军事迹陈列室。墓地左侧平台有游人服务部。工程于1959年年初竣工，并于当年清明节专门举行了隆重的迁葬仪式，将盛有邓萍遗骨的棺木安埋在小龙山石砌墓室内，同时也将找到的其他红军烈士遗骨迁葬此地。红军烈士纪念碑靠北居中，在纪念碑北面是邓萍墓，其墓高出广场6米，有三道水泥石梯相连。

1984年，为修建红军烈士纪念碑，将邓萍墓移至碑的北面。邓萍墓东边是一座表现邓萍中弹倒在张爱萍怀里的半身雕塑，塑像生动形象地再现了烈士牺牲时的情景，塑像基座上刻有张爱萍忆文手迹。1979年10月，当年和邓萍一起在前沿阵地察看进攻路线的红十一团政委张爱萍，为邓萍撰写了墓志铭。陵园西边的青松堂里，安放着16位无名烈士的骨灰盒。与青松堂相邻的陈列室里陈列着邓萍、钟伟剑两位烈士的生平事迹。邓萍墓西面有一座红军卫生员墓，群众称为“红军坟”。1954年将远近闻名的红军坟从桑木垭迁到这里。红军坟下边矗立着一座高4.5米的铜像，展现的是红军卫生员正给干人少儿喂药的场景，该铜像于1990年7月建成。坟前竖立着一块青石墓碑，正面仿毛泽东手写体阴刻“红军坟”3个大字，背面阴刻红军坟简介。

1984年，为纪念遵义会议50周年，建造了“红军烈士纪念碑”。纪念碑由四川美术学院院长、著名雕塑家叶毓山教授设计，气势雄伟磅礴，造型设计新颖别致。碑的正面是1984年11月2日邓小平题写的“红军烈士永垂不朽”8个大字，阴刻贴金。整个碑高30米，下宽6米见方，顶宽2米见方。碑的顶端是5米高的镰刀和锤子标志，该标志表层是氮化钛合金片呈鱼鳞状结构，在阳光照射下熠熠生辉。碑的外围是一个直径20米、高2.7米、离地面2米的大圆环。圆环外壁上镶嵌着28颗星，象征着中国共产党经过28年的艰苦奋斗，取得了全面胜利。圆环内壁是4组汉白玉石浮雕，内容是“强渡乌江”“遵义人民

遵义红军烈士纪念碑

迎红军”“娄山关大捷”“四渡赤水”。大圆环由4个5米高的红军巨型头像托着，头像用紫色花岗岩石雕凿，东南侧为老红军形象，西南侧是一个青年红军形象，东北侧是赤卫队队员形象，西北侧是女红军形象，寓意着红军威震四方。

1986年10月，遵义红军烈士纪念碑被列为全国第一批重点烈士纪念建筑物保护单位，系全国红色旅游经典景区和AAAA级景区，是遵义会议纪念馆的重要组成部分。同年，遵义市人民政府批准设立了陵园管理所。2003年，为进一步提升革命历史纪念地的整体形象，挖掘红色旅游资源，完善景区功能，以表达遵义人民对红军烈士的崇敬之情，中共遵义市委、遵义市人民政府对红军烈士陵园陵门和登山石梯进行了升级改造，在原陵门处塑造了一壁展现遵义历史文化及红军长征场景的石雕群像，该项目于2003年12月竣工。现红军烈士陵园更加雄伟壮观，文化元素更加丰厚。2004年，在邓萍墓后侧新建了一面由28块碑连成一体的红军英烈墙，上面镌刻着可考据的、长征途中在贵州牺牲的1300多名红军烈士的英名。

遵义纪念广场 遵义纪念广场始建于1999年，位于遵义市红花岗区老城民主路北面、子尹路西侧，毗邻遵义会议会址。广场占地面积为2.1万平方米，绿化面积为0.7万平方米。广场中心为直径30米的圆形喷水池，地面为水泥地砖和大理石地砖铺墁。设有无障碍通道。广场东面设置了一个大型舞台，面积为500平方米，西侧设旗杆及升旗台，南北两侧各设置小型大理石凯旋门4个。广场内侧四角各有1尊仿古黄铜承露盘。中央建有圆形音乐喷泉，该喷泉由中国人民大学设计，喷水时播放中外名曲，共收录32首曲子。广场四角建有花坛，种植了桂花、山茶花、蔷薇等，地面为草地。春秋之际，花开满坛，花香四溢，游人如织。广场地下室为停车场。

广场既可供文艺演出，市民休闲、娱乐、健身，以及游客休憩，亦可供大型集会使用。每天早晚都有不少市民到这里锻炼身体。纪念广场不仅是遵义的一个地标性建筑，更是遵义会议纪念体系的组成部分。

每到节庆日，各种大型集会、演出活动和大型公益性活动会在这里举行，如2011年6月的红色经典电影展播活动、体彩杯·2011遵义激情广场红歌之星选拔赛，2015年纪念遵义会议80周年花卉盆景展，2015年9月纪念中国工农红军长征胜利80周年的“薪火相传·再创辉煌”长征精神红色旅游火炬传递遵义站活动等。此外，广场还可作为灾难避难场所，可容纳临时避难者约3600人，服务对象为纪念馆社区及南门社区、府后山社区。广场设有应急指挥部、应急棚户区、物资供应区，并配备了应急供水供电设施和应急厕所等，确保在遇到重大灾难时能够实现资源共享。

遵义纪念广场全景

凤凰山文化广场 凤凰山文化广场原为凤凰山体育场。2002 年拆除体育场馆，扩建为市民休闲广场，占地面积为 5.85 万平方米。

广场广植桂花、银杏、杜鹃、蔷薇、茶花等，林中铺设青石板路，纵横交错，广场设有无障碍通道，与周边连成一片绿色地带，既是游客游览休憩的场所，亦可供大型会议和文艺演出使用。广场中部为文化活动区，与凤凰路连接的两条通道中间为两排喷泉水池，喷泉水池两边有两行铁树，靠路边的圆形鱼池中有火凤凰雕塑 1 座。北部有桂花园，园内有百年以上树龄的银杏树、金弹子各两棵，有面积为 2000 余平方米的水池 1 个，池周柳树成林，翠竹连片，塑有“力挽狂澜”雕塑。南部塑有“科技之光”雕塑。东边正中置长 6.8 米、宽 3.8 米的“双凤朝阳”“百鸟飞翔”石雕各 1 块，前为主席台，两侧建有水池和喷

凤凰山文化广场

水雕刻石龙，南北两侧建有长 100 米、高 2—6 米的浮雕石墙，墙上展示了遵义从古至今的历史。

广场北侧东面是遵义红军烈士陵园大门入口，南侧东面是凤凰山国家森林公园大门入口。中部东面沿石梯上去是遵义市人民政府原政务中心、市会展中心、市青少年活动中心，现均已搬迁。2024 年 1 月，广场内的伟大转折剧场建成投用，部分景观改建为停车场。

遵义碑林 2014 年，为纪念遵义会议召开 80 周年，遵义市人民政府将原遵义公园改造为遵义纪念公园时，在南门入口前方建有遵义碑林。在公园路进公园的入口处，一块巨大的石板上刻有“遵义碑林”4 个大字，为书法家李铎书写。碑林左侧以毛泽东字体镌刻了《忆秦娥·娄山关》，右侧则是李刚田书写的朱德诗作《遵义会议》，其后依次镌刻了邓小平的“红军烈士永垂不朽”、陈云的“纪念遵义会议五十周年”，以及伍修权、聂荣臻、杨尚昆、张爱萍、胡乔木、郭沫若、舒同等老一辈无产阶级革命家的手迹。另外，全国著名书法家沙孟海、刘海粟、启功、孙晓云等人的书法作品亦被刻于石碑上。遵义书法家杏村、李达荣、郭元远等的书法作品也位列其中。碑林共收集老一辈无产阶级革命家和全国著名书法家的诗词楹联书法作品 83 幅，是遵义纪念公园一道独特亮丽的红色文化景观，每日观赏者络绎不绝。

李铎题写“遵义碑林”

毛泽东《忆秦娥·娄山关》手迹

李刚田书朱德诗作《遵义会议》

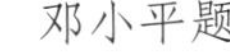

邓小平题

“红军烈士永垂不朽”

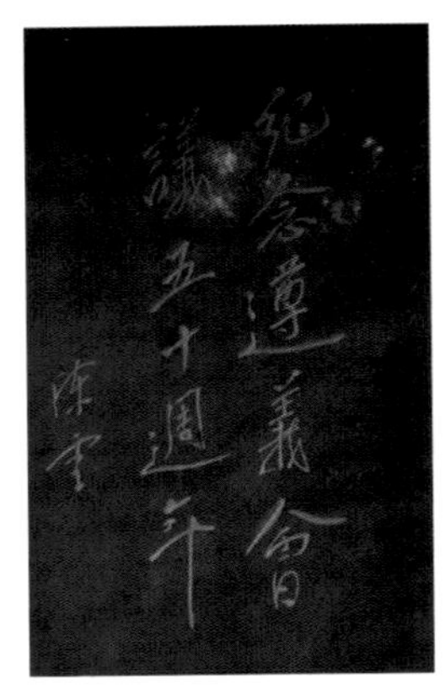

陈云题

“纪念遵义会议五十周年”

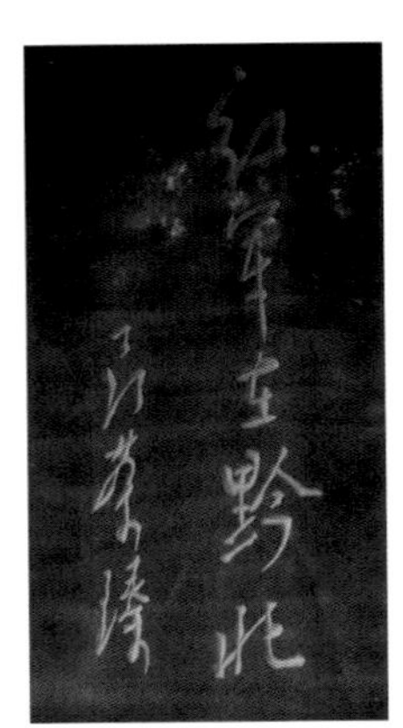

聂荣臻题

“红军在黔北”

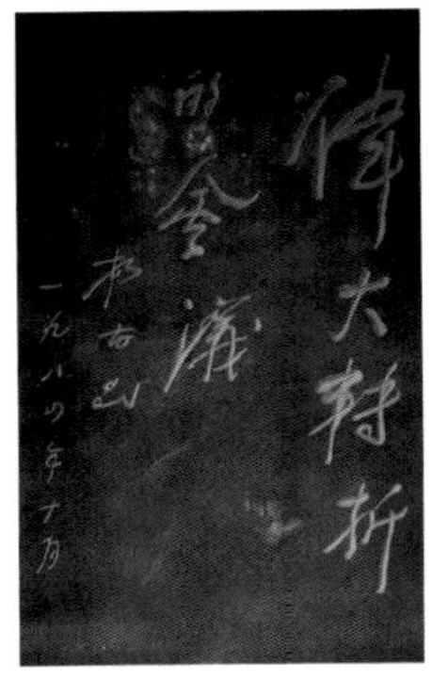

杨尚昆题

“伟大转折的会议”

张爱萍题

《西江月·遵义大捷》

遵义长征诗词壁 坐落在遵义市湘江河西岸遵义纪念公园的浮雕“遵义长征诗词壁”，总长440米，由本地红砂岩与黄砂岩石料筑成，沿湘江河河堤呈“S”形逐步展开，远观如中国传统山水横轴画卷。浮雕以长征的时间节点设定画面时间轴，以毛泽东的9首长征诗词作为叙事线索。浮雕分主篇与续篇两部分。

主篇是单幅全景式浮雕，全长250米，高3.84米。它严格遵循长征的时间脉络，以毛泽东的9首长征诗词为呈现内容，字迹为毛泽东手迹。所呈现的作品依次为：1934年7月23日，毛泽东登会昌山时所作的《清平乐·会昌》；1934年10月至1935年年初完成的《十六字令三首》；遵义会议后，毛泽东在

遵义所作的《忆秦娥·娄山关》；1935年9月，红军翻过岷山后，毛泽东即兴作的《七律·长征》；1935年10月，毛泽东创作的《念奴娇·昆仑》与《清平乐·六盘山》；1936年2月，毛泽东与彭德怀在陕北胜利会师时所作的《沁园春·雪》。依据这些诗词与长征中的重大历史事件，该诗词壁概括整理出长征叙事的9个篇章——十送红军、血战湘江、遵义会议、娄山大捷、四渡赤水、飞夺泸定、雪山草地、胜利会师、走向胜利，使诗词与画境相得益彰。

续篇全长30米，与主篇等高，精选了6首以长征为主题的将军诗词，包括朱德的《遵义会议》、林伯渠的《初抵吴起镇》、陈毅的《过贵阳》、胡绳的《遵义》、萧华的《长征组歌》、张爱萍的《西江月·遵义大捷》。此后又增刻了一部分内容。

整幅浮雕将长征故事的传奇性和丰富性，借诗文与图画相结合的方式进行了展现。浮雕的雕刻技法重在写实，并依据空间视觉关系将其划分为3个层次：远景层，描绘广阔的天空与茂密的林海；中间层，展现江河山峦的壮丽和纪念性建筑的庄严；近景核心层，以阴刻贴金的手法呈现诗词手迹。艺术家们依照诗文的意境构思画面，巧妙地将诗文所蕴含的深厚情感融于山水图景之中，使游客在轻松休闲的氛围中自然而然地领略长征文化，接受红色文化的熏陶。

遵义长征诗词壁

遵义长征诗词壁·遵义会议

遵义长征诗词壁·四渡赤水

旅游服务

旅游企业 遵义红色旅游（集团）有限公司，简称“遵义红旅集团”或“红旅集团”，成立于2007年4月11日，原位于老城子尹路96号，后迁至解放路301号，是遵义市人民政府直属的大型国有旅游企业，现为遵义交旅投资（集团）有限公司下属的一级子公司。其主要经营范围涵盖旅游景区景点的开发与投资、旅游产品开发与贸易、旅游会展服务、旅游项目规划建设、旅游地产开发、旅游休闲娱乐投资开发、旅游商品开发与经营、文化产业项目开发及管理、旅游中高端产品开发及运作等。红旅集团是第二批全国旅游标准化示范单位，2014年进入第六批国家文化产业示范基地推荐名单，2018年获贵州省“十佳文化企业”称号。

红旅集团下设遵义宾馆有限责任公司、文化传媒有限公司、旅游资源开发公司、大转折旅行社、劳务有限公司、酒业有限公司、福都运输公司、物管分公司、大转折接待中心等12个分（子）公司，以及行政部、人力资源部、财务部、战略发展部、党务监察部、文化宣传部、投（融）资部、工程管理部、安全生产部、红军街服务中心等10个部门，员工有420余名。红旅集团先后完成红军街升级改造、遵义宾馆改扩建、遵义纪念公园提升改造、新建遵义1935商业圈等重点工程，打造了以遵义会议会址为核心的遵义老城红色文化旅游综合体，启动创建国家AAAAA级旅游景区、中国（遵义）长征文化博览园等红色文化旅游项目。近年来，为贯彻落实中共遵义市委、遵义市人民政府关于着力优化“一心一圈三线”旅游产业空间布局的战略部署，加快打造遵义中心城区旅游文化中心、旅游服务中心、旅游目的地城市，更加突出“红色圣地·醉美遵义”主题形象，红旅集团全面启动了遵义红色旅游综合体创建国家AAAAA级景区工作。同时，红旅集团还负责实施总投资80亿元的中国（遵义）长征文化博览园建设项目，签约启动投资4.5亿元的习水县天鹅池景区的开发工作，并启动投资近100亿元的全市生态文化、休闲度假、养老养生等22个旅游项目，进行资源整合与开发前的各项准备工作。

遵义红色文化教育培训学院 学院成立于2016年，位于解放路42号，前身是红旅集团下属全资子公司——遵义红色传承文化培训有限公司，是遵义市内专业开展红色培训、党建团建、研学实践活动的大型国有企业，是遵义市最大的国有红色文化传承基地。

为传承红色基因、讲好遵义故事，学院依托遵义得天独厚的红色文化资源，面向全国各地区各单位开展红色培训、党建团建、研学实践活动。自2016年以来，学院已累计开班800余期，接待10万余人次。

学院拥有培训教室、住宿、餐厅等配套资源，可同时接待500人左右，依托红旅集团的产业优势，整合自有酒店10余家、车辆50余台等，为参培学员服务。

学院以习近平新时代中国特色社会主义思想统领全局，依托背景优势、资源优势、产业结构优势，大力弘扬以长征精神和遵义会议精神为代表的红色文化。

旅行社 旅行社是为旅游者提供全程服务的企业。旅游业务主要包括为旅游者代办出境、入境手续和签证，招徕并接待旅游者，以及为旅游者安排食宿等相关服务。1992年12月，遵义国际旅行社成立，从事入境旅游服务和国内旅游业务，与遵义市外事办、接待处、湘山宾馆联署办公，后分设。1994年12月，遵义旅行社成立，只从事国内旅行业务，设于遵义行署接待处（遵义宾馆）内。1996年移交遵义市旅游局。此后20多年来，多家旅行社相继成立，旅游业务日趋完善。目前，遵义市区内的旅行社有贵州遵义国际旅行社、贵州省遵义市假日旅游有限责任公司、贵州遵义旅行社、遵义祥龙旅游有限责任公司、遵义红色之旅旅游有限责任公司、遵义大转折旅行社、遵义机场航空旅行社、遵义汇川魅力天天游有限公司、贵州航铁旅行社有限公司、遵义锦之旅国际旅行社有限责任公司、遵义鑫旅旅行社有限责任公司、遵义光明新欣旅行社有限公司、遵义希望之旅旅行社有限责任公司等。其中，前7家旅行社在遵义老城均设有门市部办理业务。

遵义宾馆 遵义宾馆位于遵义市红花岗区石龙路3号，1956年兴建，次年开始接待宾客。初名“湘江宾馆”，1958年11月改称“遵义宾馆”，隶属于遵义行署办公室。1985年，依方位相继建成东楼、西楼、前楼、后楼、晓楼客房和餐厅。占地为2.47公顷，建筑面积为10271平方米。

1989年年末，客房部设床位312个。餐厅可同时容纳300人进餐。附设有舞厅和商品部。建馆初期，以接待中央和省部级领导人和重要会议代表为主，之后面向全社会开放。1996年，拆除东楼，在原址建以17层楼为主楼的主体建筑，集住宿、餐饮、桑拿、健身、美容、美发、娱乐、商务中心、多功能厅、大小会议室、会见厅于一体。全馆有豪华套房、普通套房、双人房、单人房共251套，床位477张，中、西风味餐厅餐位977座，以及中央空调、国际国内直拨电话等。中央音响系统、自动消防报警系统、安全报警系统等设施齐全。为提升全市旅游接待能力和服务水平，遵义市旅游发展委员会以建成“国内一流、世界知名”的旅游目的地和国际休闲度假旅游胜地为目标，全力推进旅游供给侧结构性改革和国家全域旅游示范区创建，不断加强旅游饭店规范化、标准化建设，扎实推进旅游产业配套要素提升，坚持对宾馆饭店开展行业规范和专

遵义宾馆

业指导，并严格按照《旅游饭店星级的划分与评定》标准强化星级创建工作。近年来，遵义宾馆紧紧围绕大旅游战略，投入改造资金3000余万元，不断提升硬件设施和服务质量，深挖企业文化，使得各项功能更加完善。2014年7月，遵义宾馆晋升为四星级旅游饭店。为纪念遵义会议召开80周年，2014年，遵义宾馆进行扩建，新增建筑面积10000平方米。该项目荣获2014年亚太中国国际空间环境艺术设计大赛“筑巢奖”金奖。遵义宾馆自建成以来，曾接待过历届党和国家领导人，是名城遵义政治、经贸、文化、历史、商旅业的缩影，被誉为“黔北旅游业的一颗明珠”。

其他宾馆、酒店 位于遵义老城的宾馆、酒店，还有玉屏路上的遵投丽呈睿轩酒店，子尹路上的民政宾馆、瑞丽思宾馆、家居宾馆，解放路上的红色之旅酒店、华雅酒店，大士阁巷的凡客宾馆。原军分区内设有金星宾馆，按照上级指示，现已停止营业。

旅游指南

行前须知 遵义地处中亚热带湿润季风气候地区，同贵州省大部分地区一样，冬无严寒，夏无酷暑。年平均气温在15℃左右，雨量充沛，日照充足。温暖湿润的气候使遵义一年四季皆可游览。

交通 遵义市位于贵州省北部，北依大娄山、南临乌江，交通较为发达。游客到达遵义市，可以选择乘坐飞机、火车、长途汽车等，也可以选择自驾游等方式。

航空一：遵义新舟机场位于遵义市东部新舟镇，距离遵义老城有42千米，是贵州省第二大机场，也是贵州最大的支线机场。2012年8月28日，该机场正式通航，依托红色资源，已与国航、南航、春秋航空、天津航空、东航、成都航空等6家航空公司建立了合作关系，开通了前往北京、上海、广州、昆明、西安、三亚、天津、长沙、海口、厦门、杭州、武汉、成都、深圳、南京、大连、郑州、南宁、南昌等19个城市的航线航班，并在不断增加新航线。

航空二：贵阳龙洞堡国际机场与遵义市相距约160千米。游客可乘民航直达遵义，也可到贵阳市市区再转乘贵阳至遵义的专线车到达遵义，贵阳至遵义约 2 小时车程。或从贵阳乘快铁到遵义，需 45—60 分钟，每天有 10 多趟列车通过，二等座票价为 50 元左右。

航空三：先乘飞机抵达重庆江北机场，然后乘汽车（全程高速）到遵义，路程 215 千米，车程 3 小时左右，每天 6 时起发车，每 30 分钟一趟；也可到重庆西站乘快铁到遵义，约 1 小时，二等座票价为 88 元左右。

航空四：茅台机场，为 4C 级支线机场，距遵义老城 77 千米，可乘仁怀至遵义的专线车到达遵义。茅台机场已开通茅台至北京、上海、天津等城市的 21 条航线航班。规划开通港、澳、台，以及周边国家航线。

铁路 遵义站刚建设时称遵义东站，后改名为遵义站，位于红花岗区颜村，是渝贵铁路上最大的中间站和中间站中唯一的地级市车站。渝贵快铁、沪遵快铁等数十条铁路在遵义站交会并经此停靠，此地是贵州北部重要的铁路枢纽。车站最高聚集人数可达 3000 人，售票厅有人工服务窗口 6 个，自动售（取）票机 25 台。距遵义会议会址约 4.8 千米，有多趟公共汽车运行，也有出租车、网约车运行。遵义西站，即原遵义站，位于市区北面的北京路尽头，距遵义会议会址约 7.1 千米，2019 年停用。

遵义公交车 遵义公交路网比较发达，基本实现了交通全市区和全天候覆盖，乘坐公交出行是不错的选择。遵义公交分为 5 个种类，即常规城市公交路线（共 40 路）、夜间城市公交路线（共 4 路）、城市高峰公交快线（共 5 路）、城郊公交线路（共 6 路）和学生专线（共 6 路）。每个公交站都有专门的引导员，引导员有问必答。大部分车次票价为 1—3 元。（详见本书《基础设施》）

出租车 遵义市内出租车起步价为白天（7 时至 22 时）7 元 /2.5 公里，公里里程价 1.60 元 / 公里，每 500 米计 0.80 元；夜间（22 时至次日 7 时）9 元 /2.5 公里，公里里程价 1.80 元 / 公里，每 500 米计 0.90 元。（详见本书《基础设施》）

美食 贵州素有“吃在遵义”之说。遵义有许多有名的特色菜，如龙爪肉丝、折耳根炒腊肉等。受欢迎的遵义小吃有遵义羊肉粉、遵义豆花面、鸭溪凉粉、刘二妈米皮、遵义茶汤、肉片米皮等。（详见本书《老城商贸》）

特产 遵义的特产有贵州茅台酱香酒、董酒、湄窖酒、鸭溪窖酒、湄潭翠芽、凤冈锌硒茶、正安白茶、小叶苦丁茶、遵义丝绸、赤水竹制品等。

必游景点 红军街、遵义会议会址、红军总政治部旧址、红军遵义警备司令部旧址、中华苏维埃共和国国家银行旧址、秦邦宪（博古）住址、邓小平住址、遵义赤色工会旧址碑、红军地方工作部旧址、万人大会会场旧址等。

购物推荐地 ①丁字口：丁字口位于遵义市中心，是遵义购物、娱乐和商业中心，人气很旺，这里的夜市也很出名。丁字口到遵义会议会址步行仅需10分钟。②步行街：步行街一头为红花岗，另一头与子尹路相连。这一带有许多卖小商品和特产的小店，价格也很公道。（详见本书《老城商贸》）③红军街：红军街系2007年11月遵义市人民政府打造的以仿古建筑群为特色的商业街，也是遵义红色旅游商业街，融观光、休闲、餐饮、娱乐、购物于一体。（详见本书《老城商贸》）

精品线路 红色之旅一日游——遵义市区接团，上午参观遵义会议会址、遵义会议陈列馆、红军总政治部旧址、秦邦宪（博古）住址、中华苏维埃共和国国家银行旧址、毛泽东旧居、遵义红军烈士陵园；下午参观娄山关战斗遗址后送团。

红色之旅二日游——第一天：遵义市区接团，上午参观遵义会议会址、遵义会议陈列馆、红军总政治部旧址、秦邦宪（博古）住址、中华苏维埃共和国国家银行旧址、毛泽东旧居、遵义红军烈士陵园；下午参观娄山关景区，宿于遵义市市区。第二天：吃完早餐后参观苟坝会议会址、苟坝会议陈列馆、长五间周恩来住址，下午送团。

红色之旅三日游——第一天：遵义市区接团，上午参观遵义会议会址、遵义会议陈列馆、红军总政治部旧址、秦邦宪（博古）住址、中华苏维埃共和国国家银行旧址、毛泽东旧居、遵义红军烈士陵园；下午参观娄山关景区，宿于遵义市市区。第二天：吃完早餐后赴湄潭县县城参观红九军团旧址、浙大西迁旧址；下午赴余庆参观大乌江景区、回龙场红军强渡乌江遗址，宿于余庆。第三天：送团。

红色之旅四日游——第一天：遵义市区接团，上午参观遵义会议会址、遵义会议陈列馆、红军总政治部旧址、秦邦宪（博古）住址、中华苏维埃共和国国家银行旧址、毛泽东旧居、遵义红军烈士陵园，下午参观娄山关景区，宿于遵义市市区。第二天：早上赴仁怀，参观国酒门、盐津河风景区、巨型茅台酒瓶、茅台渡口、四渡赤水纪念园、国酒文化城，宿于仁怀。第三天：上午参观吴公岩景区、四渡赤水纪念馆、土城渡口；下午参观女红军纪念馆、红军医院、青杠坡战斗遗址，宿于赤水。第四天：早上参观赤水丙安红一军团纪念馆，下午送团。

要事纪略

杨轸迁治穆家川

南宋淳熙三年（1176），播州土官杨氏第十二代统治者杨轸，因“病旧堡隘陋”，而“乐堡北二十里穆家川山水之佳”，遂将政治中心由白锦堡迁至穆家川——今遵义老城，开始修建城池。南宋嘉熙年间（1237—1240）置播州安抚司，元至元二十八年（1291）改为播州宣抚司，明洪武六年（1373）升为播州宣慰司，明万历二十九年（1601）平播改土归流设遵义府，清因之，民国年间改设遵义督察专员公署。中华人民共和国成立后，先后设遵义专区行政督察专员公署、遵义地区专员公署、遵义专员公署、遵义地区行政公署、遵义市（地级）人民政府，直至2005年，治所均设在遵义老城。

始设遵义军民府署

明万历二十八年（1600）平播战争结束。次年，据《播州善后事宜疏》，废除土司制度，派流官治理。播州辖地置二府：乌江以北之地置遵义军民府，辖四县一州，即遵义县、绥阳县、桐梓县、仁怀县、正安州，隶四川布政使司；乌江以南之地置平越军民府，辖三县一州，即湄潭县、瓮安县、余庆县、黄平州，改隶贵州布政使司。明万历二十九年（1601），遵义军民府成立，府署即设在遵义老城胜龙冈西麓旧宣慰司忠孝堂址（今遵义市第十一中学校址）。清康熙二十六年（1687）裁“军民”二字，直称遵义府。清雍正六年（1728）拨属贵州省。1913年撤销遵义府。此后遵义地级行政公署名称多变，但署址除短期外迁至桐梓县外，其余时间均在遵义老城。署址自清顺治十五年（1658）始由总兵马化豹占据，府署则迁至胜龙冈中麓（今老城百盛商场处），直至2005年遵义市人民政府迁往汇川区九节滩，2018年再迁至今址红花岗区新蒲街道市级行政中心。

编修《遵义府志》

清道光十八年（1838），遵义知府平翰创修《遵义府志》，特聘举人郑珍、莫友芝为编纂，修志室设在府衙内来青阁。历时3年，成书48卷，33目，14附目，80余万言。述事止于道光二十一年（1841）。该书体例周密，且有创意，“农桑”“木政”“坑冶”都为贵州前志所无，为此志增创。记事载人，搜罗宏富；表情达意，字词严谨。梁启超在《中国近三百年学术史》中说“或谓府志中第一”，《遵义府志》是了解、研究遵义府政治、经济、文化、历史的重要工具书。清道光二十一年（1841）成书后由遵义府署初刻，光绪十八年（1892）补刻一次，1937年12月又补刻一次，今流传的即为此次刻本。1986年，遵义市地方志编纂委员会办公室点校横排版重印。

兴建遵义府中学堂

在清末“废科举、兴学堂”的大势下，光绪三十一年（1905），遵义知府袁玉锡筹建遵义府中学堂。袁玉锡通过多方协调，以考棚（原址在今遵义军分区处）置换协署（今遵义市第十一中学处）为中学堂堂址。并请准贵州巡抚开彩票3次，集银9300两；函请邑绅华之鸿兄弟捐银4000两；从府属办学经费中预支1400两，筹足建校经费。聘得力人士主持建校，并随时到场巡视、监督，袁玉锡甚至亲自动手干木工活，时有“袁木匠”的誉称。仅年余，校舍落成，占地数十亩，房屋300余间，可容千余人住读。袁玉锡在建校的同时，选派优秀人才前往日本等地学习进修，这些优秀人才结业后回中学堂充任师资。此外，袁玉锡还派田庆霖前往日本选购教学挂图、标本、实验仪器。光绪三十四年（1908）农历二月十七日，遵义府中学堂开堂，邓玉昆为首任堂长。中学堂的设备和师资均居黔省前列。民国年间，遵义府中学堂先后易名为遵义中学校、黔北十县联立中学、省立三中、贵州省立遵义初级中学。1936年更名为贵州省立遵义师范学校，为今遵义师范学院前身。中学堂原址在今贵州省遵义市第十一中学校址处。

成立大汉遵义军政分府

清宣统三年（1911），武昌起义成功的消息传到贵阳，以贵州自治学社为核心的革命党人奋起响应，于11月3日晚领导贵州陆军小学和南厂新军起义成功，11月6日，大汉贵州军政府宣告成立。11月9日，贵州自治学社遵义分社举荐在遵养病的早期同盟会会员、同盟会原江苏支部长、遵义人刘应烇主持，在遵义府署约集在遵革命党人，召开遵义两城学、绅、商各界特别会议，并做出如下决议：废除清王朝的遵义府政权，建立大汉遵义军政分府，由原遵义知府连培型任军政分府正职，原前清主事郡绅吴泽波任副职。因遵义府、县同城，会议还决定：取消遵义知县，推荐谭炳堃为正县，杨灿英为副县，主持县政。遵义府、县政权平稳交接。

红军进驻遵义城

1935年1月6日深夜，红一军团二师六团一营营长曾保堂率领红军智取遵义城。7日，红二师控制遵义新城和老城。8日9时，红军总司令部移至遵义老城琵琶桥柏家公馆。同日，红军总政治部代主任李富春发布《关于进入遵义城的通令》，具体规定了12条口号和8项注意，要求各部严格遵照执行。同时成立遵义警备司令部，驻新城何家巷，军委纵队司令员刘伯承兼任警备司令员，陈云任政治委员，负责遵义城的治安工作。9日下午3时许，当毛泽东、朱德、周恩来等人随军委纵队来到遵义城丰乐桥（今红花岗区迎红桥）时，受到早在丰乐桥接官厅一带等候迎接红军的遵义工人、农民、学生、工商业者和社会名流等的热烈欢迎。顿时，锣鼓喧天，鞭炮齐鸣，彩旗挥舞，欢声雷动。毛泽东、朱德、周恩来等领导人下马与欢迎群众代表握手问候，挥手致意，并肩走过石桥，从丰乐桥经丁字口、万寿桥、小十字、大十字，直到老城府衙门口（今百盛商场处），毛泽东、朱德先后发表讲话。红军进入遵义后驻扎了十二三天。在这期间，召开了具有伟大历史意义的中共中央政治局扩大会议——遵义会议。

党中央批准成立了中共贵州省工委和中共遵义县委，成立了遵义县革命委员会和红军遵湄绥游击队，组建了一大批县、区、乡级政权、武装、群团组织，开展了一系列革命活动。

召开万人大会

1935年1月12日下午，红军总政治部在老城协台坝省立三中操场上召开了群众大会（后称“万人大会”），成立了遵义县革命委员会。大会主席台设在操场南端。主席台上坐有毛泽东、朱德、博古、李富春、陈云，以及遵义的工、农、兵代表。下午2时许，会议正式开始，先由朱德、毛泽东、李富春讲话。接着，由工人代表邓云山、妇女代表李小侠、遵义籍红军代表贺神徒分别发言。之后，主席团解释成立革命委员会的意义，并列出经事前协商产生的蒙合和、邓云山等25名委员名单，经到会群众举手通过，宣布遵义县革命委员会正式成立。散会后，由红军篮球队和省立三中篮球队举行友谊比赛。遵义县革命委员会进行了分工，红军干部罗梓铭任主席，木工邓云山任副主席。同时组建了办事机构，办公室设在遵义新城豫章小学（今红花岗区沙盐路）。红军总政治部就成立遵义县革命委员会一事，向全国发了通电。

召开遵义会议

1935年1月15日至17日，中共中央政治局在遵义老城琵琶桥柏辉章私宅召开扩大会议（即遵义会议）。出席会议的政治局委员有毛泽东、张闻天（洛甫）、周恩来、朱德、陈云、秦邦宪（博古），候补委员有王稼祥、刘少奇、邓发、何克全（凯丰），红军总部和各军团负责人有刘伯承、李富春、林彪、聂荣臻、彭德怀、杨尚昆、李卓然，以及中央秘书长邓小平。李德及担任翻译工作的伍修权也列席了会议。博古主持会议。会议的中心议题是决定和审查黎平会议暂时以黔北为中心，再去川南建立苏区根据地的决议。经审议，一致决定红

军北渡长江，到成都之西南或西北建立根据地。接着，会议检阅红军在反对敌人第五次“围剿”中与西征中军事指挥上的经验与教训，纠正“左”倾领导人在军事指挥上的错误，确定红军此后的任务和战略方向。

会议首先由博古作《关于反对敌人第五次“围剿”的总结报告》。博古不承认第五次反“围剿”失败主要是自己和李德压制正确意见，在军事指挥上犯了严重错误而造成的。接着，周恩来就军事问题做副报告，指出第五次反“围剿”失败的主要原因是军事领导的战略战术的错误，并主动承担责任，做了诚恳的自我批评，同时也批评了博古和李德。张闻天按照会前与毛泽东、王稼祥共同商量的意见，做反对“左”倾军事错误的报告（亦称“反报告”），比较系统地批评了博古、李德在军事指挥上的错误。毛泽东接着作了长篇发言，对博古、李德在军事指挥上的错误进行了切中要害的分析和批评，并阐述了中国革命战争的战略战术问题和此后在军事上应该采取的方针。王稼祥在发言中也批评了博古、李德的错误，支持毛泽东的正确意见。周恩来、朱德、刘少奇等多数与会同志相继发言，不同意博古的总结报告，同意毛泽东、张闻天、王稼祥提出的提纲和意见。只有个别人在发言中为博古、李德的错误辩解。李德坚决不接受批评。

会议最后作出了下列决定：

①毛泽东同志选为常委。

②指定洛甫同志起草决议，委托常委审查后，发到支部中去讨论。

③常委中再进行适当的分工。

④取消三人团，仍由最高军事首长朱德、周恩来为军事指挥者，而恩来同志是党内委托的对指挥军事上下最后决心的负责者。

扩大会完毕后，中常委即分工，以泽东同志为恩来同志的军事指挥上的帮助者。

经过 2 月上、中旬的云南威信扎西会议和 3 月中旬的贵州遵义苟坝会议，中共中央政治局进一步补充、完善了遵义会议的内容，落实由张闻天同志接替博古同志负中央总的责任；通过了《中共中央关于反对敌人五次“围剿”的总结的决议》；产生了由毛泽东、周恩来、王稼祥组成的新“三人团”，全权指挥军事，逐步形成了以毛泽东同志为核心的党的第一代中央领导集体。

红花冈、老鸦山战斗

1935年2月18日至21日，中央红军二渡赤水河，回师黔北，于24日进击桐梓，接着在红三军团首长彭德怀、杨尚昆的指挥下，红三军团与固守娄山关之黔军展开浴血鏖战，夺取了娄山关，并乘胜向遵义方向追击，直逼遵义城下。随前卫红十一团行动的红三军团参谋长邓萍，在凤凰山山脚湘江河东岸侦察遵义老城敌军布防时，被河对岸敌人冷枪击中，不幸牺牲。27日黄昏，红一、红三军团攻占遵义新城。28日凌晨，红三军团攻占遵义老城。红三军团分别占领红花冈、老鸦山一线高地，坚守待命，红花冈、老鸦山战斗拉开序幕。28日10时许，奉命南来“追剿”红军的国民党中央军薛岳部吴奇伟纵队韩汉英五十九师，开始向红三军团红花冈、老鸦山阵地进攻。下午，吴奇伟纵队唐云山九十三师增援五十九师，战斗打得十分激烈，双方伤亡严重，红十团参谋长钟伟剑不幸牺牲。下午4时许，中央革命军事委员会急令红一军团、干部团立即出击增援，迅速向红花冈、老鸦山正面之敌发起猛攻。与此同时，吴奇伟在忠庄铺指挥所被红五团“尖刀连”袭击，吴奇伟带随从抢先逃命。顷刻间，整个战局发生根本性变化。敌军面对勇猛夹击的红军，眼看就要陷入重围，惊恐万状，纷纷夺路逃窜。国民党中央军沿川黔公路向乌江、贵阳方向溃逃，王家烈率残部向金沙方向逃窜。红一、红三军团乘胜追击。红二师一直追到乌江北岸。吴奇伟仓皇过江后，命令毁掉浮桥，逃敌一部溺死江中，未来得及过江的敌兵1800多人当了俘虏。

自2月24日开始的遵义战役中，红军取得歼敌2个师又8个团，俘敌3000余人的胜利，史称遵义大捷，红花冈、老鸦山则是遵义战役的主要战场。遵义战役是中央红军长征以来取得的最大的一次胜利，也是遵义会议以后取得的第一个大胜仗，极大地鼓舞了广大红军指战员的斗志，沉重地打击了国民党军的嚣张气焰。

浙大迁遵办学

1937年7月7日，抗日战争全面爆发，京沪杭沿线战争气氛异常紧张，浙大在日军轰炸中坚持3个月教学后被迫西迁。在浙大校长竺可桢的带领下，一迁浙江天目山、建德，再迁江西吉安、泰和，三迁广西宜山，四迁贵州遵义、湄潭。1940年1月，浙大师生迁到遵义；2月开始上课；5月，湄潭分部校舍落实；12月，湄潭永兴可接纳学生。1940年年底大致安置了下来，其总体布局是：校本部、文学院、工学院、师范学院办公室、部分实验室等驻遵义，校分部及理学院、农学院、物理系实验室、研究生院等驻湄潭，一年级驻永兴。浙大在遵义、湄潭办学近7年，有巨大发展。西迁前的1937年10月，浙大仅有文理、工、农3个学院16个学系，学生有633人。随校西迁的学生有460人。经7年的发展，至浙大迁返杭州前夕，已有7个学院、27个学系、4个研究所、5个学部、1个研究室、1个分校、2个先修班、1个附属中学、11所工场，农场有地20公顷。1941年6月，在校大学生为1486人，1946年10月为2243人。浙大在遵义、湄潭办学，为国家和民族保全了一大批科学家，培养了数以千计的优秀科学技术人才。在遵义、湄潭时期共毕业学生1857人。中华人民共和国成立以后，上述绝大多数师生在国家经济和科教文化事业方面做出了重大的贡献。据1989年统计，中国科学院学部委员中，有27人曾在浙大任教，40人在浙大毕业，这67人中的80%以上在遵义、湄潭工作和学习过。浙大在遵义期间，广大进步学生先后开展了“倒孔”游行、发表“国是宣言”等重大政治活动，在国统区产生了重大影响。在遵义、湄潭办学期间，竺可桢校长提出的“求是”校训得以认真贯彻实践，求是之风遍及浙大，惠及遵义、湄潭。在此风的熏陶下，浙大师生严谨治学，科研成果累累，爱国热情高涨，使浙大荣获“东方剑桥”“民主堡垒”的美誉。浙大在遵义、湄潭办学近7年，对遵义地区经济、社会的发展具有极大的推动作用，并产生了十分深远的影响。浙大在遵义、湄潭办学期间，遵义地方政府和广大人民群众在精神上、物质上给予了浙大极大的支持。

创修《遵义新志》

《遵义新志》由抗日战争时期迁遵义办学的浙江大学史地研究所（今老城碧云路52号）编撰，张其昀任主编。1948年由浙江大学印刷出版。1987年12月，由遵义市地方志编纂委员会改横排简化字重印。全书分《地质》《气候》《地形（上）》《地形（下）》《相对地势》《土壤》《土地利用》《产业与资源》《聚落》《区域地理》《历史地理》等11章，计17万字，附地图22幅。书中关于土地利用图的绘制和相对高度的研究，都是中国方志著作中的首创。20世纪末，台湾学术界仍以此本为地学著作中的一个类型，并重新进行了出版。

欢庆抗战胜利

1945年8月10日，遵义人民刚刚知道日本政府决定接受《波茨坦公告》并无条件投降的消息后，在遵义办学的浙大师生和遵义人民一道在第一时间举行了欢庆抗战胜利的游行活动。浙大校长竺可桢在日记中记载道：“日本投降，大战终结。今日下午六点，日本正式向盟国波茨坦三国公告无条件投降。晚十点消息到遵义，新、旧城各鸣炮十响，满街爆竹，至子夜不绝。”（8月10日　星期五）关于浙大学生和市民连夜庆祝游行盛况，当事人李曙在《一九四五年八月十日遵义之夜》一文中做了生动翔实的记载：“8月15日，日本宣布无条件投降。消息传到遵义后，遵义民众纷纷涌上街头，游行狂欢，举行各种庆祝活动。在遵义体育场，朱石林指挥3000多人高唱《我们胜利了》等抗战歌曲，场面蔚为壮观。全城人民游行庆祝至深夜。”9月2日，日本天皇和政府代表在投降书上签字。这些消息传到遵义后，遵义人民欢庆抗战胜利的活动再掀高潮。竺可桢日记中记载：“遵义各界庆祝大会……晚火炬游行，各界参加……火炬长十里，费时五十分始走毕，为遵义空前之盛况。”（9月4日　星期二）

迎接遵义解放

遵义解放前夕，由中共贵州省工委领导的进步青年组织遵义曙光社及其领导下的“川黔边区纵队”，以及在遵义的一批进步民主人士，以遵义老城为中心，开展了一系列卓有成效的工作，争取了国民党地方当局部分军政人员起义、投诚，有效地开展了护桥、护路、护厂、护校、护粮、护盐等护城活动，粉碎了敌人策划鼓吹的“搬家运动”“坚壁清野”“焦土抵抗”“血洗遵义”等阴谋，为遵义解放赢得了宝贵的时间、良好的舆论氛围和充裕的物质条件。在解放军进城的前夜，即1949年11月20日晚10时左右，潘名挥、刘兆富、幸必泽带领边纵第一支队葛德威部和一营起义部队占领丁字口一带，在一家商店楼下设立了指挥所。同时，派出一部分兵力占领东面制高点桃源山，一部分兵力防范敌军陈春霖和专员卢杰。潘名挥在指挥所用电话指挥，沟通情况。子夜，边纵抓住了卢杰的传令兵，了解了卢杰的兵力部署，随即截住卢杰调兵的命令，打乱了其部署。11月21日凌晨1时许，大兴面粉厂向指挥部报告，一批国民党军队包围了该厂，要强行进厂破坏，要求支援。指挥部决定，由幸必泽率保卫指挥部的一个排火速增援大兴面粉厂，敌人不知底细，胡乱放几枪后就逃跑了，大兴面粉厂解危。21日黎明，指挥部以“边纵”名义贴出《川黔边区纵队司令部布告》，以震慑敌人，安定民心。早上6时许，解放军先遣支队由曙光社白仲乾等做向导，进入遵义城，受到遵义人民的热烈欢迎，并宣告遵义解放。

遵义解放会师大会和庆祝大会分别举行

1949年12月2日，中共遵义地委、遵义专署、遵义军分区、遵义市军管会和中共遵义市委、市人民政府领导人与遵义曙光社、川黔边区纵队、新青团领导人，在遵义师范礼堂隆重举行会师大会。相关领导发表了热情洋溢的讲话，热烈祝贺党、政、军、民大会师。全体参会人员合影留念。12月10日，遵义城区两万多人在老城体育场隆重集会，热烈庆祝遵义解放和遵义人民政府成立。

“心连心”艺术团两次赴遵演出

1997年1月20日，中央电视台“心连心”艺术团首次到遵义，向遵义革命老区人民做慰问演出。演出会场设在遵义会议纪念馆。为了容纳更多的观众，拆掉了会址与后花园之间的一道围墙。央视主持人赵忠祥、周涛主持演出，彭丽媛、杨洪基、姜昆、关牧村、孙悦等30多位艺术家登台献艺。遵义革命老区党、政、军领导干部，各界人民群众3000多人观看演出。屋顶、墙头都挤满了观众，气氛热烈。

2015年1月4日，为隆重纪念遵义会议召开80周年，认真贯彻落实习近平总书记在全国文艺工作座谈会上的重要讲话精神，代表党中央、国务院对遵义革命老区人民的深切关怀，中央电视台“心连心”艺术团时隔18年再次来到遵义，在遵义会议纪念馆广场举行“我们的中国梦”慰问演出。一曲《心连心》拉开了序幕，著名歌唱家耿莲凤等演唱了《遵义会议放光辉》《四渡赤水出奇兵》《红军战士想念毛主席》《张灯结彩》《共筑中国梦》等歌曲。蔡国庆、吕继宏、阿幼朵、阿宝等艺术家与基层群众共同演绎了一曲《中国梦》大合唱。遵义党、政、军领导及老区干部群众2000多人观看了演出。

遵义会议和长征胜利80周年系列纪念活动

2015年1月是遵义会议召开80周年，2016年10月是中国工农红军长征胜利80周年，都是值得隆重纪念的日子。2015年1月15日，纪念遵义会议80周年大会在遵义召开，中央宣传部部长刘奇葆发表了讲话，中央和省、市有关领导出席了理论会议。在此期间，遵义举行了一系列学术研讨活动和文艺演出活动。1月16日，由中共遵义市委宣传部、遵义师范学院、遵义广播电视台等单位联合举办的音乐舞蹈史诗《遵义会议放光辉》在红花冈剧院首次公演。8月1日，由中共遵义市委宣传部、市文明办、市文化广电新闻出版局主办，市红色旅游（集团）有限公司、市曲艺家协会、红花岗区文联联办的“红色遵义曲艺

志愿者小舞台”，在遵义公园举行文艺演出。9月20日，“薪火相传·再创辉煌”长征精神红色旅游火炬传递仪式在遵义会议会址举行。

2016年6月17日，中共贵州省委宣传部和中共遵义市委、市人民政府等单位主办的“2016首届多彩贵州文化艺术节之长征文化传承篇——让遵义会议精神永放光芒”主题文化活动在遵义会议纪念馆广场启动。6月25日至7月25日，由中共遵义市委宣传部、中共嘉兴市委宣传部主办，南湖革命纪念馆、遵义会议纪念馆承办的“开天辟地——中国共产党创建史图片展”在遵义老城红军街开展。7月8日，“弘扬长征魂·共筑中国梦”纪念中国工农红军长征胜利80周年集邮巡回展暨“薪火相传”个性化邮票首发仪式在遵义会议纪念馆举行。7月31日至8月2日，遵义市首届民间红色文化（实物收藏品）展览会、红色文化保护传承发展万人签名活动在遵义老城红军街红色书画文物艺术品市场举行。10月12日，“贵州省纪念红军长征胜利80周年”遵义市主题月活动启动仪式在遵义会议纪念馆举行。10月19日，大型历史文献纪录片《日记——长征　长征》在遵义会议纪念馆广场举行开机仪式。该片主要以红军日记的形式，通过影像语言再现红军长征这一“20世纪人类的壮丽史诗”，使观众能真切感受到中国工农红军所经历的艰苦卓绝的斗争。

电视剧《伟大的转折》播出

从2018年12月26日开机，到2019年5月11日杀青，历经130多天的紧张摄制，电视剧《伟大的转折》前期拍摄工作结束。在连续4个多月的拍摄过程中，剧组匠心打造，在各级党委、政府的关心支持下，在社会各界的积极参与下，剧组顺利完成了这一反映重大革命历史题材的电视剧。该剧由贵州省文联主席、贵州省作协主席欧阳黔森任编剧，由李伟执导。2019年8月26日，电视剧《伟大的转折》在中央电视台综合频道首播，收视率在同时段4部献礼剧中位居第一。

该剧讲述了毛泽东等革命前辈带领中央红军自1934年12月进入贵州到1935年5月出贵州期间的革命斗争，主要表现了红军被国民党大军层层围堵、在长征中遭受重创之后，被迫进入贵州，历经黎平会议、猴场会议、突破乌江、遵义会议、土城战斗、四渡赤水、扎西会议、遵义战役、苟坝会议、南渡乌江、西进云南、北渡金沙江、会理会议等。红军克服了千难万险，展现了艰苦卓绝的精神。在以毛泽东同志为代表的新的中央的正确领导下，中央红军摆脱了敌军的追堵拦截，最终粉碎了蒋介石围歼、消灭红军的阴谋。该剧中大量展示了红军在今遵义老城范围开展革命活动的场景，真实反映了老城人民对红军的积极支持与重大贡献。

抗击新型冠状病毒感染疫情

2020 年新春，新型冠状病毒在国内传播，防控新型冠状病毒感染的阻击战打响。遵义老城各社区积极响应，全力投入，居民自觉遵守防控规定，积极参与新型冠状病毒感染疫情防控阻击战。

为加强领导，各社区成立了抗疫领导小组，下设社会防控组等 7 个工作专班，明确任务及工作职责，实行日调度工作机制。建立街道、社区、楼栋三级网络管理体系，推行网格化、扁平化、智能化“三化”管理模式。街道主要负责人在一级网格进行总调度，班子成员则下沉到二级网格指挥作战，带领干部深入网格和楼栋，精准摸排信息，做到不漏一户、不漏一人，掌握外地回遵义人员的信息，排查 10 万余人次，集中隔离了 41 人。

在全民抗疫的号召下，人人参与，共同为抗击疫情贡献了力量。由志愿者、党员干部组成的宣传小分队，利用楼道小喇叭、流动广播车等定时定点开展宣传工作，针对辖区内所有大型商场、农贸市场、重点场所、学校、小区等进行疫情检查指导。共张贴宣传标语 1000 余条，小喇叭喊话 5200 余次，发放各类宣传资料近 3000 份。对从重点疫区到遵义的人员，按相关要求进行了排查处置。

各社区实行 24 小时疫情防控工作专人值班制，及时上报排查、核查信息，及时反馈从中、高风险地区返回的入遵人员。对辖区内的商超、银行、医院、旅游景点等密集场所的进出人员严格实行进出扫“健康码”、测量体温、佩戴口罩等措施。

此外，各社区联系相关单位对辖区内农贸市场开展海鲜等冷冻食品的检查、市场消杀、人员卫生检查等工作，坚持佩戴健康工作证上岗制度。

街道出入口及小区还设置了抗疫工作检查站，夜以继日地由专人值守，对进出人员进行体温测量、扫健康码、佩戴口罩等检查。提倡居家防疫。在居家防疫期间，志愿者为居家防疫者采购物品，送米，送菜，以及送其他生活用品。

由于组织领导得力，安排得当，防疫措施具体，故防疫成效显著，老城抗击新型冠状病毒感染取得胜利。

大事年表

宋

南宋淳熙三年（1176） 播州土官杨轸迁播川县治至穆家川（今遵义老城），肇始建城，建立官衙，修筑防御。

明

万历二十九年（1601） 正月，明廷颁《平播诏》。四月，废除土司制度，播州辖地分设二府：遵义军民府隶四川，平越军民府隶贵州。原播州长官司辖地置遵义县，隶遵义军民府，府、县均驻穆家川。

清

康熙二十六年（1687） 遵义军民府裁去“军民”二字，称遵义府。康熙二十六年，知县邱纪重修县城城墙。

雍正五年（1727） 遵义县随府由四川省改隶贵州省。

道光二十一年（1841 年） 郑珍、莫友芝合纂《遵义府志》完稿刻就，全志 48 卷，计 80 万言。

咸丰二年（1852） 县城（今遵义老城）城垣年久失修，知县顾昆扬请准补筑城垣、城楼、炮台等，经三载告成，耗银三千余金。

同治五年（1866） 法国天主教传教士沙布尔到遵义传教，购老城杨柳街民房建天主堂。

同治八年（1869） 五月，天主堂之教堂、学堂及总府坝之医馆被毁，是遵义发生的第一次教案。

光绪八年（1882） 再次爆发教案。

光绪十年（1884） 第三次爆发教案。

光绪十二年（1886） 总兵何行保捐资于老城南门内朝天街（今遵义市第十一中学右前新修岔路口处）修建味经书院。

光绪二十九年（1903） 文化街（今老城官井路）杨兆麟取殿试一甲第三名探花及第。

光绪三十一年（1905） 袁玉锡于老城火神庙（今遵义市第四初级中学校

园）创办遵义师范传习所。

光绪三十一年（1905） 田庆霖奉知府派遣赴日本购回铸字机、铅印机、石印机等，设立官书局，县内始有机器印刷。

光绪三十二年（1906） 官立高等小学堂（今遵义市文化小学前身）于老城杨柳街成立。

光绪三十二年（1906） 知府袁玉锡创办《白话报》，倡导新学。

光绪三十二年（1906） 二月，遵义府中学堂校舍落成。

宣统三年（1911） 十一月，贵州自治学社遵义分社成员在遵义府署召集两城绅商学各界代表特别会议，决定成立大汉遵义军政分府。

中华民国

1912 年

1 月 1 日 遵义县建置撤销，其地由遵义府直辖。

1913 年

是年 知府周恭寿于遵义府城隍庙（今文化小学旁）开始筹办贵州第一所女子师范学校——遵义县立女子师范学校。

1914 年

10 月 遵义县首届学生运动会于遵义府中学堂大操场举行。

是年 杨兆麟等倡议续修《遵义府志》，报省批准设修志局，周恭寿为主修，杨兆麟任总纂。因时局多变，编纂艰难。

1915 年

是年 遵义县立女子师范学校开学。

1916 年

是年 况良仕于鲤鱼田（今凤凰山文化广场）自办蚕桑学校，植桑约 2 公顷。

是年 遵义教育会成立，蹇先国任会长。

1919 年

6 月 19 日 北京五四运动消息传到遵义，遵义中学校等校师生罢课、游行、演讲，号召奋起救国。

6 月 23 日 遵义工商界响应五四运动，全城罢工罢市。

6月25日　遵义学生联合救国会召开市民大会，宣读《拒用日货宣言书》。

1925年

5月9日　县城集会追悼孙中山逝世。

6月　五卅惨案发生后，上海总工会派人至遵义联系，受到黔北十县联立中学（今遵义市十一中校址处）师生的热情接待，积极予以声援。

是年　柏继陶首次从上海带回电影放映机和影片，于老城琵琶桥（今遵义会议纪念馆附近）露天放映无声电影。

1927年

4月　重庆发生“三三一”惨案后，省立三中学生王景任、余正邦等组织“三三一”救援会，声援重庆市民的爱国斗争。

1930年

8月　为纪念乡贤郑珍、莫友芝，县府于省立三中右侧修建郑莫祠。

1931年

9月　九一八事变发生后，县城各校学生上街宣传抗日。

10月　遵义各界群众3000多人游行示威，抵制日货。

1933年

夏　余正邦从北平返回遵义，于省立三中任教，秘密宣传共产主义思想。

1934年

春　中共党员周司和等从四川大足等地辗转至遵义，通过省立三中学生何恩余、遵义女中学生李小侠等发动青年，成立了“反日反帝大同盟”。

1935年

1月6日　深夜，由红一军团二师六团一营营长曾保堂率领红军，于次日凌晨2时许从新城南门智取遵义，进占新城。

1月7日　红一军团侦察连到达红花冈山顶，发现驻扎在老城的敌军正朝北门方向溃逃，当即阻击，迅速攻占老城。

1月8日　9时，红军总部移至遵义老城。红军总政治部代主任李富春发布《关于进入遵义城的通令》。

1月8日　中华苏维埃共和国国家银行进驻老城杨柳街犹国才私邸，发行苏维埃币（红军币），离遵时用实物换回。

1月9日　下午2时许，遵义各界群众在城南丰乐桥迎接中央红军首长进城。

1月9日　晚，红军总政治部在老城杨柳街天主堂召开群众代表大会，发动群众筹建各种革命组织。

1月10日　由红军总政治部派出干部，分别组织各行业工人400余人，在鲁班庙（今遵义市第四初级中学内）召开“遵义赤色工会”成立大会，并向工会颁发了“遵义赤色工会”印章。

1月12日　红军在遵义老城协台坝省立三中操场召开群众大会，成立“遵义县革命委员会”，毛泽东、朱德、李富春等先后讲话。

1月14日　红军总政治部下达《关于地方工作的指示信》，要求注意群众工作，团结进步人士，强调“对富人、商人、知识分子等，采取许多灵活的策略”，反对“一切‘左’的关门主义倾向”，改变“左”的群众工作方法。

1月15日—17日　在老城红军总司令部驻地（柏辉章公馆）召开中共中央政治局扩大会议（遵义会议）。

1月19日　军委纵队改为中央纵队，由总部参谋长刘伯承兼任总司令员。中央纵队撤离遵义，向泗渡、板桥方向前进。

2月27日　傍晚，回师遵义的红三军团参谋长邓萍在老城北门外侦察老城敌情时，被拱安关上黔军冷枪击中头部，不幸牺牲，时年27岁。

2月28日　凌晨，红三军团攻占老城。10时许，红军与国民党中央军第五十九师、第九十三师激战于红花冈、老鸦山、碧云峰一带，歼敌一部，将敌追至乌江边。红十团参谋长钟伟剑在战斗中牺牲。

3月2日　红军中央纵队驻遵义。

3月3日　红一军团司令部迁驻遵义城。

3月4日　红军总政治部在杨柳街天主堂召开连以上干部会，毛泽东在会上报告遵义战役胜利的原因及其意义、目前的紧急任务及一般形势。

3月4日　中央革命军事委员会在遵义成立前敌司令部，朱德任司令员，毛泽东任政治委员。

3月4日　中央革命军事委员会决定成立红军遵湄绥游击队，配合红军主力做战略转移。

3月5日　前敌司令部由遵义移驻鸭溪。

11月　遵义反帝拥苏同盟于老城和平路（今步行街）中段开办黔北书店，出售进步书刊。

1936年

5月　国民政府以遵义省立三中校舍设第二军械总库（民称“子弹库”）。

1937年

4月　赵恺与安顺人杨恩元继纂《续遵义府志》刻印发行。

12月26日　遵义各界于遵义省立三中操场集会，公祭阵亡于山西忻口抗日前线的陆军少将刘眉生。

1938年

4月　中共贵州省工委批准恢复重建中共遵义县委，杨天源任书记，谢树中任副书记，以杨柳街小学为主要阵地开展革命活动。

夏　中共遵义县委派谢树中等加入遵义青年抗日救国会工作，以水硐街张爷庙老城杨柳街小学（今遵义市文化小学前身）为据点，团结进步青年创办《活路》《游击队》壁报，组织歌咏队，积极宣传抗日。

8月1日　遵义县卫生所于老城元天宫成立。次年改为遵义县卫生院。

1940年

1月　国立浙江大学从杭州辗转迁到遵义。院系分设遵义老城、湄潭县城及湄潭永兴场三地，校总部设于老城子弹库。

1月　第五区行政督察专员公署由桐梓迁回遵义。

是年　赵恺积十年之功，汇集郑珍15部著作辑成的《巢经巢全集》，由贵阳文通书局刊印出版。

1941年

9月　《黔声日报》创刊，社长孙必仁，总编王席珍，经理王葆康。

是年　遵义县妇女会于老城关圣殿（今老城元天宫巷口）开办幼稚园，入园幼儿90人，教职工9人。

1942年

1月16日　浙大学生举行“倒孔”示威游行。

1943年

2月　浙江大学学生发起赈济豫灾活动，于老城大十字举办义演、义卖活动，筹款赈灾。

7 月　县城霍乱流行，死亡 200 余人。浙大校长竺可桢组织学生协助县卫生院为城区居民及过往旅客注射霍乱疫苗，并对饮水进行消毒。

9 月　国民党中央宣传部接管《黔声日报》，改称《遵义实验简报》。

11 月　霍乱停止流行。

1944 年

4 月 10 日　英国剑桥大学教授、国际科学史研究院院士李约瑟受中英庚款董事会派遣，至遵义视察中国蚕桑研究所。

8 月　贵州省立遵义高级中学于城北汇川坝成立，招收全区各县学生入学，首任校长张有民。

10 月　李约瑟再次来遵义，考察浙江大学教学和科研情况时，赞誉浙大为“东方剑桥”。

11 月　日军入侵黔南，大批军队经遵义县城开赴前线，浙江大学、各中学学生及商界人士自动组织，慰劳过境部队，活动持续至 12 月中旬。

1945 年

8 月 10 日　日本决定接受《波茨坦公告》，承认无条件投降的消息传到遵义，遵义民众即举行游行，欢庆抗日战争胜利。

8 月 16 日　日本宣布无条件投降消息传来遵义，县城中的市民、学生敲锣打鼓、燃放鞭炮，通宵达旦庆祝。

9 月 4 日　遵义县政府于老城体育场召开抗战胜利庆祝大会。晚间举行火炬游行，队伍长达数里，盛况空前。

是年　杨伯雍、王葆康等人于天元宫创办的《民铎日报》创刊。

1946 年

5 月 11 日　浙大开始迁返杭州。遵义文化教育界人士于老城标准小学（今文化小学前身）举行欢送会，83 岁绅士蒋篪谱代表文教界向浙大校长竺可桢献旗。

7 月下旬　国民党特务于昆明暗杀爱国人士李公朴、闻一多的消息传至遵义，浙大及各校师生六七百人于何家巷举行追悼会。

1948 年

5 月　由浙江大学教授张其昀主编的《遵义新志》于杭州出版。全书 11 章，共 17 万字。

1949 年

1 月　省立遵义高中学生再次发动学潮，专员兼保安司令卢杰偕遵义县长沈麟书、专署教育科长王恒良至校“训导”，省高学生奋起反抗，取得胜利。

中华人民共和国

1949 年

11 月 21 日　二野三兵团十军二十八师副师长卢彦山、政治部副主任高世平率先遣队沿遵湄公路疾进抵遵，宣告遵义解放。

11 月 24 日　中共遵义地委、遵义专员公署、遵义军分区于市内正式成立，陈璞如任地委书记，李苏波任专员，李程任遵义军分区司令员，驻地均在老城原府署一带。

11 月 25 日　中共遵义市委、遵义市人民政府成立，江平鲁任市委书记，辛墨林任市长。

11 月下旬　遵义地委书记陈璞如在办公室会见了国民党遵义籍 8 名将领——陈铁、王家烈、吴剑平、柏辉章、何知重、蒋在珍、陈德明，其中朱振民因公去正安而缺席。

12 月 2 日　中共遵义地委、市委和遵义军分区、军管会领导人与曙光社、川黔边区纵队领导成员于遵义师范礼堂举行会师大会。

12 月 10 日　遵义城区两万多群众于老城体育场集会，庆祝遵义解放和遵义市人民政府成立。

1950 年

10 月 1 日　城区 1.3 万人在老城体育场集会，庆祝中华人民共和国成立一周年。当晚，举行万人提灯游行。

10 月 16 日—23 日　中国共产党遵义市第一次代表大会于遵义师范学校（今遵义市第十一中学）礼堂召开，总结前段工作，部署今后任务。

1951年

1月1日　撤销遵义市建制，原辖地域改为遵义县城关区，由遵义专署直辖。

7月1日　遵义专署成立遵义会议纪念建设筹备委员会，着手筹建遵义会议纪念馆、纪念广场和纪念公园。

1952年

4月2日　遵义县城关区3万多人于纪念广场集会，热烈欢迎中国人民志愿军归国代表王非、朝鲜人民军访华代表柳道镇等6人。

7月16日　撤销遵义县城关区，恢复遵义市建制，中共遵义市委、遵义市人民政府分别成立，辛墨林任市委书记兼市长。

是年　位于凤凰山南麓的劳动人民文化宫建成，建筑面积为2374平方米。

1953年

3月9日　遵义市3万多群众于纪念广场集会，悼念苏联元首斯大林逝世。

7月23日　遵义市首次进行人口普查。经调查统计，全市总人口为97522人。

9月3日　遵义市人民政府委员会将葬于城南桑木垭的红军卫生员遗骸迁葬于小龙山（今红军山）。

10月18日　遵义市人民政府委员会决定于小龙山修建红军烈士陵园。

1956年

5月20日—24日　恢复重建的中国共产党遵义市第一次代表大会召开，选举陈彬、李习之、谢培庸为书记，张志经为副书记。

1957年

7月　遵义会议会址陈列布展，1959年10月完成并正式对外开放。

1958年

11月3日—5日　中共中央总书记、国务院副总理邓小平，在杨尚昆、李井泉的陪同下，参观遵义会议会址和红军总政治部旧址。

1959年

1月16日　中共中央委员、团中央第一书记胡耀邦到遵义视察，到遵义四中、文化小学视察，并与教职工座谈，还参加遵义万名青年绿化红花岗植树活动。

清明节　中共遵义地委、市委于小龙山（今红军山）为红三军团参谋长邓萍遗骸举行迁棺入墓仪式。

11月24日　遵义会议会址被列为省级文物保护单位。

1961年

3月4日　国务院公布遵义会议会址为全国重点文物保护单位。

1963年

3月14日　共青团遵义市委举行“向雷锋同志学习”报告大会。全市中小学生掀起学习雷锋热潮。

1964年

是年　中共中央主席毛泽东手书“遵义会议会址”六字寄达遵义会议纪念馆。

1965年

11月21日　中共中央总书记、国务院副总理邓小平与李富春、李井泉、程子华一行参观了遵义会议会址。

1966年

8月24日　遵义市人民委员会决定将子尹路改称红旗路。

11月　遵义市各学校“停课闹革命”，掀起“大串联”热潮。

1967年

1月8日　遵义纪念广场（今凤凰山文化广场）召开10万余人的群众大会，纪念遵义会议召开32周年。

1969年

1月8日　贵州省革委、贵州省军区主持召开遵义会议34周年纪念大会，到会军民和各地、州、市代表团共计10万余人。

3月28日　遵义市革委追认1935年在老鸦山和偷牛窝战斗中牺牲的4名红军为革命烈士，并将其遗骸迁于小龙山红军烈士陵园。

1972年

3月7日　经中共中央批准，遵义市正式对外开放。

1975年

1月8日　中共贵州省委、贵州省军区于遵义纪念广场召开大会，纪念遵义会议召开40周年。

5月10日　贵州省上山下乡知识青年1350名代表到遵义市，参观遵义会议会址和毛泽东住址。

1976年

1月8日　国务院总理周恩来逝世，遵义市干部、群众自发戴黑纱、设灵堂，举行各种悼念活动。

9月9日　中共中央主席、中央军委主席毛泽东逝世，城乡5万群众到遵义会议纪念馆沉痛哀悼。

10月22日　遵义地委在纪念广场召开揭批“四人帮”反革命罪行群众大会。

1980年

1月8日　经过修葺的遵义会议陈列馆在凤凰山工人文化宫开馆，接待群众参观。

是年　遵义市革委公布袁公祠，黄齐生执教处，红花冈、老鸦山红军战斗遗址等处为市级文物保护单位。

1982年

2月8日　国务院首批公布遵义市为全国24个历史文化名城之一。

1984年

3月1日　全市召开开展“五讲、四美、三热爱”（讲文明、讲礼貌、讲卫生、讲秩序、讲道德，心灵美、语言美、行为美、环境美，热爱祖国、热爱社会主义、热爱中国共产党）活动动员大会。

4月23日　美国《纽约时报》原副总编辑哈里森·索尔兹伯里沿着中国工农红军长征路线到遵义市采访。

11月2日　中共中央顾问委员会主任、中央军委主席邓小平为遵义红军烈士纪念碑和红军总政治部旧址题字。

1985年

1月5日　为纪念遵义会议召开50周年，《中国历史文化名城丛书·遵义》、大型彩色摄影画册《遵义》和《纪念遵义会议50周年歌曲集》出版发行。

1月12日—17日　贵州省纪念遵义会议50周年学术讨论会在遵义举行。省内外100余名代表到会，宣读论文70多篇。

1月15日　中共中央顾问委员会常委伍修权、昆明军区政委谢振华和省、地、市党政军负责人及各界代表500余人，于凤凰山红军烈士陵园举行红军烈士纪念碑揭幕仪式。下午，中共中央党史资料征集委员会副主任、全国政协常委童小鹏及省、地、市党政军负责人为红军总政治部旧址修复、开放剪彩。

1月17日　参加过遵义战役的老红军战士、解放后在遵义工作过的老领导、来自井冈山等革命纪念地的代表和省、地、市各界代表1400余人，于红花冈剧院隆重举行纪念遵义会议召开50周年大会。当日，城区街道张灯结彩，数十支城乡文艺队伍游行庆祝，入夜燃放礼花。

1月20日　中共中央党史资料征集委员会副主任、全国政协常委童小鹏为文化小学题写校名，并题词“园丁勤浇灌，花朵永鲜艳”。

2月22日　中共中央政治局委员、中央军委常务副主席杨尚昆和夫人李伯钊（女红军）到遵义市，参观遵义会议会址等革命旧址。

3月17日—18日　中共中央政治局常委、国家主席李先念等到遵义市视察，参观遵义会议会址并于红军烈士陵园植树纪念。

7月　中共遵义地委机关报《遵义报》复刊。

10月25日　凤凰山体育场改建工程动工，次年8月竣工。占地为7000多平方米，设有万人看台。后于修建凤凰山文化广场时拆除。

1986年

10月15日　国务院批准遵义红军烈士陵园为第一批32个全国重点烈士纪念建筑物保护单位之一。

是年　遵义市（县级）人民政府拨款重葺郑莫祠。

是年　贵州广播电视大学遵义分校在遵义市民主路成立。

1987年

3月12日　贵州瓮安县籍红军作家陈靖受中央军委、总政治部委托，率写作组重走长征路，来到遵义会议会址等处采访。

5月1日　《遵义晚报》创刊，暂定每周出版两期。

1988年

6月25日—29日　中国共产党遵义市第五次代表大会明确提出“发扬长征精神、树立名城意识”口号。

8月1日　遵义会议纪念馆开放红军总部作战室旧址。

1990 年

6 月 25 日　中共中央政治局常委、中纪委书记乔石到遵义市视察，参观遵义会议纪念馆。

9 月 3 日　北京亚运会火炬传递到达遵义市，地、市有关人员于遵义会议会址举行交接仪式。

1991 年

2 月 8 日—10 日　中共中央政治局常委、国务院总理李鹏到遵义市视察，并参观遵义会议会址。

5 月 2 日　共青团中央和全国少工委、儿童活动中心组织的革命老区六城市“红领巾传递活动”交接仪式于遵义会议会址举行。

6 月 27 日　石永言纪实小说《遵义会议纪实》出版发行。

12 月 19 日　中共中央总书记、中央军委主席江泽民参观遵义会议会址、红军总政治部旧址并题词。

12 月 20 日　江泽民前往红军烈士陵园，向烈士敬献花篮，并种植一棵松树。

1992 年

9 月 12 日　遵义市首届运动会于凤凰山体育场开幕。

1994 年

2 月 25 日　国家文物局确定遵义会议会址为全国十大优秀社会教育基地。

10 月 17 日　中共中央政治局委员、全国政协主席李瑞环参观遵义会议会址。

10 月 17 日—19 日　遵义郑莫黎研究会、贵州古典文学学会于遵义市联合举行“郑莫黎研究会 1994 年年会及纪念郑珍逝世 130 周年学术讨论会”，近百名专家、学者参会。

1995 年

1 月 15 日　中共贵州省委纪念遵义会议召开 60 周年大会于长征公司俱乐部礼堂举行。省、地、市党政领导，成都军区负责人，韶山、井冈山、重庆、广西等革命老区代表和遵义各界群众千余人参加纪念大会。

8 月 15 日　全国部分革命老区经济发展暨首次精神文明座谈会于遵义宾馆召开。

9 月 22 日—25 日　全国历史文化名城第七次研讨会在遵义宾馆召开，99 座

历史文化名城的代表及有关专家学者308人出席会议。

9月27日　共青团中央派员至遵义市向遵义会议会址颁发“全国青少年教育基地”标牌。

10月8日　遵义市第十九届中小学生运动会于凤凰山体育场举行，1200名运动员参加134个项目的角逐。

1996年

4月26日　中共中央政治局常委、国务院副总理朱镕基至遵义市视察，参观遵义会议会址。

5月15日　中共中央政治局常委、中央书记处书记胡锦涛参观遵义会议会址。

10月25日　中共中央总书记、国家主席、中央军委主席江泽民至遵义市视察。

1997年

3月8日　老城改造建设工程开工。

6月　经国务院批准撤销遵义地区，设立地级遵义市。

8月8日　遵义市更名为遵义市，红花岗区授牌大会在红花冈剧院举行。

8月23日　贵州省第六届“足协杯”暨“名城遵义杯”足球赛开幕式在凤凰山体育场举行。

12月18日　遵义撤地设市授牌大会在红花冈剧院举行。撤销遵义地区行政公署，成立地级遵义市。

1998年

5月1日　“贵州省中学生田径运动会”在红花岗区凤凰山体育场举行。

11月20日　《遵义市志》首发式在红花冈剧院广场举行。

12月9日　遵义会议会址“贵州省爱国主义教育基地”授牌仪式在会址举行。

1999年

5月4日　红花岗区举行纪念五四运动80周年暨成人宣誓仪式。

2000年

5月7日　中共贵州省委书记钱运录参观遵义会议会址。

2002年

是年　凤凰山科技会展中心、可桢桥工程竣工。

2003 年

7 月 20 日　红花岗区老城街道办与遵义市文化小学组织辖区 560 余名中小学生和社会青少年联合举办的 2003 年中小学生科技夏令营活动开幕，为期 4 天。

10 月 21 日　中共中央政治局常委、全国政协主席贾庆林参观遵义会议会址。

12 月 25 日　遵义红军烈士陵园改造工程竣工。

2004 年

7 月 1 日　遵义市政务中心在凤凰山会展中心挂牌成立，向全市提供服务。

2005 年

1 月 13 日　红花岗区举办纪念遵义会议召开 70 周年系列纪念活动。北京军区战友文工团大型歌舞剧《长征组歌》以及纪念遵义会议召开 70 周年文艺演出在凤凰山文化广场上演。

1 月 14 日　中共贵州省委在遵义宾馆举行纪念遵义会议召开 70 周年大会，省委书记钱运录讲话，王道金、傅传耀、吴廷述、雷光仁发言。

11 月　遵义动物园搬迁后，原址划拨新建红色旅游景点——红军街。

是年　中共中央宣传部、国家发展和改革委员会、国家旅游局等 13 个部门联合公布 30 条全国红色旅游精品线和 100 个全国红色旅游经典景区，遵义会议纪念馆景区名列其中。

2006 年

1 月 15 日　为纪念红军长征胜利 70 周年，“多彩贵州”艺术团赴遵义，在凤凰山文化广场演出。

6 月 10 日　红花岗区“红色之旅·伟大转折”遵义红花岗区旅游文化节隆重开幕，为期 4 天。

2007 年

12 月 29 日　红花岗区邀请的俄罗斯国家芭蕾舞团在红花冈剧院举行 2008 年迎春芭蕾舞晚会。

2008 年

12 月 30 日　位于红花岗区老城街道解放路的遵义百盛商业发展有限公司开业。

2009年

6月20日　全国人大常委会机关党校学员赴遵考察团参观了遵义会议纪念馆。

2010年

1月3日　老城街道办事处在老城纪念广场举办主题为“迎新春、促和谐”社区趣味体育运动会。

2月1日　老城街道办事处主持的“红花岗区‘保民生、促和谐’春季消防宣传活动周”启动仪式在老城纪念广场举行。

2月上旬　老城街道办事处组织辖区居委会积极开展以“关注民生、保持稳定”为主题的春节慰问活动。

3月11日　中共中央组织部常务副部长沈跃跃在中共贵州省委组织部副部长侯正茂和市、区领导的陪同下，莅临老城街道办事处考察和指导工作。

3月30日　老城街道办事处组织由“老干部、老教师、老专家、老战士、老模范”组成的12名“五老”人员、50名社区志愿者，在遵义会议会址参加由省文明办发起的“和谐贵州三关爱”绿丝带志愿服务行动启动仪式。

4月14日　青海省玉树藏族自治州玉树县发生里氏7.1级地震，遵义市红花岗区老城各街道、单位积极组织抗震救灾捐款活动。

5月21日　中共贵州省委书记石宗源在遵义市、红花岗区等领导的陪同下参观遵义会议纪念馆。

6月24日　由老城街道党工委主办，遵义医学院、遵医附院和贵州百花医药集团党委协办的“党旗飘扬心系群众”社区义诊活动在纪念广场举行。

7月16日　重庆工商大学融智学院“三下乡”服务队到遵义老城开展民生宣传系列活动。

9月1日　中共贵州省委书记栗战书参观遵义会议会址。

11月9日　红花岗区长征文化节暨文改研讨会·经贸洽谈会、美食文化节、汽车展销会等系列活动在老城纪念广场举行。

2011年

3月8日　中共贵州省委调研组一行约20人参观遵义会议纪念馆，并对老城办服务中心、府后山社区进行视察、调研。

3 月 25 日　由中共中央宣传部及中央文明办主办，中共遵义市委、市人民政府承办的“我们的节日·清明节”的文艺演出在遵义会议会址内举行。

7 月 25 日　第三届大学生中学生夏令营在遵义市第十一中学开营，来自北大、清华等名校的 24 名贵州籍大学生和家乡的 600 多名中学生，一起度过一段有意义的暑期生活。

8 月 31 日　中共重庆市委政法委书记刘光磊率重庆市政法考察团一行，在中共贵州省委政法委副书记杨舟、中共遵义市委书记喻红秋的陪同下，参观了遵义会议纪念馆。

11 月 19 日　贵州航天职业技术学院青年志愿者协会，在红军山开展“文明城市签名活动”。

2012 年

2 月 2 日　遵义市文明办、市妇联、市交通局、市交警大队在老城纪念广场联合举办“文明交通伴我行、巾帼志愿在行动”志愿者签名活动和志愿者队伍授旗仪式。

4 月 10 日　共青团贵州省委调研组在共青团遵义市委、共青团红花岗区委负责人的陪同下调研红军街“微笑小屋”。10 日，就社区建设、团建工作等情况进行调研。

6 月 1 日　遵义市妇女儿童工作委员会和老城小学联合开展的“金色少年庆六·一、道德文明在行动——小手拉大手”活动在老城纪念广场拉开序幕。

6 月 27 日　老城纪念广场举行 2012 年庆“七一”文艺演出。

10 月 29 日　贵州省、遵义市人大代表一行 20 余人，到遵义老城对“四民社区”工作进行调研。

12 月 1 日　中共中央总书记、国家主席胡锦涛参观遵义会议会址。

2013 年

1 月 18 日—20 日　遵义市酒类发展管理局、市商务局、市广播电视台等部门联合主办的“遵义美酒·香飘世界”2013 首届迎新春电视酒博会在老城纪念广场开幕。

3 月 24 日　中共中央政治局常委、全国政协主席俞正声参观遵义会议会址，瞻仰红军烈士陵园。

7月1日　“圣地行·颂党恩”——中央人民广播电台诗词吟诵音乐会在遵义会议会址举行。

7月8日　纪念毛泽东诞辰120周年书法作品展在红花冈剧院举行，为期5天。

7月26日　以“凝聚正能量·共筑中国梦”为主题的贵州省第三届道德模范先进事迹巡回报告会在红花冈剧院举行。

8月8日　遵义会议陈列馆改扩建项目动工。规划面积为1.91万平方米，总投资为1.48亿元，工程分为A、B、C、D 4个片区。

9月10日　红花岗区文明办、共青团红花岗区委主办的“红领巾相约中国梦”金秋音乐会在老城纪念广场举行。

9月10日　由中共遵义市红花岗区委宣传部、区文广电旅游局主办，铁路舞蹈世界团、遵义旅游演艺有限责任公司承办的“学子梦·教师梦·强国梦”群众文艺汇演在红花冈剧院上演。

9月18日　由中共遵义宣传部、市文明办、市文体广电局和中共红花岗区委宣传部共同主办，市黔北民族乐团协办的2013中秋音乐会在凤凰山文化广场举行。

10月12日　“我们的节日·重阳”系列志愿服务活动在老城纪念广场启动。

11月30日　贵州省（遵义赛区）青少年模型锦标赛在老城小学举行。

12月21日　中共红花岗区委宣传部、区文广电旅游局主办的“圆我中国梦·为遵义放歌”群众文艺会演在红花冈剧院上演。

12月26日　遵义纪念毛泽东120周年诞辰文艺演唱会在凤凰山文化广场举行，红叶艺术团等15个群众团体参演。

12月28日　毛泽东纪念邮票在老城步行街举行首发式，发行纪念邮票一套4枚（每枚1.2元）。

2014年

3月21日　展现本土小品新魅力的“道德剧场”在红花冈剧院公演。

5月4日　“聚爱红城·幸福青年”文明集体婚礼在老城纪念广场举行，12对新人在此结成伉俪。

6月17日　中国（遵义）长征文化博览园规划研讨会在遵义老城举行。

7月1日 中央人民广播电台“圣地行·颂党恩”赴遵诗词吟诵音乐会在遵义会址举行，著名播音员分别朗诵了《忆秦娥·娄山关》《七律·长征》《遵义会议》等诗篇。

8月10日 红花岗区文明办、共青团红花岗区委举办的“红领巾相约中国梦”金秋音乐会在纪念广场举行。

11月27日 中国科协、财政部授予老城街道办事处“全国科普示范社区”称号。

2015年

1月4日 中央电视台“心连心”艺术团主题为“2015我们的中国梦”慰问演出在遵义会议会址举行。

1月15日 中共中央宣传部、中央文献研究室、中央党史研究室、解放军总政治部、中共贵州省委在凤凰山会展中心举行纪念遵义会议召开80周年大会，中共中央政治局委员、中央书记处书记、中央宣传部部长刘奇葆出席并讲话。

1月15日 改建后的遵义会议陈列馆免费开放。

1月15日 改造升级后的遵义纪念公园免费开放。

1月16日 由中共遵义市委宣传部、遵义师范学院、遵义广播电视台等单位联合举办的音乐舞蹈史诗《遵义会议放光辉》在红花冈剧院首次公演。

1月24日 纪念遵义会议召开80周年重要影视剧之一的电影《红军山上杜鹃红》在遵义红军烈士陵园开机拍摄。

1月30日 遵义市第四届“遵义文艺奖”颁奖大会在遵义宾馆举行，《黔北古近代文学概观》等8部作品获一等奖。

6月16日—17日 中共中央总书记、国家主席、中央军委主席习近平到遵义市考察，瞻仰红军烈士陵园、参观遵义会议会址，考察遵义县枫香镇花茂村。

8月1日 中共遵义市委宣传部等主办的“红色遵义曲艺志愿者小舞台”在遵义公园举行文艺演出。

8月3日 中央国家机关第三批爱国主义教育基地授牌仪式在遵义会议会址主楼前举行，遵义会议纪念馆、四渡赤水纪念馆、女红军纪念馆、青杠坡战斗遗址名列其中。

8月28日 由中共遵义市委、遵义市人民政府主办，市离退休干部工作局、市老年大学承办的“名城老干部为党的事业增添正能量活动启动仪式暨纪念中国人民抗日战争胜利70周年文艺演出”系列活动在红花岗区老城纪念广场举行。

9月20日　全国红色旅游工作协调小组办公室举办的“薪火相传·再创辉煌”长征精神红色旅游火炬传递仪式在遵义会议会址举行。

9月30日　遵义市在凤凰山红军烈士陵园举行烈士公祭活动。此后，每年都会在此举行一次烈士公祭活动。

10月13日　由中共中央党史研究室、中国中共党史学会指导，中共贵州省委党史研究室、中共中央党史研究室宣传教育局和中共遵义市委主办的以“遵义会议精神与长征文化”为主题的首届长征论坛在遵义宾馆举行。

2016年

2月15日　由遵义市文明办、市旅游发展委员会主办，市旅游行业协会承办的“文明在行动·满意在贵州——为中国加分·为遵义添彩”文明旅游活动暨旅游宣传推介仪式在遵义老城纪念广场举行。

3月22日　中共中央政治局原常委、全国政协原主席贾庆林参观遵义会议会址。

5月6日　2016中国（遵义）红色旅游高峰论坛暨红色旅游基金启动仪式在遵义宾馆举行。此次活动发布了《2016年红色旅游遵义宣言》。

6月14日　由中共遵义市委、遵义市人民政府、中央党史研究室科研管理部和贵州省委党史研究室联合主办的“长征与遵义——纪念长征胜利80周年”理论研讨会在遵义举行。

6月17日　由中共贵州省委宣传部、贵州省文化厅、贵州省委党史研究室、贵州广播电视台和中共遵义市委、市人民政府主办的“2016首届多彩贵州文化艺术节长征文化传承篇——让遵义会议精神永放光芒”主题文化活动在遵义会议纪念馆广场启动。

6月25日—7月25日　为纪念中国共产党建党95周年、长征胜利80周年，由中共遵义市委宣传部、中共嘉兴市委宣传部主办，南湖革命纪念馆、遵义会议纪念馆承办的“开天辟地——中国共产党创建史图片展”在遵义老城红军街举行。

7月8日　“弘扬长征魂·共筑中国梦”纪念中国工农红军长征胜利80周年

集邮巡回展暨“薪火相传”个性化邮票首发活动，在遵义会议纪念馆开展。

10月12日　“贵州省纪念红军长征胜利80周年”遵义市主题月活动启动仪式在遵义会议纪念馆举行。

10月18日　由遵义市政协主办，中共遵义市委宣传部、市委党史研究室、市政协文史委、市长征学学会承办的“纪念红军长征胜利80周年长征精神暨长征学学术研讨会”在遵义宾馆举行。全国120多位党史专家及党史工作者出席，提交论文80余篇。

10月19日　大型历史文献纪录片《日记——长征　长征》在遵义会议会址广场举行开机仪式。

11月4日　由人民日报社新媒体中心和全国红色旅游工作协调小组办公室、中央党史研究室宣传教育局共同主办的“我心中的长征纪念地”评选结果揭晓，遵义会议纪念馆入选获奖，遵义红军烈士陵园入选提名奖。

12月　遵义会议会址、遵义会议陈列馆、红军总政治部旧址、红军街和红军烈士陵园等景点入选《全国红色旅游景点景区名录》。

2017年

9月4日　红花岗区“喜迎十九大·名城文明风”图片展启动仪式在老城纪念广场举行。图片展在老城纪念广场、红军街、步行街等地巡展20天，展示作品167件。

11月21日　“走好新时代的长征路”中外青年学者交流活动在遵义会议纪念馆拉开帷幕，来自中央党校、中国社科院等单位的专家和来自英国、俄罗斯、印度等国的青年学者，以及中央和地方重点新闻网站记者、编辑参加启动仪式。

2018年

2月23日　《老城历史文化街区保护与开发规划设计方案》专题汇报会召开，中共遵义市委书记龙长春主持会议并讲话。

9月10日　全国关心下一代党史国史教育基地揭牌仪式在遵义会议纪念馆举行，第十届全国人大常委会副委员长、中国关心下一代工作委员会主任顾秀莲，中共贵州省委常委、中共遵义市委书记龙长春为基地揭牌。

10月12日　贵州省人民政府批复同意《遵义市历史文化名城保护规划（2017—2030年）》。

12月25日　遵义市荣获中华诗词学会授予的“中华诗词之市”称号。

是年　老城街道办在纪念馆社区杨柳街、大士阁巷打造遵义历史文化长廊，向来到遵义的客商宣传展示红军在遵义、遵义会议、浙大迁遵办学等红色历史故事。

2019年

1月12日　遵义籍老红军李光逝世，享年98岁，中共遵义市委、遵义市人民政府、中共红花岗区委、红花岗区人民政府领导参加了遗体告别仪式。

1月19日　纪念遵义会议召开84周年暨电视剧《伟大的转折》新闻发布会在遵义举行。

7月10日—14日　“壮丽70年·奋斗新时代——记者再走长征路”主题采访活动走进遵义，中央、省、市百余名新闻媒体记者在遵义开展了5天的采访活动。11日，“记者再走长征路·遵义会址话长征”直播访谈在遵义会议纪念馆举行。

8月26日　38集电视剧《伟大的转折》在中央电视台综合频道黄金时段首播。

12月6日—7日　由江西赣州、陕西延安、贵州遵义、广西桂林4市联合主办的第二届“红军长征论坛”在遵义宾馆举行，旨在贯彻习近平总书记关于传承红色基因的重要指示精神。4个参与市负责人出席会议。

2020年

1月下旬　老城各街道社区在老城街道党工委、办事处的领导下，认真贯彻执行党中央和省委、市委、区委关于抗击新型冠状病毒感染疫情的各项方针、政策、措施，实现了疫情防控零感染。

5月　老城街道办和市场监管局成立工作专班，落实精准复工复产责任人和帮扶措施，有序推进复工复产。

7月　以红花岗区承办第十二届遵义市文化旅游产业发展大会为契机，提档升级捞沙巷、公园路等街巷，配套引进“嘟嘟车”集市，促进老城夜经济业态发展壮大。

8月　纪念馆社区在大士阁巷设置“老城记忆”历史文化墙，分别展示清末、民国、解放初期的街道、建筑、景观、人物等历史图片，彰显老城丰富的历史文化底蕴。

9月　纪念馆社区组建红色义务讲解员队伍，开展遵义会议，智取遵义，红花冈、老鸦山战斗，万人大会场等红色旅游景点的义务讲解活动。

10月　以红花岗社区为主导，联络民主路、子尹路、碧云路等周边街道近20个单位和800余家商户打造“红色商圈、先锋社区”，组建了共建共治协商委员会，开展亲商、便商、安商及各种公益活动。

2021年

3月8日　在第111个“三八”国际劳动妇女节之际，贵州省“巾帼学党史、牢记殷切嘱托、喜迎建党百年——巾帼重走长征路·迈进新征程”活动启动仪式在遵义会议会址举行。贵州省政协、省妇联，遵义市政协相关领导出席。

4月2日　遵义市百万驾驶人“知危险、会避险、远离违章、珍爱生命”线上线下交通安全宣誓接力签名活动在凤凰山文化广场举行。

4月30日　贵州省2021年红十字博爱周活动启动仪式在遵义会议会址举行。此次活动以“关爱生命·救在身边”为主题，结合党史学习教育“我为群众办实事”实践活动，弘扬长征精神、遵义会议精神、贵州精神和红十字精神。贵州省政协、省红十字会、省人民政府驻上海办事处、遵义市相关领导参加启动仪式。

5月26日　遵义会议纪念馆展陈提升暨伟大转折演艺综合体项目调度会在遵义市召开。中共贵州省委宣传部、省委党史研究室、省长征国家文化公园领导小组工作专班，中共遵义市委宣传部、市专班领导和相关同志、有关专家参加了会议。

6月21日　由中共中央宣传部出版局指导，中共贵州省委宣传部、中共遵义市委、遵义市人民政府主办的“追寻光辉足迹”主题阅读活动（遵义站）在遵义会议会址举行。中共贵州省委宣传部、省新闻出版局（省版权局）、中国新闻出版传媒集团、贵州出版集团、中共遵义市委宣传部相关领导出席。

6月22日　贵州省新党员代表入党宣誓活动在遵义会议会址举行。中共贵州省委书记、省人大常委会主任谌贻琴领誓并讲话。中共贵州省委常委、省委组织部部长刘捷主持。市、县、乡三级机关干部职工、教师学生、医生护士、科研人员、国企员工和非公组织员工等400名新党员参加了活动。

6月24日　遵义市新党员代表入党宣誓活动在遵义会议会址举行。中共遵义市委书记魏树旺领誓并讲话。市、县、乡、村四级机关干部、教师学生、医

生护士、科研人员、国企员工和非公组织员工等100名新党员参加了活动。

7月7日　由中国妇女发展基金会、中国建设银行主办的"'善行百万家·礼赞新时代'建行母亲健康快车爱心巡诊活动·贵州站"启动仪式在遵义老城纪念广场举行。全国妇联书记处书记、党组成员赵雯，中国建设银行党委委员、副行长张敏，中国妇女发展基金会副理事长兼秘书长张建岷，贵州省妇联，遵义市相关领导出席了活动。

参考文献

[1] 郑珍，莫友芝 . 遵义府志 [M]. 遵义市地方志编纂委员会办公室整理点校 . 成都：巴蜀书社，2013.

[2] 周恭寿修，赵恺、杨恩元纂 . 续遵义府志 [M]. 遵义市地方志编纂委员会办公室整理点校 . 成都：巴蜀书社，2014.

[3] 遵义市志编纂委员会 . 遵义市志 [M]. 北京：中华书局，1998.

[4] 遵义市地方志编纂委员会 . 遵义市志 [M]. 北京：方志出版社，2017.

[5]《遵义百科全书》编审委员会 . 遵义百科全书 [M]. 北京：中国大百科全书出版社，2012.

[6]《辞海》编辑委员会 . 辞海 [M]. 上海：上海辞书出版社 .2011.

[7] 中共中央党史资料征集委员会，中共中央档案馆 . 遵义会议文献 [M]. 北京：人民出版社，1985.

[8] 中共贵州省遵义地委党史工作委员会办公室 . 红军在黔北 [M]. 北京：中共中央党校出版社，1989.

[9] 哈里森・索尔兹伯里 . 长征：前所未闻的故事 [M]. 过家鼎，程镇球，张援远，译 . 北京：解放军出版社，1986.

[10] 贵州省遵义地区地方志编纂委员会 . 浙江大学在遵义 [M]. 杭州：浙江大学出版社，1990.

[11] 遵义市政协文史资料研究委员会 . 遵义文史资料（第 1 辑—第 20 辑）[M]. 内部资料 .

[12] 遵义市地方志编纂委员会 . 遵义市人物志 [M]. 北京：中国文史出版社，2015.

[13] 费侃如 . 红一方面军长征日志 [M]. 上海：东方出版中心，2006.

[14] 陈松，费侃如 . 走进遵义会议会址 [M]. 北京：中央文献出版社，2009.

[15] 政协遵义市红花岗区委员会 . 遵义：浙大西迁大本营 [M]. 内部资料，2011.

[16] 石永言 . 遵义会议纪实 [M]. 北京：解放军文艺出版社，1991.

[17] 遵义市政协文史与学习委员会 . 红军长征遵义亲历记 [M]. 北京：中国文史出版社，2012.

[18] 遵义市政协文史与学习委员会 . 老遵义的记忆 [M]. 内部资料，2012.
[19] 政协遵义市红花岗区委员会 . 老遵义印迹 [M]. 内部资料，2017.
[20] 李连昌 . 遵义轶闻 [M]. 内部资料，2001.
[21] 遵义市政协文史与学习委员会 . 历史名人与遵义 [M]. 北京：中国文史出版社，2013.
[22] 遵义会议纪念馆 . 遵义红军一条街 [M]. 北京：中央文献出版社，2007.
[23] 遵义地区文化局革命文化史料征集办 . 遵义抗战文化 [M]. 内部资料，1993.
[24] 政协遵义市宣教文卫委员会 . 遵义民国军政人物 [M]. 内部资料，2001.
[25] 政协遵义市宣教文卫委员会 . 遵义民国文化人物 [M]. 内部资料，2007.
[26] 曾祥铣 . 遵义简史 [M]. 贵阳：贵州人民出版社，2014.
[27] 谢尊修，田兴詠 . 千秋伟业 [M]. 成都：成都时代出版社，2004.
[28] 遵义市诗词学会，遵义市历史文化研究会 . 经巢流韵 [M]. 内部资料，2006.
[29] 贵州省遵义市诗词学会，贵州省遵义市历史文化研究会，贵州省遵义市楹联学会，贵州省遵义市书法家协会 . 青田溢彩 [M]. 内部资料，2011.
[30] 游平伟 . 遵义当代诗词选 [M]. 北京：中国文化出版社，2014.
[31] 游平伟 . 抗战诗联选 [M]. 北京：中国文化出版社，2015.
[32] 刘作会 . 遵义撤地设市十周年大事记 [M]. 北京：中国科学出版社，2007.
[33] 遵义市地方志编纂委员会 . 遵义市名特资源产品志 [M]. 北京：中国文史出版社，2014.
[34] 遵义市地方志编纂委员会，遵义师范学院黔北文化研究中心 . 遵义市风俗志 [M]. 北京：中国文史出版社，2014.
[35]《红花岗年鉴》编纂委员会 . 红花岗年鉴・2016[M]. 昆明：云南科技出版社，2017.
[36]《红花岗年鉴》编纂委员会 . 红花岗年鉴・2017[M]. 昆明：云南人民出版社，2019.
[37]《红花岗年鉴》编纂委员会 . 红花岗年鉴・2018[M]. 贵阳：贵州人民出版社，2020.
[38]《红花岗年鉴》编纂委员会 . 红花岗年鉴・2019[M]. 北京：方志出版社，2021.
[39]《红花岗年鉴》编纂委员会 . 红花岗年鉴・2020[M]. 贵阳：贵州人民出版社，2020.
[40] 中共遵义市委宣传部，遵义历史文化研究会 . 抗战的遵义 [M]. 成都：西南交通大学出版社，2015.
[41] 遵义市政协文史与学习委员会，桐梓县政协 . 遵义与抗战 [M]. 内部资料，2017.
[42] 遵义市历史文化研究会 . 辛亥革命与遵义史料选 [M]. 内部资料，2012.
[43] 陈福桐 . 梧山文稿 [M]. 内部资料，2007.

[44] 刘赓扬 . 刘赓扬文集 [M]. 内部资料，2015.

[45] 石永言 . 遵义往事（上、下）[M]. 北京：中国文联出版社，2004.

[46] 中国工运研究所 . 中国工会读本 [M]. 北京：中国工人出版社，2009.

[47] 中共遵义市委党史研究室 . 中国共产党遵义市历史（第一卷）新民主主义革命与社会主义革命和建设时期 [M]. 北京：中共党史出版社，2018.

后　记

遵义，是红军长征途中的重要转折点，遵义老城，则承载了转折点上最重要的事件——遵义会议。遵义老城不仅遍布遗址遗迹，所承载的红色历史也相当丰富。时轮转换，沧海桑田，街市巷陌多已更新迭代，踪迹难觅。为纪念遵义会议召开 90 周年，传承红色基因，讲好遵义故事，大力弘扬长征精神和遵义会议精神，中共遵义市委党史研究室、中共遵义市委长征研究院决定编撰出版一本承载遵义老城记忆的史籍。

收集整理资料之际，编者获悉有几位古稀老人撰写的一本与老城相关的志书已通过市级、省级评审，国家地方志指导小组还确定将该书列为中国名街志文化工程，却因故未能出版。

2017 年 9 月，经中国地方志指导小组办公室的指导和遵义市人民政府分管领导同志的认可，决定编纂《遵义红军街志》。2018 年 3 月，遵义市长征学学会组成编辑部，由罗跃全、游平伟等几名老同志负责具体的编写工作。本书在组稿过程中，得到了遵义红色旅游（集团）有限公司的大力支持，遵义市方志办专家为编辑部人员作了写作培训，数次召开交流会，解决编写过程中遇到的问题。

遵义老城历史及现状均无现成的资料，编者遍查古籍文献，搜罗有关老城的断简残编，尽可能还原老城的历史变迁情况，对一条条街巷反复实地踏勘访察，对一个个单位商铺数度调查走访，搜集基础资料，此中甘苦，可想而知。找图和插图也是一项十分艰难复杂的工作，编者常为找到一张适合内容的图片遍翻群书、遨游图海，所涉及的新内容又不断外出补拍照片。经数月奔走，基本完成了应有资料的收集工作。其他编者也担起责任，迎难而上，焚膏继晷，于 2018 年 8 月底形成初稿，邀请曾祥铣、谢尊修、田兴詠、吴国庆等专家学者进行审读，专家们一致认为书稿内容丰富翔实、地方特色突出、文字体例规范，并提出修改意见，经反复核实、增删、修改，六易其稿。

2024 年年初，中共遵义市委党史研究室主任王先郁同志调阅书稿，经与主要执笔者罗跃全同志沟通，并征得先期投入编写此书的遵义红色旅游（集团）有限公司负责同志同意，决定对书稿内容进行改写并更名为“遵义老城旧事”。本书通过对遵义老城市井街巷、人文历史、生产生活发展脉络等进行梳理，以期增进遵义人对遵义“母城”的历史与文化的认同。重点刻画1935年前后的遵义老城，突出展示遵义老城红色文化和地方风俗特色。修改原书稿的具体方案确定后，中共遵义市委党史研究室组建专班，由刘畅、帅炜等同志对书稿进行了修改、补充、完善，黄平、秦亮、李辉波、万超宇等同志参与编校，金泽坤、李连昌同志提出修改意见，终于2024年年底完成统稿，由袁家富同志对书稿进行了审核，王先郁同志最终审定成稿。成书内容丰富，图文并茂，是一部庄重严谨、可读可信的记录老城历史和现状的著作。

遵义杂志社、遵义市教育局、遵义市文化旅游局、遵义市文联、红花岗区档案局等单位，以及费侃如、陆昌友、胡志刚、葛镇亚、卢祖文、邱洪、周伟等同志为本书提供了部分图片，何云贵为本书题写了书名。在此，对关心支持本书编写工作的领导、专家、学者以及相关单位表示衷心感谢。由于资料欠缺，本书难免存在漏失不周的地方，书中如有不足之处，恳请读者批评指正。

编　者

2024年12月